税务干部培训系列教材

Changyong Caiwu Ruanjian De
Shuiwu Jiancha Jiqiao

常用财务软件的税务检查技巧

姜敏 编著

——用友T3、金蝶K3

东北财经大学出版社 大连

Dongbei University of Finance & Economics Press

图书在版编目（CIP）数据

常用财务软件的税务检查技巧：用友T3、金蝶K3 / 姜敏编著.
—大连：东北财经大学出版社，2018.6
（税务干部培训系列教材）
ISBN 978-7-5654-3162-3

Ⅰ．常…　Ⅱ．姜…　Ⅲ．财务软件-干部教育-学习参考资料
Ⅳ．F232

中国版本图书馆CIP数据核字（2017）第099700号

东北财经大学出版社出版
（大连市黑石礁尖山街217号　邮政编码　116025）
网　　址：http://www.dufep.cn
读者信箱：dufep@dufe.edu.cn
大连永盛印业有限公司印刷　　　东北财经大学出版社发行
幅面尺寸：170mm×240mm　字数：515千字　印张：25　插页：1
2018年6月第1版　　　　　　　　2018年6月第1次印刷
责任编辑：孙晓梅　刘慧美　　　　责任校对：清　灵
封面设计：冀贵收　　　　　　　　版式设计：钟福建
定价：52.00元

前　言

税务机关在税务检查（包括纳税评估的实地核查和税务稽查）时，经常遇到采用会计核算软件进行账务处理的纳税人。纳税人采用会计核算软件即会计电算化方式核算生产经营成果始于20世纪80年代初，之后会计核算软件在功能设置、运行方式、应用范围等方面都得到迅速发展。面对会计电算化的纳税人，税务人员遇到诸多难题，如不知如何零风险进入会计核算软件实施检查、如何利用会计核算软件的内设功能实施税务检查、面对纳税人不配合的情况如何应对等。

作为一名长期从事纳税评估、税务稽查、会计电算化教学的教师，我将会计电算化操作与税务稽查技能相结合，开发了"会计电算化下的税务稽查"课题，从全新的角度，解读会计电算化对税务稽查的影响以及应对措施，受到广大参训税务人员的欢迎和好评。如今，我将多年授课成果和心得倾注于笔下，凝聚于本书，提供给广大税务干部参考、学习。

本书选取用友和金蝶两大常用财务软件，全面、深入地介绍软件功能以及对其检查思路和方法，使读者迅速掌握会计核算软件的检查方法与技巧，从而"窥一斑而见全豹"。同时，为提升对会计电算化稽查的管理能力，本书撰写了"财务软件在企业会计核算和税务检查中的应用及应对"一章，主要介绍财务软件对税务检查的影响以及应对，使税务人员在检查中始终处于主动地位。为了更好地加工、利用从会计核算软件中采集的电子财务证据，本书还撰写了"Excel 2007在财务报表数据分析中的应用"一章，介绍 Excel 2007 的一些常用功能和操作。

本书具有以下个特点：

1.从税务检查角度研究财务软件

教材市场上不缺少财务软件的书籍，这些书籍基本是从财务人员的角度编写，满足财务核算的需求，却不能满足税务检查人员的需求。本教材另辟蹊径，从税务检查角度研究财务软件，视角新颖，更具实用性。

2.涵盖两大主流软件，具有代表性

目前财务软件众多，但用友、金蝶作为主流软件，各具特色并且合计占有50%以上的市场份额。税务人员掌握这两种软件即可基本掌握财务软件的操作。

3.立足税务检查的薄弱环节，解决工作瓶颈问题

不懂、不敢对会计核算软件实施检查，是大多数税务人员的现状，极大影响了税收执法。本书立足该环节，做到能进、能出、有成效，切实提高税务人员的检查能力和水平。

由于编写时间限制、本人业务水平和经历有限，书中难免存在错漏，敬请读者批评指正。

作 者
2018年2月

目　录

第一章

财务软件在企业会计核算和
税务检查中的应用及应对

第一节　财务软件概述

一、财务软件的起源及发展历程

财务软件是指专门用于完成会计工作的电子计算机应用软件，包括采用各种计算机语言编制的一系列指挥计算机完成会计工作的程序代码和有关的文档技术资料。它用于配合计算机完成记账、算账、报账以及部分的会计管理和会计辅助决策等工作，如日常核算、投资决策等工作，从而实现会计的电算化。

采用财务软件进行会计核算有助于带动会计核算、财务管理乃至企业管理的规范化，从而提升企业的管理水平，提高企业的效益；有助于提高会计核算的工作效率，降低会计人员在账务处理方面的工作强度，改变"重核算轻管理"的局面；有助于减少工作差错，便于账务查询等。

财务软件是会计与电子计算机结合的产物，并借助网络的发展而广泛应用。

会计是人类社会发展到一定阶段的产物，它起源于人类的早期生产实践，伴随着人类社会的生产发展、对生产剩余物及其后对经济管理的客观需要而产生、发展并不断完善。物质资料的生产是人类社会赖以生存和发展的基础。人类为了能够生存下去，必须有满足其衣、食、住、行等需要的物质资料，因而必须从事物质资料的生产。人类社会的生产活动决定着其他活动，也是人类会计思想和行为产生的根本前提。人类进行生产活动，必然要关心自己的生产成果，并力求以尽可能少的劳动消耗（投入），取得尽可能多的劳动成果（产出）。基于此，人类要不断改进其生产技术并加强对生产过程的管理。为了进行有效的管理，需要正确认识生产过程、确定生产目标，并按预期目标控制生产过程；

在进行生产活动的同时，还需要对劳动成果和劳动耗费进行记录、计量，并将取得的劳动成果与劳动耗费进行比较、分析，以便获得反映生产过程及其结果的经济信息，据以总结过去、了解现状和安排未来。由此人类的会计思想和会计行为便应运而生。

1946 年 2 月 14 日，美国宾夕法尼亚大学诞生了世界上第一台电子数字积分计算机"埃尼阿克"（ENIAC，Electronic Numerical Integrator and Calculator），它采用穿孔卡输入输出数据，每分钟可以输入 125 张卡片，输出 100 张卡片。ENIAC 当时仅仅用于军事和科研工作，解决数学计算问题。ENIAC 奠定了电子计算机的发展基础，在计算机发展史上具有划时代的意义，它的问世标志着电子计算机时代的到来。

ENIAC 诞生后短短的几十年间，计算机的发展突飞猛进。主要电子器件相继使用了真空电子管，晶体管，中、小规模集成电路，以及大规模、超大规模集成电路，引起计算机的几次更新换代。每一次更新换代都使计算机的体积和耗电量大大减小，功能大大增强，应用领域进一步拓宽。特别是体积小、价格低、功能强的微型计算机的出现，使得计算机迅速普及，进入了办公室和家庭，在办公室自动化和多媒体应用方面发挥了很大的作用。目前，计算机的应用已扩展到社会的各个领域。计算机的发展过程可以分成以下几个阶段：

1. 第一代计算机（1946—1957 年），主要元器件是电子管；

2. 第二代计算机（1958—1964 年），用晶体管代替了电子管；

3. 第三代计算机（1965—1970 年），以中、小规模集成电路取代了晶体管；

4. 第四代计算机（1971 年至今），采用大规模集成电路和超大规模集成电路；

5. 第五代计算机（未来），智能计算机。

20 世纪 80 年代初期，计算机开始得到较为普遍的应用。很多单位自主开发简单的财务应用软件，在 80 年代中期达到了高潮。这些自主开发的财务软件周期长、成本高、质量低、格式不一、维护困难，很难进行大规模的推广。

1989 年财政部出台了针对财务软件的规定，催生了商品化财务软件。此后由于计算机软硬件技术的飞速发展，财务软件也随之蓬勃发展。

进入 21 世纪以后，在计算机硬件的升级、软件技术的提高、图形学的发展三者共同促进下，财务软件的应用踏入了图形化管理的时代，简单的数字化报表升级为图形化的交互式财务报表，让用户能够以更形象、更直观的方式进行企业的财务管理。

国内的财务软件大体上经历了 5 个阶段的变迁，具体见表 1-1。

表 1-1 <center>**财务软件发展一览表**</center>

时间分段	软件描述	应用模块与功能
1988—1992 年	单项处理型财务软件	总账、报表
1993—1997 年	核算型财务软件	财务处理、报表处理、工资核算、固定资产管理、材料核算、成本核算、销售核算、存货核算
1998—2001 年	管理型财务软件	总账、报表、工资、固定资产、应收账款、应付账款、成本核算、存货核算、现金流量表、预算控制与财务分析、资金管理、采购计划、采购管理、库存管理、销售管理
2002—2005 年	业务整合型财务软件	业务管理、财务管理、人力资源管理、客户关系管理、OA 门户等财务业务协同化管理
2006 年至今	财税协同型财务软件	在第四代财务软件的基础上，为财务软件增加了税务管理的功能模块

第一代财务软件：单项处理型财务软件（1988—1992 年）

这种财务软件是基本在 DOS 操作平台上运行的单项处理型财务软件，以简单的核算为目的，主要在财务部门使用，运行方式是单机运行，主要解决的就是记账和报表处理的效率问题。也就是说，这种财务软件可以代替手工记账，降低会计人员的劳动强度，减轻其工作量，保证会计信息的质量，降低出错率。这个时期的财务软件也只是简单地满足了会计日常工作的凭证录入、记账和相关的财务报表填报工作的要求。

第二代财务软件：核算型财务软件（1993—1997 年）

20 世纪 90 年代，出现了基于 LAN 局域网的第二代财务软件：核算型财务软件。这个时期会计电算化已经在国内普及并迅速发展。财务软件从简单的核算发展为以管理为目的，通过核算实现财务管理的财务软件。它是核算型软件向管理软件发展的过渡时期。这个时期的财务软件包括财务处理、报表处理、工资核算、固定资产管理、材料核算、成本核算、销售核算、存货核算等模块，提高了企业管理水平与经济效益。

第三代财务软件：管理型财务软件，也称决策型软件（1998—2001 年）

在这之后的一段时间，国内信息化管理快速发展，为了满足市场需求，财务软件在第二代软件的基础上增加科目、项目预算管理和财务分析模块。20 世纪 90 年代中期，随着 Windows 操作系统的不断成熟，出现了基于 Windows 平台的以"财务管理"为核心的财务软件，其融合了财务预算、财务分析、财务决策、领导查询等决策分析，采用 C/S（客户机/服务器）计算模式，开始涉及企业的管理内容。这个时期的财务软件已基本成型，并趋于成熟。财务软件的功能模块包括：总账、报表、工资、固定资产、应收账款、应付账款、成本核算、存货核算、现金流量表、预算控制与财务分析、资金管理、采购计划、采购管理、库存管理、销售管理。财务软件从部门级应用向企业级应用发展。由于财务业务一体化管理软件的发展，财务软件在企业管理上实现了事中预警、控制，以及事前预测的作用，如用友、金蝶、智点财务软件。

第四代财务软件：业务整合型财务软件（2002—2005 年）

随着互联网的日益普及与电子商务的发展，企业对财务管理系统提出了更高的要求，第四代财务软件是基于互联网的 B/S（浏览器/服务器）计算模式，采用 Web 技术、多媒体技术和 Internet 的管理软件，符合企业经营方式向电子商务发展的战略，是国际财务管理软件技术发展的主流趋势。它实现了财务管理和业务流的整合。

这个时期的财务软件成功融入业务流，实现业务管理、财务管理以及涉及财务外延性的人力资源管理、客户关系管理、OA 门户等财务业务协同化管理的整合；对管理规范的企业，第四代财务软件拥有巨大的魅力，影响深远。

第五代财务软件：财税协同型财务软件（2006 年至今）

随着前四代财务软件的发展和普及，为了适应信息化的管理，很多软件厂商及研发人员在第四代财务软件的基础上增加了税务管理的功能模块。它强调企业财务、业务、税务三者的整合，从而最终达到企业高效管理、提升竞争力的效果。由于各方面的原因，财税合一还在实行阶段，不过财税合一已成趋势，新的时代即将到来。

常见的全面企业管理软件有 ERP 和 SAP 两种。ERP 是英文 Enterprise Resource Planning（企业资源计划）的简写。20 世纪 90 年代美国一家 IT 公司根据当时计算机信息、IT 技术发展及企业对供应链管理的需求，对今后的信息时代企业管理信息系统的发展趋势和即将发生的变革进行预测后，提出了 ERP 的概念。ERP 是针对物资管理（物流）、人力资源管理（人流）、财务资源管理（财流）、信息资源管理（信息流）集成一体化的企业管理软件。ERP 软件有很多，如国内的金蝶、用友都属于 ERP 软件。SAP 的全称是 Systems Applications and Products in Data Processing。SAP 是德国一家研发 ERP 软件的公司，该公司研发的软件也称为 SAP，属于 ERP 软件的一种，是全世界排名第一的 ERP 软件。SAP 在各行各业中得到广泛应用，它为 20 多个行业提供融合了各行业"最佳业务实践"的行业解决方案，这些行业包括汽车、金融服务、消费品、工程与建筑、医疗卫生、高等教育、高科技、媒体、石油与天然气、医药、公用事业、电信、电力及公共设施等。"财富 500 强"中 80% 以上的公司都在使用 SAP 软件。

不同阶段的财务软件功能不同，适用不同规模的企业。一般来说功能越多，软件的价格也越高，所以大型企业多使用业务整合型财务软件和财税协同型财务软件；中小型企业多使用核算型财务软件和管理型财务软件。

二、财务软件的分类

财务软件按适用范围划分，可分为通用财务软件和专用财务软件。通用财务软件就是由专业软件公司研制，公开在市场上销售，能适应不同行业、不同单位会计核算与管理基本需要的财务软件；专用财务软件一般是指由使用单位自行开发或委托其他单位开发，供本单位使用的财务软件。目前，我国通用财务软件以商品化财务软件为主。

按照会计信息是否可共享的功能划分，财务软件可分为单用户财务软件和多用户财务软件。单用户财务软件生成的资料只能存储于财务软件所在的计算机上，不能在计算机之间进行交换和共享。多用户财务软件是指不同工作站或终端上的会计人员可以共享会计信息，通过各用户之间资料共享保证资料一致性的软件。

按提供信息的层次划分，财务软件可分为核算型财务软件和管理决策型财务软件。核算型财务软件只进行简单的财务核算，一般不包括财务分析系统和决策支持系统；管理决策型财务软件则包括财务分析系统和决策支持系统。

按软件程序部署的位置不同划分，财务软件可分为本地财务软件、在线财务软件。本地财务软件是将软件程序部署在使用者的服务器上，企业日常管理形成的数据存储在本单位。在线财务软件是将程序部署在运营商的服务器上，用户只需要上网就可以随时随地使用服务。

按适用的硬件结构划分，财务软件分为单用户（单机）、多用户财务软件。单用户财务软件是指只能供一个用户使用的财务软件。多用户（网络）财务软件是指借助网络可以供多个用户同时使用的财务软件。网络财务软件还可分为 C/S 模式、B/S 模式。C/S 模式就是应用程序放在客户端，数据放在服务器端的财务软件；B/S 模式的财务软件程序和数据都存放在服务器，并以浏览器作为软件客户端的统一界面。在线财务软件即 B/S 模式。

按实现的功能多少划分，财务软件可分为大型财务软件、中小型财务软件。前者往往包含企业管理所需的所有功能，通常采用大型数据库，如 Oracle、SQLServer、Sybase 等，一般在大型企业或集团企业使用；后者则只包括其中部分功能，通常采用中小型数据库，如 MySQL、Access 等，一般在中小企业使用。

按使用模式划分，财务软件可分为两层架构和三层架构。目前国内的财务软件，主要分为两大类：一是传统的 C/S 模式的财务软件，客户端/服务器两层架构，如畅捷通的记账宝标准版、金蝶的 KIS 版；二是 B/S 模式的财务软件，浏览器/服务器三层架构，如畅捷通的"云+端"财务软件记账宝，不仅满足小微企业记账的全部需求，且全面支持《小企业会计准则》。目前比较流行的还有一种 SaaS 模式的财务软件（在线财务软件），如用友 NC 和畅捷通 T+，可以归类为 B/S 模式。

按取得方式划分，财务软件可分为商品化财务软件和非商品化财务软件。商品化财务软件是由专门的软件公司组织开发并面向社会销售，适用程度较高。非商品化财务软件不以销售为目的，主要面向本单位应用而开发的，专用程度较高。非商品化财务软件是应企业的需求而组织开发的，其具体开发形式有：自行开发（本企业系统设计人员自行组织进行财务软件的开发，适用性比较好）；委托开发（企业委托专门软件公司进行财务软件开发，专业技术程度高）；合作开发（企业与专门软件公司共同参与会计软件的开发，分工协作）。

三、财务软件的运行方式

财务软件要在一定数据环境下才能运行，每种财务软件都有自己特定的数据环境。以 T3 用友通标准版为例，其运行环境要求如下：

计算机名称要求：完整的计算机名称中不能带有"-"字符或者用数字开头（检查方式：选择"我的电脑"的"属性"选项，在"网络标识"或"计算机名"页签查看完整的计算机名称）。

防病毒软件要求：安装前关闭瑞星、诺顿、江民、趋势等杀毒软件。

主机配置：CPU PIII 550 或以上，内存 128M 或以上，硬盘 10G 以上，至少有一个光驱。

操作系统环境要求（软件环境）：Windows 2000 Server +Sp4；Windows 2000 AD Server+Sp4；Windows 2003 Server；Windows XP +Sp1 或者 Sp2；Windows 2000 Professional+Sp4。

数据库环境要求：安装财务软件前应先安装 SQL Server 2000，安装教学软件前应先安装 MSDE2000 或 SQL Server 2000。数据库环境至关重要，数据库主要实现对财务软件操作产生的数据进行存储、查询、修改与检索、统计、输出等操作。根据不同用户的需要和环境信息的特点，建有不同类型和不同规模的数据库。常见的大型数据库有 Oracle、Sybase、DB2、SQL Server；小型数据库有 Access、MySQL、BD2 等，详见表 1-2。

不同的数据库管理的文件会自动生成不同的扩展名，如 SQL 数据库的扩展名是".mbf"，Access 数据库的扩展名是".mdb"，MSSql 数据库的扩展名是".mdf"，Paradox 数据库的扩展名是".db"，Oracle 数据库的扩展名是".dbf"，Dbase 数据库的扩展名是".dbf"，FoxPro 数据库的扩展名是".dbf"，MS Works 数据库的扩展名是".wdb"。

表 1-2 　　　　　　　　　　　常用财务软件的数据库一览表

数据库		SQL Server (*.mbf/*.ldf)	Access （*.mdb）	Sybase (*.dat)	Dbase (*.dbf)	Oracle (*.dbf 为主)
财务软件		（1）金蝶 K3（含 KIS 专业版）	（1）金蝶 2000（含 KIS 迷你版及标准版）	（1）新中大 5.x	（1）安易	（1）金算盘 8x
		（2）用友财务通及 U821 以上版本	（2）用友 7.x 及 u821 以下版本	（2）浪朝	（2）当代	（2）浪潮
		（3）浪潮	（3）金算盘	（3）金沙		（3）用友 NC
		（4）安易 2000 及安易 R9ERP 系列	（4）安易			（4）万能
		（5）新中大	（5）万能			（5）新中大
		（6）速达	（6）博科			（6）铁路财务
		（7）格林	（7）小蜜蜂			（7）SAP R3
		（8）AC990	（8）格林			
		（9）远光（电力）	（9）降龙 99			
		（10）新逸（电信）	（10）神犬			
		（11）润嘉				
		（12）SAP B1				

通过搜索这些拓展名，可以找到数据库文件，也就能找到财务数据。

软件功能通常分为系统管理和日常操作两部分。

四、财务软件在企业会计核算中的应用

（一）财务软件的企业覆盖面越来越大

随着我国社会的经济发展和科技进步，越来越多的企业已经认识到会计电算化的重要性，会计电算化的企业覆盖面和升级率在急速扩大。会计电算化现在已经成为企业管理现代化的重要方面。到目前，我国已有几百万家企事业单位在会计工作中使用了会计电算化，即使是很多民营企业也普遍实现了会计电算化。

会计电算化的迅速发展与国家的政策也密切相关。1994 年 5 月 4 日财政部发布《关于大力发展我国会计电算化事业的意见》，明确会计电算化总的目标是到 2000 年力争达到有 40%~60% 的大中型企事业单位和县级以上国家机关在账务处理、应收应付款核算、固定资产核算、材料核算、销售核算、工资核算、成本核算、会计报表生成与汇总等基本会计核算业务方面实现会计电算化；其他单位的会计电算化开展面应达到 10%~30%。到 2010 年，力争使 80% 以上的基层单位基本实现会计电算化，从根本上扭转基层单位会计信息处理手段落后的状况。

（二）财务软件种类繁多，但基本功能相同

具有财务核算功能的软件种类繁多，没有准确的统计数据。但是，从中普审计软件内置了 300 多个财务软件接口就可见其种类之多。

商品化软件：用友/安易财务软件、金蝶财务软件、新中大财务软件、浪潮国强中油财务软件、远光/远方财务软件、北京通用财务软件、国家质检总局财务软件、财政总会计 2000 财务软件、金财财务软件、中联财务软件、天大天财财务软件、中小学财务软件、高校财务系统（华中科大）、上海天翼财务软件、上海科发通用财务软件、教育部–基建财务软件（国有建设单位财务软件）、高信财务软件、高校兴合财务软件、打天下财务软件、金算盘财务软件、速达财务软件、管家婆财务软件、小蜜蜂财务软件、博科财务软件、南北天地财务软件、灵狐财务软件、万能财务软件、电信财务软件、煤碳财务软件、润嘉财务软件、华兴财务软件、鹏城财务软件、奥林岛财务软件、学者财务软件、金蜘蛛财务软件、降龙 AC99 财务软件、中普财务软件、九鼎财务软件、恒远财务软件、神犬财务软件、晋业财务软件、久其财务软件、三门财务软件、兴竹财务软件、益和财务软件、苏源财务软件、FMIS 财务软件、SAP/Oracle 财务软件、上海立成财务软件、总后勤部财务软件、圣波出版财务软件、四班财务软件、伟图财务系统、兴财通用财务软件、轩洋财务软件、信德财务软件、云因财务软件、新兴财务软件、仁寿财务软件、思创财务软件、中网财务软件、东方财务软件、保会通财务软件、中才财务软件、中山源财务软件、广州融通 mySHOP 零售业信息管理系统、精诚财务软件、聚鑫财务软件、南京大学结算中心、九恒星财务软件、天风财务软件、西安交大博通财务软件、垦财财务软件、千里马财务软件、桑达财务软件、科迈财务软件、大福财务软件、会稽山财务软件、长益财务软件、港巨财务软件、众邦财务软件、点石财务软件、金指通财务软件、和佳财务软件、拓普财务软件、啤酒厂财务软件、智通企业管理软件、智通企业管理软件、速成财务软件、时运财务软件、飞天财务软件、精软财务软件、埃特尼特 MIS 财务软件、正道财务软件、信能财务软件、会计助手财务软件、金贸企业管理系统、中科院财务软件、格林财务会计软件、时空财务软件、科能财务软件、小精灵账务软件、索特财务软件、大家财务软件、天畅财务软件、军队武警财务系统等。

用户定制财务软件：华润集团财务软件、兖矿集团财务软件、深圳供电公司财务软件、莱钢集团财务软件、攀钢早期内部财务软件、郑州煤机财务软件、哈工大财务软件、黑龙江矿业天力财务软件、机械行业财务软件、天键正信 WPE 等。

财务软件除了种类繁多外，每种软件也开发不同的版本，满足不同企业的管理需要。如速达财务软件包括：满足中小企业管理需要的速达 3000 商业版、速达 3000 工业版、速达 V3.net 版、速达 V30.net 版、速达 V300.net 版；满足集团 ERP 系统需要的速达 7000PRO 工业版、速达 7000PRO 商业版、速达 V7.net 版、速达

V70.net 版、速达 V700.net 版；满足行业管理需要的速达 V6 版、速达 V6.net-STD 版、速达 V6.net-PRO 版、速达 V6.net-XP 版等。

尽管财务软件种类很多，但是其有以下特点：（1）行业特点明显，同一行业通常使用同一软件或同一类软件；（2）某一地区使用某类软件的相对比较多；（3）用友软件和金蝶软件两者之和占到市场份额的 50% 以上；（4）各单位在开展会计电算化的初期通常选择通用财务软件、商品化财务软件；（5）大中型企业可能根据自身管理需要，选择自行定制开发软件；（6）外商投资企业或外国企业，通常使用外国商品化软件。

（三）企业重视财务软件的账务功能，忽视管理功能

一般企业都会购买并启用总账、材料核算、工资核算、固定资产核算等模块，而具备管理型功能的成本核算、财务指标分析体系以及资金供求预测等模块，则不予购买或将其内容设置得很简单，限制了其管理效用。

五、我国对会计电算化的管理

1994 年 6 月 30 日，财政部以〔94〕财会字第 27 号印发《会计电算化管理办法》，共 12 条，由财政部负责解释，自 1994 年 7 月 1 日起施行。2013 年 12 月 6 日，财政部以财会〔2013〕20 号印发《企业会计信息化工作规范》，并取代了 1994 年 6 月 30 日财政部发布的《会计电算化管理办法》。

（一）《企业会计信息化工作规范》的主要内容

1. 明确会计信息化等相关概念及功能

会计信息化是指企业利用计算机、网络通信等现代信息技术手段开展会计核算，以及利用上述技术手段将会计核算与其他经营管理活动有机结合的过程。

会计软件是指企业使用的，专门用于会计核算、财务管理的计算机软件、软件系统或者其功能模块。会计软件具有以下功能：（1）为会计核算、财务管理直接采集数据；（2）生成会计凭证、账簿、报表等会计资料；（3）对会计资料进行转换、输出、分析、利用。

会计信息系统，是指由会计软件及其运行所依赖的软硬件环境组成的集合体。

2. 明确工作规范适用范围

企业（含代理记账机构，下同）开展会计信息化工作，软件供应商（含相关咨询服务机构，下同）提供会计软件和相关服务，适用本规范。

3. 明确相关主管部门的职责

财政部主管全国企业会计信息化工作，主要职责包括：（1）拟定企业会计信息化发展政策。（2）起草、制定企业会计信息化技术标准。（3）指导和监督企业开展会计信息化工作。（4）规范会计软件功能。企业使用会计软件不符合本规范要求

的，由财政部门责令限期改正；限期不改的，财政部门应当予以公示，并将有关情况通报同级相关部门或其派出机构。财政部采取组织同行评议、向用户企业征求意见等方式对软件供应商提供的会计软件遵循本规范的情况进行检查。软件供应商提供的会计软件不符合本规范要求的，财政部可以约谈该供应商主要负责人，责令限期改正。限期内未改正的，由财政部予以公示，并将有关情况通报相关部门。

县级以上地方人民政府财政部门管理本地区企业会计信息化工作，指导和监督本地区企业开展会计信息化工作。省、自治区、直辖市人民政府财政部门发现会计软件不符合本规范规定的，应当将有关情况报财政部。

4. 明确会计软件和服务的设计原则及内容

会计软件不得有违背国家统一会计准则制度的功能设计；会计软件的界面应当使用中文并且提供对中文处理的支持，可以同时提供外国或者少数民族文字的对照界面和处理支持；会计软件应当提供符合国家统一会计准则制度的会计科目分类和编码功能；会计软件应当提供符合国家统一会计准则制度的会计凭证、账簿和报表的显示及打印功能；会计软件应当提供不可逆的记账功能，确保对同类已记账凭证的连续编号，不得提供对已记账凭证的删除和插入功能，不得提供对已记账凭证日期、金额、科目和操作人的修改功能；鼓励软件供应商在会计软件中集成可扩展商业报告语言（XBRL）功能，便于企业生成符合国家统一标准的 XBRL 财务报告；会计软件应当具有符合国家统一标准的数据接口，满足外部会计监督需要；会计软件应当具有会计资料归档功能，提供导出会计档案的接口，在会计档案存储格式、元数据采集、真实性与完整性保障方面，符合国家有关电子文件归档与电子档案管理的要求；会计软件应当记录生成用户操作日志，确保日志的安全、完整，提供按操作人员、操作时间和操作内容查询日志的功能，并能以简单易懂的形式输出。

5. 明确会计软件供应商的义务

以远程访问、云计算等方式提供会计软件的供应商，应当在技术上保证客户会计资料的安全、完整；客户以远程访问、云计算等方式使用会计软件生成的电子会计资料归客户所有，软件供应商应当提供符合国家统一标准的数据接口供客户导出电子会计资料，不得以任何理由拒绝客户导出电子会计资料的请求；以远程访问、云计算等方式提供会计软件的供应商，应当做好本厂商不能维持服务情况下，保障企业电子会计资料安全以及企业会计工作持续进行的预案，并在相关服务合同中与客户就该预案做出约定；软件供应商应当努力提高会计软件相关服务的质量，按照合同约定及时解决用户使用中的故障问题；会计软件存在影响客户按照国家统一会计准则制度进行会计核算问题的，软件供应商应当为用户免费提供更正程序。

6. 明确企业对会计信息化的管理

企业应当指定专门机构或者岗位负责会计信息化工作；未设置会计机构和配备会计人员的企业，由其委托的代理记账机构开展会计信息化工作。

大型企业、企业集团开展会计信息化工作，应当注重整体规划，统一技术标准、编码规则和系统参数，实现各系统的有机整合，消除信息孤岛。企业配备的会计软件应当符合本规范的相关要求。

7.明确企业使用的会计软件的来源

企业配备会计软件，应当根据自身技术力量以及业务需求，考虑软件功能、安全性、稳定性、响应速度、可扩展性等要求，合理选择购买、定制开发或购买与开发相结合等方式；定制开发包括企业自行开发、委托外部单位开发、企业与外部单位联合开发；企业通过委托外部单位开发、购买等方式配备会计软件，应当在有关合同中约定操作培训、软件升级、故障解决等服务事项，以及软件供应商对企业信息安全的责任。

8.明确会计信息系统与其他系统的关系

企业应当促进会计信息系统与业务信息系统的一体化，通过业务的处理直接驱动会计记账，减少人工操作，提高业务数据与会计数据的一致性，实现企业内部信息资源共享；企业应当根据实际情况，开展本企业信息系统与银行、供应商、客户等外部单位信息系统的互联，实现外部交易信息的集中自动处理；处于会计核算信息化阶段的企业，应当结合自身情况，逐步实现资金管理、资产管理、预算控制、成本管理等财务管理信息化；处于财务管理信息化阶段的企业，应当结合自身情况，逐步实现财务分析、全面预算管理、风险控制、绩效考核等决策支持信息化。

9.明确大型企业的会计信息管理

分公司、子公司数量多、分布广的大型企业、企业集团应当探索如何利用信息技术促进会计工作的集中，逐步建立财务共享服务中心；实行会计工作集中的企业以及企业分支机构，应当为外部会计监督机构及时查询和调阅异地储存的会计资料提供必要条件。

10.明确外商投资企业的会计信息管理

外商投资企业使用的境外投资者指定的会计软件或者跨国企业集团统一部署的会计软件，应当符合本规范的相关要求。

11.明确会计信息系统数据服务器的管理

企业会计信息系统数据服务器的部署应当符合国家有关规定。数据服务器部署在境外的，应当在境内保存会计资料备份，备份频率不得低于每月一次。境内备份的会计资料应当能够在境外服务器不能正常工作时，独立满足企业开展会计工作的需要以及外部会计监督的需要。

12.明确会计资料的使用文字

企业会计资料中对经济业务事项的描述应当使用中文，可以同时使用外国或者少数民族的文字对照。

13.明确电子会计资料的备份管理

企业应当建立电子会计资料备份管理制度，确保会计资料的安全、完整和会计信息系统的持续、稳定运行。

14.明确会计资料的输出原则

企业内部生成的会计凭证、账簿和辅助性会计资料，同时满足下列条件的，可以不输出纸面资料：（1）所记载的事项属于本企业重复发生的日常业务；（2）由企业信息系统自动生成；（3）可及时在企业信息系统中以人类可读形式查询和输出；（4）企业信息系统具有防止相关数据被篡改的有效机制；（5）企业对相关数据建立了电子备份制度，能有效控制自然灾害、意外事故和人为破坏的负面影响；（6）企业对电子和纸面会计资料建立了完善的索引体系。

企业获得的需要外部单位或者个人证明的原始凭证和其他会计资料，同时满足下列条件的，可以不输出纸面资料：（1）会计资料附有外部单位或者个人的、符合《中华人民共和国电子签名法》的可靠的电子签名。（2）电子签名经符合《中华人民共和国电子签名法》规定的第三方认证。（3）满足以下条件之一：所记载的事项属于本企业重复发生的日常业务；可及时在企业信息系统中以人类可读形式查询和输出；企业对相关数据建立了电子备份制度，能有效控制自然灾害、意外事故和人为破坏的负面影响；企业对电子和纸面会计资料建立了完善的索引体系。

15.明确会计资料的归档管理

企业会计资料的归档管理遵循国家有关会计档案管理的规定。

（二）税收相关法律对会计电算化的规范

《中华人民共和国税收征收管理法》规定从事生产、经营的纳税人的财务、会计制度或者财务、会计处理办法和会计核算软件，应当报送税务机关备案。

《中华人民共和国税收征收管理法实施细则》规定纳税人、扣缴义务人会计制度健全，能够通过计算机正确、完整计算其收入和所得或代扣代缴、代收代缴税款情况的，其计算机输出的完整的书面会计记录，可视同会计账簿。纳税人、扣缴义务人会计制度不健全，不能通过计算机正确、完整计算其收入和所得或代扣代缴、代收代缴税款情况的，应当建立总账及与纳税或代扣代缴、代收代缴税款有关的其他账簿。账簿、会计凭证和报表，应当使用中文。民族自治地区可以同时使用当地通用的一种民族文字。外商投资企业和外国企业可以同时使用一种外国文字。

第二节　财务软件对税务检查的影响及应对

财务软件一方面因其方便、快捷、高效和准确的特性降低了企业会计核算的劳动强度；另一方面也为企业提供了新的更容易、更隐蔽的偷税手法。企业大肆利用会计电算化核算中计算机操作、连线运行、电子数据存储等特点，给税务部门的日常管理和稽查设置障碍，掩盖偷税事实，实现偷税目的。

一、利用会计电算化核算特点妨碍税务管理工作的情形

（一）利用密码设置制约税务管理工作

为了保证计算机信息安全，计算机一般都设有用户名和开机密码。同时，为了保证财务信息的安全，财务软件也设有操作员和登录密码。登录财务软件系统必须由已设置的操作员输入登录密码才可以打开软件系统。也就是说，进入财务系统会遇到计算机开机密码和财务系统登录密码两道门槛，而密码只由设置者本人掌握，其他人员无从知晓。因此，企业财务人员常以各种借口拒绝提供密码，来阻止税务人员对会计电算化核算系统的检查。

通常，企业是按照与会计电算化核算相关的工作岗位设置财务软件系统的操作员。与会计电算化核算相关的工作岗位可分为基本会计岗位和电算化会计岗位两类。基本会计岗位包括：会计主管、出纳、会计核算各岗、稽核、会计档案管理等工作岗位。电算化会计岗位包括直接管理、操作、维护计算机及会计软件系统等工作岗位。基本会计岗位和电算化会计岗位，可在保证会计数据安全的前提下交叉设置。

常见的财务软件操作员包括：

系统管理员：主要分为网络系统管理员和信息系统管理员。网络系统管理员主要负责整个网络的网络设备和服务器系统的设计、安装、配置、管理和维护工作，为内部网的安全运行提供技术保障。服务器是网络应用系统的核心，由网络系统管理员专门负责管理。信息系统管理员则负责信息系统的日常管理和维护，具有信息系统的最高管理权限。在财务软件中，信息系统管理员通常为"admin"或"administrator"，是系统初始化时默认的超级管理员用户，不可修改，密码为空。"admin"或"administrator"不参与具体的账务日常业务操作，只在系统管理中履行以下职责：（1）在软件的系统管理中增加、修改、删除操作员等，做基础数据维护；建立新的账套，指定操作员为某账套的账套主管。（2）为新账套的操作员进行授权。（3）备份、恢复已存在的所有账套数据，清除异常任务。（4）管理上机日志。

账套主管：账套主管是由"admin"指定的用户，是针对某个账套的权限最大的操作人员。账套主管的职责包括：（1）拥有某一账套操作的所有权限、处理日常业务、做基础数据维护、查询报表等；（2）登录系统管理可以对操作员授权；（3）新建年度账套、结转年初数。

操作员：由系统管理员设置并根据其工作岗位和职责进行授权或调整其授权，也可由账套主管调整其权限，操作员按照所受权限在财务系统中进行相应的操作。

账套主管和操作员均可以自己的用户名和密码登录财务系统，进行日常业务处理。当面对税务人员时，他们的用户名和密码就可能变为一道阻碍税务管理的门槛，将税务人员挡在财务系统之外，变相阻碍税务检查权的行使。

（二）通过隐藏服务器把握税务检查中的主动权

服务器（server）指一个管理资源并为用户提供服务的计算机软件，通常分为文件服务器、数据库服务器和应用程序服务器。运行以上软件的计算机或计算机系统也被称为服务器。服务器的构成与一般的 PC 比较相似，但是服务器在稳定性、安全性等方面都要求更高，因为 CPU、芯片组、内存、磁盘等硬件和普通 PC 有所不同。它是网络环境中的高性能计算机，它侦听网络上的其他计算机（客户机）提交的服务请求，并提供相应的服务。

常见的服务器包括机架式服务器、刀片式服务器、塔式服务器以及机柜式服务器。

机架式服务器的外形看来不像计算机，而像交换机，有 1U（1U=1.75 英寸=4.445CM）、2U、4U 等规格。机架式服务器安装在标准的 19 英寸机柜里面。这种结构的多为功能型服务器，如图 1-1 所示。

刀片式服务器是指在标准高度的机架式机箱内可插装多个卡式的服务器单元，实现高可用和高密度。每一块"刀片"实际上就是一块系统主板。它们可以通过"板载"硬盘启动自己的操作系统，如 Windows NT/2000、Linux 等，类似于一个个独立的服务器，在这种模式下，每一块母板运行自己的系统，服务于指定的不同用户群，相互之间没有关联，因此相较于机架式服务器和机柜式服务器，单片母板的性能较低。不过，管理员可以使用系统软件将这些母板集合成一个服务器集群。在集群模式下，所有的母板可以连接起来提供高速的网络环境，并同时共享资源，为相同的用户群服务，如图 1-2 所示。

图 1-1　机架式服务器

图 1-2　刀片式服务器

塔式服务器是一种比较常见的易于理解的服务器结构类型，因为它的外形以及结构都跟我们平时使用的立式 PC 差不多，当然，由于服务器的主板扩展性较强、插槽也多，所以体积比普通主板大一些，因此塔式服务器的主机机箱也比标准的 ATX 机箱要大，一般都会预留足够的内部空间以便日后进行硬盘和电源的冗余扩展。由于塔式服务器的机箱比较大，服务器的配置也可以很高，冗余扩展可以很齐备，所以它的应用范围非常广，应该说使用率最高的一种服务器就是塔式服务器。平时常说的通用服务器一般都是塔式服务器，它可以集多种常见的服务应用于一身，不管是速度应用还是存储应用都可以使用塔式服务器来解决，如图1-3所示。

　　机柜式服务器。一些高端企业服务器由于内部结构复杂、内部设备较多，将许多不同的设备单元或几个服务器都放在一个机柜中，这种服务器就是机柜式服务器。机柜式服务器通常由机架式、刀片式服务器再加上其他设备组合而成，如图1-4所示。

图 1-3　塔式服务器　　　　　　　图 1-4　机柜式服务器

　　企业通常使用大型专用机房统一部署和管理大量的服务器资源，机房通常设有严密的保安措施、良好的冷却系统、多重备份的供电系统，造价相当昂贵。

　　当然除了专门的服务器外，一些小型企业会将配置比较高的计算机作为服务器使用。这种服务器从外观上识别度比较低，一般也不必放在机房中，因此更难识别。

　　同时，会计电算化中的服务器集中存储着电子财务数据，真实、全面地记录着软件生成的各种数据，包括真实的财务数据和虚假的财务数据。

　　鉴于此，企业不情愿指认服务器并交付给税务人员。客观上，服务器体积较小，易于隐藏；除了专门的服务器外，其他充当服务器的计算机与一般电脑主机外观上基本无差异，很难辨别；网络运行也为远距离放置服务器或使用虚拟服务器提供了技术支持，因此企业往往通过隐藏服务器、拒不指认服务器等手段为税务人员设置障碍、延缓检查进程。

　　（三）通过异地设置服务器使税务人员无法识别数据真伪

　　某些跨地区经营的集团公司，其成员单位往往将服务器设置在异地甚至是国外，并运用网络技术实现自身的财务核算。同时，虚拟服务器在一些小型企业中也有应用。虚拟服务器也称为 vps 主机，相对于真实主机而言，采用特殊的软硬件技术把一台完整的服务器主机分成若干个主机。实际上，虚拟服务器是将真实的硬盘空间分成若干份，然后租给不同用户，每一台被分割的主机都具有独立的域名和IP 地址，但共享真实主机的 CPU、RAM、操作系统、应用软件等。运行时由用户远程操作属于自己的那一块，而这一块对任何用户而言，就是一台"完整"的服务器，与真实独立的主机功能完全一样。用户只需对自己的信息进行远程维护，而无需对硬件、操作系统及通信线路进行维护。

无论是异地设置服务器还是虚拟服务器，所在地税务人员受地域、权限制约无法控制服务器，只能在线进行检查。由于数据采集受制于人，从而失去税务管理的主动性。

（四）删除记账凭证或账套

电子记账凭证的删除不同于传统记账凭证的撕毁。撕毁传统记账凭证比较麻烦，会留下痕迹也会出现凭证编号的异常断号，因此企业较少采取这种手法。而很多财务软件设有反结账功能，企业可以对前期会计凭证基本做到无痕迹删除，只是在"上机日志"中会记录有整理断号的操作痕迹，但也无法查到具体删除的内容。删除凭证的具体操作在本章后面会介绍。

销毁纸质的账套资料，无论是烧掉还是撕毁，会计资料都将不复存在，这必将影响企业的正常经营核算，不到万不得已的时候，企业一般不会采取这种极端做法。而电子财务数据因其可以备份，无论删除多少次，都不会丢失原有财务数据，不会影响企业的生产经营核算。因此，企业经常采用删除整个账套资料的方式使税务稽查、日常税务管理陷入无账可查的困境。以用友软件为例，其具体操作如下。

1.用户运行用友软件系统管理，如图 1-5 所示。

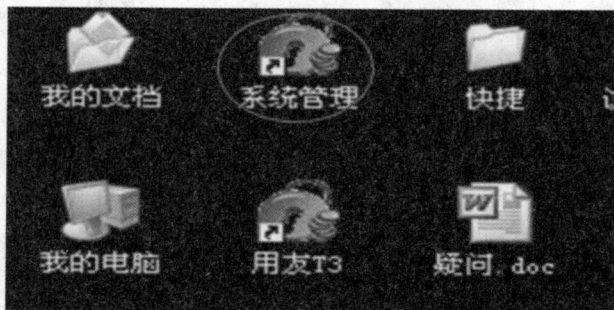

图 1-5　登录"系统管理"

2.点击进入"系统管理"模块，点选"系统"下的"注册"，以系统管理员的身份进入系统管理，如图 1-6 所示。

3.进入注册"控制台"界面，在"用户名"文本框中输入"admin"（默认系统管理员的密码为空），如图 1-7 所示。

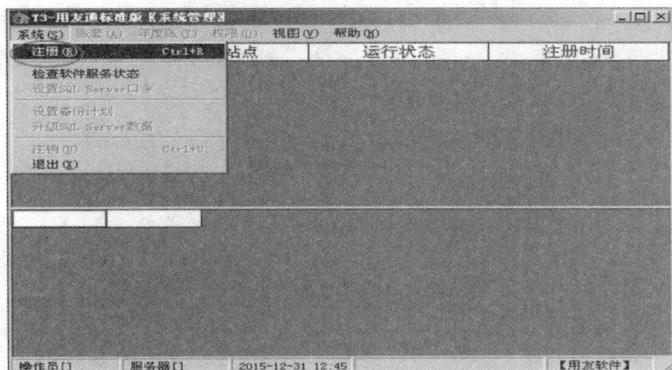

图 1-6　注册操作员

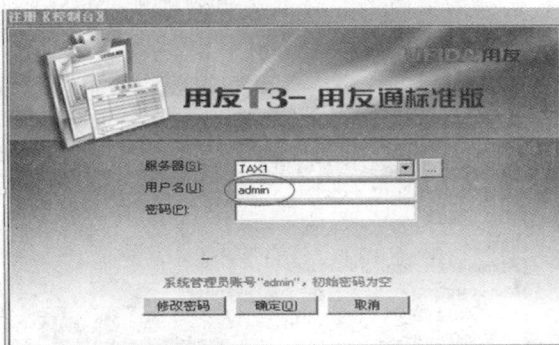

图 1-7　以系统管理员的身份进入系统管理

4. 单击"确定"按钮，以系统管理员身份进入系统管理。

5. 执行"账套"-"备份"命令，如图 1-8 所示，进入"账套备份"对话框界面。

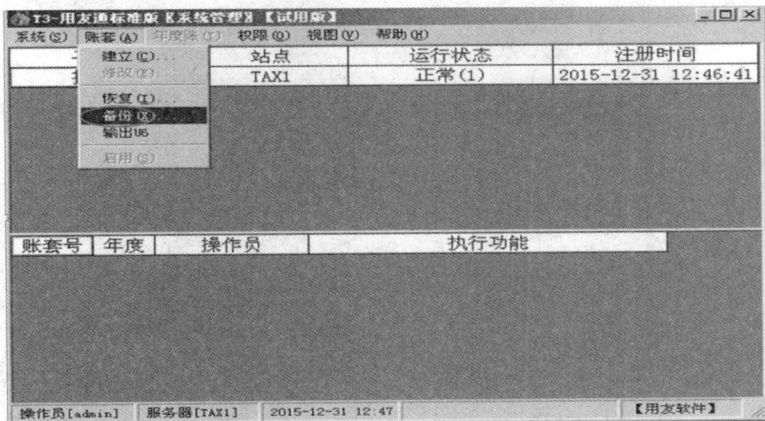

图 1-8　执行"账套"-"备份"命令

6. 单击"账套号"下拉列表框中的下三角按钮，选择需要备份的账套 001，同时勾选"删除当前输出账套"，单击"确认"按钮，弹出系统提示信息"压缩进程，请等待"，如图 1-9 所示。

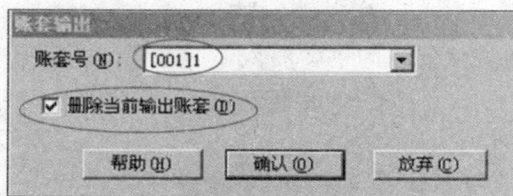

图 1-9　账套备份对话框

7. 系统压缩完成所选账套数据后，弹出"选择备份目标"对话框。在该对话框的下拉列表框中，选择需要将账套数据输出的地址，单击"确认"按钮，如图 1-10 所示。

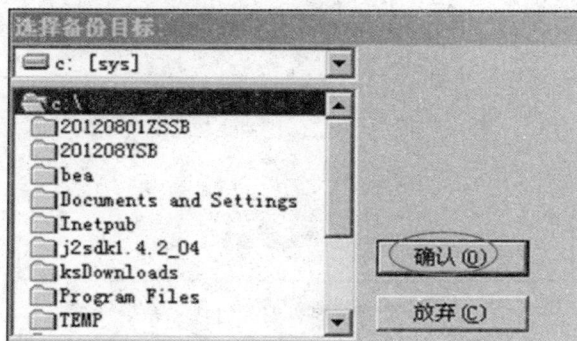

图 1-10　选择备份目标

8. 系统开始进行备份，备份完成后，弹出系统提示"硬盘备份完毕！"，单击"确定"，如图 1-11 所示。

图 1-11　备份账套

9. 弹出"真的删除该账套吗?"的对话框，点击"是"，那么该账套从系统中被删除，无法再查询到该账套，如图 1-12 所示。

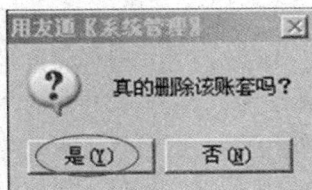

图 1-12 删除账套对话框

（五）其他方法

此外，企业常用设置障碍的方法还包括：

1. 不打印电子账簿资料。电子账簿资料不打印就不能与原始记账凭证装订成册，也就不能将电算化会计核算转化为传统的会计核算，为企业掩藏多套账提供了机会和手段。

2. 以打印机损坏或没有打印纸为由，妨碍检查和取证工作。面对电算化会计核算，税务人员通常会要求企业将指定的财务资料打印出来进行检查，这时企业就会以打印机坏了不能用或打印纸用完了等理由，变相阻碍税务人员的检查和取证工作。

3. 打印出来的电子记账凭证是科目代码形式的，而不是科目名称。有些软件，如用友软件，在凭证查询界面带有科目代码和科目名称转化的设置。当税务人员要求打印电子记账凭证时，有些企业故意将电子记账凭证页面设置成会计科目代码模式并打印提供给税务人员。由于税务人员无法记得或获知科目代码具体指向的科目名称，从而无法进行检查。

4. 以停电或人为破坏电力设施方式阻碍检查。若税务人员抵达财务部门时，财务人员正在操作财务软件并且企业财务核算存在违法行为，财务人员就可能采取拔下电源甚至是破坏保险丝的方式阻止税务检查。因为断电后，电脑重新开机，原有的密码就会重新发挥作用，税务人员没有密码就无法进入财务系统实施检查。

5. 以在场财务人员的用户权限不够拖延或限制检查。财务人员根据自己的分工，在财务系统中获得自己的权限和登录密码。用自己的用户名登录财务系统后只能看到自己有操作权限的模块并进行操作。税务人员到企业进行检查时，企业可能会以权限最大最多的人不在为由，只能以在场的权限有限的人员的用户名登入系统进行检查，从而使税务人员的检查权受到制约，不能查询全部资料和数据。

6. 以系统安全为由不让税务人员亲自动手操作软件。若税务人员以财务人员的用户名登录系统进行操作，在上机日志中会记录为该财务人员。一旦发生数据安全问题，将无法分清是财务人员操作还是税务人员操作的结果，也就无法划分责任。因此，企业往往以这一缘由委婉拒绝税务人员对财务系统的直接检查，改由财务人员操作系统查询税务人员所需的内容。这如同射击活动，瞄准的工作交给财务人员而扣扳机的工作交给了税务人员，尽管扣扳机动作干净利落，但并没有瞄准，也是无法击中要害。

7. 不将外文软件进行汉化，使用纯外文财务软件进行会计核算。按照《中华人民共和国税收征收管理法实施细则》（后文简称《征管法》）第 27 条的规定，账簿、会计凭证和报表，应当使用中文；外商投资企业和外国企业可以同时使用一种外国文字。据此对外文财务软件必须依法进行汉化，但是很多企业置若罔闻，造成税务干部在检查时无法识别文字，更别提对其进行检查。

以上这些妨碍检查、为检查设置障碍的手法目的都是为企业自己赢得时间，销毁或隐藏其保存在电算化核算系统或计算机中偷税的事实和证据。

二、企业利用会计电算化偷税的新手法

（一）设置多套账，提供税务机关虚假的财务数据

利用多套账偷税是近年来企业常用的偷税手法，然而多套账在会计电算化记账方式下和手工记账方式下从形成方式、存在形式到隐蔽性都有很大区别。手工记账方式下的多套账设置有一定的难度，一般为内、外两套账。税务部门一般通过举报或内账中的异常迹象来获取外账存在的线索，并借助公安力量找到外账。

会计电算化方式下电子多套账的形成异常容易，可以采取以下四种方式建立多套账：（1）财务人员可以在做好数据备份的情况下，利用反结账功能通过增加、修改、删除原来记账凭证形成新的账套；（2）通过在会计电算化系统中同时设置若干套账形成多套账；（3）通过在一台电脑的不同操作系统中分别安装财务软件设置、运行多套账；（4）通过同时安装、运行 2 套或 2 套以上财务软件的方式设置多套账。

1. 财务人员可以在做好数据备份的情况下，利用反结账功能通过增加、修改、删除原来记账凭证形成新的账套。以 T3 用友通标准版为例，多套账的生成具体操作如下：

（1）用户运行用友软件"系统管理"，如图 1-13 所示。

图 1-13　登录"系统管理"

（2）点取功能菜单"系统"下的"注册"以系统管理员的身份进入系统管理，如图 1-14 所示。

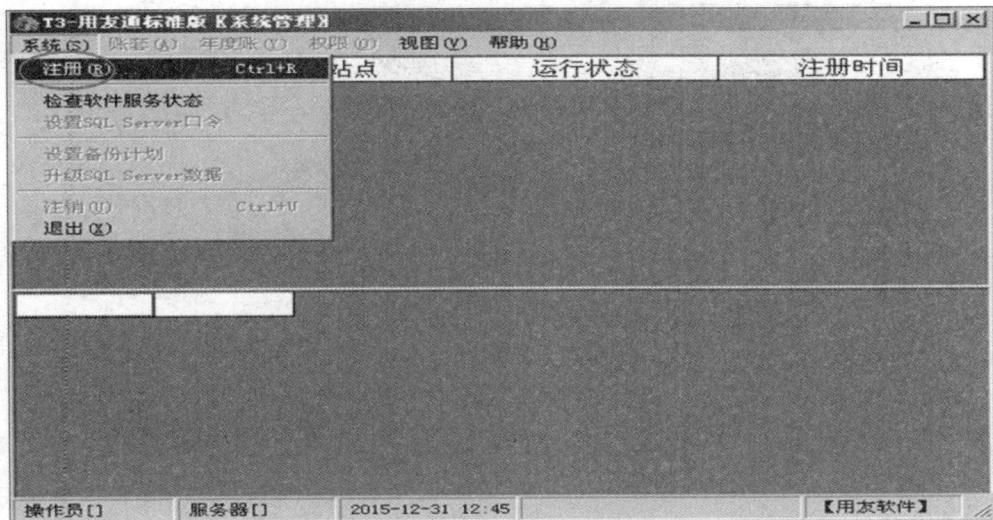

图 1-14　注册操作员

（3）在"用户名"文本框中输入用户名，本例为 admin（默认系统管理员的密码为空），如图 1-15 所示。

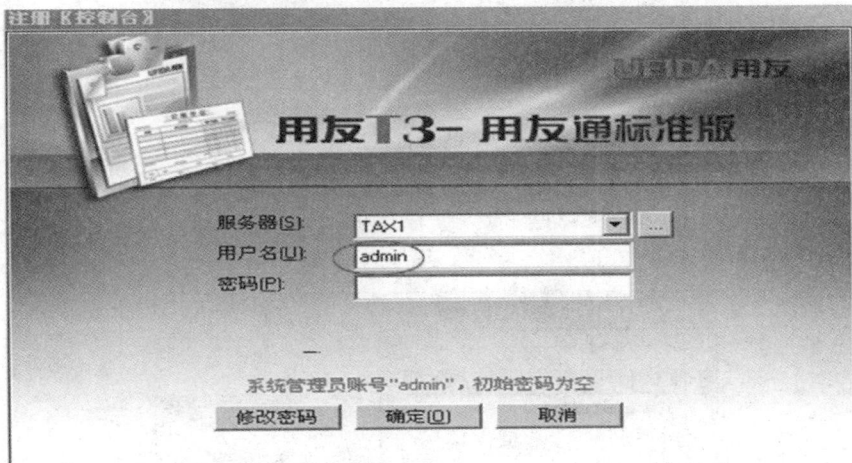

图 1-15　以系统管理员的身份进入系统管理

（4）单击"确定"按钮，以系统管理员身份进入系统管理。

（5）执行"账套"-"备份"命令，打开"账套备份"对话框，如图 1-16 所示。

（6）单击"账套号"下拉列表框中的下三角按钮，选择需要备份的账套，本例为 999，单击"确认"按钮，弹出系统提示信息"压缩进程，请等待"，如图 1-17 所示。

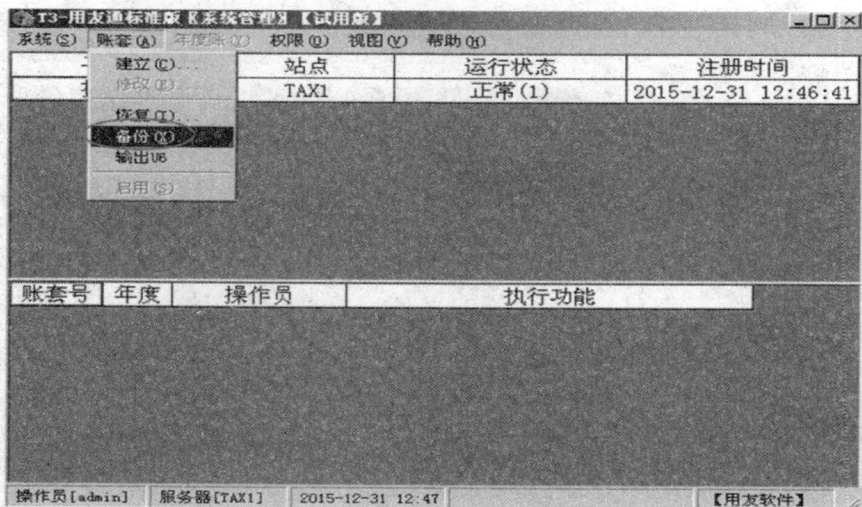

图 1-16　执行"备份"命令

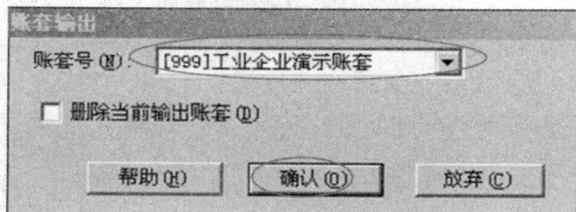

图 1-17　账套备份对话框

（7）系统压缩完成所选账套数据后，弹出"选择备份目标"对话框。在该对话框的下拉列表框中，选择需要将账套数据输出的驱动器及所在目录，单击"确认"按钮，如图 1-18 所示。

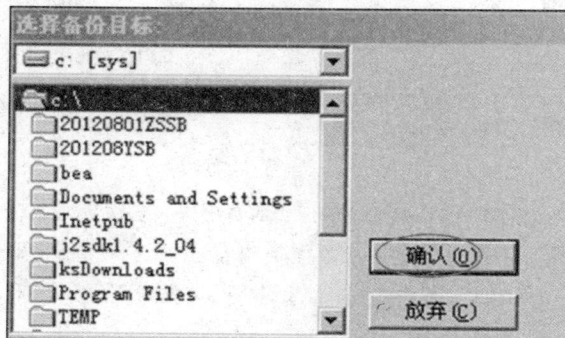

图 1-18　选择备份目标

（8）系统开始进行备份，备份完成后，弹出系统提示"硬盘备份完毕！"，单击"确定"按钮返回，如图 1-19 所示。

图 1-19　备份账套

上述流程为备份原有账套的操作。企业在做好账套备份后，再利用反结账操作，将原有账套中部分电子记账凭证进行修改，从而形成一套新账。具体操作如下：

（9）登录用友 T3。

①在桌面点击"用友 T3"，如图 1-20 所示。

图 1-20　运行"用友 T3"

②进入"注册"控制台界面，本例以账套主管"demo"身份登录系统。在"操作员"文本框中输入"demo"；在"密码"文本框中输入"demo"；点击"账套"下拉列表框中的下三角按钮，选择 999 工业企业演示账套；点击"操作日期"最右边的按钮，弹出"日历"对话框，将时间调到 2008 年 5 月 31 日，点击"确认"，返回"注册"控制台界面，如图 1-21、图 1-22 所示。

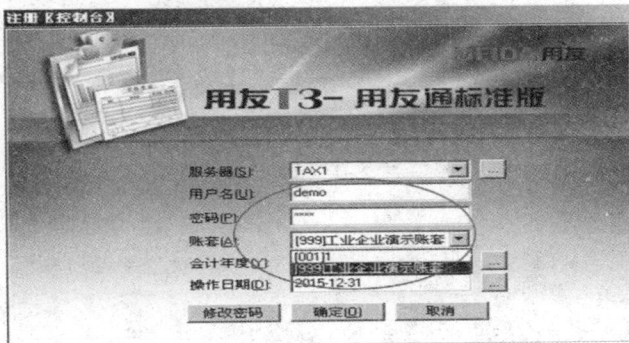

图 1-21　输入用户名、密码和选取账套

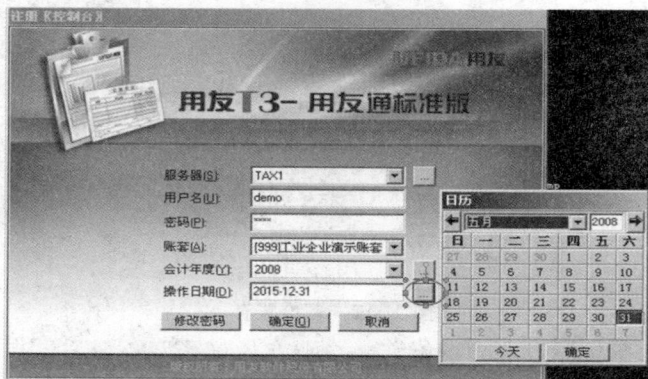

图 1-22　输入操作日期

（10）取消结账。

①单击工具栏"总账"，执行"期末"－"结账"命令，如图 1-23 所示。

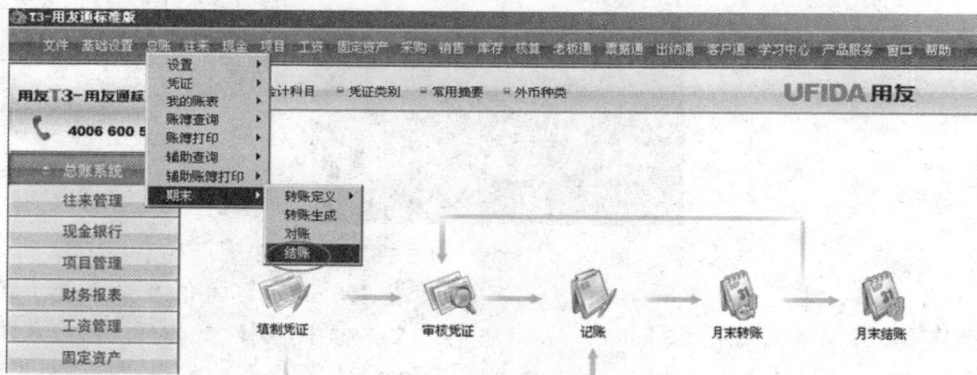

图 1-23　进入取消结账界面

②进入"结账"窗口，选择要取消结账的月份"2008.05"，如图 1-24 所示。

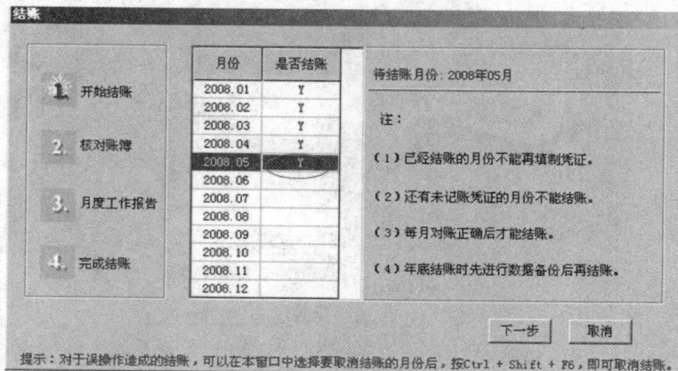

图 1-24　选择取消结账月份

③按"Ctrl+Shift+F6"键激活"取消结账"功能，输入口令，本例为"demo"，如图 1-25 所示。

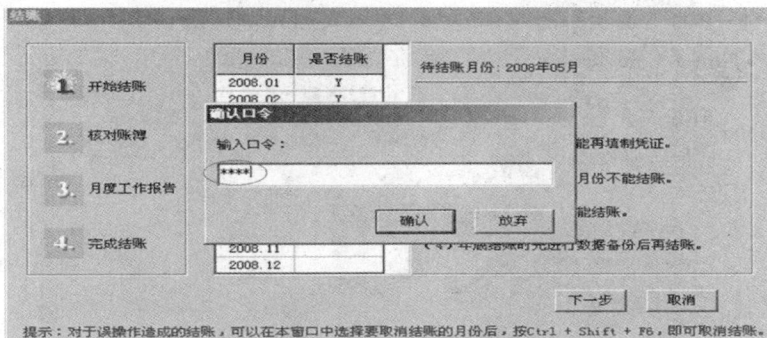

图 1-25 取消结账

④单击"确认"按钮，取消结账标记，如图 1-26 所示。

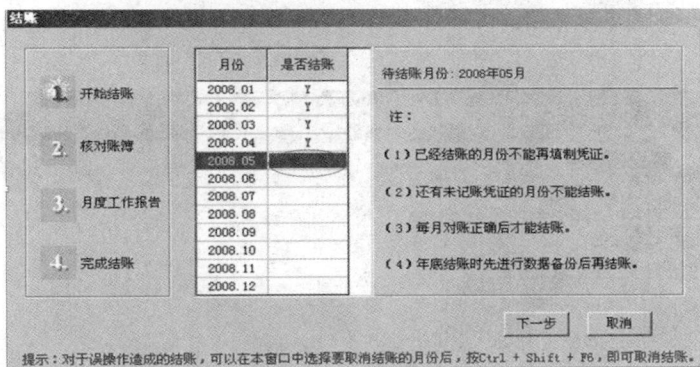

图 1-26 取消结账标记

（11）取消记账，激活"恢复记账前状态"菜单。

①单击工具栏"总账"，执行"期末"-"对账"命令，如图 1-27 所示。

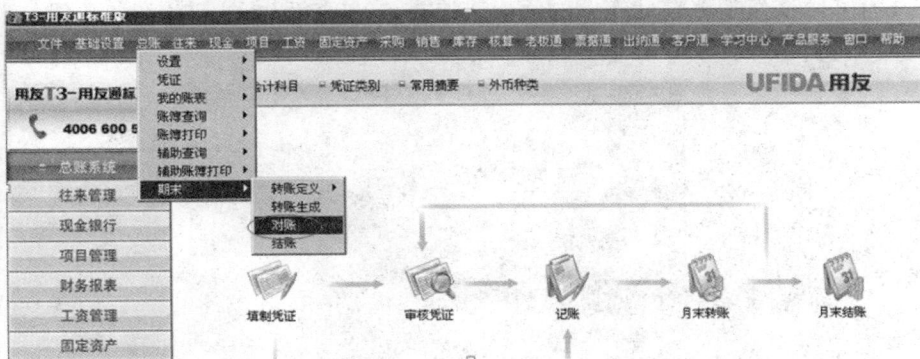

图 1-27 进入"对账"的路径

②进入"对账"窗口，光标打在任意空格处。按"Ctrl+H"键，弹出"恢复记账前状态功能已被激活"信息提示对话框，单击"确定"按钮，如图1-28所示。再单击工具栏中的"退出"按钮，返回T3用友通标准版界面。

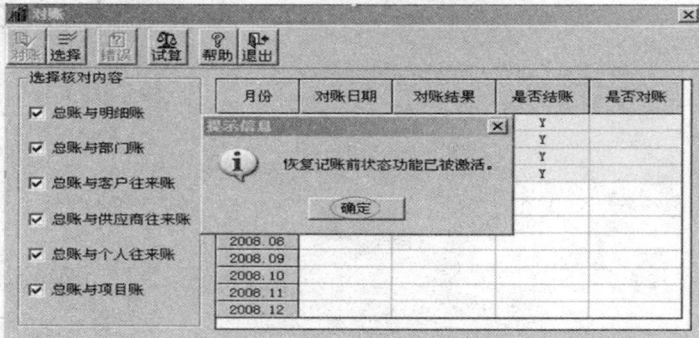

图1-28 激活"恢复记账前状态"功能

③单击工具栏"总账"，执行"凭证"-"恢复记账前状态"命令，如图1-29所示。

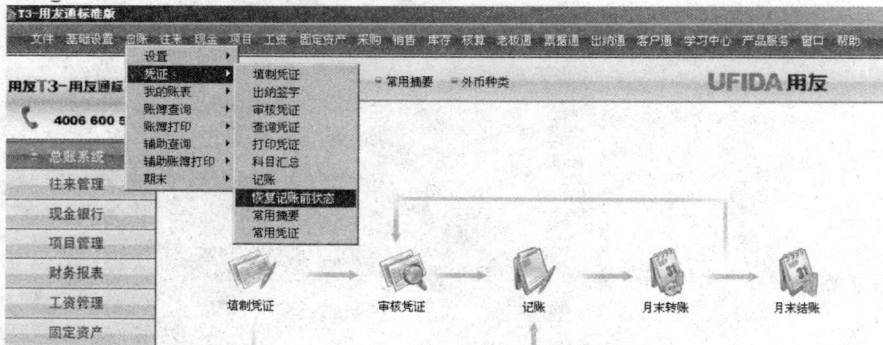

图1-29 执行"恢复记账前状态"

④打开"恢复记账前状态"对话框，选择"2008年06月初状态"按钮，单击"确定"按钮，如图1-30所示。

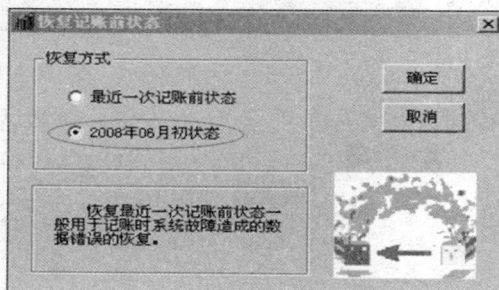

图1-30 选择恢复方式

⑤输入主管口令"demo"，单击"确认"，如图1-31所示。

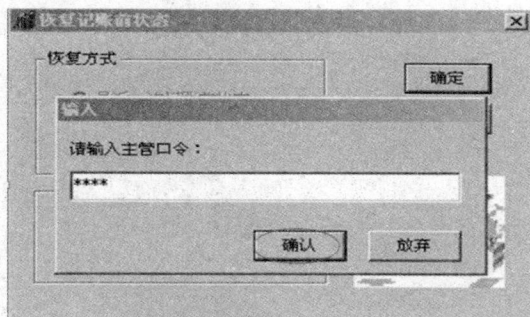

图1-31　输入口令

⑥弹出"恢复记账完毕！"信息提示对话框，单击"确定"按钮，如图1-32所示。

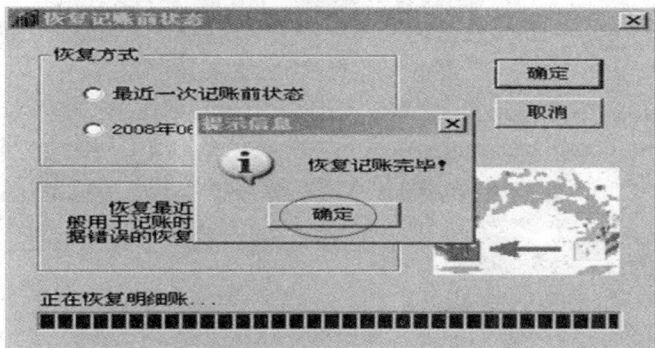

图1-32　恢复记账完毕

提示：若要恢复5月份的账，则需再操作一次"恢复记账前状态"，以此类推。

（12）取消审核。

①在T3用友通标准版界面，执行"文件"－"重新注册"命令，进入"注册（控制台）"窗口，如图1-33所示。

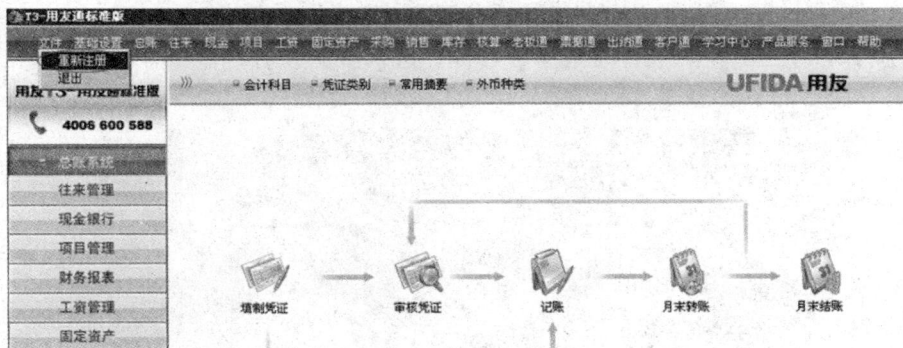

图1-33　重新注册

②本例以"001"的身份重新注册,"用户名"栏输入"001","密码"为空。单击"确定"按钮,如图 1-34 所示。

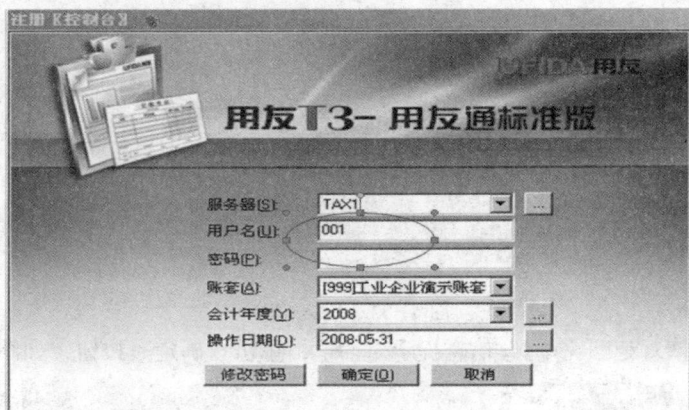

图 1-34　用户 001 登录

③执行"总账"-"凭证"-"审核凭证"命令,如图 1-35 所示。

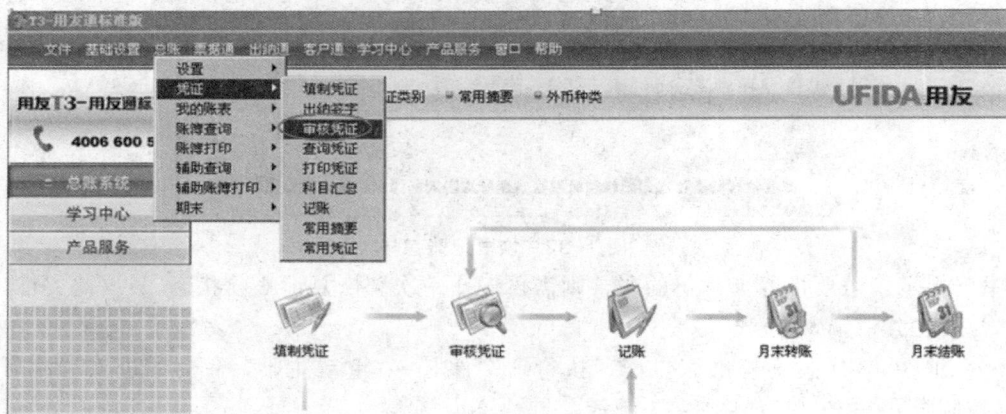

图 1-35　进入"审核凭证"界面

④打开"凭证审核"查询条件对话框,选择查询条件"2008.05""全部",单击"确认"按钮,如图 1-36 所示。

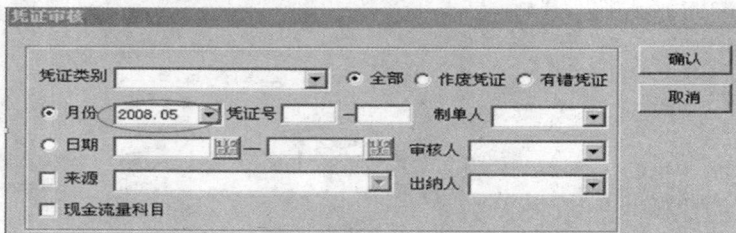

图 1-36　凭证审核的查询条件对话框

⑤进入"凭证审核"的凭证列表窗口,单击"确定"按钮,如图1-37所示。

制单日期	凭证编号	摘要	借方金额合计	贷方金额合计	制单人	审核
2008.05.01	记－0001	交纳各项税费	37,934.26	37,934.26	demo	1
2008.05.02	记－0002	办公室维修费	835.50	835.50	demo	1
2008.05.08	记－0003	报销差旅费	337.00	337.00	demo	1
2008.05.10	记－0004	报销业务招待费	2,000.00	2,000.00	demo	1
2008.05.26	记－0005	付检验费	8,000.00	8,000.00	demo	1
2008.05.28	记－0006	医药费报销	695.00	695.00	demo	1
2008.05.31	记－0007	无形资产摊销	6,350.00	6,350.00	demo	1
2008.05.31	记－0008	交纳水电费	8,760.00	8,760.00	demo	1
2008.05.31	记－0009	付广告费	6,000.00	6,000.00	demo	1
2008.05.31	记－0010	专用发票	17,737.20	17,737.20	demo	1
2008.05.31	记－0011	专用发票	14,221.35	14,221.35	demo	1
2008.05.31	记－0012	采购入库单	196,922.62	196,922.62	demo	1

图1-37 凭证列表

⑥进入"凭证审核"窗口,单击工具条上的"审核"按钮,再单击"成批取消审核",如图1-38所示。

图1-38 成批取消审核

⑦弹出"成批取消审核结果表"显示取消审批的结果,单击"确定",最后单击"退出"按钮,返回T3用友通标准版界面,如图1-39所示。

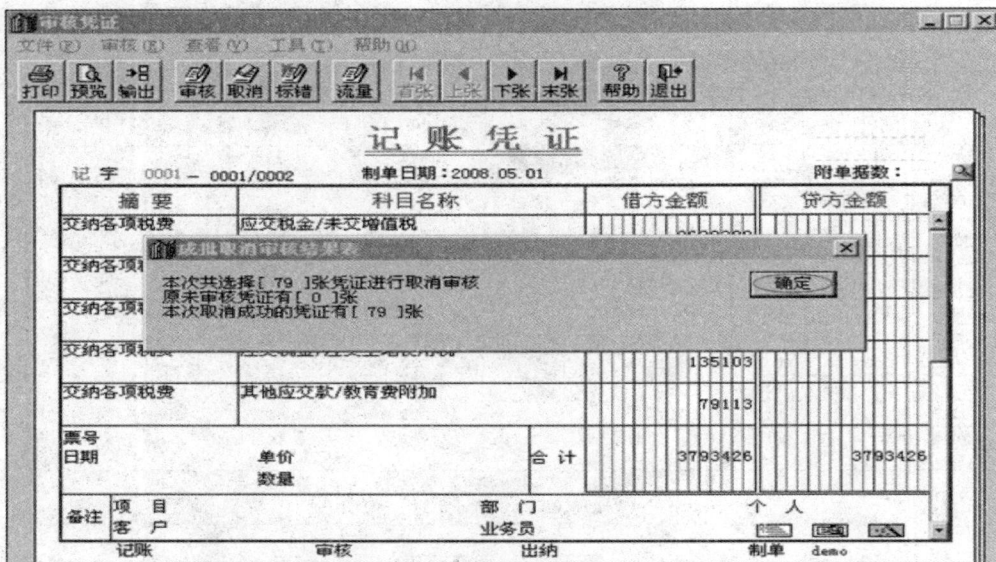

图 1-39　成批取消审核结果表

（13）修改凭证。

①在 T3 用友通标准版界面，执行"文件"–"重新注册"命令，进入"注册
（控制台）"窗口，以"demo"的身份重新注册，单击"确定"按钮。具体操作见
前面所述。

②执行"总账"–"凭证"–"填制凭证"，如图 1-40 所示。

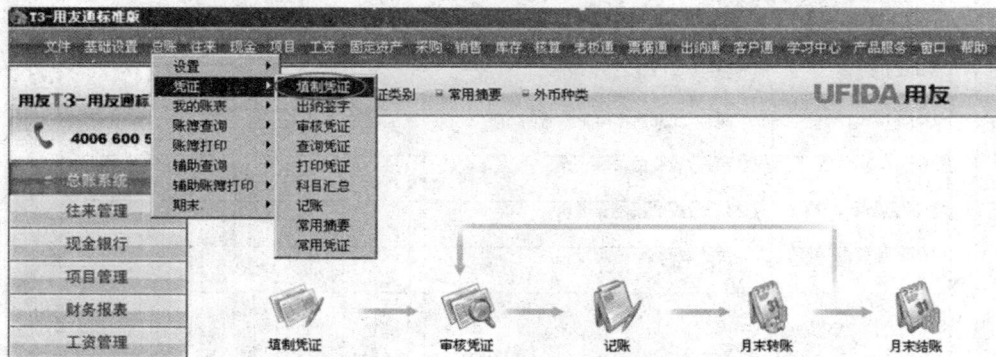

图 1-40　进入"填制凭证"

③通过"上张""下张"查询到要修改的凭证，本例假设为 2008 年 5 月份
0002 号凭证，将金额由 835.50 元改为 635.50 元，如图 1-41、图 1-42 所示。

④单击"保存"按钮，显示保存成功，修改凭证完成，如图 1-43 所示。

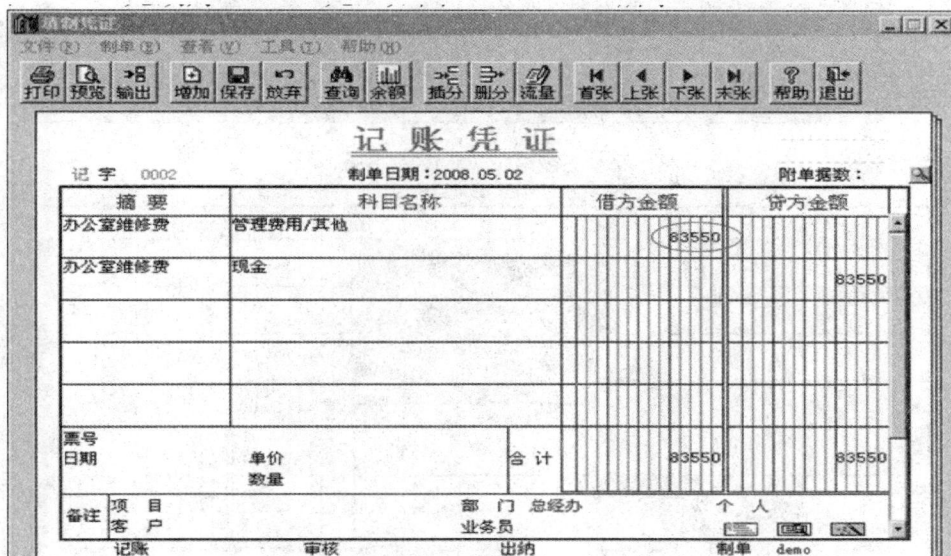

图 1-41　修改前的 0002 号凭证

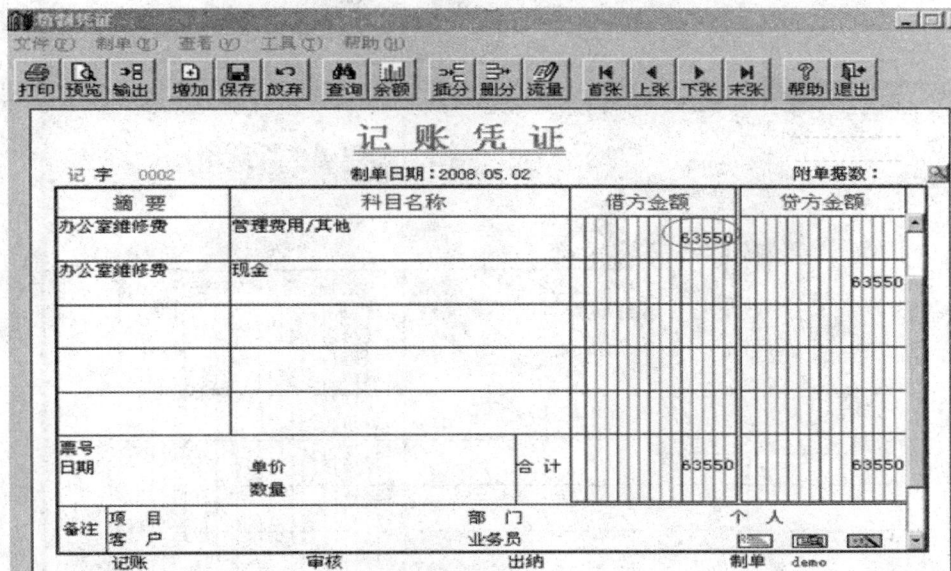

图 1-42　修改后的 0002 号凭证

（14）删除凭证。

①前面操作同（13）修改凭证的①②，然后通过"上张""下张"查询到要删除的凭证，本例假设为 2008 年 5 月份 0004 号凭证，依次点击"制单"－"作废/恢复"，凭证的左上角显示"作废"，表示该凭证已作废，如图 1-44、图 1-45 所示。

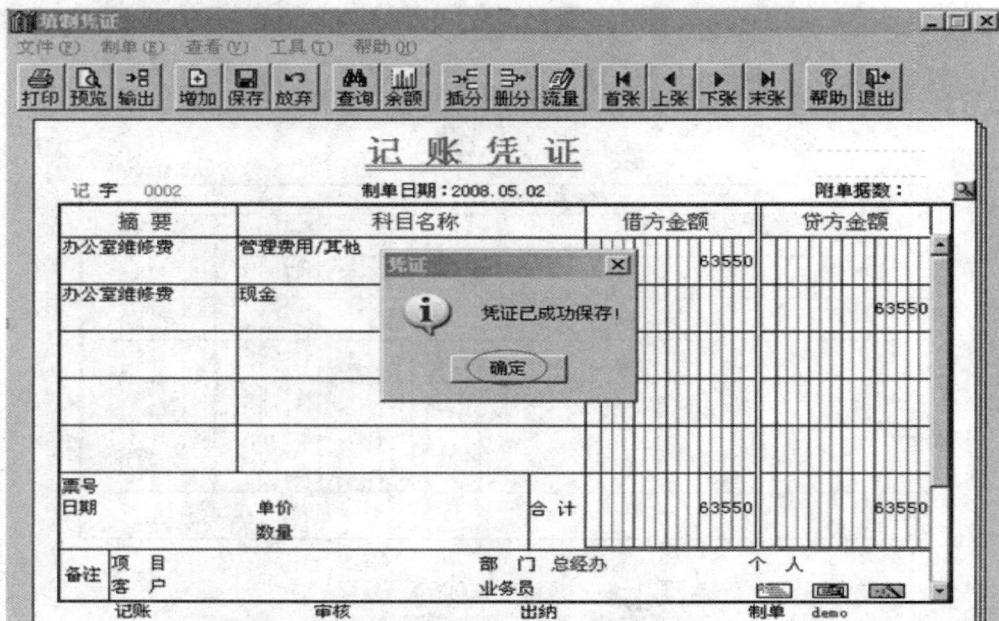

图 1-43　凭证修改成功

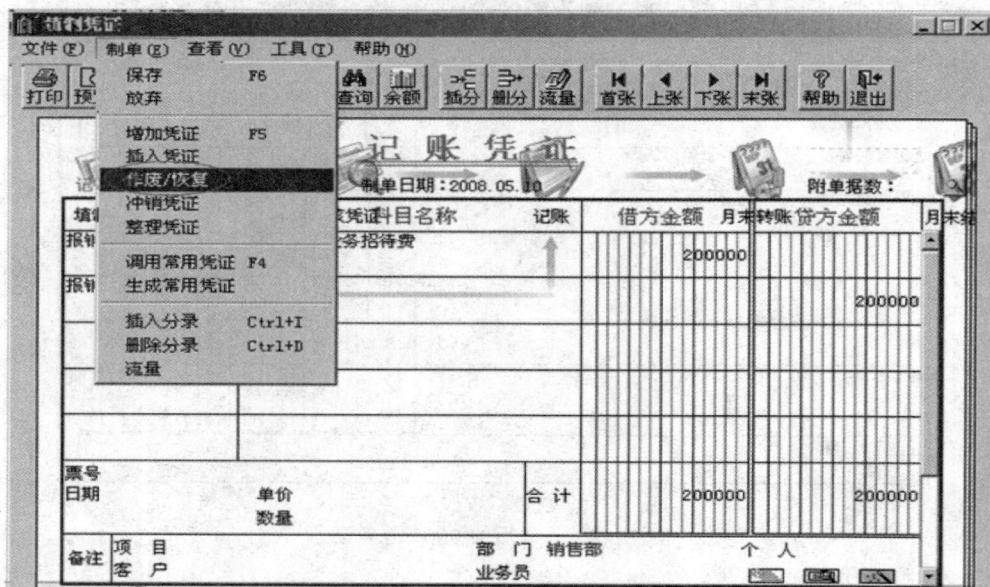

图 1-44　点选"作废凭证"的路径

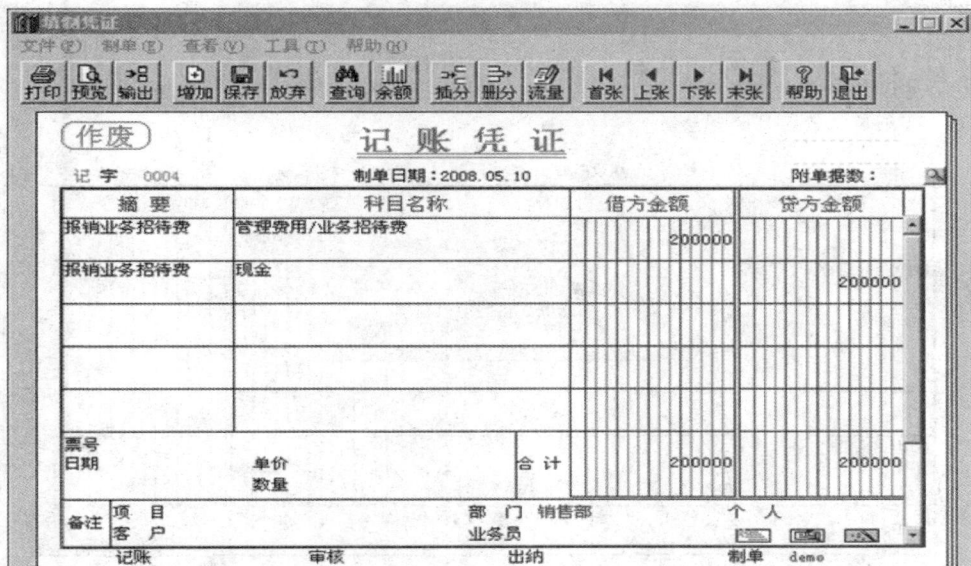

图 1-45 标注"作废"

②在"填制凭证"界面，依次点击"制单"-"整理凭证"，如图 1-46 所示。

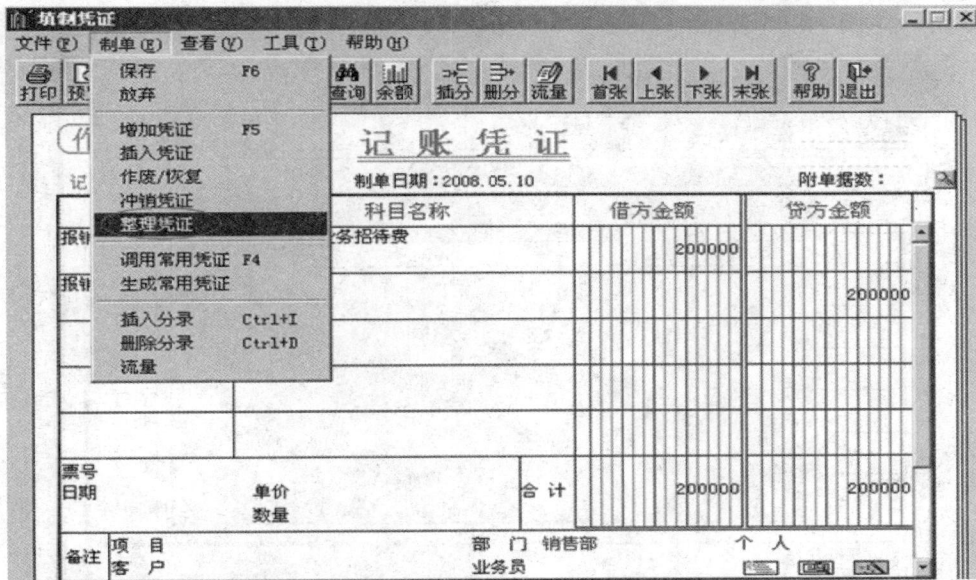

图 1-46 点击"整理凭证"的路径

③弹出"选择凭证期间"对话框，选择要整理的期间："2008.05"，单击"确定"，如图 1-47 所示。

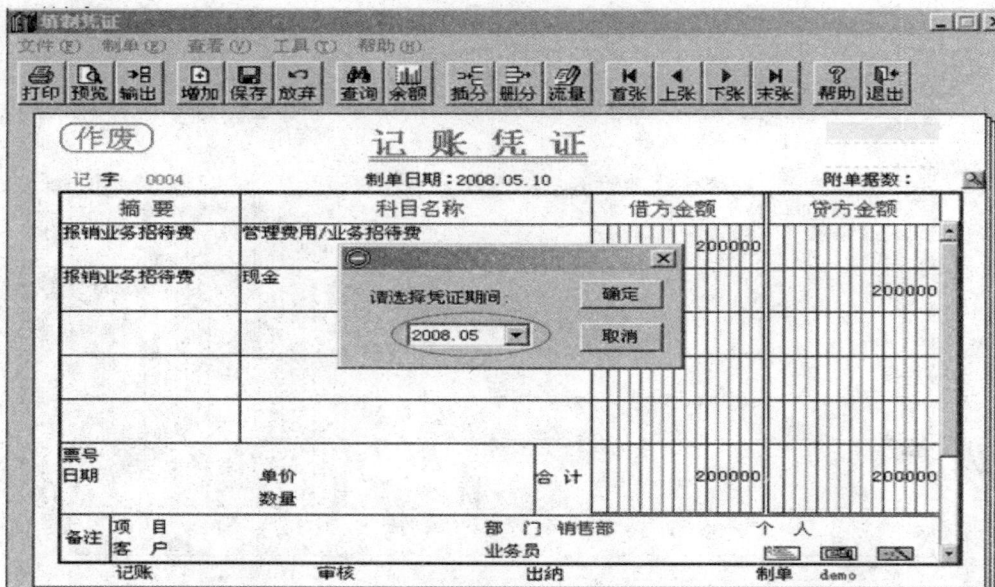

图 1-47　选择整理期间

④打开"作废凭证表"对话框，单击"全选"，所有要删除的作废凭证均标注
"√"，如图 1-48 所示。

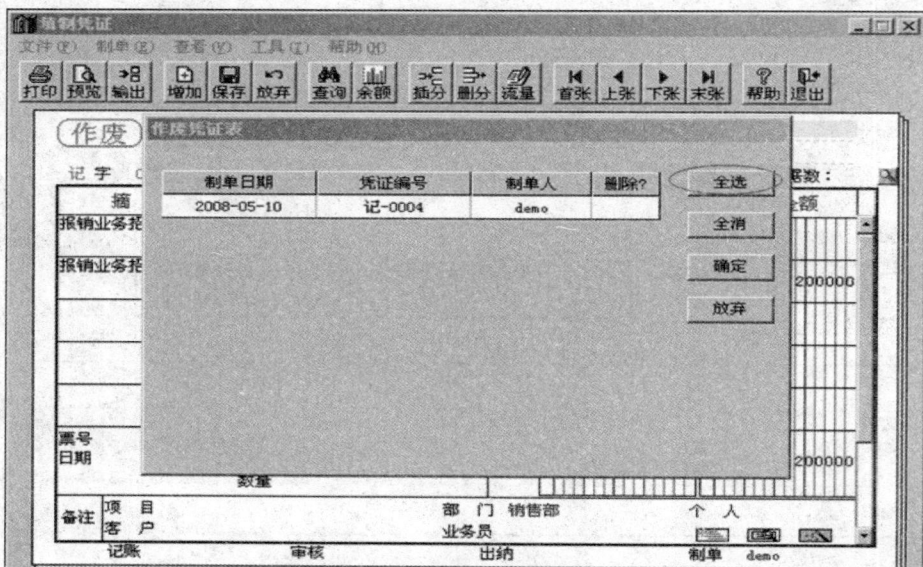

图 1-48　作废凭证列表

⑤单击"确定"按钮，弹出"是否还需整理凭证断号"对话框，单击"是"，
如图 1-49 所示。

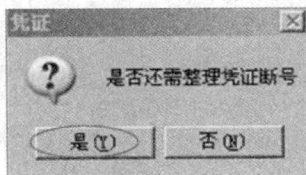

图 1-49 整理凭证断号

需要注意的是：

一、不是每张凭证都可以修改、作废、删除，生成于外部门的凭证，如应收、应付、固定资产、工资、购销存模块的凭证不能删除，只有在总账模块录入的凭证才可直接修改、作废和删除。

二、修改、删除上述凭证后，还应该删除与上述凭证相关的期末转账生成的凭证。

三、经过上述操作之后的财务凭证，还要经过审核、记账、期末转账生成其他自设的凭证，再对这些转账生成的凭证进行审核、记账，才能最后结账。由此形成一套与之前不同的会计账，即产生多套账。

2. 通过在会计电算化系统中同时设置若干套账形成多套账。为满足不同客户的需要，一套财务软件可以同时设立、管理很多套账。以用友和金蝶为例，都可以建立 999 套账。一些企业就利用该功能，设立多套账进行真假会计核算。以用友软件为例，具体操作如下：

①以系统管理员 "admin" 身份登录系统管理，具体操作参照图 1-5 至图 1-7，这里不再重复。

②单击 "账套"，系统自动拖出下级菜单，选中 "建立"，如图 1-50 所示。

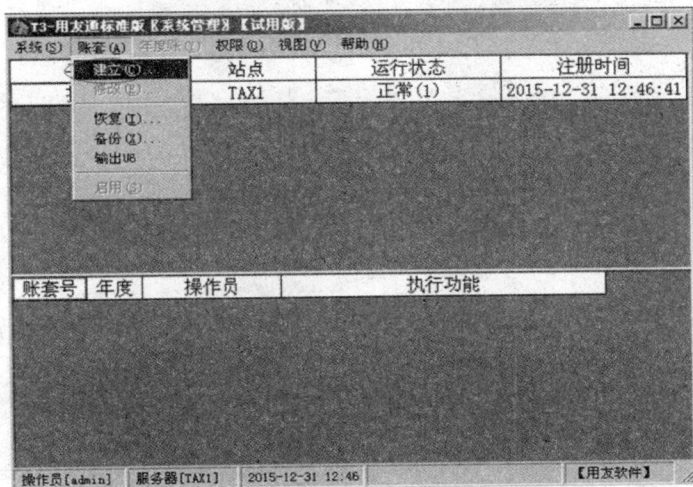

图 1-50 点选 "新建" 账套的路径

③单击鼠标进入创建账套界面，填写与账套相关内容，如图 1-51 所示。

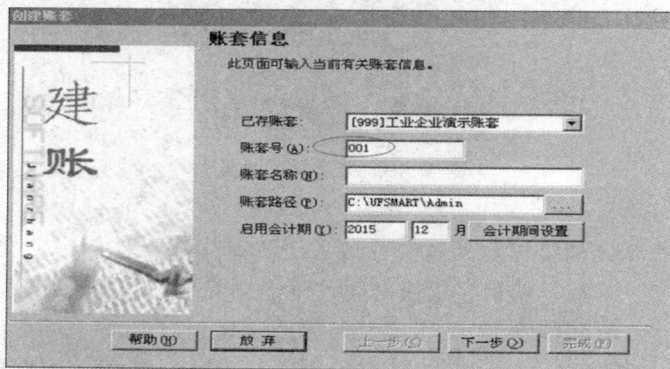

图 1-51　"账套信息"的录入

账套信息，是用于记录新建账套的基本信息，包括已存账套、账套号、账套名称、账套路径、启用会计期和会计期间设置。界面中各栏目的具体使用详见下面说明。

已存账套：系统将现有的账套以下拉框的形式在此栏目中表示出来，用户只能参照，而不能输入或修改。

账套号：用来输入新建账套的编号，用户必须输入。

账套名称：用来输入新建账套的名称，用户必须输入。

账套路径：用来输入新建账套所要被放置的路径，用户必须输入，但也可以选择系统默认的路径。

启用会计期：用来输入新建账套将被启用的时间，具体到"月"，必须输入。

会计期间设置：用户在输入"启用会计期"后，用鼠标点击"会计期间设置"按钮，弹出会计期间设置界面。

④输入完成后，点击"下一步"按钮，进行第二步设置，输入单位信息，如图 1-52 所示。

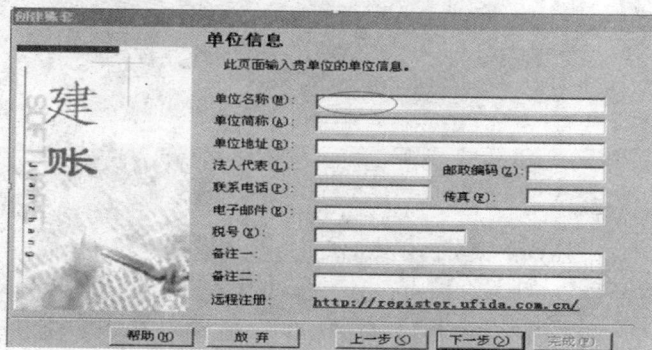

图 1-52　单位信息

⑤输入完成后,点击"下一步"按钮,进行第三步设置,输入核算信息,如图1-53 所示。

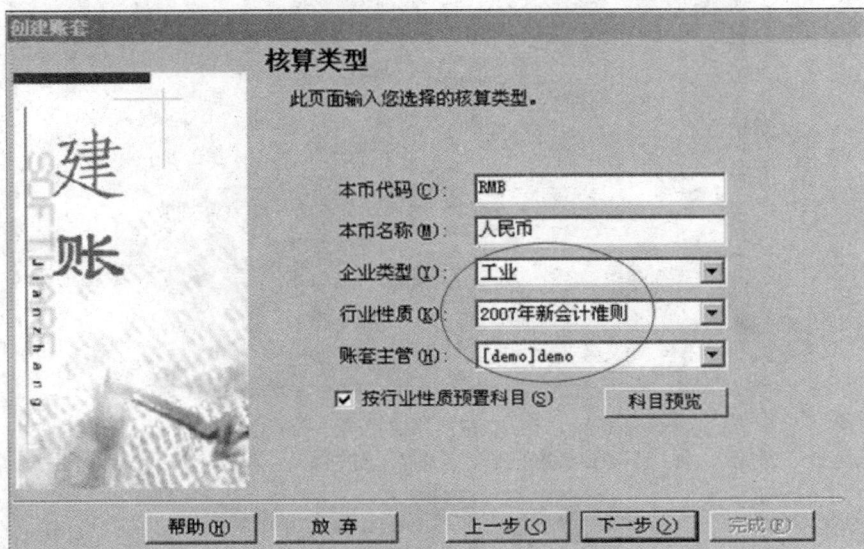

图 1-53　核算信息

⑥输入完成后,点击"下一步"按钮,进行第四步设置,输入基础信息选项,如图 1-54 所示。

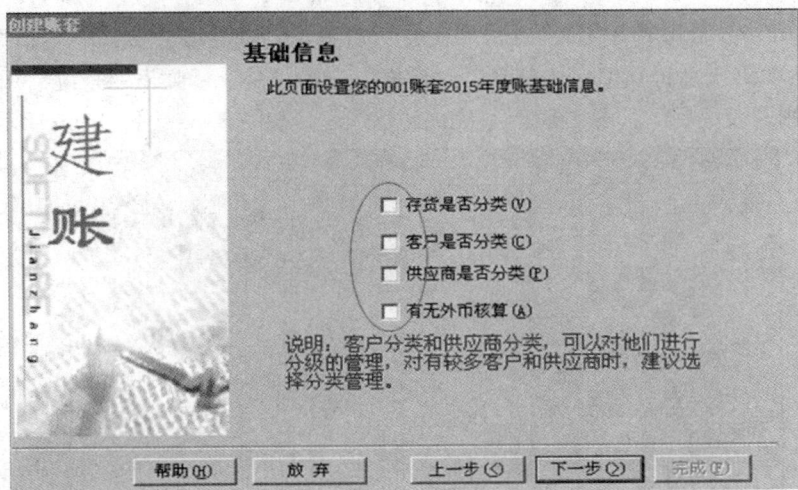

图 1-54　基础信息

⑦输入完成后,点击"下一步"按钮,进入第五步设置,选择业务流程,如图1-55 所示。

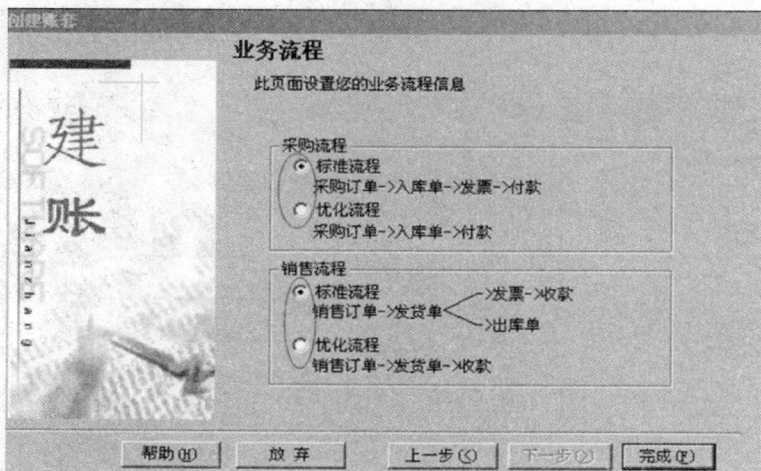

图 1-55　业务流程

⑧点击"完成"，弹出"可以创建账套了么？"对话框，单击"是"，如图 1-56 所示。

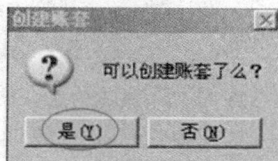

图 1-56　创建账套

⑨弹出"分类编码方案"，点击"确认"后弹出"创建账套成功"对话框，点击"确定"后弹出"是否立即启用账套"对话框，点击"是"后弹出"系统启用"界面，勾选要启用的模块后，点击"确定"，完成新建账套，如图 1-57 至图 1-60 所示。

项目	最大级数	最大长度	单级最大长度	是否分类	第1级	第2级	第3级	第4级	第5级	第6级	第7级	第8级	第9级
存货分类编码级次	8	12	9	否	2	2	2	2	3				
客户分类编码级次	5	12	9	否	2	3	4						
供应商分类编码级次	5	12	9	否	2	3	4						
收发类别编码级次	3	5	5	是	1	1	1						
部门编码级次	5	12	9	是	1	2							
结算方式编码级次	2	3	3	是	1	2							
地区分类编码级次	5	12	9	是	2	3	4						
货位编码级次	8	20	9	是	1	1	1	1	1	1	1	1	
科目编码级次	9	15	9	是	4								

说明：背景色为灰色的，用户不能调整。

图 1-57　分类编码方案

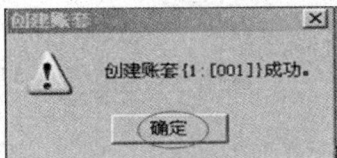

图 1-58　创建成功

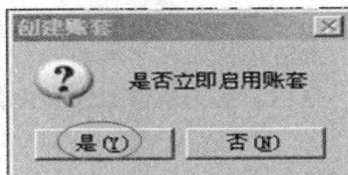

图 1-59　启用账套

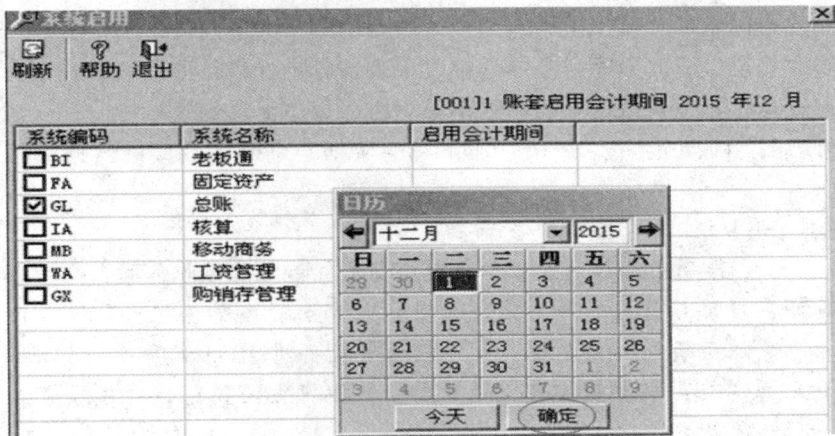

图 1-60　启用系统

3. 通过在一台电脑的不同操作系统中分别安装财务软件设置、运行多套账。为使多套账更隐蔽、更安全，有些单机使用财务软件的企业在计算机上同时安装 2 个或 2 个以上操作系统，然后在不同的操作系统下分别安装财务软件，分别建立一套账来实现多套账的并行。

4. 通过同时安装、运行 2 套或 2 套以上财务软件的方式设置多套账。第一节内容中提过，软件功能不同，价格也不同。有些资金状况比较好的企业可能会同时购买并使用 2 套财务软件，分别核算真账和假账。真账对内，一般来说只有个别人能够了解详情。假账对外，以供税务机关检查使用。对于设有假账的企业，面对税务机关的检查，企业往往很配合。

（二）修改软件程序，自动生成所需数据

一般来说商品化的会计电算化软件要经过国家有关部门检验才能销售，所以企业往往在软件的使用过程中聘请专业计算机软件开发人员按照自己的意愿修改软件运行的程序，因这种方法更具有专业性和隐蔽性，偷税成功率更高。

修改程序常见的方式有以下几种：

1. 在财务核算系统外挂自行开发的软件，主要对进入财务系统前的数据进行筛选、清分，再根据需要进行下一步处理。

2. 修改财务软件中与收入相关的项目参数，以减少收入金额。

3. 修改软件的设置条件，如有的系统在账户试算平衡时，将借方总数直接移到贷方，造成借贷永远平衡的假象。有的系统在固定资产为负数时，仍旧可以提取折旧。这样，无论单位怎样弄虚作假，呈现的会计核算结果都是正常的、无问题的。

4. 修改会计核算流程，当只就部分会计凭证记账而不是全部凭证都记账的情况下，软件系统仍可进行后续的结账等操作。

5. 修改查询条件，使用不同查询模式得到的结果会不同。

6. 修改报表生成的程序，主要是修改报表部分会计科目的取数公式或为其添加系数，造成总账相关科目记录的数据不等于财务报表汇总的数据。

7. 修改打印输出程序，造成打印出来的数据与电脑中的原始数据或报表数据不同。

【案例 1—1】

某超市修改商业管理系统核算软件参数隐匿收入案

某超市在短短 6 个月的时间里，采取修改商业管理系统核算软件参数、隐匿销售收入、少计销项税金等手段，少申报销售收入达 705.98 万元，平均每天少报销售 4 万元，造成国家税款流失 150 万元。其偷税方法隐蔽，偷税数额大，情节恶劣。

该超市年初开业，几个月来，其应税销售额大大低于处于类似经营地段且经营规模相当的其他超市。HM 市国税局第一分局对其进行纳税评估。

在评估过程中，税务人员就该公司增值税税收负担率低于正常税负、营业额较低等问题与公司有关人员进行约谈。

该公司有关人员提出的理由是公司刚刚开业，尚未走上轨道，并提供了其用于统计每日收款情况的收银记录表，该报表产生于公司所使用的"汉唐商业管理系统"。

税务人员当即要求纳税人打开该系统进行比对。从比对情况来看，"汉唐商业管理系统"打印出来的 6 月份的前台销售数据与申报表一致。但在进一步核对公司 1—5 月的销售数据时，税务人员却发现该公司电脑系统内的所有数据均为空白。

税务人员当即询问："这是怎么一回事？"该公司财务负责人解释说："由于操作员对操作系统使用不当，造成电脑系统崩溃瘫痪，导致这些月份数据丢失。"

细心的税务人员从该公司的系统操作日志中发现了问题。

系统操作日志显示，操作员分别于 6 月 14 日、15 日和 7 月 7 日，对 1—5 月的销售数据进行了删除操作，且删除次数多达 18 次。虽然税务人员在该公司电脑中发现存有备份数据字样的文件，但采取一般方法无法打开该备份数据库。

种种迹象表明，该公司存在着瞒报销售收入进行偷税的重大嫌疑。为避免打草惊蛇，税务人员当天并未就有关问题刨根问底，而是不动声色地离开了该公司。

之后，税务人员就向 HM 市国税稽查局通报了该公司有偷税嫌疑的问题。由于该公司偷税手段较隐蔽且呈现高科技作案的特点，如不加紧查处，证据稍纵即逝。于是，市局稽查局经请示后，当即成立了由市局信息中心 3 位技术人员、稽查局 4 位骨干人共 7 人组成的专案组，立即进驻该超市实施检查。

专案组人员按照计划，兵分 3 路进行检查：一路由信息中心技术人员负责对该超市电脑中的相关数据进行检查；一路负责收集该超市相关账外销售的书面证据；一路则对账簿资料进行检查分析，同时找该超市有关人员进行谈话、核实情况。

3 位技术人员做的第一件事，是要找到该超市关于系统崩溃的理由不成立的证据。打开超市电脑后，发现超市使用的是"汉唐商业管理系统"软件，而后台服务器使用的是"SQLServer 2000"数据库。在数据库中找到备份文件后进行恢复数据工作，详细销售记录被恢复后，发现销售记录中有删除历史记录的痕迹。此外，技术人员发现，就在 7 月 12 日晚，超市又对所使用的"汉唐商业管理系统"数据库进行了 5 次删除数据的操作。至此，该超市电脑系统崩溃的理由不成立的证据找到了。

为了防止超市将备份文件销毁，3 位技术人员做的第二件事，是立即将数据库中的备份文件全部拷贝下来，一式两份，一份存在笔记本电脑中，并将笔记本电脑用纸箱封存，贴封条后，由超市负责人签字、盖章。另一份供信息中心技术人员分析使用。

当晚 9 时，在超市打烊结账后，检查人员要求超市进行当天的收银日结，打出统计报表。

检查人员在现场同超市现金会计一起，盘点超市营业员当天上缴的销售款，一笔一笔与统计表核对，在前 3 位营业员如实上缴销售款后，从第 4 位营业员开始，上缴的销售款既不等于报表日结数，又与前台（财务室的财务软件报表）查询出的销售收入不吻合。发现异常后，检查人员立即检查了收银机上当天的销售收入数目，结果又有了一个惊人的发现：12 台收银机中有 8 台是正确的，4 台存在误差。

于是，3 位技术人员再次将由恢复的详细销售记录汇总的销售收入与前台查询出的汇总销售收入进行比对，发现差别很大。

就在 3 位技术人员百思不得其解时，在当天下午销售的几样东西中，他们偶然发现了一瓶矿泉水的价格在数据库内为 10 元，而在前台（财务室的财务软件报表）查询到的销售额却为 6 元。他们马上意识到，前后台的数据之间好像存在一种系数关系。于是，他们立即又测试了多项商品，发现前后台的数据之间确实存在着 0.6 的系数关系，再用数据库内销售收入汇总与财务软件报表中的销售收入汇总比对，恰好也存在 0.6 的系数关系。前后台数据不相符合的原因找到了。

深夜 12 时左右，为了取得软件系数被修改的证据，信息中心技术人员和检查人员在超市进行了现场购物测试求证。技术人员重新打开 POS 收银机，当检查人员现场购进 320.80 元货物后，技术人员立即到财务室查询，结果在财务室的电脑前台打印出的销售额只有 192.48 元。至此，技术人员取得了软件被设计成 0.6 系数关系的铁证，也进一步印证了该超市采取修改财务软件参数隐瞒销售收入、偷逃税款的违法事实。

经技术人员恢复数据后，专案组初步认定该超市在 1—6 月间，实际销售收入为 1 500 多万元，采取修改财务软件参数的偷税手段，共匿报销售额达 700 多万元，偷逃税款达 150 万元。该公司违法事实、案情基本清楚，剩下的就是核对数据，进一步调查明确责任。

但意想不到的是，在专案组检查人员同该公司法定代表人、会计及相关业务人员进行见面核实时，该公司却提出税务部门恢复的数据同实际情况不相符。认为在初步认定的销售数据中，有相当一部分是重复统计数字，还有一部分是购物券收入，应该予以剔除。同时他们还提供了 6 月份重复的销售记录 25 万元的证据，并且说明 1—5 月的数据无法恢复，所以无法准确提供 1—5 月的具体重复数字，估计重复数字有 250 万元左右。

事实难道真的是这样吗？7 月 14 日，检查人员调查出"汉唐商业管理系统"软件是由上海一家电脑公司设计的。当日，他们便和公安经侦人员一起赶赴上海，调查核实软件系数被修改的事实情况，并责令该电脑公司在一星期内提供软件设计说明书。该电脑公司当天下午就承认是他们修改了软件系数，并说是该超市要求这样做的。

外围证据拿到后，检查人员立即对企业提出的重复统计数字问题进行了逐笔核对，去伪存真。

与此同时，专案组发现在提货单中，竟有两张连号提货单的日期相差一个月的情况。在收集到了大量实质性证据后，专案组制作了成百页的调查笔录、上千条的恢复数据，组成了一条强有力的证据链，揭示了企业偷税的犯罪事实：该超市自 1 月开业以后，为了达到偷税目的，擅自请上海一家电脑公司对软件参数进行了修改，使得统计出的作为申报依据的销售收入只有实际收入的 60%，隐瞒了 40% 的销售额。同时，该超市感觉修改软件后所反映的销售收入还是太多，因而对 1—5 月实际发生的销售收入数再次进行篡改后进行申报。但由于该系统数据库每天在运行过程中都是自行备份的，客观上为偷税行为留下了作案证据。

三、税务机关应对财务软件的措施

（一）实施有效的会计电算化的稽查组织管理

一套针对会计电算化核算的稽查组织预案对稽查结果至关重要，应将企业可能采取的阻碍税务检查的手段全部纳入预案并制定相应措施，从而使其"胎死腹中"，令税务检查能够顺利有序地进行。

1.检查前的调查工作。税务检查前要获取以下信息：企业是否使用财务软件；财务软件的种类及版本；财务软件运行方式及网络布局；数据服务器所在位置；财务软件权限设置，尤其是权限最高的人员。

对于企业是否使用财务软件及其种类、版本，可从企业填报的企业所得税年度纳税申报表（A 类）的"A000000 企业基础信息表"中获取。

对于财务软件运行方式及网络布局、服务器位置，可从财务软件的版本进行分析：只具有会计核算和财务管理功能的版本一般为单机核算，只在财务部门使用，数据服务器也应在财务部门；具有财务业务一体功能的软件和 ERP 软件，一般为网络运行，很多部门都使用该软件，软件的网络布局和数据服务器对检查非常重要，可通过明察暗访或委托税收管理员实地了解等方法，获取其软件服务器的物理位置。

对于财务软件权限设置，可通过查询纳税人登记信息了解企业财务负责人。一般来说财务部门负责人是账套主管，拥有财务软件的最大、最多权限。

2.熟悉被查企业的财务软件，掌握基本操作。在掌握企业的财务软件的种类和版本后，能够熟练操作该软件对检查非常重要。要尽量获取与企业同一版本的财务软件进行学习、演练操作。获取财务软件的渠道包括：向当地的该软件销售商索取体验版财务软件；网上下载该财务软件的破解版；在网上书城或实体书店购买该财务软件的教学版；借助其他使用同一版本财务软件的企业的软件；借鉴用友软件、金蝶软件的基本操作，并将其移用于其他财务软件。

3.按照财务软件的布局情况配备相关人员及设备。若企业的财务软件只在财务部门使用，也可以只向财务部门派驻税务检查人员；若企业的财务软件在很多部门使用，则每个部门都要进驻税务检查人员。

配备的设备应能应付各种突发情况，这些设备包括：（1）电子数据的采集设备，如移动硬盘、打印机、打印纸等；（2）解密工具，主要应对企业人员拒不提供各种密码的情况；（3）数据恢复工具，主要应对财务数据被删除的情况；（4）软件程序的测试文件，主要用于检测企业是否对财务软件的程序进行过修改；（5）录像设备，主要用于对取证过程进行录像，减少执法风险；（6）其他设备，如备用电源、封条、电子词典等。

4.严密部署、秘密统一行动。电子数据的特点之一就是可以迅速转移或删除，因此在对财务软件进行检查时，一定要让企业措手不及，没时间处理、移除数据。做到这点，检查前的保密工作至关重要，采取行动也要步调一致，不给检查对象可乘之机。

5.同时控制人、物。进入企业后，为保证取证顺利进行，要同时控制人、物。其中，人包括所有与财务软件相关的人，无论现实中身份如何，每个人都可能掌握比其自身权限更高的人员的用户名和密码，从而做出意想不到的事，造成不可挽救的后果；物则包括原始凭证、计算机和服务器，如果只采集了电子账套数据而未采集原始凭证，最终会因为没有原始凭证而无法定性。在未确认服务器前，每台能登录财务软件的计算机都不得再使用，以防止数据被修改或删除。如果企业不指认服务器，查找确认服务器已经超越税务检查权，因此，应借助公安机关的权力，在公安机关的帮助下进行。

除上述内容外，还应该制订证据采集方案、测试财务软件程序的方案以及稽查中的风险防范方案等。

【案例1-2】
某购物广场税务检查预案

一、案源出处

根据20××年国家税务总局专项检查工作安排及某市超市行业的实际情况，某稽查局决定对某公司购物广场进行税务检查。

二、检查对象的基本情况

（一）购物广场情况

1.位置及外部情况

该单位位于火花路和四道街交叉口，营业时间为8：00—21：00。超市正门朝北，为两层建筑，超市地下商场为水产市场，与超市为场地租赁关系，里面为个体经营。办公场所和仓库在超市东南方小院内。小院大门朝东，进入后右侧临时房为仓库；左侧四层小楼为办公区，一楼为酒楼仓库，二楼为集团办公区域，三楼、四楼为集团负责人家庭住所；正前方为京香食品厂生产区；大门北侧悬挂京香酒楼招牌的楼梯通往二楼京香酒楼和三楼超市办公区域。生产区有一条路通过一铁门可达超市西侧停车场。货物可从停车场或小院进出超市。小院门南侧门面房为五层的京香酒楼，与超市同属京香实业集团。小院一楼有员工通道，有一间员工存物间和一间换衣间。仓库西侧有另一换衣间，内有电脑一台。卖场有网线与外连接，通往办公区和酒店。该集团的购物卡可以在该集团所有超市和酒店内消费。该小院有两个小门，东侧正门有保安把守，西侧通过铁门出停车场的地点有保安把守，详细见图1-61。

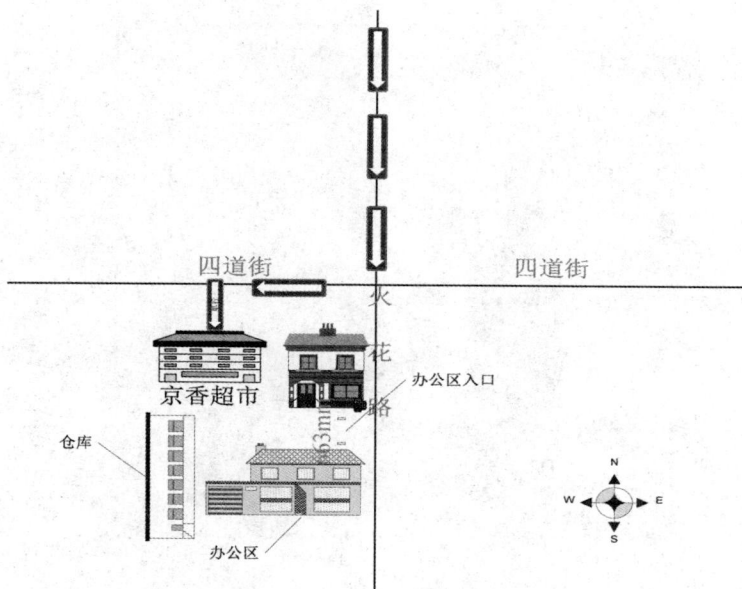

图 1-61　某购物广场区位图

2. 商场内部各个出口及收银机分布情况

内部一层设有十个收银机。一楼东侧有个机房，门牌标示为电脑部。二楼的东西楼梯口各有一个收银机，每层楼都有一个消防通道和员工通道。每个通道都直接和其他楼层相通，并且一楼上二楼的通道可直接和卖场外相通，详细见图 1-62、图 1-63。

3. 该企业办公区域分布情况

该超市办公区域位于某实业集团大门口外北侧的某酒楼三楼，从某实业集团大门外右侧某酒楼入口即可进入，内部部门位置详见图 1-64。

（二）企业基本情况

某公司购物广场，税务登记证号码为 xx0402776133724，生产经营地址在某市某区三中街办事处粮食蔬菜市场内，从业人数 107 人，开业时间为 2005 年 7 月 18 日，注册类型为私营有限责任公司，法定代表人为李某，财务负责人为谢某；经营范围：食品、饮料、日用品、纺织服装、文化用品、体育用品、五金交电、电子产品、烟草的零售，以及食品加工等。国税机关对其采取核定征收的方式征收增值税，2013 年 1 月 1 日至 2014 年 12 月 31 日每月核定的增值税税额为 1 000 元。

纳税申报情况。2013 年 1 月至 12 月累计申报销售收入 337 500 元，申报缴纳增值税 18 000 元。2014 年 1 月至 12 月累计申报销售收入 1 495 941.5 元，申报缴纳增值税 59 837.66 元。

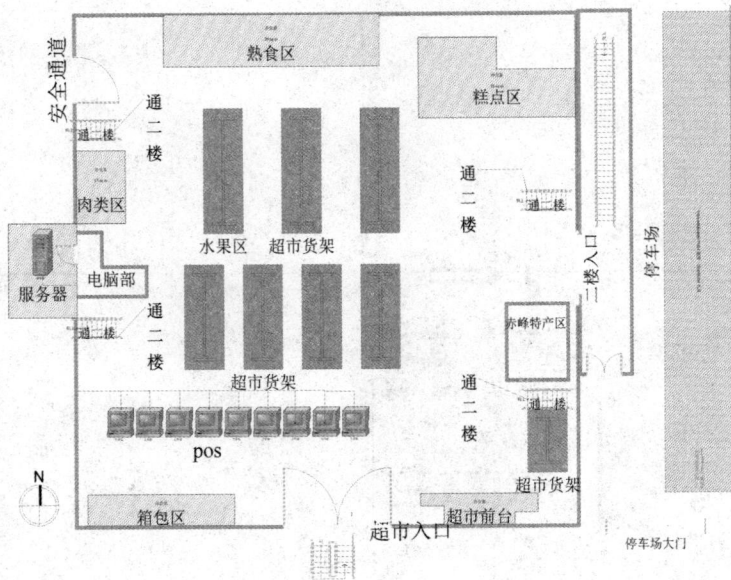

图 1-62　购物广场一楼平面图

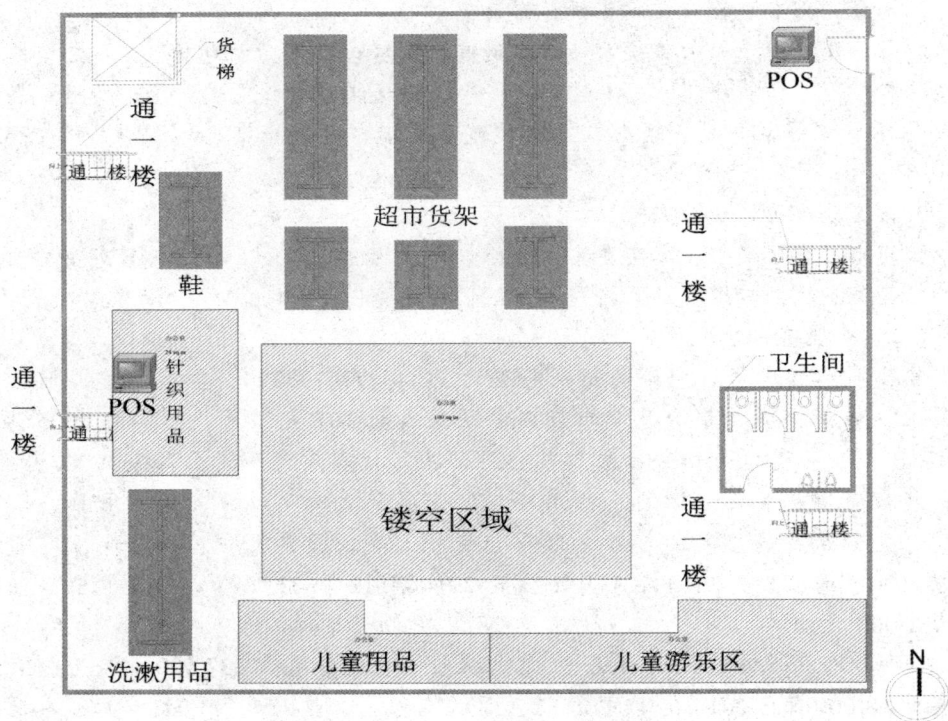

图 1-63　购物广场二楼平面图

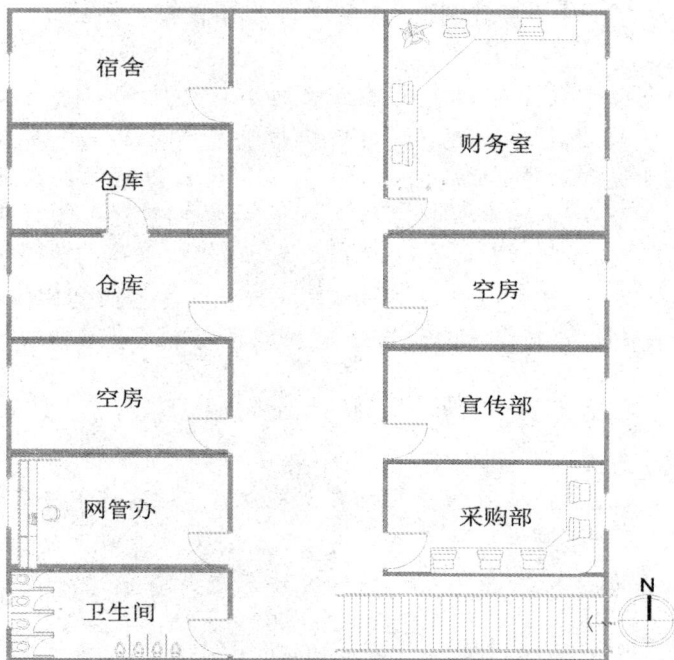

图 1-64　酒楼三楼平面图

三、案件的领导者和主办单位

本案检查实施领导：王处长（总指挥），稽查科袁科长（副总指挥）。

四、组织检查时间

14 日上午开展对该企业的税收检查工作。

早上 7：45 在三楼会议室集合，宣读人员分工、各岗位职责和注意事项，8 点半到办公楼下集合乘车，9：00 前到达卖场与办公区域，9：00 正式进场检查。

五、检查步骤、内容和工作重点

检查步骤：（1）查前准备。一是收集被查单位基本情况、纳税情况并进行查前分析，理清检查思路。二是针对超市行业的经营特点和被查企业的具体情况，学习相关法律、法规，为检查工作的顺利实施提供政策保障。（2）实地调查。通过检查人员在查前到实地秘密调查，掌握纳税人办公区域和经营场地的具体情况，包括经营面积、电脑分布、监控设施、货物仓储情况、办公地点分布情况、购物人流量等直观情况，并画出企业位置示意图，为下阶段检查做好准备。（3）提取证据。到达现场发现证据后，要保证提取证据的合法性和全面性，对证据的出处及企业经办人要注明相关情况，安排专人负责保存取得的证据资料。

检查内容：对 2013 年 1 月至 2014 年 12 月缴纳税款情况进行检查，有特殊情况可以追溯到以前年度或延伸到 2015 年度。以增值税、企业所得税为重点检查税种。

检查重点：由于该企业属于核定征收的小规模纳税人，对其检查应以企业购、销、存货物情况为线索，以销售货物情况和发票使用情况为重点检查内容，核实企业是否存在少报收入、不按规定开具和使用发票的情况，对与该企业进、销货物流量大的企业进行协查，扩展案源，从而彻底查清该企业纳税情况。

根据超市行业的经营特点、财务核算特点以及该企业的具体情况，此次检查确定以下八项重点检查项目，根据各项检查项目收集相关数据资料并提取证据资料：

第一，是否存在另设手工假账、隐瞒真实收入的情况。调取该单位系统数据与纸质账簿资料。

第二，是否存在删改系统数据、隐匿收入的情况。到达现场后找到并控制企业电脑服务器、通知企业法人或负责人到达现场，对所有与财务相关的电脑数据资料进行采集提取，依法固定电子证据。注意查找备份文件或修复已删除的数据。

第三，是否存在另设单机收款、取得的收入未按规定入账的情况。观察、了解超市 POS 机的布局和数量，对超市所有收款机位置数量进行调查、编号，观察各收银台的收款方式。

第四，是否存在部分商品单独设立销售专柜，取得的收入未按规定入账的情况。对超市卖场和非卖场进行实地查看，以客户咨询的名义直接向柜台营业员询问了解有关情况。

第五，是否存在"机"外销售大宗货物，取得的收入未按规定入账的情况。对发票进、销、存情况进行检查，提取相关原始资料。

第六，是否存在具有关联关系并独立核算的企业间移送货物，未按规定核算收入的情况。从"仓库"调取原始的批发、调拨资料，核实资金往来情况。

第七，是否存在发行储值卡、代金券，收取的款项未按规定核算收入的情况。直接向财务人员询问储值卡、代金券的会计核算流程和使用规定，做好询问笔录。

第八，发生视同销售行为，是否按规定申报纳税。向营业员询问促销的方式、种类，向财务人员了解对视同销售的处理方法，必要时进行实物盘点。

六、突击检查环节及人员安排

本案稽查人员组成：

第一组：卖场外部 2 人。

工作分工：1 人负责停车场出入口及入口处的员工杂物间，1 人负责卖场入货口和消防通道。

职责：防止可疑人员携带电脑设备出入卖场，防止企业人员往外转移纸质资料。

第二组：卖场内部7人。

工作分工：一楼服务台处POS机、一楼出口处9台收款机、一楼贵重商品处收款机安排2人，二楼东西楼梯口的收款机处各1人，卖场电脑部1人。

工作职责：防止企业技术人员利用终端收银机远程篡改主机数据；防止企业人员利用消防通道转移有关财务资料和电脑设备；防止企业技术人员利用电脑部的终端篡改主机数据。

第三组：企业办公区5人。

工作职责：

（1）下达"税务检查通知书"等相关文书，履行相关手续。

（2）快速确定存放有效电子数据计算机的物理位置，采取有效措施，尽快把相关的数据库从数据库管理系统中分离出来，防止企业以本地或者异地操作方式修改、删除计算机中的数据。

第四组：后勤保障和应急1人。

工作职责：

（1）携带摄像机，随时准备记录突发事件。

（2）保持与供电部门联系，防止企业突然断电，非正常断电要尽快恢复。

（3）保持与公安部门的联系，出现暴力事件时尽快处理。

（4）为所有检查人员提供食物及饮水，准备交通工具。

第五组：机动人员2人。

负责联络各个工作点的人员，传递信息和指示，随时对各部位进行增援。

七、检查设备配备、税务文书

（一）检查设备配备

手提电脑2台；500G移动硬盘2个；8G U盘2个；摄像机3台；照相机6台；采集软件1套。

（二）准备文书

1."税务检查通知书""税务送达回证"一套。

2."询问通知书""税务送达回证"六套。

3."询问笔录"16份。

4."税务检查调取账簿通知书""税务检查调取账簿、资料清单""税务送达回证"六套。

5."税务机关检查纳税人、扣缴义务人存款账户、储蓄存款许可证明"及"税务送达回证"六套。

6."查封商品、货物、财产清单"或"扣押商品、货物、财产专用收据"及"税务送达回证"一套。

八、注意事项

1.执法程序方面。由于企业监控系统严密，参检人员要做到文明得体、行为规范。每个执法程序要合法，严禁违规执法。每个环节都要2人以上施行，如果企业要求出示证件不能拒绝。

2.工作纪律方面。一是严格执行保密制度，不得随意将检查情况泄露给无关人员。二是执法过程中不能逛卖场，更不能随意拿用卖场物品。

3.工作步骤方面。一是进场后要快速确定工作位置，严格执行本岗位工作职责。二是离场时要确认收银员已结账完毕。

4.取证方面。一是操作计算机时，尽量把服务器网线断开，在不同主机建立不同的文件存放拷贝数据，拷贝计算机数据时要有企业人员在场，拷贝的数据要当即封存，并要求财务人员在封存证明上签字确认。二是计算机操作完毕后，由企业人员检查该计算机，确认其软、硬件均未受到损害，并书面确认。三是对已采取电子加密保护不能直接调取的数据，责令其提供解密密码。拒不提供的，利用解密软件技术解密后再调取数据。查看系统操作日志，看有无删除操作，防止人为删除数据。四是企业人员不配合或借故推诿时，可当场进行询问，制作"询问笔录"，由当事人签章、押印。

九、应急预案

1.企业拒绝检查时，尽快报告领导，并用摄像机拍摄阻拦场面，作为证据。

2.突然停电时，联系保障组，尽快恢复用电。

3.出现暴力事件，由保障组联络公安部门介入。

（二）查找多套账

前面已述电子多套账生成的方式，可预见其普遍性；但其又具有隐蔽性，必须借助计算机专业人员以其专业技能和设备才能发现并认证多套账的存在。

1.在服务器上检查账套信息

进入一个企业后，首先应找到服务器。以用友财务软件为例，以"admin"（系统管理员）身份登录"系统管理"后，点击"账套"-"建立"，在创建账套的账套信息界面的"已存账套"中可以看到当前系统中设置的全部账套名称，如图1-65所示。如果发现被查企业作为一个会计核算主体设立多套账簿，必须对每套账簿内容和用途做详细检查。一些财务软件在安装时都会自动建立一个演示账套，用于操作人员练习。但一些企业可能会利用这一点将其账外账命名为"演示账套""练习账套"等，以逃避税务人员的关注。因此在看到以这些名称命名的账套时，也应当查看一下其中的内容。

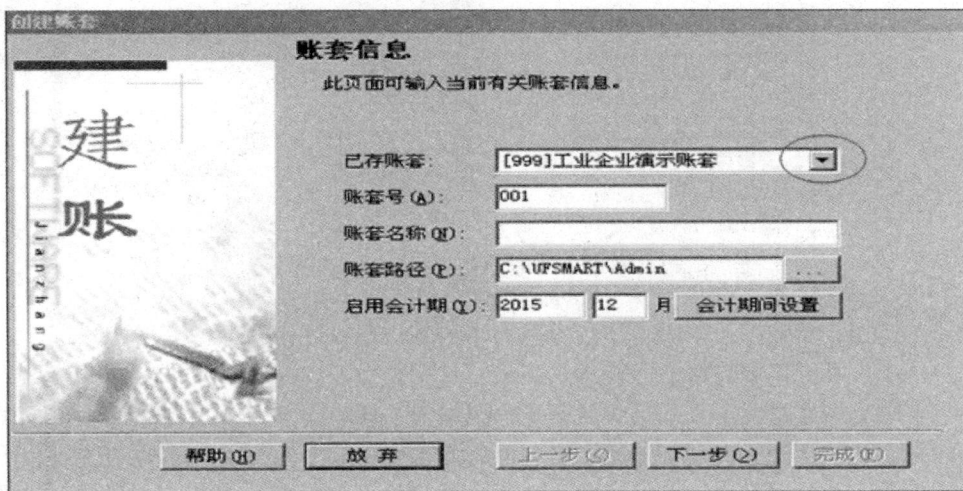

图 1-65　账套信息

2. 查看上机日志

　　财务软件一般都设有上机日志，自动记录每一次登录系统的时间、操作员以及所执行的操作等信息。如果企业设有多套账，上机日志的"账套号"会标注出来，如图 1-66 所示。如果企业在税务人员入户前将某个账套备份后将部分凭证从系统中删除生成新的账套，也会在上机日志中留下记录，如图 1-67 所示。因此，上机日志对税务检查非常重要，要首先查看上机日志。若发现上机日志没有记录或被删除，则是非常异常的情况，意味着企业已做好应对检查的准备，提供的账套数据应为假账数据。

图 1-66　上机日志一多套账痕迹

执行功能	子系统	账套号	年度	工作站	退出
[GL1512]结账	总账	999	2008	IMAC	2017-02-1
[GL1511]对账	总账	999	2008	IMAC	2017-02-1
[GL0209]恢复记账前状态	总账	999	2008	IMAC	2017-02-1
[GL0201]填制凭证	总账	999	2008	IMAC	2017-02-1
[reg]系统注册	控制台	999	2008	IMAC	2017-02-1
[reg]系统注册	总账	999	2008	IMAC	2017-02-1
[GL0204]审核凭证	总账	999	2008	IMAC	2017-02-1
[GL0204]审核凭证	总账	999	2008	IMAC	2017-02-1
[GL0204]审核凭证	总账	999	2008	IMAC	2017-02-1
[reg]系统注册	控制台	999	2008	IMAC	2017-02-1
[reg]系统注册	总账	999	2008	IMAC	2017-02-1
[GL0201]填制凭证	总账	999	2008	IMAC	2017-02-1
[GL0202]凭证整理	总账	999	2008	IMAC	2017-02-1
[GL0201]填制凭证	总账	999	2008	IMAC	2017-02-1

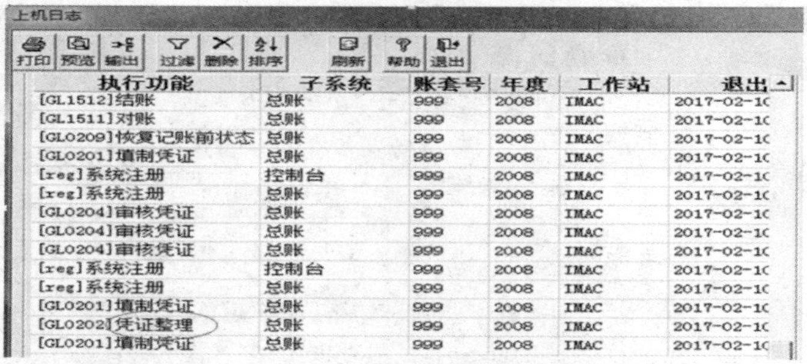

图 1-67　上机日志—删除凭证痕迹

3. 查看用于备份数据的文件夹

这种方式主要用于查找被企业备份后从系统中删除的账套。作为服务器的计算机上安装财务软件的目录下一般会有一个专用文件夹用于存放定期备份的数据。税务人员可以通过虚拟执行备份或导入的操作找到系统默认的文件夹，并查看里面的备份文件。查看的方式有两种：一种是将备份的数据重新导入财务系统后直接查看内容；另一种是用 Windows“写字”板打开备份信息文件。以用友软件为例，数据备份会产生两个文件，一个是数据主体文件 UFDATA.BA_，另一个是数据信息文件 UF2KAct.Lst，打开 UF2KAct.Lst，查看其中记录的账套号，如图 1-68 所示。然后，在账套管理的上机日志中查询该账套号，若未发现该账套号则该备份数据为从系统中删除的多套账。

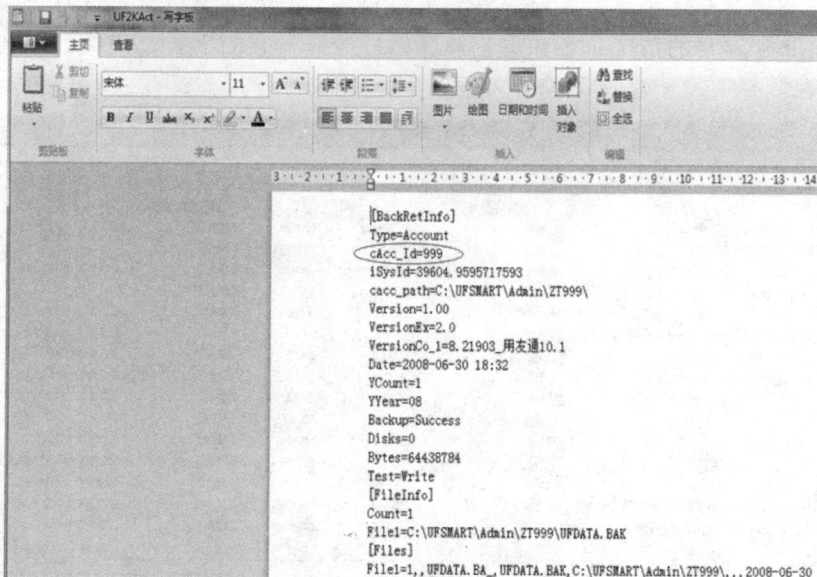

图 1-68　打开 UF2KAct.Lst

4. 通过登录界面查找多套账

登录财务软件系统时，输入用户名后，一般"账套"项会自动带出该用户名下的所有账套。若存在多套账，则在下拉菜单中看到可选择的全部账簿，如图 1-69 所示。但这种方式可能会因操作员的权限设置而无法查看到多套账，也就是说如果用户 001 不是账套 001 的操作员，以 001 身份登录财务软件系统，则在下拉菜单中看不到账套 001，如图 1-70 所示。

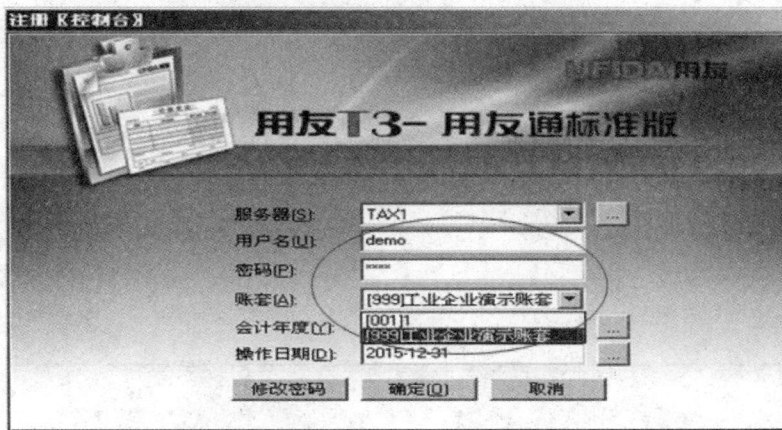

图 1-69　登录界面查找多套账（1）

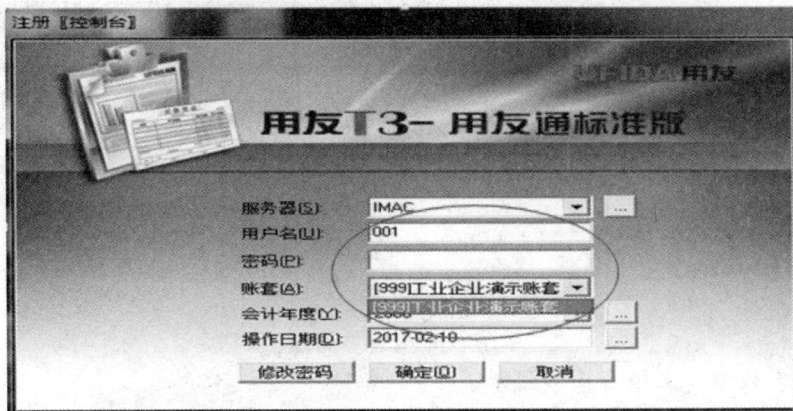

图 1-70　登录界面查找多套账（2）

5. 借助已有账套存储路径查找多套账

财务软件系统在建账时账套路径一般为默认路径并且一旦设定将不能更改。如果企业在设立多套账时没有改变账套路径，采取的是默认路径，则可借助已有账套存储路径查找是否存在多套账。已有账套的存储路径可以在"总账"-"设置"-"选项"界面获取，如图 1-71、图 1-72 所示。

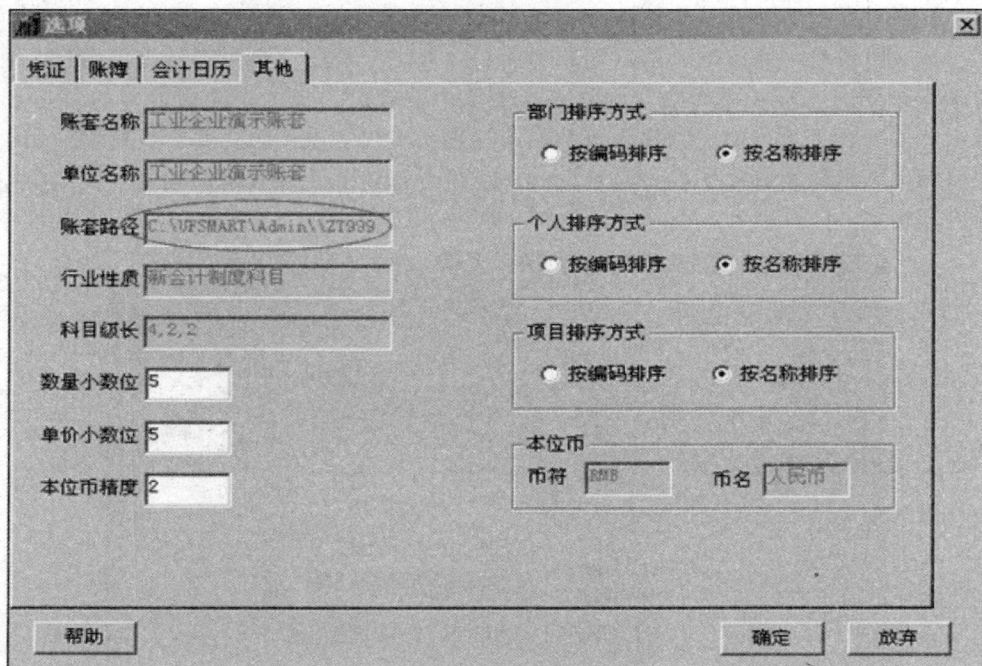

图 1-71　获取"账套路径"

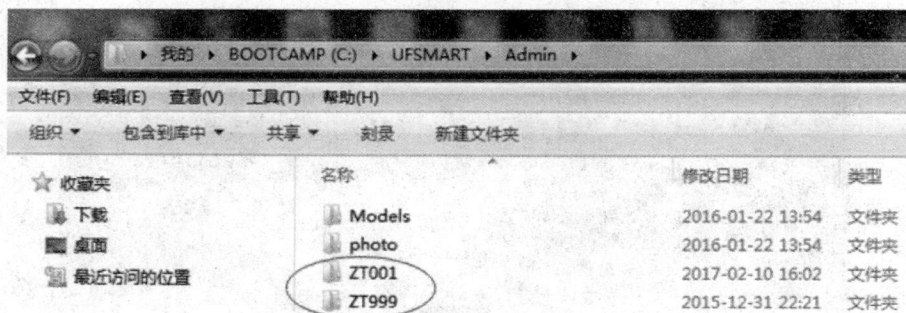

图 1-72　查看多套账

6.搜索数据库文件查找多套账

　　财务软件生成的数据以特定的文件形式存储在服务器上。通过搜索这些特定形式的数据文件，就可以发现多套账，如用友软件的用友财务通及 U821 以上版本，其数据库实体文件为"ufdata.mdf"，可通过开始/搜索，查找"ufdata.mdf"就可以发现是否存在多个"ufdata.mdf"文件，也就是多个账套。常用软件的数据文件命名规则见表 1-3。

表 1-3 常用软件的数据文件命名一览表

数据库	SQL Server	Access	Sybase	Dbase	Oracle	DB2
金蝶	AIS+建账日期，如：ais20021202105523。进入金蝶的财务软件，有中间层管理模块，可以查看数据库实体，里面列示了所有账套的数据库名和账套名	账套名称+年度.ais，位置默认在 c:\programes\kingdee。在财务软件的进入界面有路径显示，可以按这个路径寻找账套	备注：金蝶没有账套管理文件（"门卫"），是直接连到数据库文件上的			
数据库	SQL Server	Access	Sybase	Dbase	Oracle	DB2
用友	系统管理文件名：ufsystem；数据库文件名：ufdata_账套代码_年度	8.x 系统管理文件名：ufsystem；8.x 数据库文件名：ufdata；7.x 的系统管理文件名：ztset；7.x 数据库文件名：zw 或者 zt	无			
数据库	SQL Server	Access	Sybase	Dbase	Oracle	DB2
新中大	无	无	数据库实体文件为 pubdata，但我们一般看不到，装完 Sybase 以后通过 ODBC 进行链接才可以看到		同 Sybase 数据库，采集系统会自动查找 pubdata 文件，只要装有新中大软件，系统就可以运行	
数据库	SQL Server	Access	Sybase	Dbase	Oracle	DB2
浪潮	有账套管理文件名：cwmaster；数据库实体文件名：cwbase1.dat。如文件名已被更改，则可以点击更多账套，系统将会列出所有的数据库，供选择	无	无	无	备注：浪潮的数据库比较特殊，其可以和 SQL Server、Sybase、Oracle DB2 组合	无

续表

数据库	SQL Server	Access	Sybase	Dbase	Oracle	DB2
金算盘	无	数据库名为 *.gdb，一般在金算盘软件的菜单栏上会出现打开这一账套的路径	无	无	对于 Oracle 的数据库，在财务软件中打开账套时会要求输入连接字符和用户名、密码，用户名一般为：ga-data + 账套代码，连接字符一般为 GAAC	无
数据库	SQL Server	Access	Sybase	Dbase	Oracle	DB2
安易	账套管理文件名为 anyisys，系统会自动访问 SQL Server 数据库里的这个文件，只要数据库里面有安易的账套就会显示出来；数据库实体文件名：zw+，点击更多信息会显示账套代码	无	无		账套管理文件名：A_DWDM.DBF，与用友不同的是安易的数据库的实体文件不是一个文件而是许多文件，它们都存放在一个文件夹下，一般路径为 c:\anyi	无
数据库	SQL Server	Access	Sybase	Dbase	Oracle	DB2
博科	无	只有 Access 数据库，无账套管理文件，数据库实体文件名一般为 BKZW+年度 .mdb	无	无	无	无

7. 借助税务稽查软件的采集软件搜索多套账

税务稽查软件是软件开发公司为税务部门设计的专门针对财务软件核算进行稽查的软件。一般由数据采集软件和税务稽查软件两部分组成。其中数据采集软件用于采集税务稽查所涉及的企业电子数据，是一套免安装的、可以自动识别企业使用的财务（或管理）软件的类别及版本的软件；也是携带方便、可免费获取和无限复制的软件。目前数据采集软件能针对国内主流的财务软件、ERP 管理软件，部分地方性、行业性的财务软件，以及部分国外的主流 ERP 软件进行涉税电子信息的采集。因此，用数据采集软件搜索多套账，简单、高效。其操作如图 1-73 所示，先点击"账套信息"栏后面的放大镜，再点击带有黑色三角符号的按钮，下拉菜单就显示企业全网络的全部账套信息。

图 1-73 利用采集软件查找多套账

（三）破解密码与数据恢复

遇到企业不配合、拒不提供密码的情况，尽管《税务稽查工作规程》（国税发〔2009〕157号）第二十三条规定"对采用电子信息系统进行管理和核算的被查对象，可以要求其打开该电子信息系统，或者提供与原始电子数据、电子信息系统技术资料一致的复制件。被查对象拒不打开或者拒不提供的，经稽查局局长批准，可以采用适当的技术手段对该电子信息系统进行直接检查，或者提取、复制电子数据进行检查，但所采用的技术手段不得破坏该电子信息系统原始电子数据，或者影响该电子信息系统正常运行"，但最好还是在公安部门的配合下，利用密码破解软件进行破解。

遇到账套数据或文档资料被删除的情况，可利用专门的恢复工具软件进行数据的恢复。例如，Easy Recovery 是世界著名数据恢复公司 Ontrack 的技术杰作，其Professioanl（专业）版更是囊括了磁盘诊断、数据恢复、文件修复、E-mail 修复等全部4大类目19个项目的数据文件修复和磁盘诊断方案。

1.其支持的数据恢复方案包括：高级恢复——使用高级选项自定义数据恢复；删除恢复——查找并恢复已删除的文件；格式化恢复——从格式化过的卷中恢复文件；Raw 恢复——忽略任何文件系统信息进行恢复；继续恢复——继续一个保存的数据恢复进度；紧急启动盘——创建自引导紧急启动盘。

2.其支持的磁盘诊断模式包括：驱动器测试——测试驱动器以寻找潜在的硬件问题；SMART 测试——监视并报告潜在的磁盘驱动器问题；空间管理器——磁盘驱动器空间情况的详细信息；跳线查看——查找 IDE/ATA 磁盘驱动器的跳线

设置；分区测试——分析现有的文件系统结构；数据顾问——创建自引导诊断工具。

3. 其支持的文件修复类型包括：Microsoft Access 修复；Microsoft Excel 修复；Microsoft PowerPoint 修复；Microsoft Word 修复；Zip 压缩文件修复。

4. 其支持的 E-mail 修复类型包括：Microsoft Outlook 修复；Microsoft Outlook Express 修复。

其支持的储存介质包括：软盘和优盘；IDE/ATA/EIDE/SATA/SCSI 硬盘驱动器；Jaz/Zip 可移动媒体；CompactFlash、SmartMedia、闪盘、记忆棒等数码媒体。

（四）电子证据现场取证

电子证据现场取证就是在案件现场发现、提取和封存与案件相关的电子证据及其他证据。现场取证必须保证及时性、真实性、完整性和合法性，即保证现场保护及时，保证电子证据的真实和完整，保证电子取证程序和过程的合法。电子证据包括可用作证据的计算机数据、存储媒介和电子设备。电子证据现场取证包括：①取证准备；②现场保护；③现场检查；④电子证据的提取和封存。

1. 取证准备

取证准备是指为电子取证工作做好组织、人员和设备上的准备，制订周密、详细的取证行动方案并实施，以确保取证工作的顺利进行。

（1）拟订周密、细致的"协助检查方案"。首先，电子取证人员根据检查部门检查任务的要求，通过调阅被查对象的相关资料，初步了解被查对象的生产经营状况和财务会计制度，重点了解其信息化程度和会计电算化水平，有机会的情况下可先到企业经营所在地进行现场摸查，为拟订"协助检查方案"提供可靠依据。

（2）落实技术检查人员职责。一般情况下，检查小组应指派两名以上稽查人员负责电子证据取证工作。对重大或者特别重大的案件，可由上级稽查局直接组织指挥电子证据取证工作。

负责电子取证的稽查人员应具备电子取证的专业知识和技能，能够熟练地操作计算机设备，熟悉会计电算化软件的基本原理和操作流程。在缺乏电子取证技术人员或者对电子取证技术要求较高的情况下，可临时邀请税务局内部信息技术人员或外部技术专家进行现场指导。

（3）准备取证设备。检查小组应根据实际需要配备足够数量的笔记本电脑、移动存储设备、网络连接线、光盘刻录机、可刻录光盘、封存包装物等电子取证装备。还应携带摄影机和相机等录影设备，对现场状况以及现场检查、提取电子数据、封存物品文件的关键步骤进行录像和拍照，并将录像带和照片编号封存。

（4）分配工作任务，明确工作重点。对每个检查人员进行明确分工并落实检查重点，每个检查人员根据工作部署，掌握自己重点监控的检查环节和检查工作。

2. 现场保护

现场保护的目的是防止电子数据被删除、修改或转移，保证电子证据的完整性和真实性。

（1）到达检查现场后，电子取证人员应立即要求现场人员停止操作计算机，重点对财务部门主管、会计、出纳使用的计算机和数据库服务器实施监控。

（2）要防止现场人员将笔记本电脑、移动硬盘、U盘等可作移动存储用途的设备带离现场。对正在使用的移动存储设备，要求停止使用并保护好其中存储的电子数据。

（3）通过现场询问、观察网线布置、计算机网络设置和已安装程序等方式判断企业网络运行方式，重点查找数据库服务器，一旦发现服务器应要求立即断开网络连接，并进行数据抽取（若有查账软件，可用查账软件抽取数据）。对因正常生产经营需要确实不能断开网络连接的服务器，则需实时监控网络状态和其中存储的电子数据，防止企业人员从客户端进行数据的删除、修改和转移操作。

3. 现场检查

现场检查是指在检查现场实施电子数据检查，以发现现场存留的与案件有关的电子证据和其他相关证据。

（1）电子数据现场检查的重点是通过技术手段对存储在被查对象计算机内的Office、WPS等办公软件文档，以及管理信息系统、会计电算化软件等存储的业务数据和财务数据进行检查，从中发现有价值的电子数据。

（2）稽查人员向被查对象出示"税务检查通知书"并由企业签收"送达回证"后，电子取证人员才能对被查对象的电子数据实施现场检查。

（3）电子数据的现场检查必须有被查对象的人员在场并取得被查对象技术人员的协助。

（4）对放置在被查对象生产经营场所的计算机、存储媒介和电子设备，稽查人员有权要求进行检查。被查对象无正当理由拒绝接受检查，可按《征管法》第70条的相关规定处理。

（5）稽查人员进入被查对象计算机系统进行检查时，有责任保证被查对象计算机系统的安全性，并保守被查对象的商业秘密。

（6）稽查人员进入被查对象计算机系统进行检查的过程中，要防止对被检对象的计算机硬盘进行写操作。若确需进行写操作，须由被查对象工作人员协助进行。

（7）对现场检查的关键步骤，特别是涉及数据格式的转换和统计分析等加工过程，应录像并及时记录在现场检查笔录中。

4.电子证据的提取和封存

（1）对可作为证据使用的电子数据、存储媒介和电子设备应当在现场提取和封存。

（2）电子证据的提取和封存过程必须有被查对象财务负责人在场并当场进行确认。

（3）原则上提取原始电子数据用作电子证据，原始数据确需转换后方可进行分析的，应由被查对象技术人员进行转换并签名确认。提取的原始电子数据在现场即刻进行封存，以作为后续检查的备案电子证据。

（4）对于封存的电子数据，应当在封存前现场制作备份。对于封存的其他电子证据，尽可能在封存前现场制作备份，以便检查人员的后续分析。

（5）对在检查中发现的对案件性质有重大影响的电子数据可在现场直接打印成纸质文件，由被查对象负责人签名并加盖被查对象公章后封存。

（6）若被查对象（如会计电算化软件和管理信息系统中包含的数据库文件等）电子数据庞大、不可能在现场打印，应分年度或分多个系统导出数据到存储介质，可采取直接复制数据到光盘或其他移动存储设备的形式封存（最好复制到多个存储媒介和电子设备中）。按照《税务稽查工作规程》规定："需要以有形载体形式固定电子数据的，应当与提供电子数据的个人、单位的法定代表人或者财务负责人一起将电子数据复制到存储介质上并封存，同时在封存包装物上注明制作方法、制作时间、制作人、文件格式及长度等，注明'与原始载体记载的电子数据核对无误'，并由电子数据提供人签章。"这里要强调的是除了按照稽查工作规程要求取证外，建议复制时一定要存储双份，其中一份由被查对象的当事人现场用信封之类的物件将存有数据的存储介质进行四周封签（签字盖章），在签字盖章的同时，还应要求被查对象的当事人在封装存储介质的包装物件的封口处补充标注"本包装（包装物名称）内封存的存储介质（存储介质名称）所存储的数据是从我单位电脑（具体电脑名称）上复制的，是真实的、未经改动的数据"的字样，进一步确认证据的有效性和合法性。

（7）封存的电子设备和存储媒介应当保证在不解除封存状态的情况下，无法使用和启动。

以上操作过程建议最好当场录像，封存的存储介质要求在被查对象的当事人在场的情况下请两名以上的见证人予以证明"签封完整，是未经改动的数据"，并标注日期及签字盖章，以备查验。

被查对象对封存电子证据不进行确认的，应当进行录像及公证。

（8）封存前后应当拍摄被封存电子设备和存储媒介的照片，照片应当从各个角度反映被封存电子设备和存储媒介封存前后的状况。企业自行在封条上注明封存电子证据清单，保证数据的真实性，由被查对象技术人员、负责人在封条右下角签名，并在封条右下角和骑缝处加盖被查对象公章。

（9）封存电子证据完毕，应该及时制作电子取证工作记录。（电子取证工作记录由现场检查笔录、封存电子证据清单、电子取证照片清单等内容组成）

（五）数据库备份

1.SQL Server 备份及恢复方法

数据库备份有两种方法：一种是直接复制数据库的文件（*.mdf 和*.Ldf）；另一种是通过 Microsoft SQL Server 的"企业管理器"进行数据库备份。下面分别阐述对于这两种方式的恢复方法：

（1）数据库实体文件的复制与附加。以备份 AIS20000101102341 的数据库为例，只要复制"AIS20000101102341_DATA.MDF"及"AIS20000101102341_LOG.LDF"即可。可以通过在计算机中搜索关键字，如"*.MDF"进行查找。

对于复制的数据库文件，可以在 Microsoft SQL Server 的"企业管理器"中，通过"附加数据库"完成恢复操作。

（2）通过企业计算机上的"企业管理器"备份所需数据库。在税务局通过计算机上的"企业管理器"还原数据库。

进入"企业管理器"，点选相应数据库，然后单击鼠标右键，依次点击"所有任务"-"备份数据库"，如图 1-74 所示。

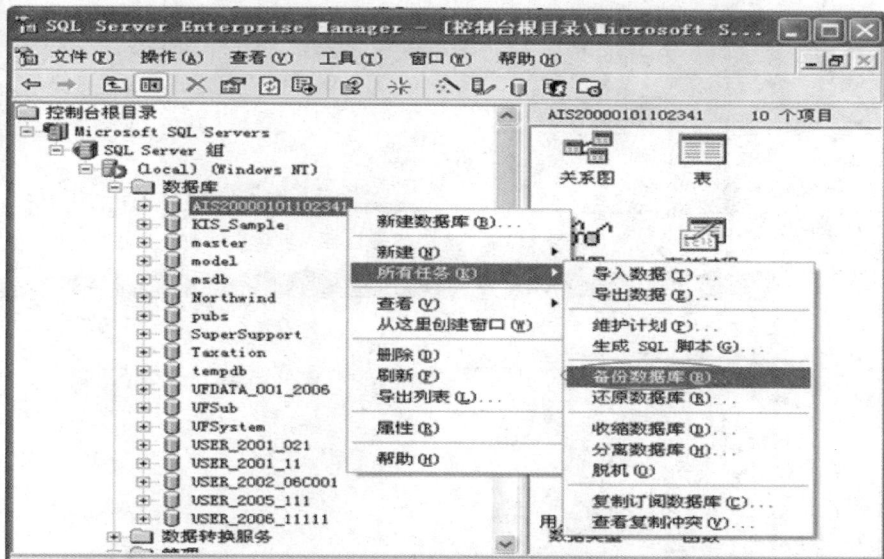

图 1-74　企业管理器界面

进入"SQL Server 备份"界面，然后单击图中标示的"添加"按钮，如图 1-75 所示。

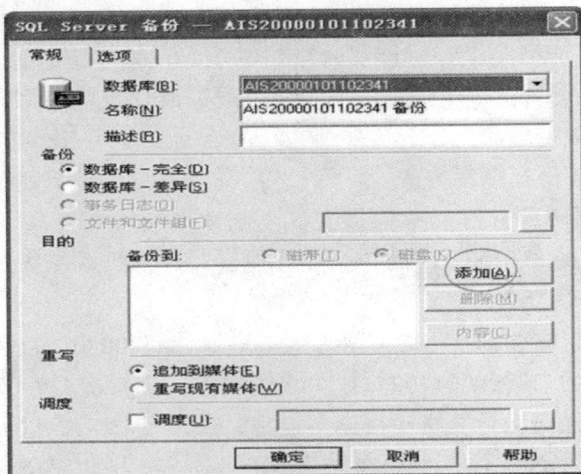

图 1-75　备份界面

　　进入"选择备份目的"界面后单击图中标示处，选择备份数据的路径并输入备份数据的文件名，如图 1-76、图 1-77 所示。

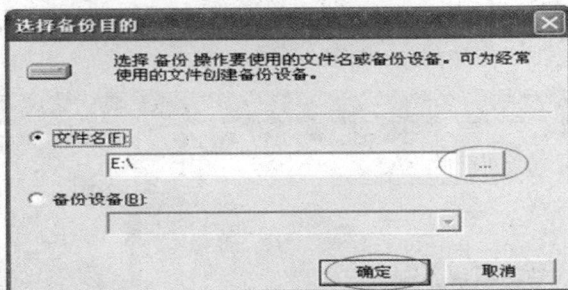

图 1-76　选择备份目标

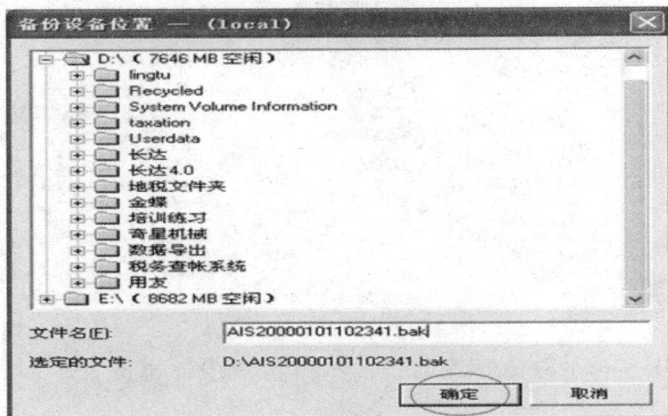

图 1-77　返回"备份设备位置"

单击"确定"按钮，返回数据库备份界面，如图 1-78 所示。单击"确定"，完成数据库备份，此时 D 盘中生成"AIS20000101102341.bak"，如图 1-79 所示。

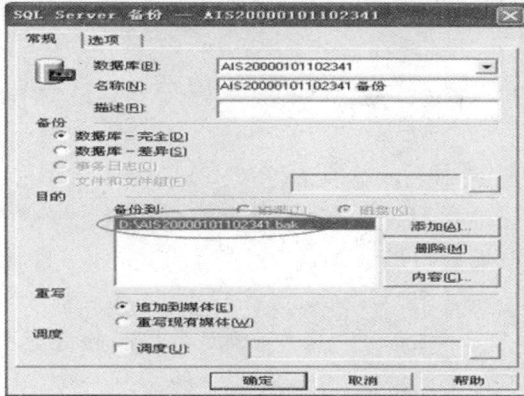

图 1-78　返回备份界面

2.Sybase 数据库的备份恢复方法

Sybase Central 是管理 Sybase 的主要工具，可以建立新表、新数据库以及对应关系等，也可以备份和恢复数据库。

打开 Sybase Central，选择需要备份的数据库服务器名，如图 1-80 所示。

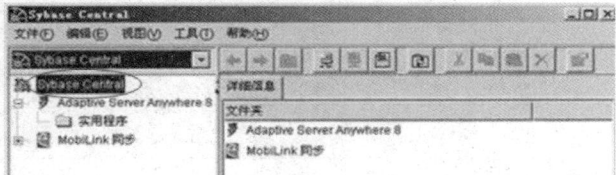

图 1-79　备份完成　　　　　　　　图 1-80　选择备份的数据库服务器名

使用管理员"sa"登录，启动备份服务器，如图 1-81 所示。

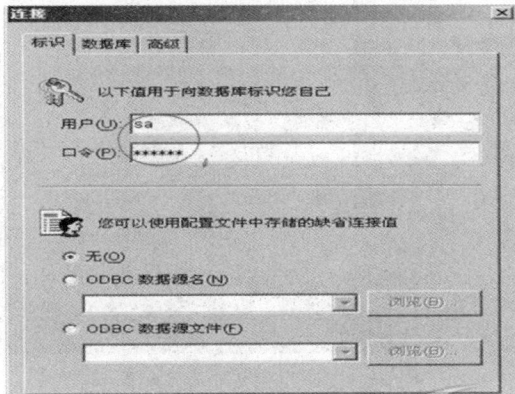

图 1-81　登录启动备份服务器

选择需要备份的数据库，单击鼠标右键选择"Backup"命令。系统提示"备份整个数据库"还是"备份事务日志"，选择"备份整个数据库"。

选择需要使用的转储设备，这里的转储设备有 3 种：第一种是"命名的转储设备"，如磁带机上的备份；第二种是"显式转储设备"，如硬盘上的备份，需要输入物理路径，包括目的文件名；最后一种是"远程 Backup Server"，可以实现远程备份。

接下来系统提示输入一个可选的备份名，在恢复进程中必须使用同样的名称。还可以根据情况选择是追加备份还是覆盖备份。在以上选择全部结束后，系统进入 Sybase 工具主控台，开始备份进程，完成后显示"Finished"。数据库恢复的操作过程与此类似。

使用数据库管理工具 Sybase Central 完成对数据库的备份和恢复是建立在将整个数据库完整备份的基础上的。

3.Oracle 数据库备份

单击桌面左下角的"开始"–"运行"，键入"CMD"，如图 1-82 所示。

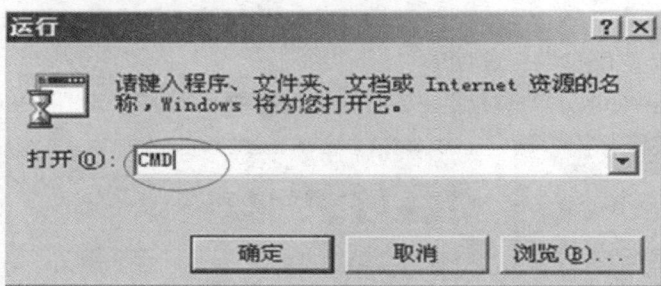

图 1-82　运行 CMD

单击"确定"，进入命令行模式，在命令行提示符下键入"exp"，如图 1-83 所示。

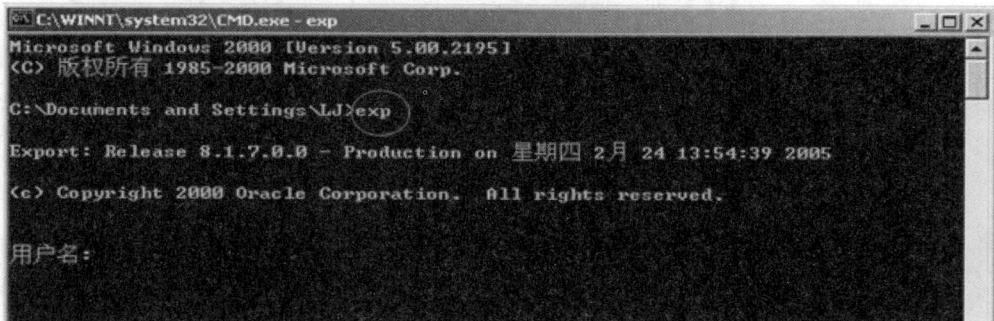

图 1-83　键入"exp"

键入用户名"system"回车；键入超级用户 system 的口令，默认为 manager 回

车（此时输入的口令是不显示的）；输入 DMP 文件的文件名及其路径
"c: \dump20060831.dmp"回车，如图 1-84 所示。

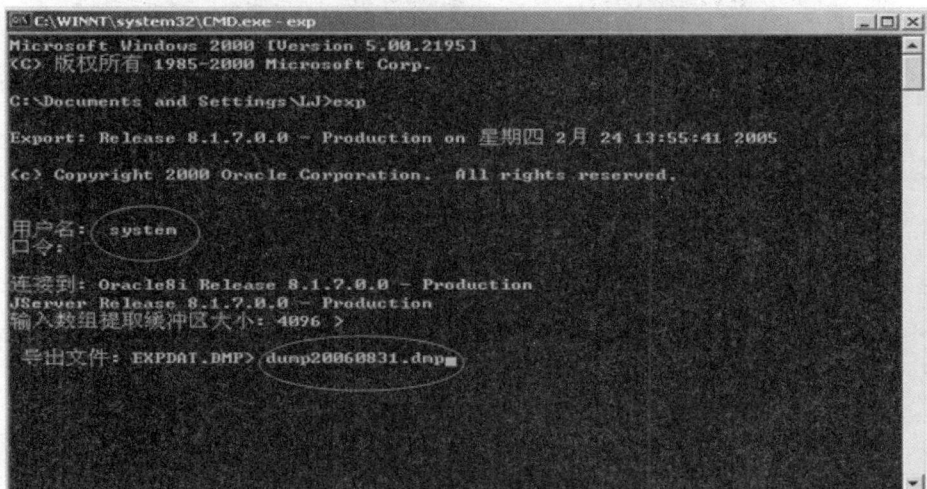

图 1-84　输入 DMP 文件的文件名及路径

键入"E<完整的数据库>"，如图 1-85 所示。

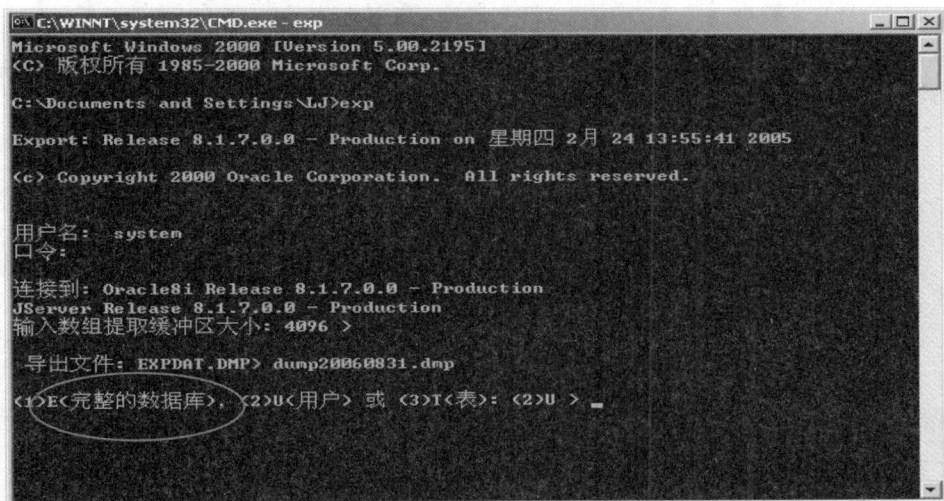

图 1-85　键入"E<完整的数据库>"

导出权限选择"no"，点击回车键；导出表数据选择"yes"，点击回车键；压
缩区选择"yes"，点击回车键，界面开始滚动，如图 1-86 所示。最后完成导出，
把导出文件复制即可。

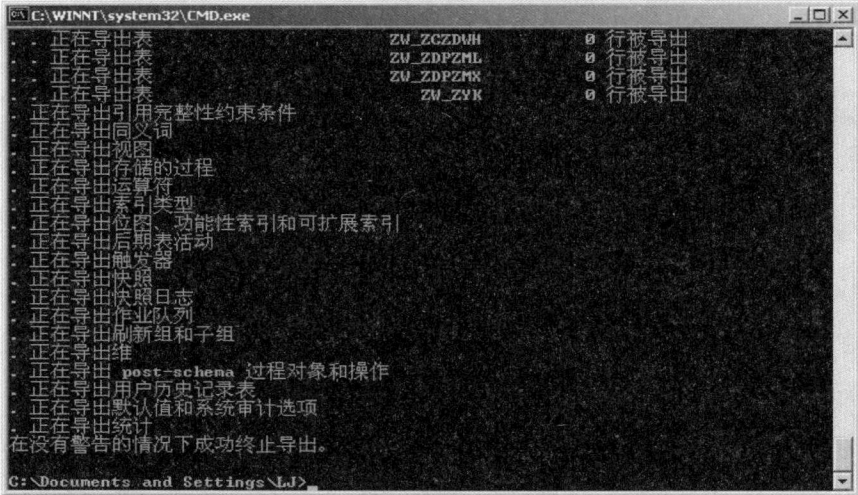

图 1-86　导出表数据

（六）异地服务器采集方法及注意问题（以 SAP 为例）

SAP 是德国开发的大型 ERP 系统，现时主要是采用 Oracle 数据库支持，以 Web 方式运行（一般服务器都在异地或国外）。该系统数据库记录的不单是财务数据，也包括业务数据等，数据库的结构是同一数据库内包含 N 个单位的账套信息，并且其中一个单位的数据是不能单独备份或导出的，备份或导出则将该企业整个集团所有单位的所有数据包括业务数据备份出来。

对某一单位 SAP 数据采集有三种方法：

第一种方法：直接采集，并且可以只采集需要检查的某一单位数据。但企业必须提供数据库服务器的 IP 地址、用户（只读权限）密码及数据库名。

第二种方法：要求企业提供数据库的备份文件，文件格式为"*.dmp"（oralce 格式）或"*.bak"（Sql 格式），然后恢复到数据库后直接采集。

第三种方法：要求企业财务人员直接输出凭证表及年度科目余额表，凭证表要求是 Excel 或 Txt（也允许是 XML）格式，科目余额表是 Excel 格式，如果是 Excel 或 Txt 格式，经过格式排列调整后检查人员可自行通过数据准备中的"万能数据导入"功能自行导入数据。

注意事项：因为 SAP 的数据是在集团总部高度集中的，所以检查较为困难，在不同情况下应采用不同的方式灵活处理：

1. 如果检查该集团的母公司，建议直接采集或取得备份文件。如果采用直接数据采集可以到其备份服务器上进行，这样可以保证不影响企业正在运行的服务器。其好处在于：（1）直接采集可以搜索数据库正在使用的账套信息；（2）整个集团的数据量虽然很大，但包含了所有相关信息及进销存数据，对检查帮助较大。其缺点在于企业如不配合将不能进行此操作。

2.如果只是检查该集团下的某一独立核算公司，建议要求企业导出财务凭证表及科目表。此操作优点在于不需要集团总部的操作及授权，该独立核算公司的财务也可以操作；缺点在于导出格式还需经过手工排列调整。

第一节　用友软件概述

一、用友软件产品概述

用友软件产品包括管理软件、ERP 软件、集团管理软件、人力资源管理软件、客户关系管理软件、小型企业管理软件、财政及行政事业单位管理软件、汽车行业管理软件、烟草行业管理软件、内部审计软件等系列软件。中国及亚太地区超过 150 万家企业与机构使用用友软件，中国 500 强企业超过 60% 使用用友软件。

用友财务软件系列产品包括用友 6.x 版本、7.x 版本、V8.x 版本，用友 U8 系列（包括财务通、U6），用友 U9 系列、用友 NC 财务（实质是 ERP 系统）、用友 T 系列等。

（一）用友 7.x 及 V8.11 以下版本

1. 采用的数据库类型为 Microsoft Access。

2. 账套数据库名称一般为 "*.mdb"。

3. 账套数据按年存放，每年都有一个独立的账套。存放路径为：ZT+三位常数 ［001-999］\账套所属所度\Ufdata.mdb，如 "ZT001\2007\Ufdata.mdb"，说明是账套编号为 001 的 2007 年账套数据。

4. 用友 7.x 版本的账套数据一般存储在 "C：\UFSOFT" 目录下；8.11 版本的账套数据一般存储在 "C：\Windwos\system32\Ufsystem" 目录下。

5. 支持财务软件备份采集。

（二）用友 U8 系列

用友 U8 产品是为国内中型企业提供管理服务的软件，包含进销存模块。因此，在中型企业中该系列软件比较多见。

1. 采用的数据库类型为 Microsoft SQL 7.0/2000/2005。

2. 数据库文件账套名称为"Ufdata_所属年度 .mdf"，也可能没有"_所属年度"，如"Ufdata_2007.mdf"，说明是 2007 年的数据库文件。

数据库日志文件为"Ufdata_所属年度 .ldf"，也可能没有"_所属年度"，如"Ufdata_2007.ldf"，说明是 2007 年的日志文件。

3. 账套数据是按年存放，每年都有一个独立的账套。存放路径为：ZT+13 位常数〔001-999〕\账套所属所度\Ufdata.mdf 及 Ufdata.ldf。

4. 账套数据一般存放在"Admin\data\"目录下。

5. 支持财务软件备份采集。

（三）用友 NC 财务（实质是 ERP 系统）

用友 NC 是为集团与行业企业提供的全线管理软件产品。在税务检查时对采用此财务软件的企业，建议联合企业总部所在地一起稽查，才能达到有效的检查效果。否则只查下属一个分公司，检查条件受到很多的制约。

1. 采用的数据库类型为 Oracle9i / 10g。

2. 该软件的特点是一个数据库包括 N 个公司的账套，不能单独提取其中一家公司的账套，而且数据被服务器所在地（一般为总公司）控制，下属公司没有足够的权限查询、了解整个数据库信息。

3. 账套数据库名称一般为"*.dmp"。

4. 支持财务软件备份采集。

二、T3 用友通标准版的特征及功能

T3 用友通标准版适用于中小企业，是管理供、产、销、财、税的一体化管理软件，帮助企业实现规范管理、精细理财。T 的含义包括 TOP、TRUST、TEAMWORK，代表领先、信赖、合作共赢。

T3 用友通标准版包括 3 个系列 12 个产品，覆盖企业财务、业务、决策三个管理层次，分为系统管理和用友 T3 两部分。其中系统管理的界面如图 2-1 所示，用友 T3 的界面如图 2-2 所示。

（一）系统管理

T3 用友通标准版为各个系统提供了一个公共平台，用于对整个系统的公共任务进行统一管理，如企业账套的建立、修改、删除和备份，操作员的建立、角色的划分和权限的分配等，其他任何系统的独立运行都必须以此为基础。

1. 账套管理。账套是指一组相互关联的数据，每一个企业（或每一个核算部门）的数据在系统内都体现为一个账套。在 T3 用友通标准版应用系统中，可以为

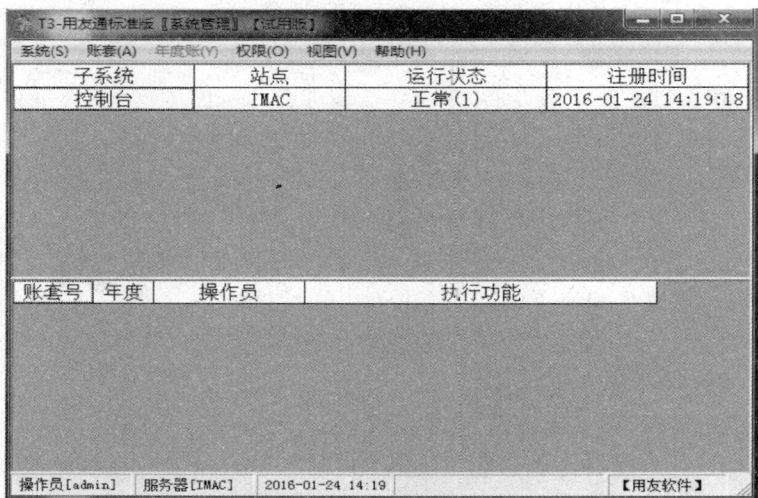

图 2-1　系统管理

图 2-2　用友 T3

多个企业（或企业内多个独立核算的部门）分别建账，且各账套数据之间相互独立、互不影响，使资源得以最大程度的利用。系统最多允许建立 999 个账套。账套管理功能主要包括账套的建立、修改、恢复、备份和输出等，如图 2-3 所示。

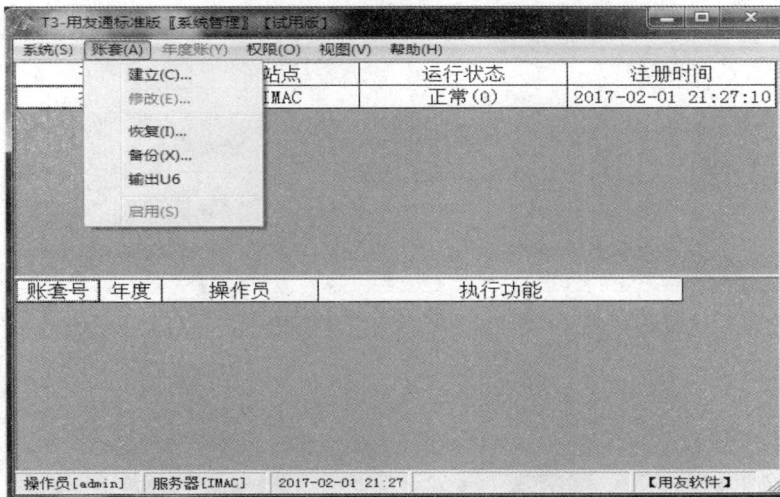

图 2-3　"账套"的功能

2. 年度账管理。在 T3 用友通标准版应用系统中，每个账套里都存放有企业不同年度的数据，称为年度账。年度账管理包括年度账的建立、恢复、备份和输出、结转上年数据及清空年度数据，如图 2-4 所示。

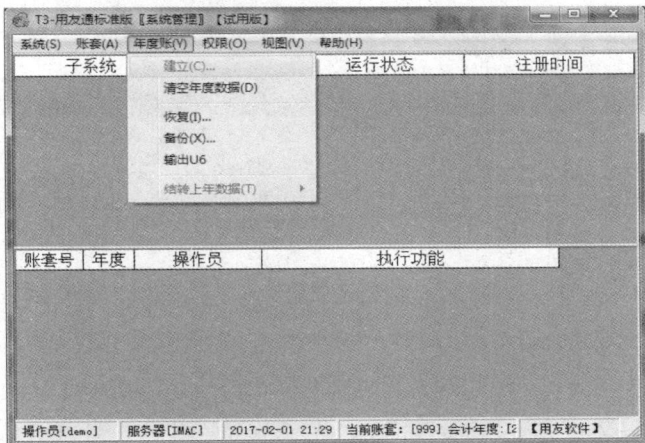

图 2-4　"年度账"的功能

3. 系统用户及操作权限的集中管理。为了保证系统及数据的安全性与保密性，系统管理提供了用户及操作权限的集中管理功能。通过对系统操作分工和权限的管理，一方面可以避免与业务无关的人员进入系统，另一方面可以对系统所包含的各个子系统的操作进行协调，以保证职责明确、流程顺畅。操作权限的集中管理包括设定系统用户和设置功能权限，如图 2-5 所示。

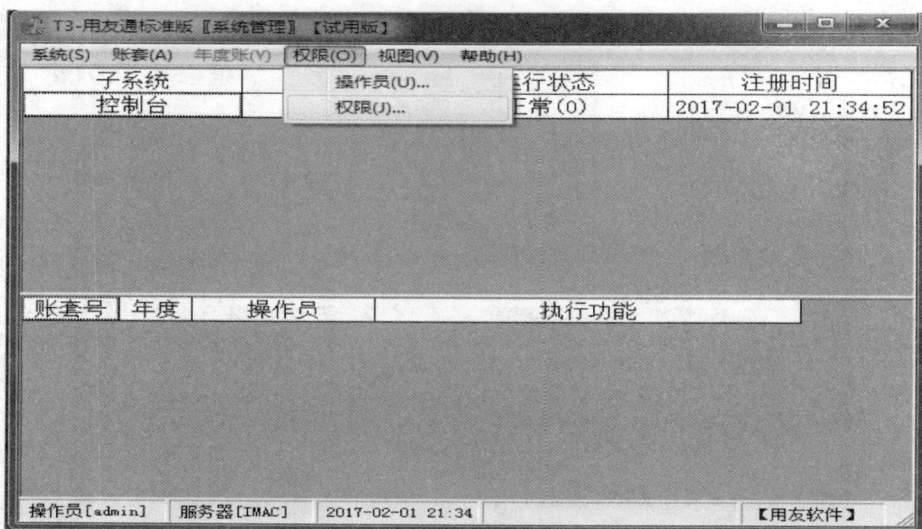

图 2-5 "权限"的功能

4. 系统安全管理。对企业来说,系统运行安全、数据存储安全非常重要。为此,T3 用友通标准版应用系统设立了强有力的安全保障机制,包括可以监控并记录整个系统的运行过程的"上机日志"和"系统日志",如图 2-6 所示;与数据备份有关的设置备份计划,如图 2-7 所示。

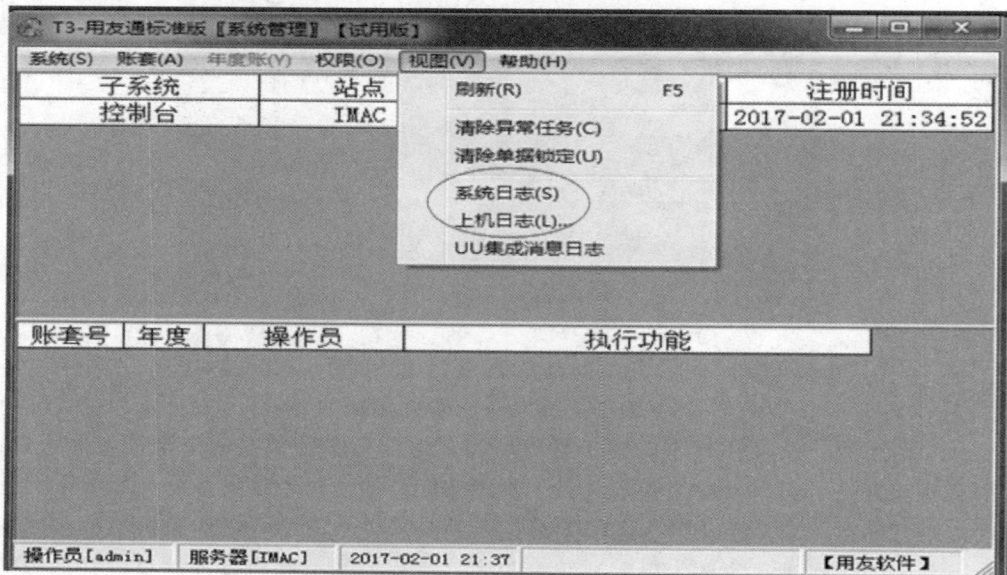

图 2-6 上机日志和系统日志

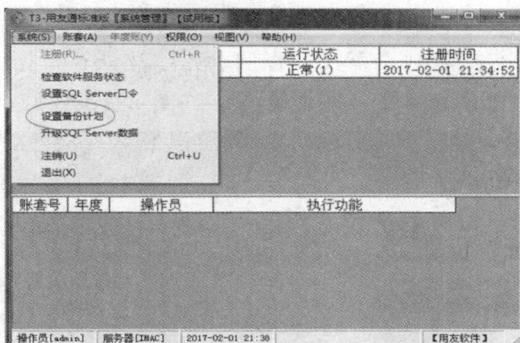

图 2-7　设置备份计划

（二）总账

总账管理是企业会计核算与会计管理的核心内容，是确保企业会计信息的科学性和标准化的关键。总账系统的功能主要包括系统设置、凭证处理、账表管理、辅助账管理、期末处理等，如图 2-8 所示。

1. 设置

设置的功能包括期初余额设置、明细账权限设置和选项设置，如图 2-8 所示。其中"选项"最为重要，包括"凭证""账簿""会计年度""其他"四个选项卡，涉及对其他会计核算的设置，图 2-9 为凭证的相关设置选项和内容。

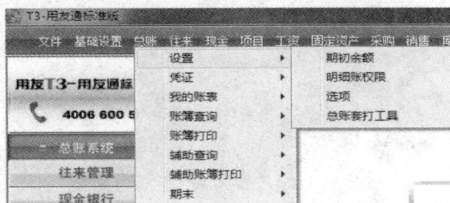

图 2-8　"总账"的功能

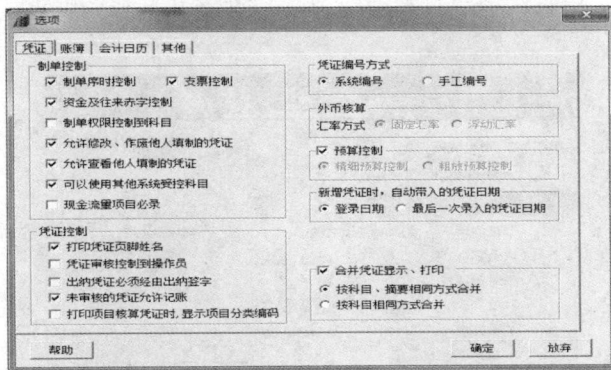

图 2-9　"凭证"的设置

2. 凭证

凭证的主要功能包括填制、审核、查询、打印凭证；根据已经审核的记账凭证登记明细账、日记账和总分类账，即记账等，如图 2-10 所示。

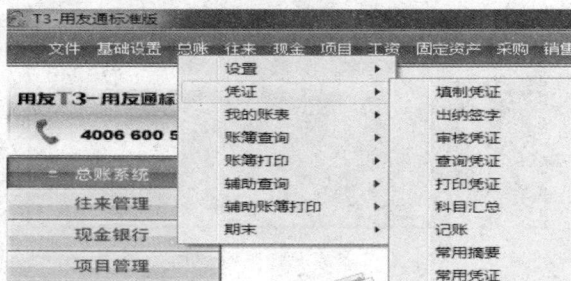

图 2-10　"凭证"的功能

3. 账簿查询

账簿查询提供多种条件查询总账、日记账、明细账等，以及余额表、日报表、现金流量明细表和费用明细表等，如图 2-11 所示。

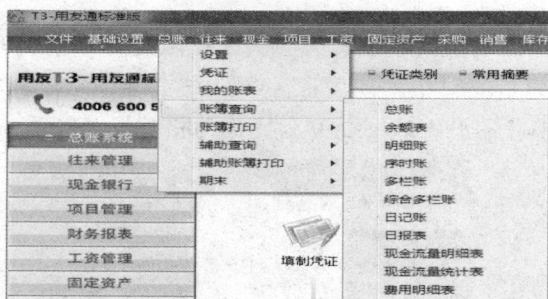

图 2-11　"账簿查询"的功能

4. 辅助查询

辅助查询用于综合查询科目辅助明细账，包括个人往来和部门账的查询，如图 2-12 所示。

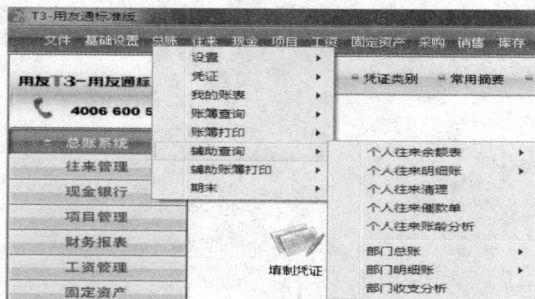

图 2-12　"辅助查询"的功能

5. 期末

期末的功能包括转账定义、转账生成、对账和结账等，如图 2-13 所示。

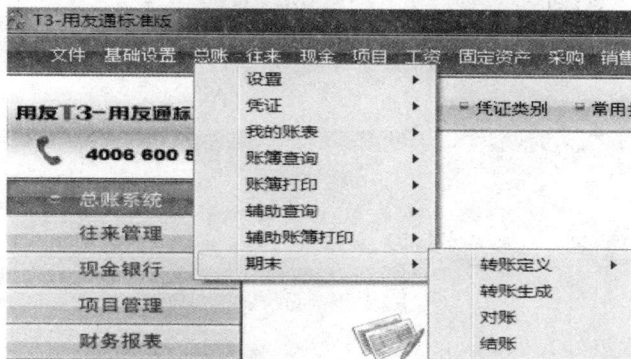

图 2-13 "期末"的功能

（三）财务报表

财务报表是综合反映企业一定时期财务状况和某一期间经营情况的文件，是财务部门提供会计信息的一种重要手段。财务报表可以定期对日常会计核算资料进行处理，综合地反映企业的财务状况、经营成果及收支情况。

1. 提供各行业报表模板

财务报表管理系统提供多个行业的标准报表模板，可以轻松地生成复杂报表。另外还提供了自定义报表模板功能，可以根据本企业的实际需要定制模板，如图 2-14 所示。

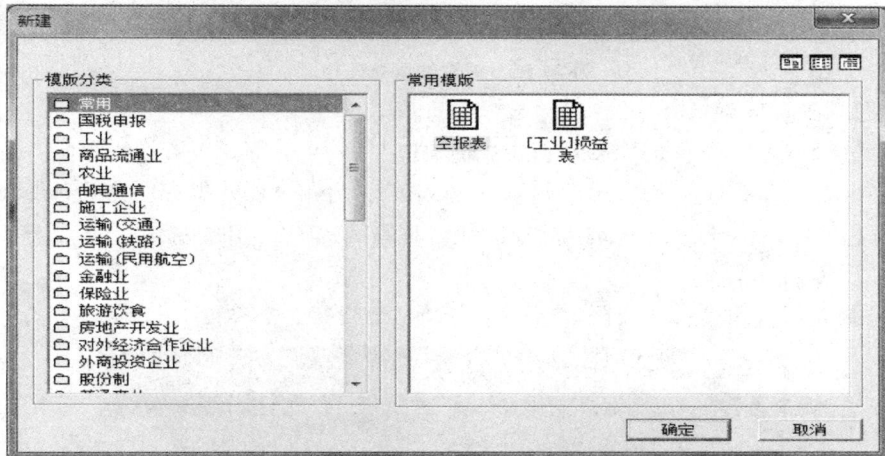

图 2-14 行业报表模板

2. 报表数据处理功能

财务报表以固定的格式管理大量不同的表页，能将多达 99 999 张具有相同格式的报表资料统一在一个报表文件中进行管理，并在每张表页之间建立有机的联系。另外还提供了排序、审核、舍位平衡、汇总等功能；提供了绝对单元公式和相对单元公式，可以方便、迅速地定义计算公式；提供了种类丰富的函数，在系统向导的引导下轻松地从"总账""工资""固定资产"等系统中提取数据，生成财务报表，如图2-15所示。

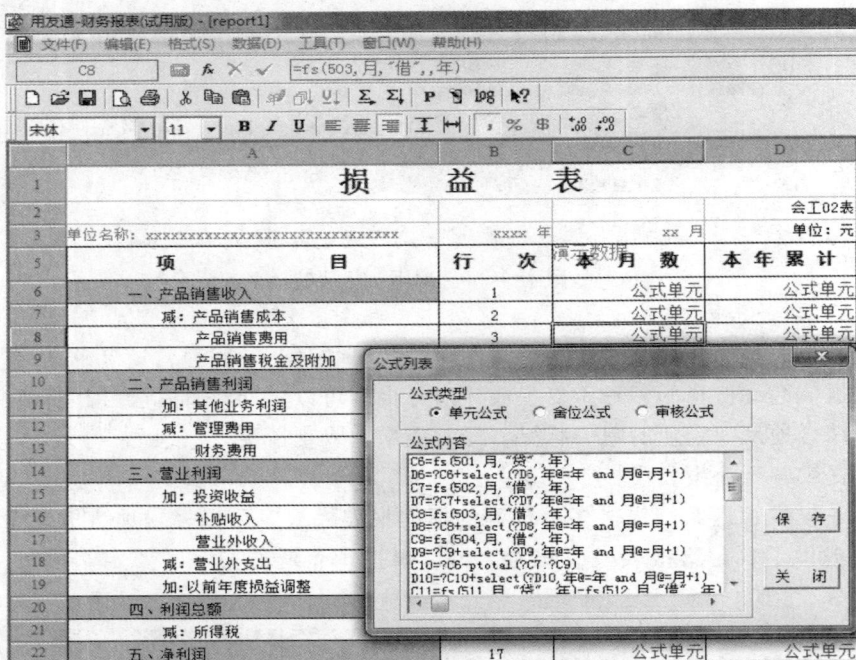

图2-15　报表数据处理功能

（四）工资管理

工资管理是每个单位财务部门的重要业务之一。一方面，工资作为企业产品成本的重要组成部分，对企业的经济效益有重大影响；另一方面，工资也关系到每个员工的切身利益。在T3用友通标准版中，工资管理系统的主要功能包括以下三个方面：

1. 设置

系统提供打印设置、权限设置、人员档案等设置，如图2-16所示。

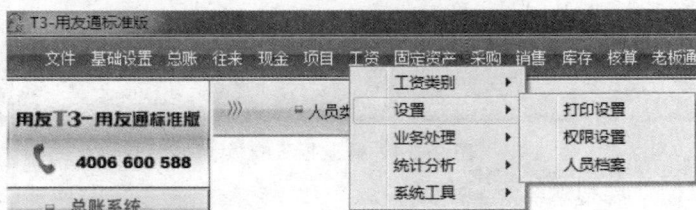

图2-16　工资的设置

尽管设置中只有权限设置和人员档案两个内容，实际上初始设置的内容很多，如工资类别核算、工资核算币种、扣零处理、个人所得税扣税处理、是否核算计件工资等账套参数设置。这些设置分散在各业务模块，图2-17为工资分摊设置。

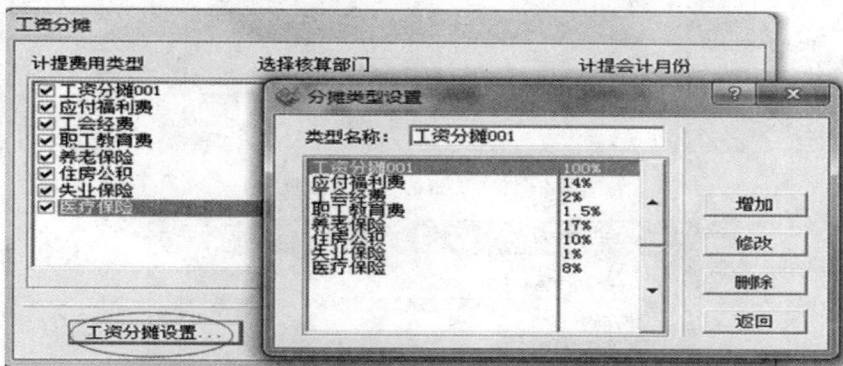

图 2-17　工资分摊设置

2. 业务处理

工资变动包括进行工资数据的变动、汇总处理，支持多套工资数据的汇总；工资分钱清单包括部门分钱清单、人员分钱清单、工资发放取款单；月末自动完成工资分摊、计提、转账业务，并将生成的凭证传递到总账系统，实现各部门资源共享。另外，还包括银行代发、扣缴所得税和月末处理等，如图2-18所示。

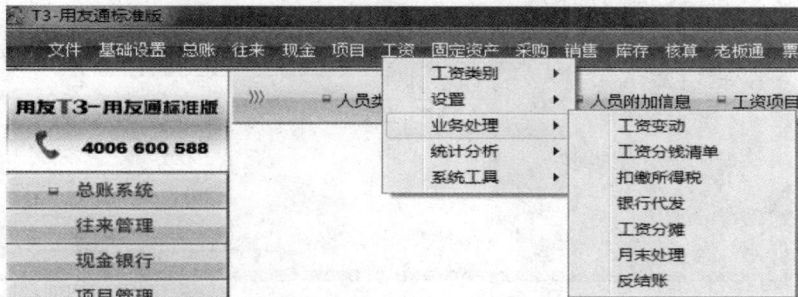

图 2-18　工资"业务处理"的功能

3. 统计分析

系统实现按月查询凭证以及自定义报表的功能，如图2-19所示。其中，工资表包括工资发放签名表、工资发放条、工资卡、部门工资汇总表、人员类别汇总表、条件汇总表、条件明细表及条件统计表等，如图2-20所示；工资分析表包括工资项目分析表、员工工资汇总表、员工工资项目统计表、按月分类统计表、按部门分类统计表、按项目分类统计表等，如图2-21所示。

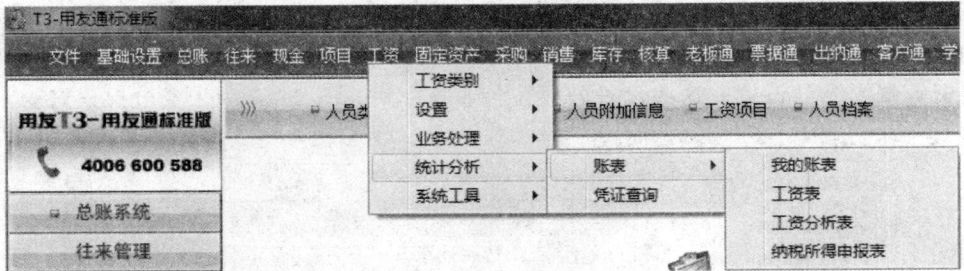

图 2-19　工资的"统计分析"

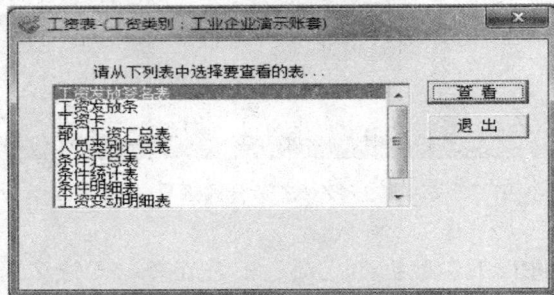

图 2-20　"工资表"构成

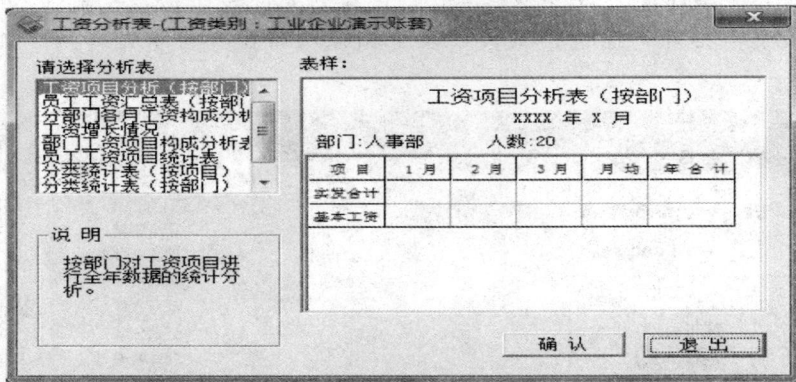

图 2-21　"工资分析表"构成

（五）固定资产

固定资产是企业的重要组成部分，影响到成本、费用、利润计算的正确性。固定资产管理系统的主要任务是完成企业的固定资产日常业务的核算和管理，生成固定资产卡片，按月提供固定资产的增减变动、原值变动及其他变化情况；按月计提固定资产折旧，生成相关凭证，输出各种口径的统计报表。

固定资产管理系统的主要功能包括系统初始化设置、日常业务处理、凭证处理、期末处理及账表查询等。

1. 系统初始化设置

固定资产管理系统的初始化设置完成对固定资产日常核算和管理必需的各种系统参数和基本信息的建立，包括对选项、部门档案、部门对应折旧科目、资产类别、增减方式、使用状况、折旧方法等的设置，如图2-22所示。

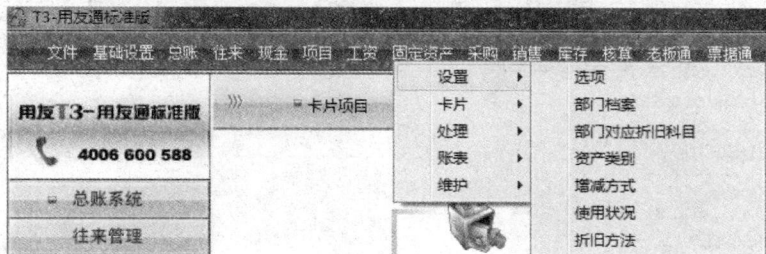

图2-22　固定资产的"设置"

2. 日常业务处理

固定资产管理系统的日常业务处理主要包括卡片管理和计提折旧两部分。其中卡片管理是对固定资产发生增减变动、原值变动、使用部门变动等情况，进行固定资产卡片的更新，如图2-23所示；计提折旧包括工作量输入和生成折旧分配表等，如图2-24所示。

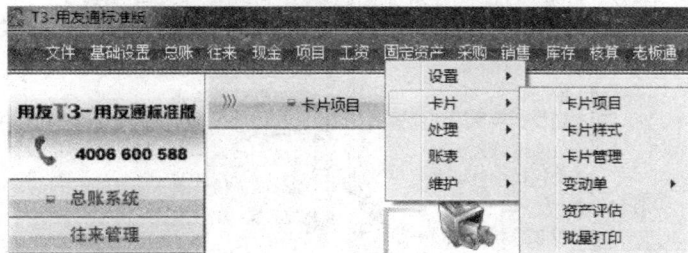

图2-23　固定资产"卡片"功能

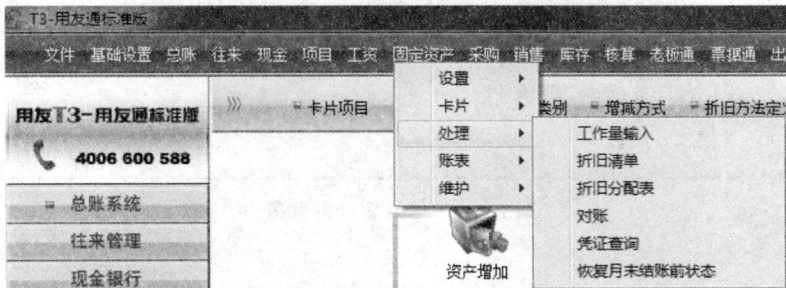

图2-24　固定资产"处理"

3. 凭证处理

固定资产管理系统根据固定资产的使用状况进行转账凭证的定义及自动生成。

转账凭证经过确认后，自动传递到总账系统或成本系统中等待进一步处理。自动生成的凭证可在固定资产管理系统中进行查询，如图 2-25 所示。

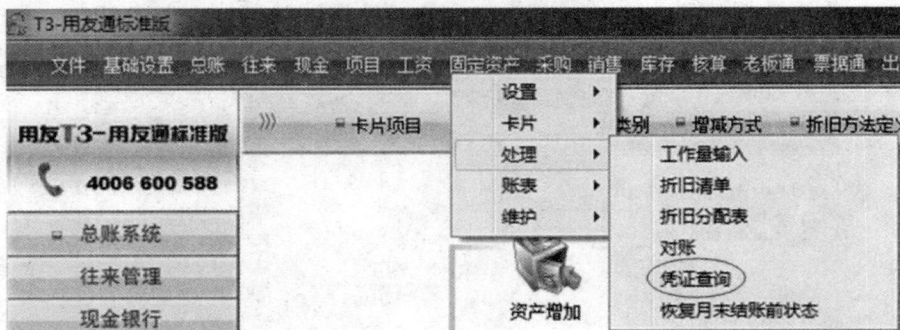

图 2-25　固定资产的"凭证查询"路径

4. 账表查询

固定资产管理系统输出的报表主要包括各种分析表、统计表、折旧表和账簿等，如图 2-26 所示。

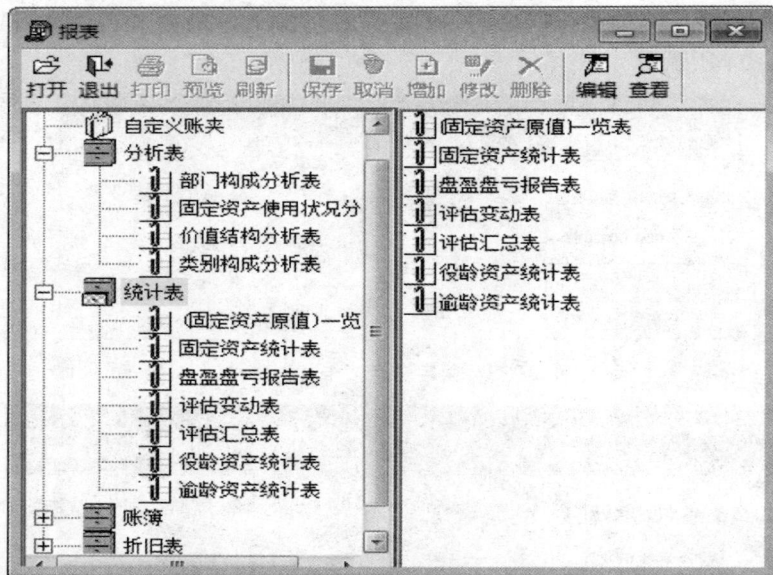

图 2-26　固定资产的账表

（六）采购

采购是企业物资供应部门按已确定的物资供应计划，通过市场采购、加工订制等各种渠道，取得企业生产经营活动所需要的各种物资的经济活动，直接关系到增值税和企业所得税的计算和缴纳，是税务检查的重点之一。T3 用友通标准版设置了与采购相关的功能，如图 2-27 所示。

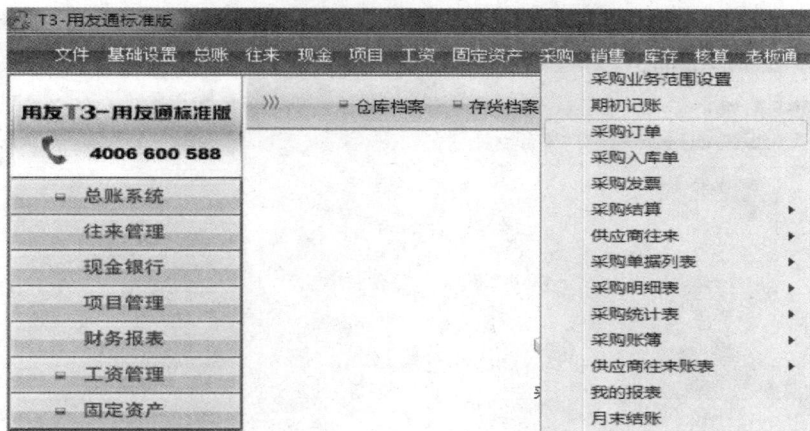

图 2-27 "采购"模块的功能

（七）销售

销售是企业生产经营成果的实现过程，是企业经营活动的中心。销售直接关系到增值税和企业所得税的计算和缴纳，是税务检查的重点之一。T3 用友通标准版设置了与销售相关的功能，如图 2-28 所示。

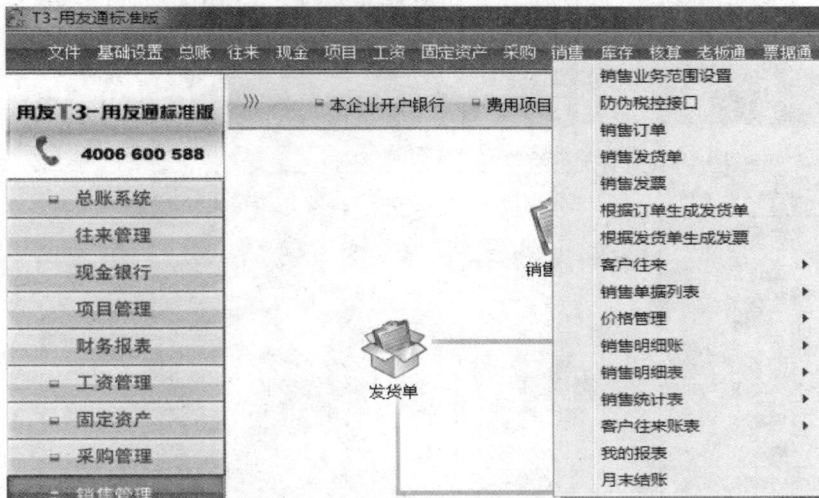

图 2-28 "销售"模块的功能

（八）库存

库存管理着重实现工商企业库存管理方面的需求，覆盖目前工业、商业的大部分库存管理工作。库存管理适用于各种类型的中小型工商企业，如制造业、医药业、食品业、批发业、零售业以及批零兼营业等。盘点库存是税务检查的内容之一。T3 用友通标准版设置了与库存相关的功能，如图 2-29 所示。

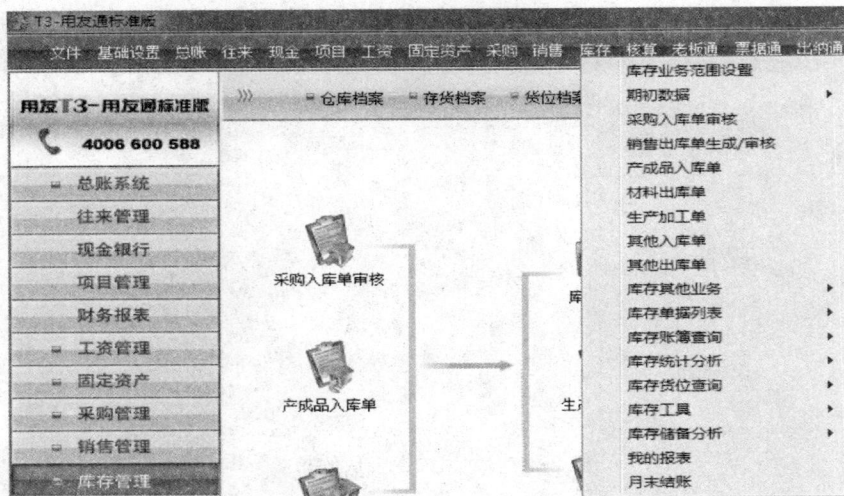

图 2-29 "库存"模块的功能

（九）核算

核算的功能主要是进行存货出、入库成本的核算。通过核算还可以实现将购销存业务产生的各种单据生成凭证，传送到总账系统。T3 用友通标准版设置了与核算相关的功能，如图 2-30 所示。

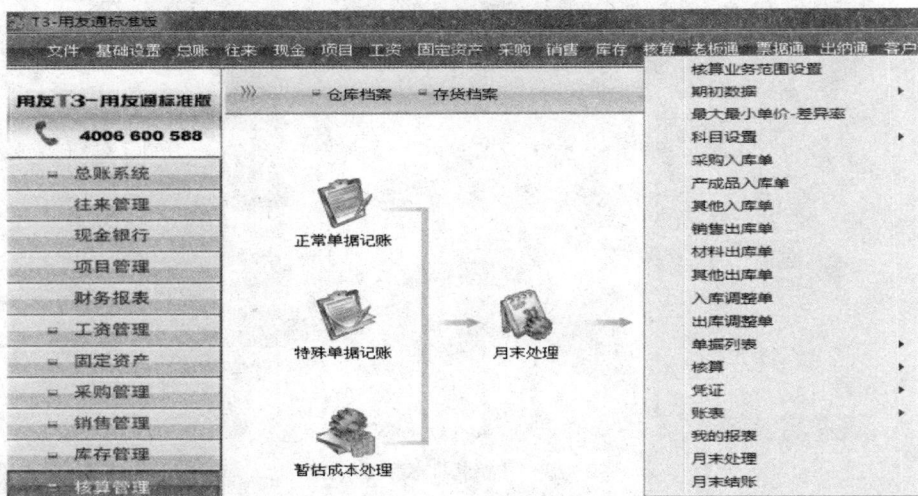

图 2-30 "核算"模块的功能

（十）财务分析

财务分析是运用会计报表的数据，对企业过去的财务状况和经营成果进行评价。税务人员可以利用 T3 用友通标准版提供的该模块，对企业财务数据进行税收分析，帮助确认税务检查线索和重点。财务分析的功能如图 2-31 所示。

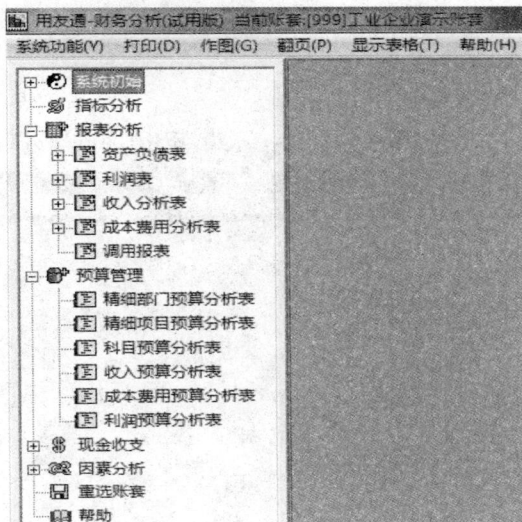

图 2-31 "财务分析"模块的功能

（十一）"老板通"集合使用

"老板通"与财务、业务系统结合使用，从财务监控、业务中心、经营分析、业绩考核等方面，为企业决策者和管理者提供及时、准确的经营数据，并辅以直观的图形方便管理者进行经营数据分析，以指导企业的经营行为。税务人员也可利用该模块快速获取某些信息。"老板通"的财务分析功能如图 2-32 所示。

客户编号	客户名称	信用额度	应收账款	超信用额度 ▲
014	陈贤云	2,500.00	6,319.60	3,819.60
012	邓华	25,000.00	39,500.00	14,500.00
003	德胜绿化有限公司	120,000.00	176,600.00	56,600.00
002	元光电力有限公司	200,000.00	272,744.00	72,744.00
004	银川信和源商贸有限公司	30,000.00	173,390.00	143,390.00

图 2-32 "老板通"的财务分析功能

三、T3 用友通标准版的安装

安装 T3 用友通标准版，首先要安装数据库文件，即 SQL Server（一般教材配套光盘中使用的是 MSDE2000 数据库，代替 SQL Server 数据库），然后安装用友财务软件。本书以 MSDE2000 数据库安装为例，便于读者结合本书所附光盘学习书中所述内容。具体安装步骤如下：

（一）安装 MSDE2000 数据库

1.打开安装 T3 用友通标准版文件夹，双击 MSDE2000RelA，如图 2-33 所示。

图 2-33　打开并安装 MSDE2000RelA

2.进入"MSDE2000RelA"文件，双击"setup"，如图 2-34 所示。

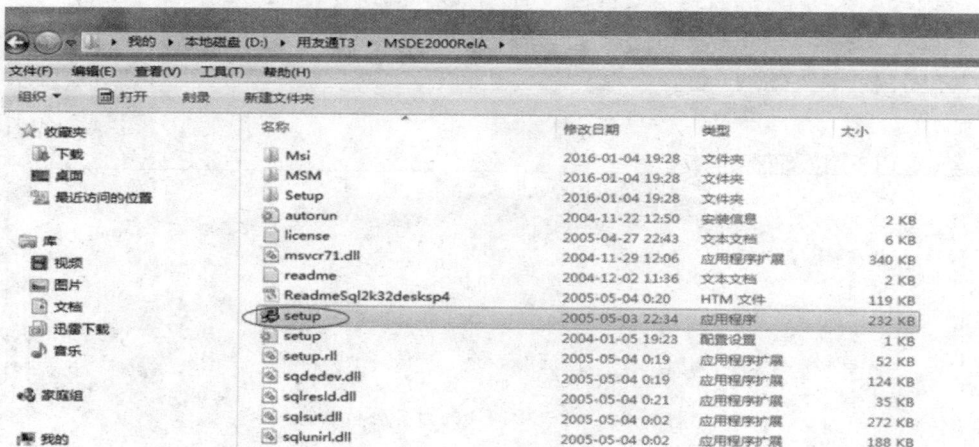

图 2-34　点击"setup"

3.Windows 7 系统安装时会出现兼容性的错误提示，勾上"不再显示此信息"，点击"运行程序"，则可继续安装（Windows XP 系统双击"setup.exe"后，不会出现兼容性的错误提示），如图 2-35 所示。

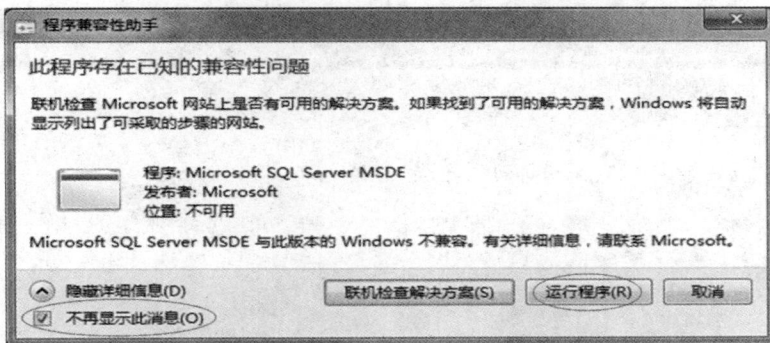

图 2-35　Windows 7 系统安装

4. 直接走进度条，直至进度条走完，如图 2-36 所示，然后重新启动电脑（注意安装 MSDE2000 数据库后一定要重启电脑方能生效）。

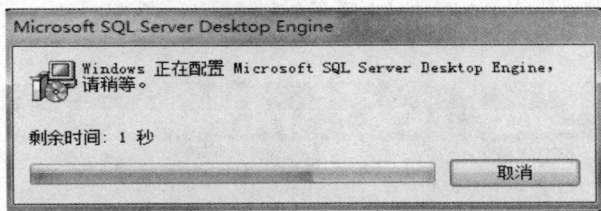

图 2-36　安装进度

提示：MSDE2000 数据库安装完成并重新启动电脑后，桌面右下角会有一个如图 2-37 所示的标志（一个带绿色小箭头的小箱子，也可以通过右击"我的电脑"–"管理"–"服务和应用程序"–"服务"中查看是否有 MSSQLServer 服务，并显示为已启动），如果符合上述情况表示 MSDE2000 数据库已经安装好了，可以继续安装 T3 用友通标准版了。

图 2-37　MSDE2000 数据库

（二）T3 用友通标准版安装

1. 进入用友通 T3 文件夹，打开"用友 T3–用友通标准版"文件夹，如图 2-38 所示。

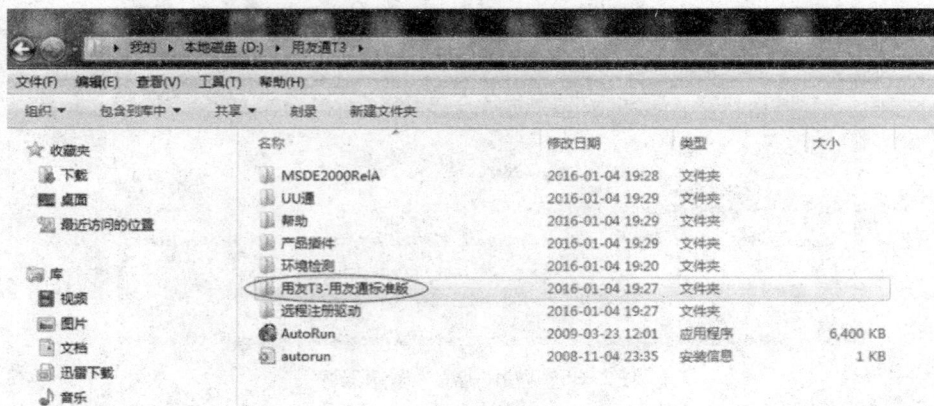

图 2-38　打开并安装用友 T3-用友通标准版

2. 双击"Setup.exe"，如图 2-39 所示，进入安装界面，点击"下一步"，如图 2-40 所示。

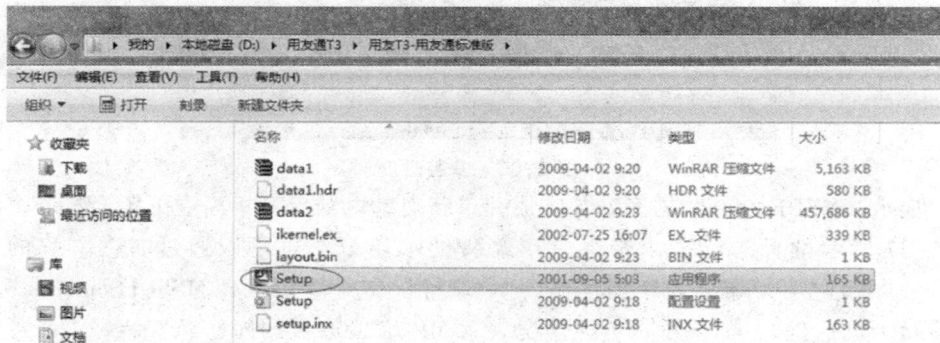

图 2-39　点选"Setup"

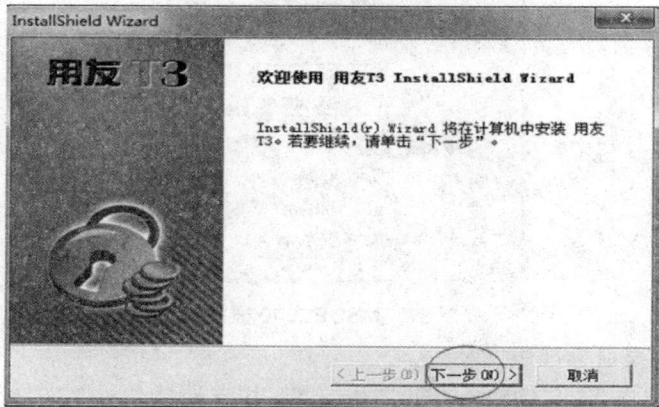

图 2-40　安装界面

3. 进入"许可证协议"界面，点击"是"，如图 2-41 所示。

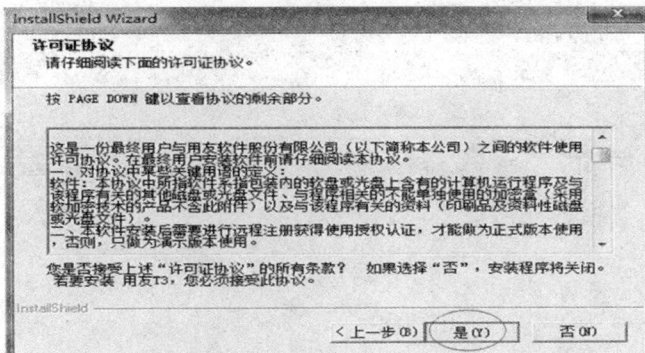

图 2-41　"许可证协议"界面

4. 进入"选择目的地位置"界面，点击"下一步"，如图 2-42 所示。

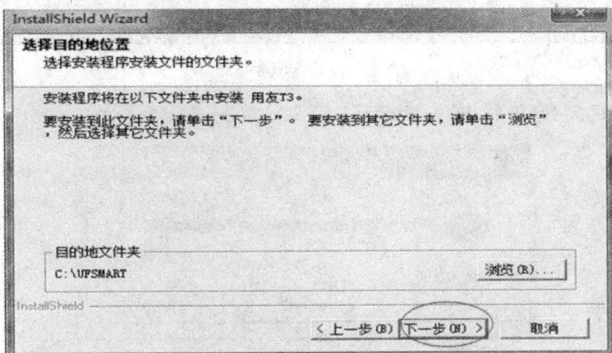

图 2-42　选择目的地位置

5. 进入"选择组件"界面，勾选"产品安装"，点击"下一步"，如图 2-43 所示。

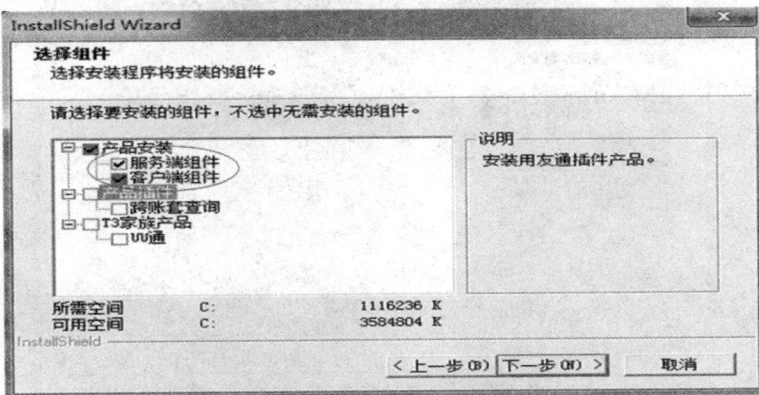

图 2-43　选择组件

6.进入"环境检测"界面，检测结果显示操作系统不符合，对此不予理会，点击"退出检测"，如图 2-44 所示。

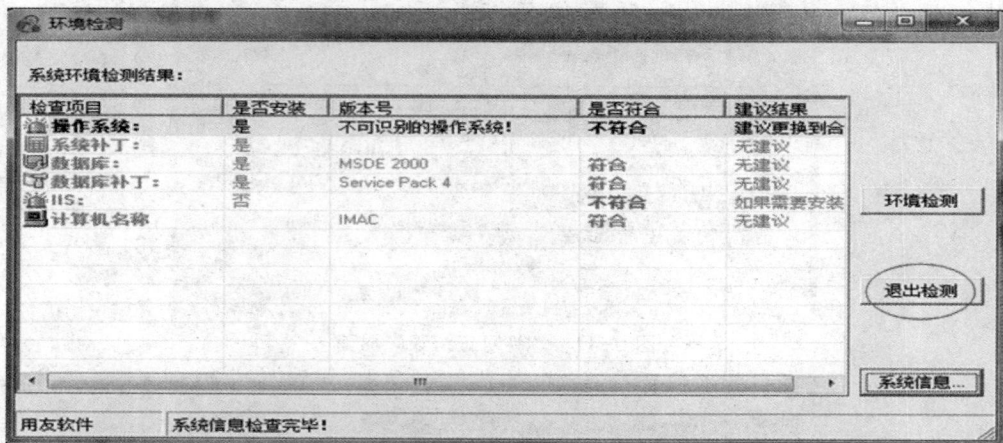

图 2-44　环境检测

7.弹出是否安装的对话框，点击"是"，如图 2-45 所示。

图 2-45　环境检测结果

8.进入"开始复制文件"界面，点击"下一步"，开始复制文件，如图 2-46、图 2-47 所示。

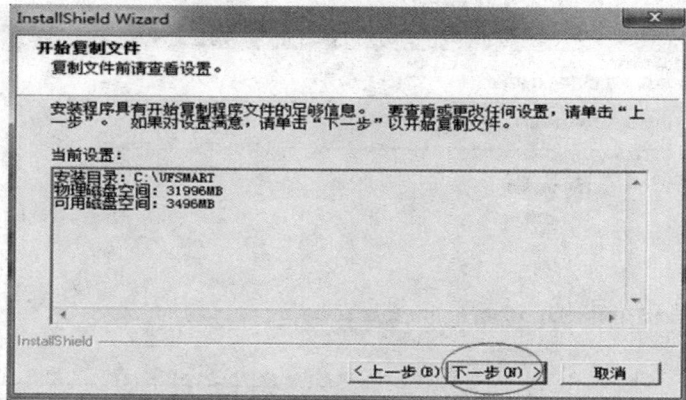

图 2-46　开始复制文件

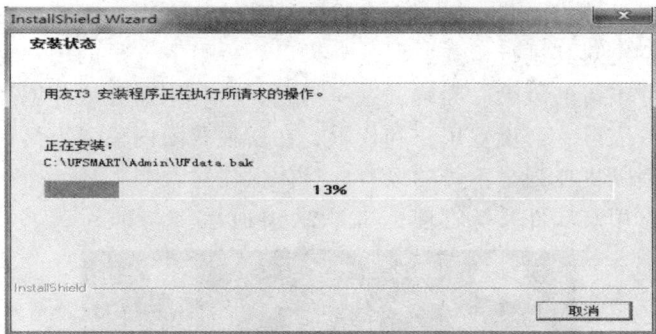

图 2-47　安装进度

9.显示该界面，提示安装完毕，选择"是，立即重新启动计算机"，如图 2-48
所示。

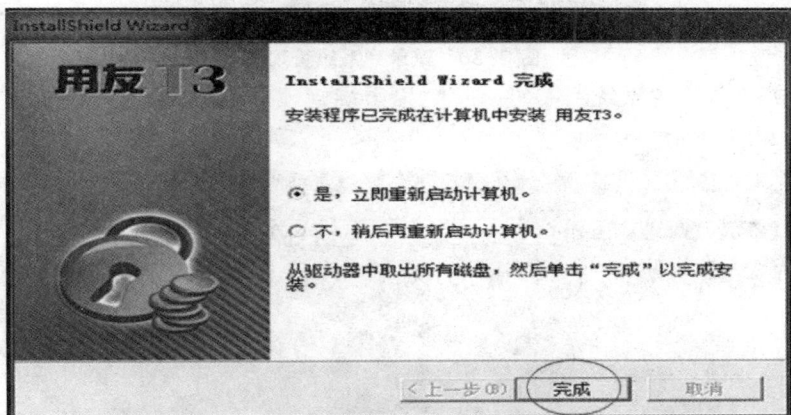

图 2-48　安装完毕

10.计算机重新启动后，会提示正在创建系统库和数据库，依次点击确定即
可，如图 2-49 所示。

图 2-49　创建系统库和数据库

第二节　T3用友通标准版信息查询及应用

一、如果采取登录系统方式进行检查，如何确保会计电算化系统的安全性

因财务软件在设计时或使用过程中按照企业偷漏税等违法要求添加了一些非常

规的设计，这些设计很隐蔽，必须亲自操作软件才能发现。因此，税务人员要亲自登录财务软件系统对其进行检查。但是如果以企业财务人员的用户名登录系统，确实存在责任划分不清的风险。为解决这一问题，可利用财务软件增加操作员和授权的功能，为税务人员专门设置用户和权限，在所授权限内税务人员以自己的身份操作软件，即可消除责任划分不清的风险。具体操作过程如下。

1. 用户运行用友软件系统管理，如图 2-50 所示。

图 2-50　登录"系统管理"

2. 点击菜单栏"系统"－"注册"，以系统管理员"admin"的身份进入系统管理，如图 2-51 所示。

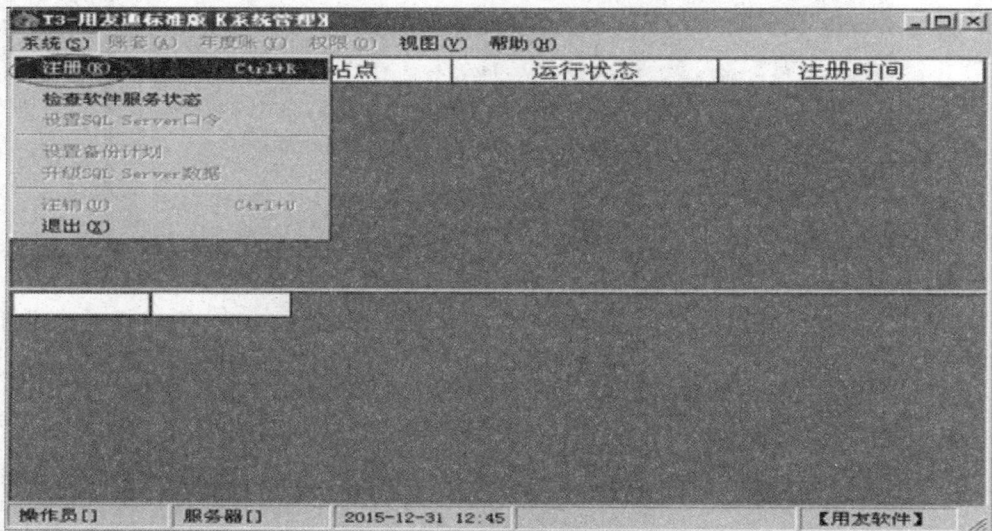

图 2-51　注册操作员

3. 在"用户名"文本框中输入用户名，本例为"admin"（默认系统管理员的密码为空），单击"确定"按钮，以系统管理员身份进入系统管理，如图 2-52 所示。

4. 依次点击"权限"－"操作员"，如图 2-53 所示。

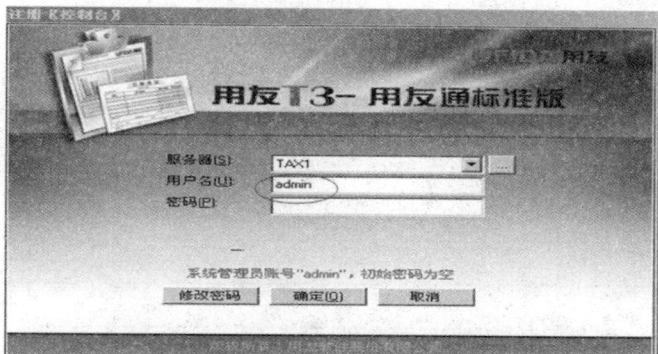

图 2-52 以系统管理员的身份进入系统管理

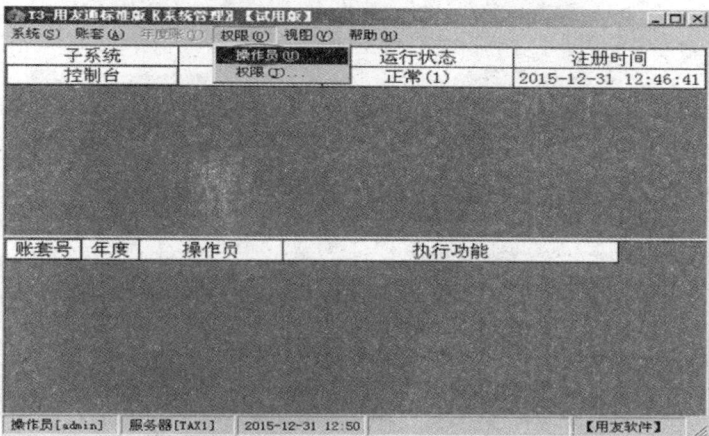

图 2-53 进入操作员管理的路径

5. 进入"操作员管理"界面，单击工具栏中的"增加"按钮，打开"增加操作员"对话框，输入下列资料（内容自行设计，本例为举例）：编号"100"，姓名"shuiwurenyuan"，口令和所属部门为空，单击"增加"按钮，如图 2-54 所示。

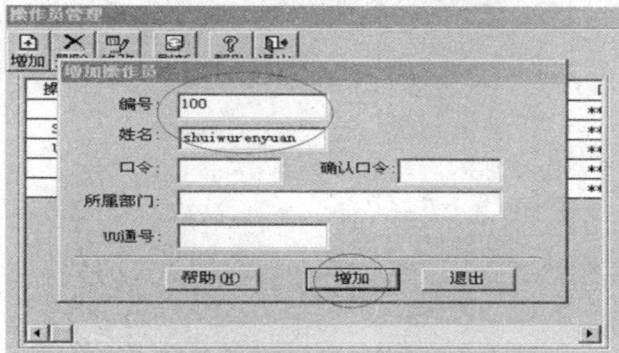

图 2-54 增加操作员

6.返回"操作员管理"窗口，增加的操作员在列表中显示。单击"退出"按钮，返回"系统管理"窗口，如图 2-55 所示。

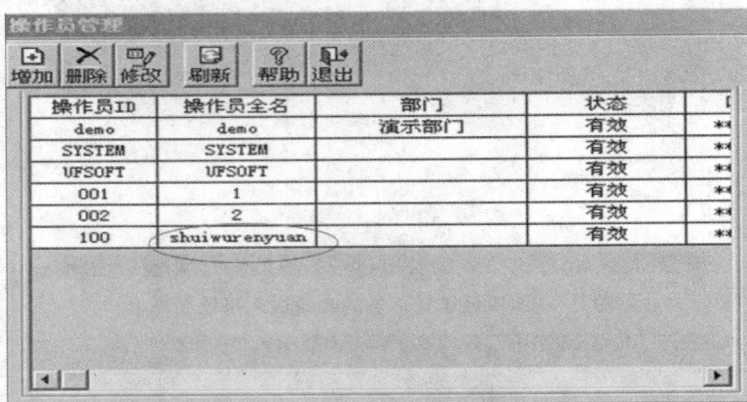

图 2-55　新增操作员结果查询

7.依次点击"权限"-"权限"，如图 2-56 所示，进入"操作员权限"界面。

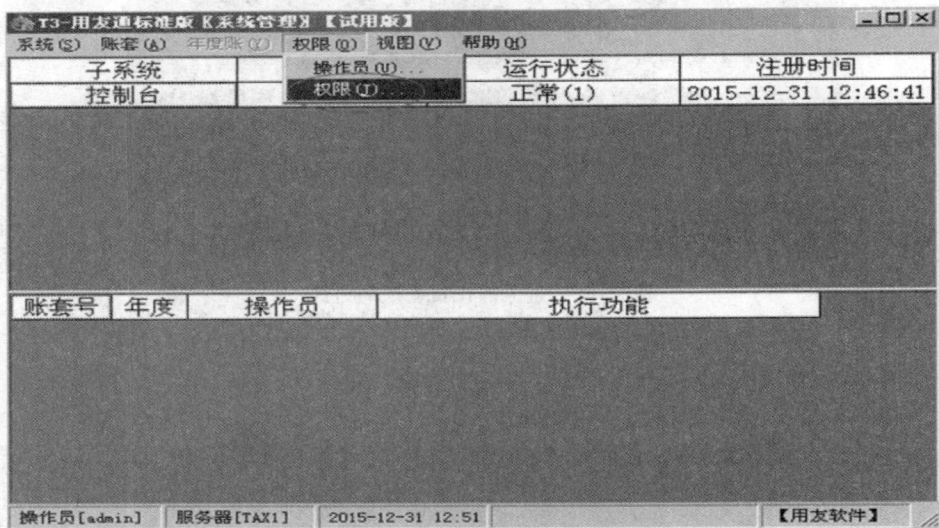

图 2-56　点选"授权"的路径

8.在"操作员权限"界面，点击下拉黑三角按钮，选择［999］账套和"2008年"，从操作员列表框中点选"shuiwurenyuan"。若要授予全部权限，则点击"账套主管"前的按钮，系统提示："设置操作员：［100］账套主管权限吗？"点击"是"，如图 2-57 所示。

若仅给予部分权限，如查询权和打印权，则单击工具栏中的"增加"按钮，如图 2-58 所示。

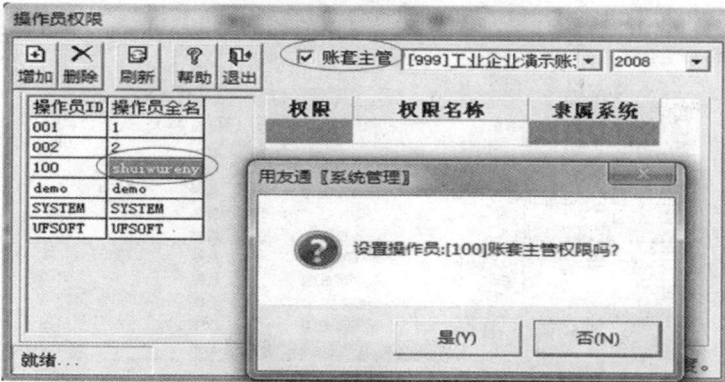

图 2-57　授予账套主管权限

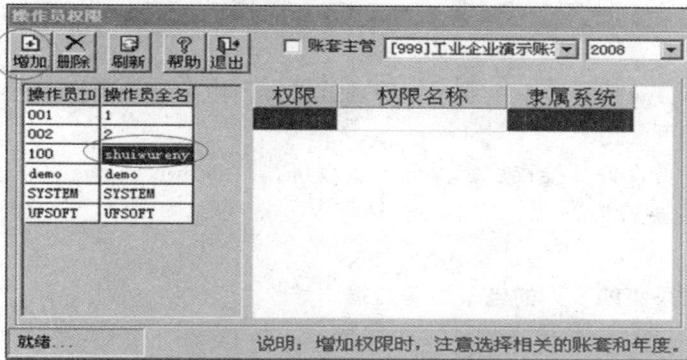

图 2-58　增加权限

　　进入"增加权限"对话框，单击"产品分类选择"的"GL 总账"，在"明细权限选择"栏中双击选中的查询权和打印权，使之变为蓝色，单击"确定"按钮，如图 2-59 所示。

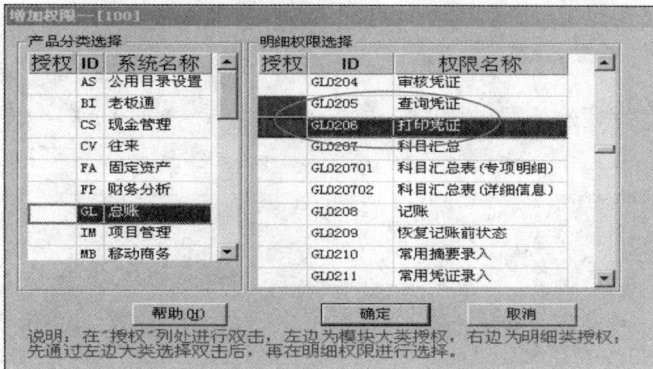

图 2-59　授予查询权和打印权

返回"操作员权限"窗口，如图 2-60 所示。单击工具栏中的"退出"按钮，
返回系统管理。

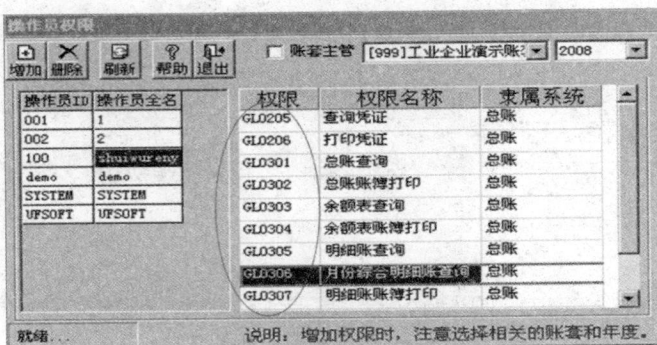

图 2-60　查询授权结果

提示：

设置操作员及授权应由企业系统管理员进行，作为税务人员了解财务软件有此
设置及操作即可。

完成操作员设置及授权后，税务人员就可以"shuiwurenyuan"的身份登录用友
T3 对财务系统进行检查。

二、如何采集纳税人的电子财务数据

（一）采集该企业全部年度的账套数据

1. 以系统管理员身份进入系统管理，具体操作见图 2-50 至图 2-52。

2. 依次点击"账套"–"备份"，如图 2-61 所示。

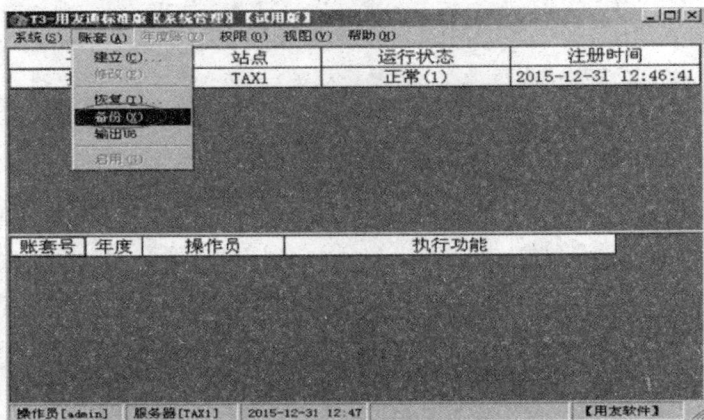

图 2-61　执行"备份"命令

3.打开"账套输出"对话框。单击"账套号"下拉列表框中的黑色下三角按钮，选择需要备份的账套［999］，如图2-62所示。单击"确认"按钮，弹出系统提示信息"压缩进程，请等待"。

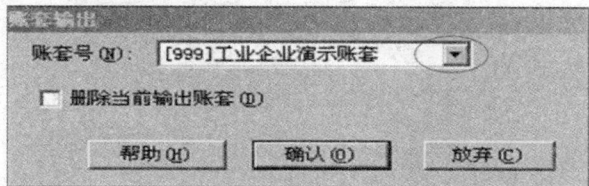

图2-62 账套输出对话框

4.系统压缩完成所选账套数据后，弹出"选择备份目标"对话框。在该对话框的下拉列表框中，选择需要将账套数据输出的驱动器及所在目录，单击"确认"按钮，如图2-63所示。

图2-63 选择备份目标

5.系统开始进行备份，备份完成后，弹出系统提示"硬盘备份完毕!"，单击"确定"，如图2-64所示。

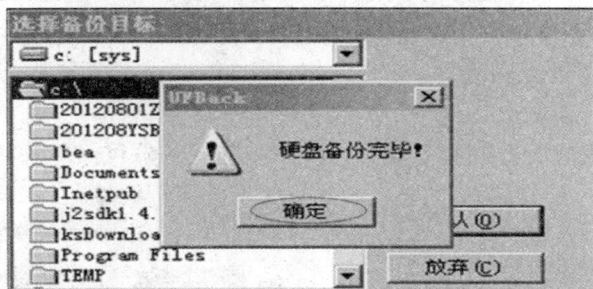

图2-64 备份账套完毕

（二）采集该企业特定年度的账套数据

1.以账套主管身份进入系统管理，本例用户名为"demo"，密码为"demo"，账套为"［999］"，会计年度为"2008"，点击"确定"，如图2-65所示。

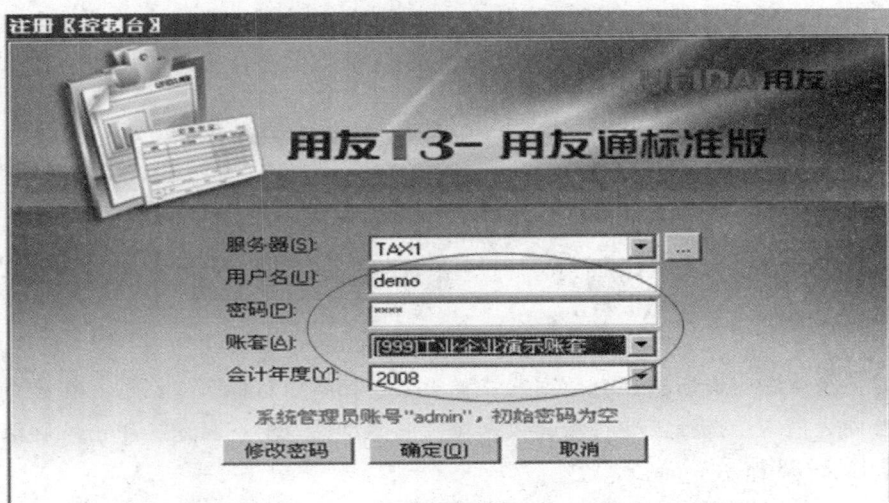

图 2-65　以账套主管身份登录系统管理

2. 依次点击"年度账"-"备份"，如图 2-66 所示。

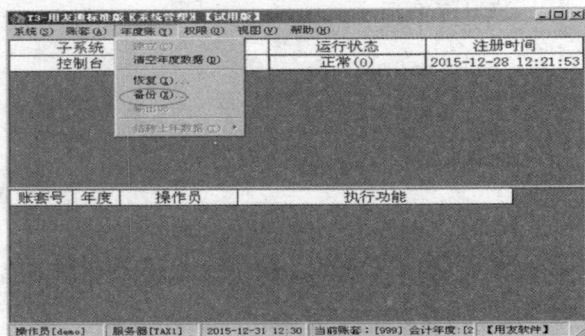

图 2-66　执行"备份"命令

3. 进入备份年度数据界面，选择要备份的年度，不要勾选"删除当前备份年度"，点击"确定"，如图 2-67 所示。

4. 系统压缩完成所选账套数据后，弹出"选择备份目标"对话框。在该对话框的下拉列表框中，选择需要将账套数据输出的驱动器及所在目录，如图 2-68 所示，单击"确认"按钮。

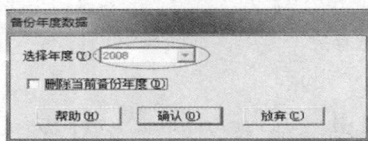

图 2-67　备份年度数据　　　　　　　图 2-68　选择备份路径

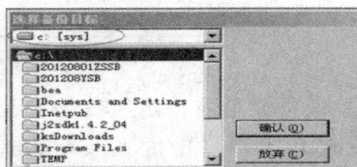

5.系统开始进行备份，备份完成后，弹出系统提示"硬盘备份完毕！"，单击"确定"。

（三）将采集到的数据导入财务软件

1.以系统管理员"admin"的身份注册进入系统管理，具体操作见图 2-50 至图 2-52。

2.依次点击"账套"-"恢复"，如图 2-69 所示。

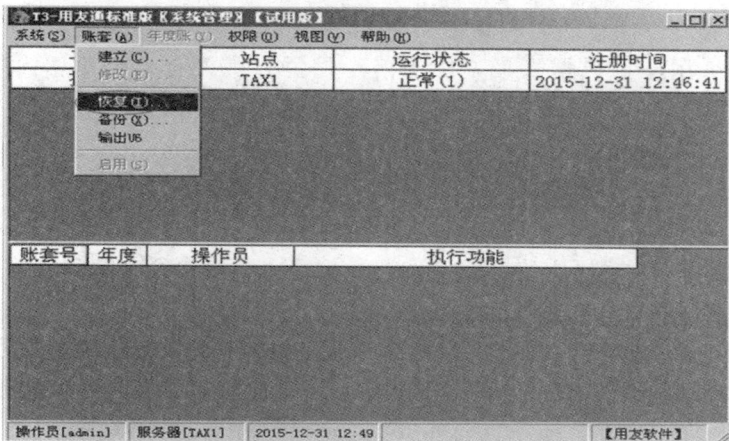

图 2-69　执行"恢复"命令

3.打开"恢复账套数据"对话框，选择路径和文件"UF2KAct.Lst"，单击"打开"按钮，如图 2-70 所示。

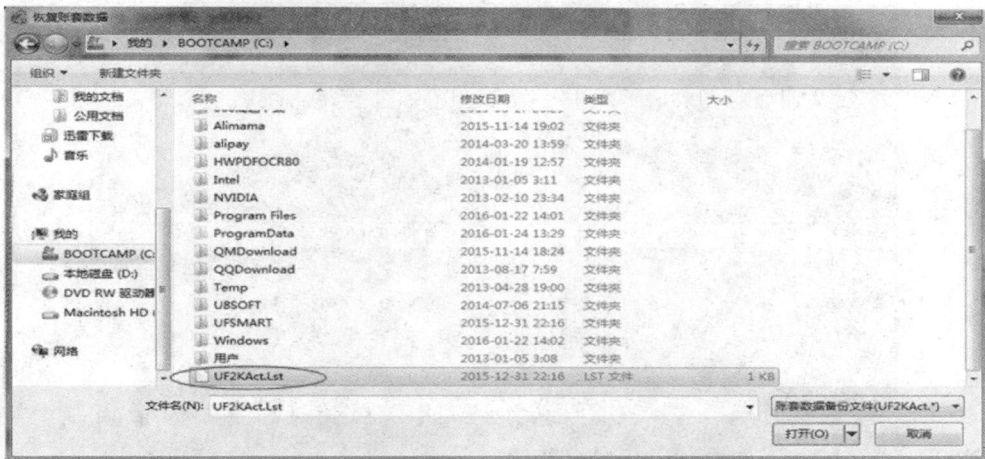

图 2-70　点选文件"UF2KAct.Lst"

4.弹出系统提示信息"账套［999］恢复成功"，点击"确定"，如图 2-71 所示。

图 2-71　账套恢复成功

提示：采用此种数据采集方法的前提是税务机关有与企业相同版本的财务软件。

三、如何了解、评价企业财务会计制度的运行情况

企业财务部门内部人员分工是否合理、财务人员是否经常变动、业务控制是否健全等内部控制制度直接影响企业的经营风险，也与纳税风险息息相关。

（一）如何了解财务人员分工，评价内部监控机制的设置情况

1. 以系统管理员"admin"的身份注册进入系统管理，具体操作见图 2-50 至图 2-52。

2. 依次点击"权限"-"权限"，如图 2-72 所示。

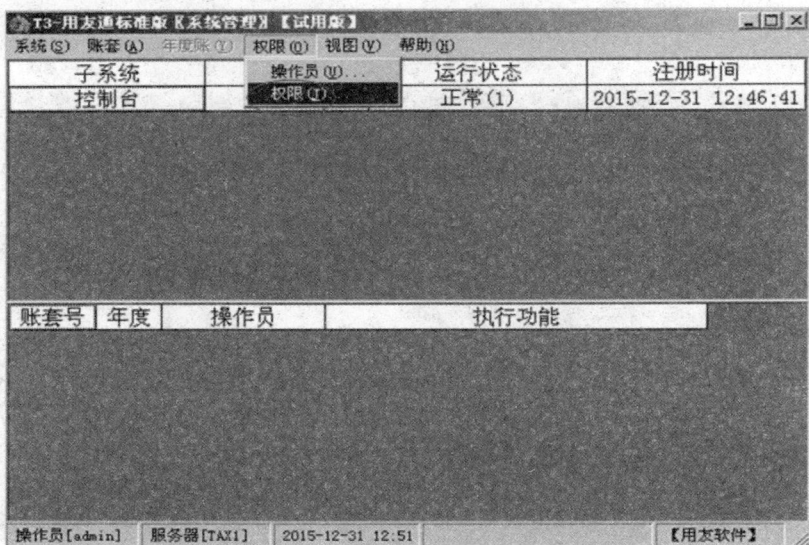

图 2-72　点选"权限"

3. 进入"操作员权限"窗口，选择操作员、账套，查看右侧的权限明细，权限明细未显示的如图 2-73 所示，表明该操作员对该账套没有权限；有显示的如

图 2-74 所示，则根据具体的权限判断其身份、职责，进而判断企业财务部门的人员分工是否合理、是否存在风险。

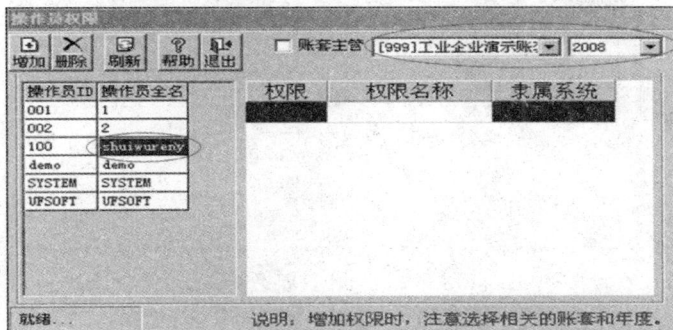

图 2-73 无授权显示

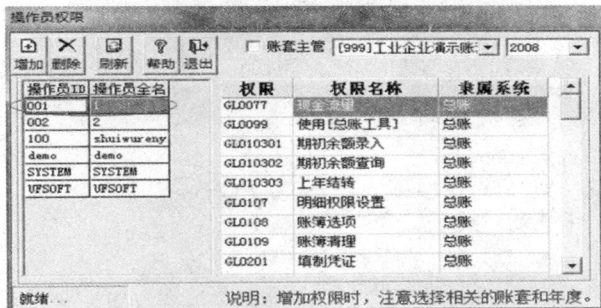

图 2-74 已授权显示

（二）如何了解财务人员调整变化的情况

1. 在财务软件中，操作员一旦启用就不能删除，如图 2-75 所示。

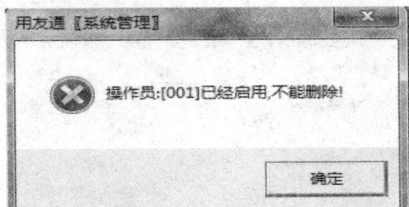

图 2-75 删除已启用操作员

2. 当财务人员离开企业时，通过注销该操作员来解除该人对财务软件的操作权。被注销的操作人"状态"栏，显示"注销"。因此，税务人员可以通过查询企业操作员的状态来了解财务人员是否稳定，具体操作如下：

以系统管理员"admin"的身份注册进入系统管理，具体操作见图 2-50 至图 2-52。然后依次点击"权限"-"操作员"，进入"操作员管理"窗口，查看每个操作员的"状态"，如图 2-76 所示。

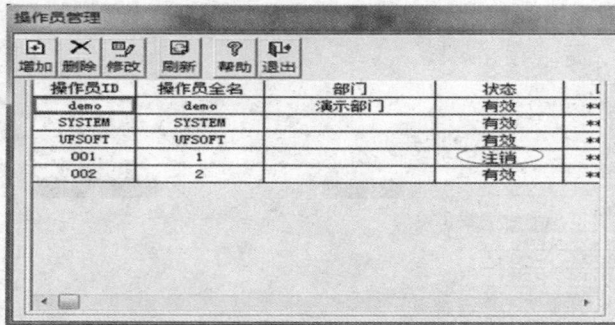

图 2-76　操作员状态查询

（三）如何了解财务业务控制是否健全

1. 以账套主管（本例为"demo"）身份进入用友 T3，具体操作如图 1-20 至图 1-22 所示。

2. 依次点击"总账"-"设置"-"选项"，如图 2-77 所示。

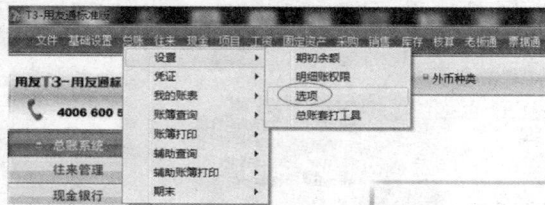

图 2-77　查询总账"选项"的路径

3. 进入选项界面，共有"凭证""账簿""会计日历""其他"四张选项卡，重点查看企业在凭证卡片上勾选的情况，了解财务业务内部管理制度并进行评价，如图 2-78 所示。

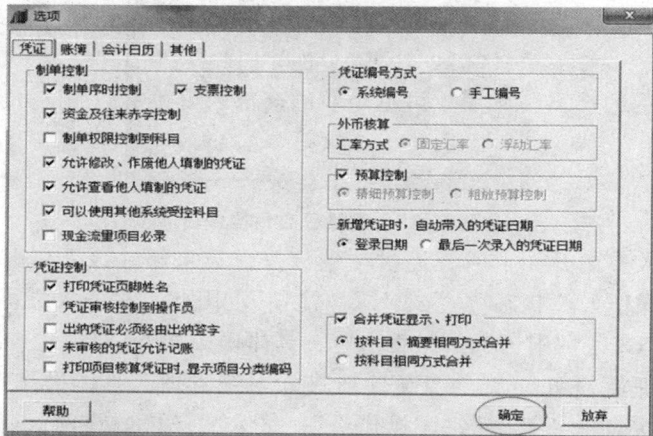

图 2-78　凭证的设置

四、纳税人是否存在多套账核算问题

此部分内容详见第一章第二节的"三、税务机关应对财务软件的措施"中的"（二）查找多套账"部分。

五、如何快速了解企业生产经营基础情况

（一）如何了解纳税人设立了哪些部门机构

纳税人内设机构的设置既表明其管理模式也与税收缴纳有密切关系。当纳税人设有食堂等福利部门时，就会涉及进项税额转出和福利费支出范围等增值税和企业所得税问题。因此，了解纳税人的内设机构是税务检查前的一项重要工作。T3用友通标准版提供了查询内设机构的途径，具体操作如下：

1. 以账套主管（本例为"demo"）身份进入用友T3，具体操作如图1-20至图1-22所示。进入"T3-用友通标准版"界面，依次点击"基础设置"-"机构设置"-"部门档案"，如图2-79所示。

图2-79　内设机构查询路径

2. 进入"部门档案"界面，可见企业的全部内设机构以及各机构的设置情况，如图2-80所示。

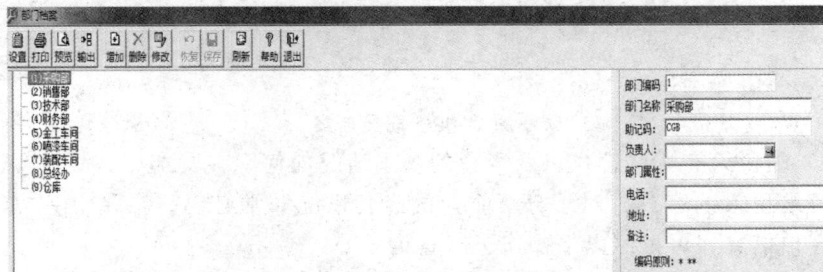

图2-80　部门档案

（二）如何获取纳税人的人员信息

纳税人有多少员工，重要岗位的员工都是谁，职工人数是否有大幅度变动等，这些信息不仅关系到纳税人的生产经营，也关系到增值税、企业所得税和个人所得税的计算缴纳。因此，税务检查中往往要查询纳税人的人员信息。T3 用友通标准版提供了查询人员信息的途径，具体操作如下：

1. 以账套主管（本例为"demo"）身份进入用友 T3，具体操作如图 1-20 至 1-22 所示。进入"T3-用友通标准版"界面，依次点击"基础设置"-"机构设置"-"人员档案"，如图 2-81 所示。

图 2-81　查询"职员档案"的路径

2. 进入"职员档案"界面，可见企业的全部职员情况，如图 2-82 所示。

职员编号	职员名称	职员助记码	所属部门	职员属性	手机
001	张雨	ZY	总经办		13811151926
002	马华	MH	总经办		13258745978
003	李传丁	LCD	技术部		13587984565
004	周宾	ZB	技术部		13689647821
005	王文明	WWM	金工车间		13689529899
006	张东兴	ZDX	金工车间		13325489844
007	宋瑶瑶	SYY	金工车间		13758942547
008	姚林	YL	喷漆车间		13425874146
009	马磊	ML	喷漆车间		13945897413
010	张东利	ZDL	喷漆车间		13311148777
011	于容	YR	装配车间		13256845697
012	陈小华	CXH	装配车间		13254695788
013	李颀朝	LXC	装配车间		13587458745
014	高小燕	GXY	采购部		13968741152
015	赵阳	ZY	采购部		13899658872
016	邹琴	ZQ	销售部		13698874425
017	杨宇	YY	销售部		13366666258
018	梁新	LX	财务部		13588884468
019	郑娜	ZN	财务部		13877745621
020	王伟	WW	仓库		13859471258
021	张平	ZP	仓库		15978458112

图 2-82　职员档案

（三）纳税人有哪些客户以及客户的基本情况如何

了解纳税人的客户，对于分析企业的经营情况非常必要。在 T3 用友通标准版中设有客户信息，可按照以下操作进行查询：

1. 以账套主管（本例为"demo"）身份进入用友 T3，具体操作如图 1-20 至图

1-22所示。进入"T3-用友通标准版"界面，依次点击"基础设置"-"往来单位"-"客户档案"，如图2-83所示。

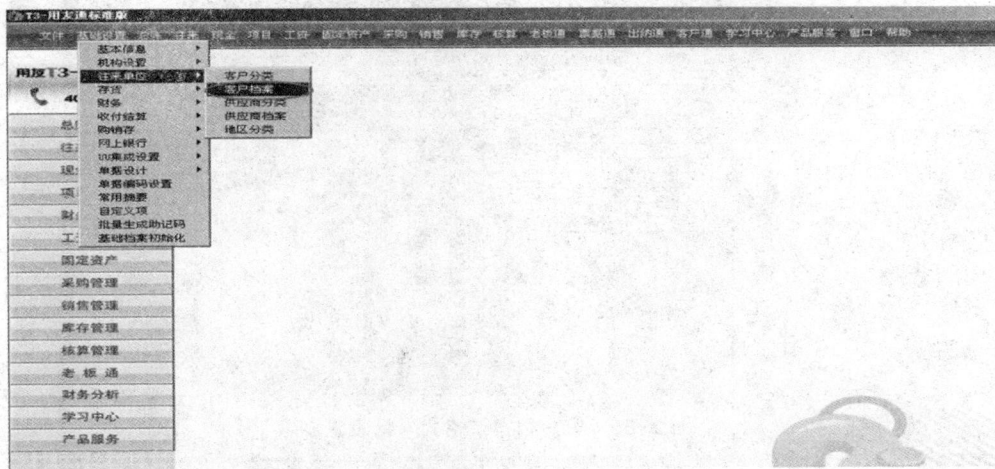

图2-83 查询"客户档案"的路径

2.进入"客户档案"界面，可见企业的全部客户信息，如图2-84所示。

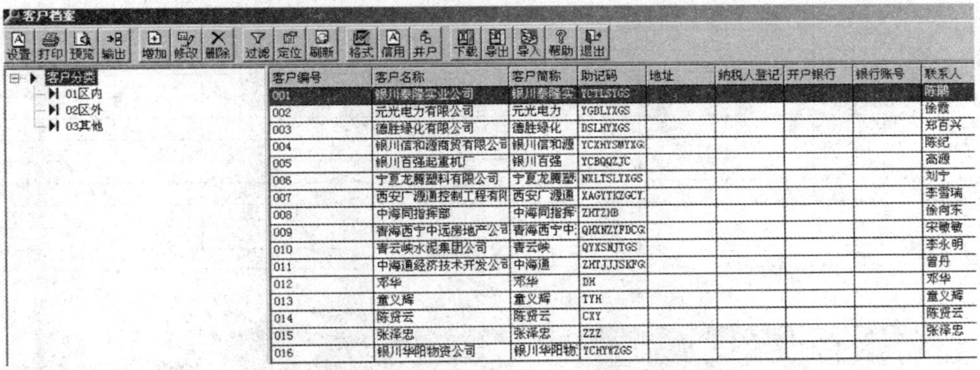

图2-84 客户档案

客户档案中显示的内容可自由设置。点击"格式"按钮，出现栏目选择框，根据需要选择相应栏目，如图2-85所示；然后点击"确认"按钮，则显示客户时系统将按所设置的栏目进行显示，如图2-86所示。

（四）纳税人有哪些供应商以及供应商的基本情况如何

了解纳税人的供应商，对于分析企业的经营情况非常必要。在T3用友通标准版中设有供应商信息，可按照以下操作进行查询：

1.以账套主管（本例为"demo"）身份进入用友T3，具体操作如图1-20至图1-22所示。进入"T3-用友通标准版"界面，依次点击"基础设置"-"往来单位"-"供应商档案"，如图2-87所示。

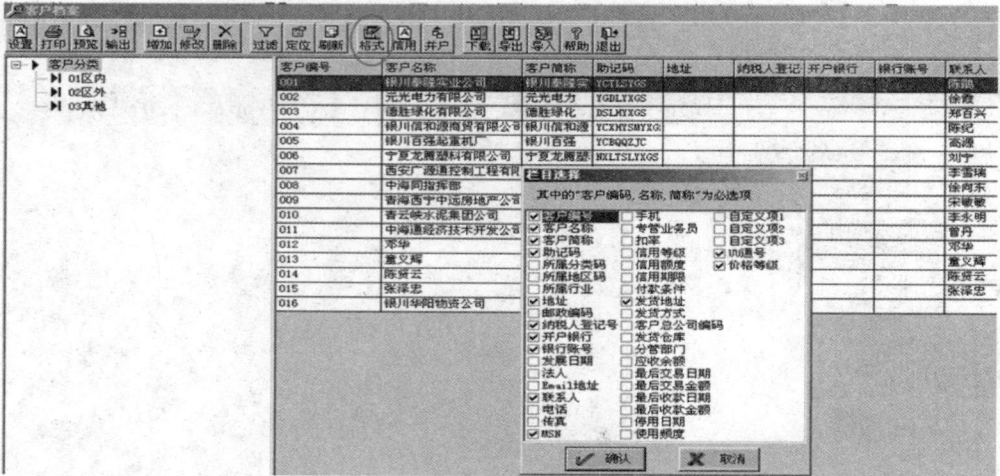

图 2-85　客户档案"格式"的设置

客户简称	助记码	地址	纳税人登记	开户银行	银行账号	发展日期	法人	联系人	电话	MSN	发货
银川泰隆实	YCTLSYGS					2008-01-07		陈鹃	68295878		
元光电力	YGDLYXGS					2008-01-07		徐霞	68335963		
德胜绿化	DSLHYXGS					2008-01-07		郑百兴	69295674		
银川信和源	YCXHYSMYXG:					2008-01-07		陈纪	68695277		
银川百强	YCBQQZJC					2008-01-07		高源			
宁夏龙腾塑	NXLTSLYXGS					2008-01-07		刘宁			
西安广源通	XAGYTKZGCY.					2008-01-07		李雪瑞			
中海同指挥	ZHTZMB					2008-01-07		徐向东			
青海西宁中:	QHXNZYFDCG:					2008-01-07		宋敏敏			
青云峡	QYXSNJTGS					2008-01-07		李永明			
中海通	ZMTJJJSKFG:					2008-01-07		曾丹			
邓华	DM					2008-01-07		邓华			
童义辉	TYH					2008-01-07		童义辉			
陈贤云	CXY					2008-01-07		陈贤云			
张泽忠	ZZZ					2008-01-07		张泽忠			
银川华阳物	YCHYWZGS					2008-06-01					

图 2-86　重置后的客户档案

图 2-87　查询"供应商档案"的路径

2.进入"供应商档案"界面，可见企业的全部供应商信息，如图 2-88 所示。

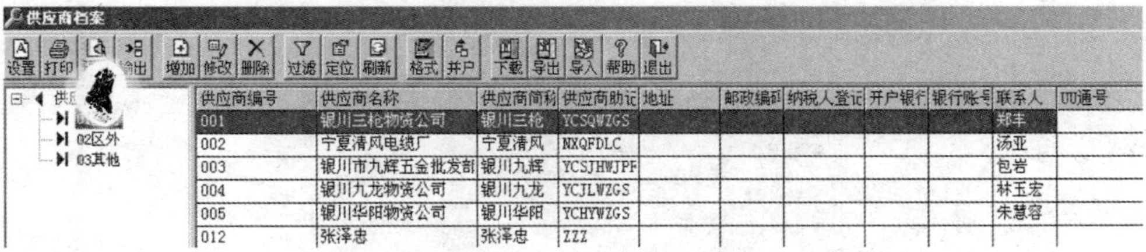

图 2-88　供应商档案

3.双击选中的供应商，即可查看供应商档案卡片，共有"基础""联系""信用""其他"四张选项卡，如图 2-89 至图 2-92 所示。

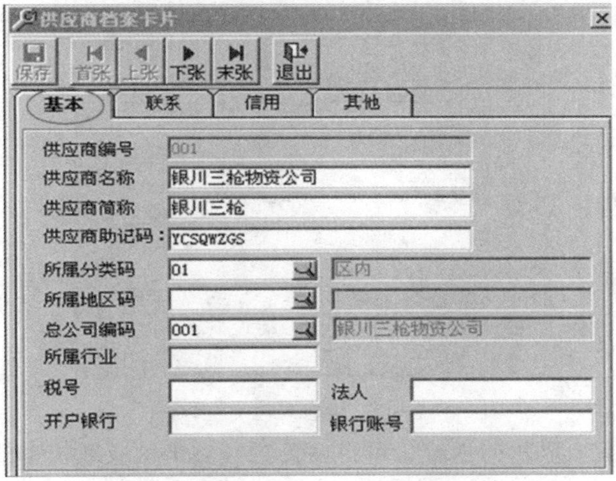

图 2-89　供应商档案-基本

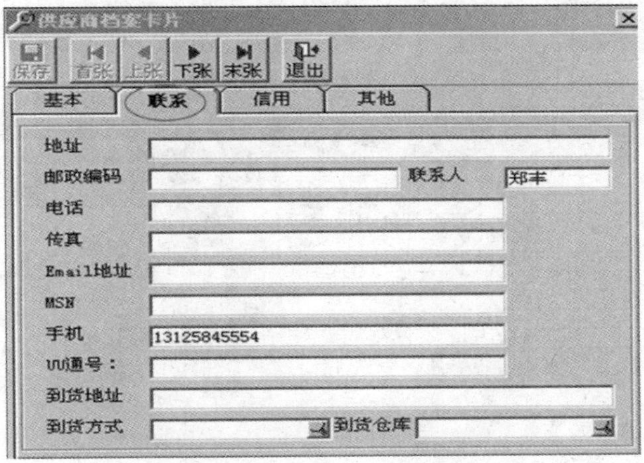

图 2-90　供应商档案-联系

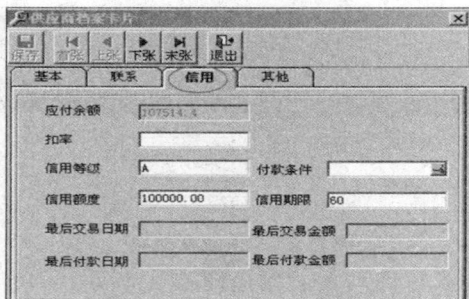

图 2-91 供应商档案-信用

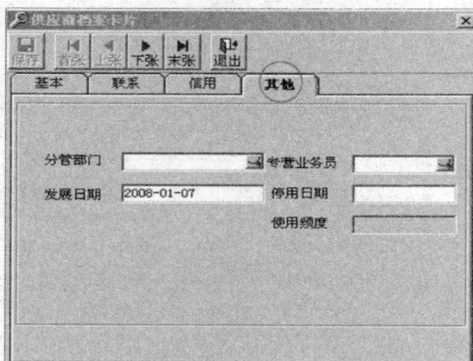

图 2-92 供应商档案-其他

4.供应商档案中显示的内容也可自由设置。点击供应商档案的"格式"按钮，出现栏目选择框，根据需要选择相应栏目，然后点击"确认"按钮，则显示供应商时系统将按所设置的栏目进行显示，如图 2-93 所示。

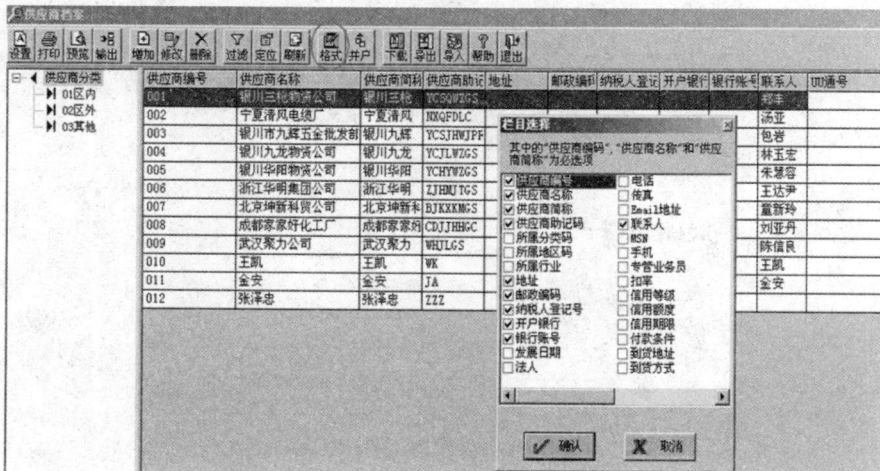

图 2-93 供应商档案的"格式"设置

（五）纳税人有哪些存货以及存货的基本情况如何

纳税人生产经营所需材料、燃料和产品的种类、品种，在税务检查中是必须掌握的信息，在T3用友通标准版中可按照以下操作查询到该类信息：

1. 以账套主管（本例为"demo"）身份进入用友T3，具体操作如图1-20至图1-22所示。进入"T3-用友通标准版"界面，依次点击"基础设置"-"存货"-"存货档案"，如图2-94所示。

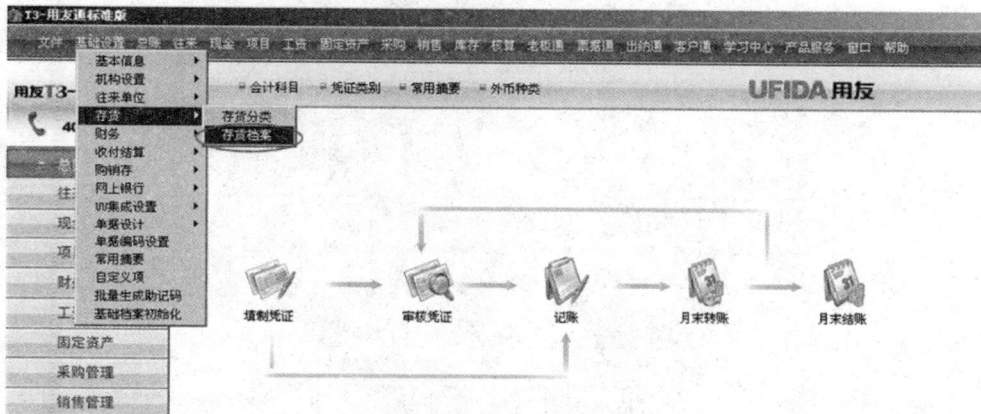

图2-94　查询"存货档案"的路径

2. 进入"存货档案"界面，可见企业的全部存货类别以及每一类别下存货的具体信息，如图2-95所示。

图2-95　存货档案

3. 双击选中的存货，即可查看"存货档案卡片"，共有"基础""成本""控制""其他"四张选项卡。其中"基础"页内容如图2-96所示。

4. 在存货档案中显示的内容也可自由设置。点击存货档案的"格式"按钮，出现栏目选择框，如图2-97所示。根据需要选择相应栏目，然后点击"确认"按钮，则显示供应商时系统将按所设置的栏目进行显示。

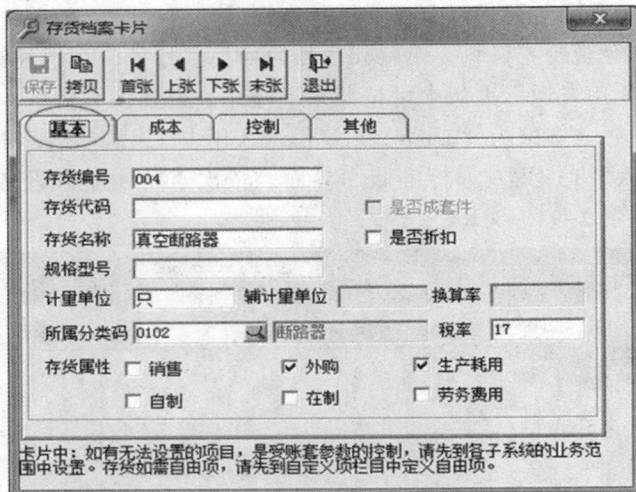

图 2-96　存货档案卡片-基础

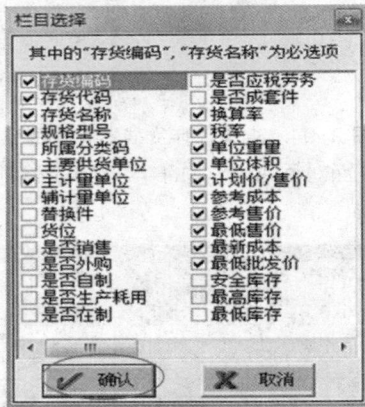

图 2-97　存货档案的"格式"设置

（六）纳税人是否有核算项目

项目在总账系统中具有十分独特和灵活的作用，它可以作为明细科目进行管理，同时也可以在多个科目中存在，全面反映核算项目所涉及科目中的借、贷方发生额及余额数据。T3 用友通标准版设置项目核算功能，按照以下操作可以查询到该类信息：

1. 以账套主管（本例为"demo"）身份进入用友 T3，具体操作如图 1-20 至图 1-22 所示。进入"T3-用友通标准版"界面，依次点击"基础设置"-"财务"-"项目目录"，如图 2-98 所示。

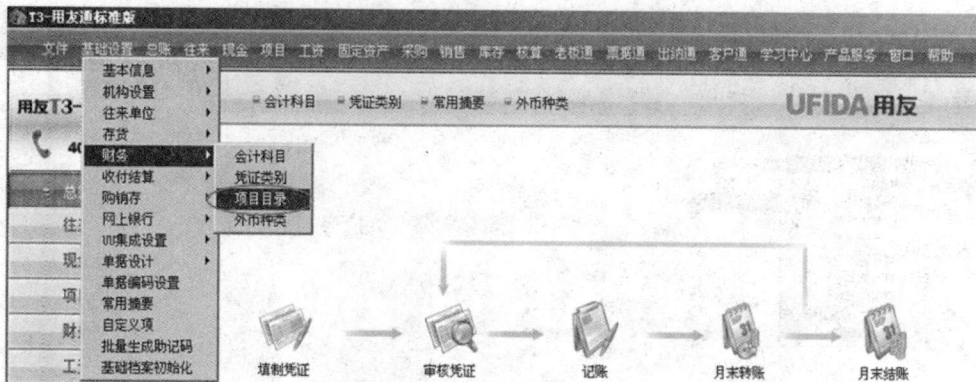

图 2-98　查询"项目目录"路径

2. 进入"项目档案"界面后，可点击"项目大类"文本框后的下拉菜单按钮，查看纳税人已设置的项目种类，如图 2-99 所示。

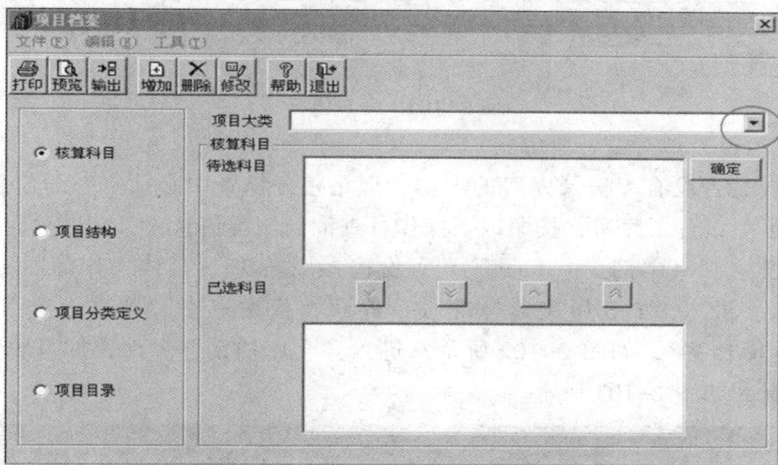

图 2-99　进入"项目档案"界面

（七）纳税人的开户银行有哪些

纳税人的银行账户记录了该企业的资金流，是税务检查的内容之一，尤其是在检查虚开发票时。T3用友通标准版中设置了开户银行，按照以下操作可以查询到该类信息：

以账套主管（本例为"demo"）身份进入用友 T3，具体操作如图 1-20 至图 1-22 所示。进入"T3-用友通标准版"界面，依次点击"基础设置"-"收付结算"-"开户银行"，如图 2-100 所示。进入"开户银行"界面，即可见全部开户银行账号及使用情况，如图 2-101 所示。

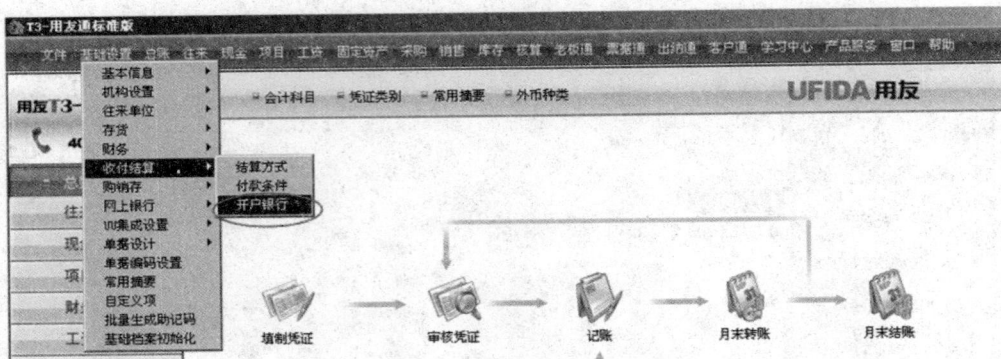

图 2-100　查询"开户银行"路径

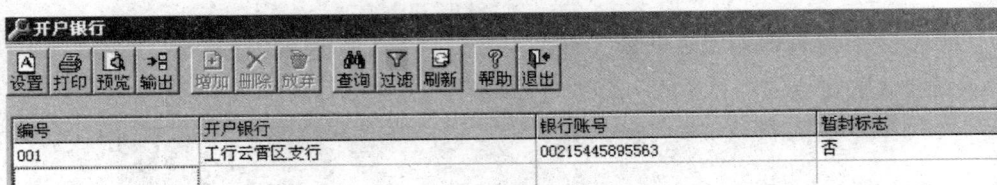

表格：

编号	开户银行	银行账号	暂封标志
001	工行云雷区支行	00215445895563	否

图 2-101　开户银行

（八）纳税人是否设有库房

纳税人是否设有库房及库房的内控管理是税务检查中必须掌握的信息。T3 用友通标准版中设置了库房，按照以下操作可查询到该类信息：

以账套主管（本例为"demo"）身份进入用友 T3，具体操作如图 1-20 至图 1-22 所示。进入"T-3 用友通标准版"界面，依次点击"基础设置"-"购销存"-"仓库档案"，如图 2-102 所示。进入"仓库档案"界面，即可见全部库房及使用情况，如图 2-103 所示。

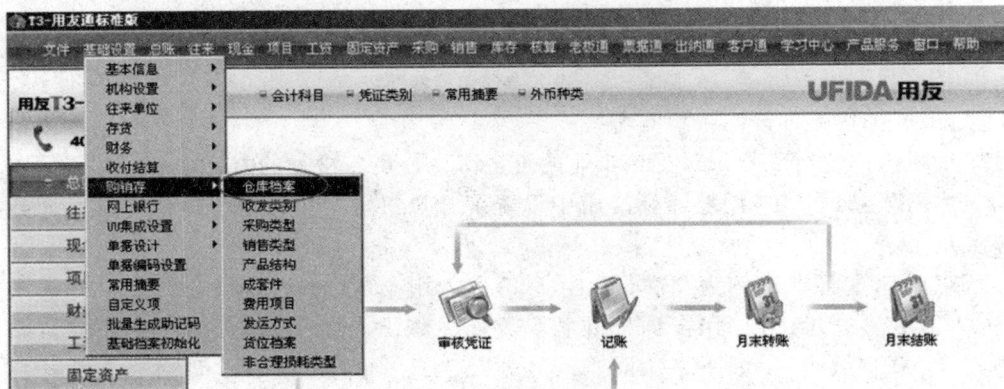

图 2-102　查询"仓库档案"的路径

图 2-103　仓库档案

（九）纳税人的产品有哪些零部件构成

纳税人的产品型号以及该产品的组成部件，可用来分析纳税人投入物料和产出产品的真实性，是税务检查中必须掌握的信息。T3用友通标准版中设置了产品结构，按照以下操作可查询到该类信息：

以账套主管（本例为"demo"）身份进入用友T3，具体操作见图1-20至图1-22所示。进入"T3-用友通标准版"界面，依次点击"基础设置"-"购销存"-"产品结构"，如图2-104所示。进入"产品结构"界面可见全部产品，在产品结构父项中点选某一产品，即可在相应子项中看到该产品的全部零部件情况，如图2-105所示。

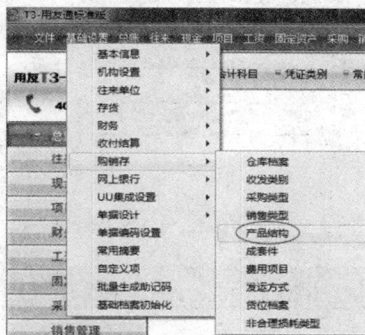

图 2-104　"产品结构"查询路径

图 2-105　产品结构

———————— 第三节 T3 用友通标准版财务资料查询及应用 ————————

一、往年账检查

（一）如何检查 T3 用友通标准版中已存储的往年账

因用友软件的年度账按年存储，因此，对以往年度账进行税务检查时，在登录用友 T3 系统时，"会计年度"项要选择待检查的年度，"操作日期"项要回调到该账套所属年度，可通过点击"操作日期"文本框后面的按钮实现时间的回调，如图 2-106 所示。若"操作日期"项未回调到该账套所属年度，则无法打开并进入系统实施检查。

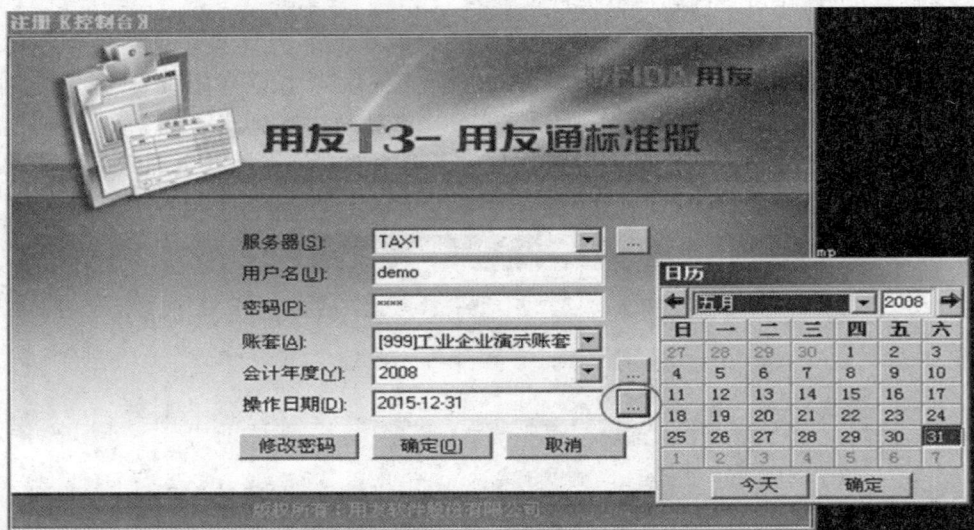

图 2-106 登录以往年度账套实施检查

（二）如何检查 T3 用友通标准版中未存有的往年账

以账套主管（本例为"demo"）的身份登录 T3 用友通标准版的"系统管理"界面，点选"年度账"-"备份"后，在弹出的"备份年度数据"界面有"删除当前备份年度"选项，点击该选项，则选择年度的账套数据会在备份后删除，如图 2-107 所示。

若纳税人已经进行该操作，则税务人员在实施税务检查前，应先将该年度账套数据引入系统，再实施检查。引入账套的操作如下：

1.以账套主管身份登录系统管理，如图 2-108 所示。

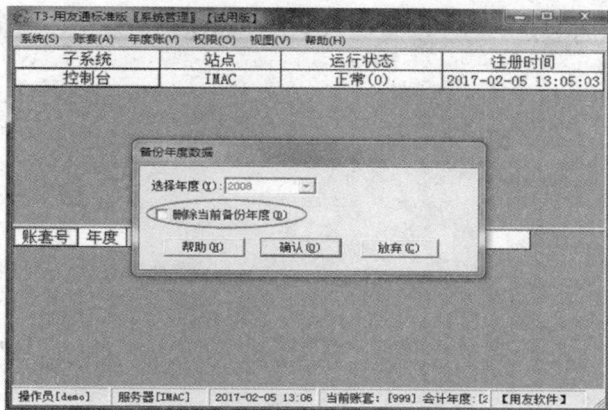

图 2-107　删除年度账

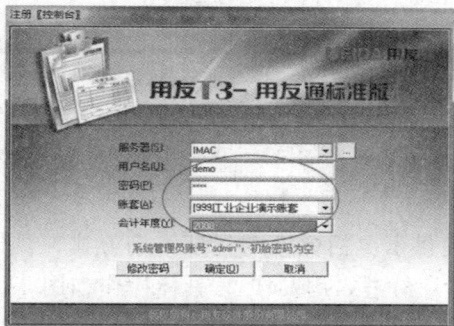

图 2-108　账套主管登录系统管理

2.进入"系统管理"界面，依次点击"年度账"-"恢复"，如图 2-109 所示。打开"恢复年度数据"对话框，选择要恢复的文件，然后点击"打开"，如图 2-110 所示，即可将备份的待查年度账引入 T3 用友通标准版，再按照需要实施相关内容的检查。

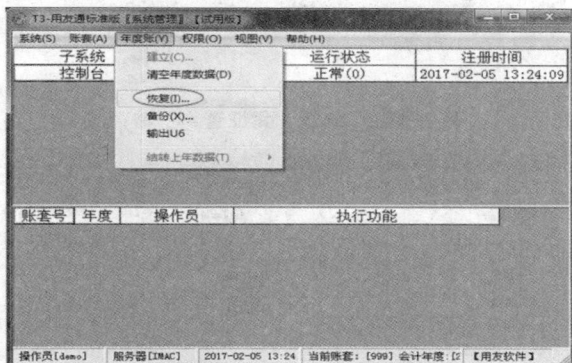

图 2-109　引入年度账路径

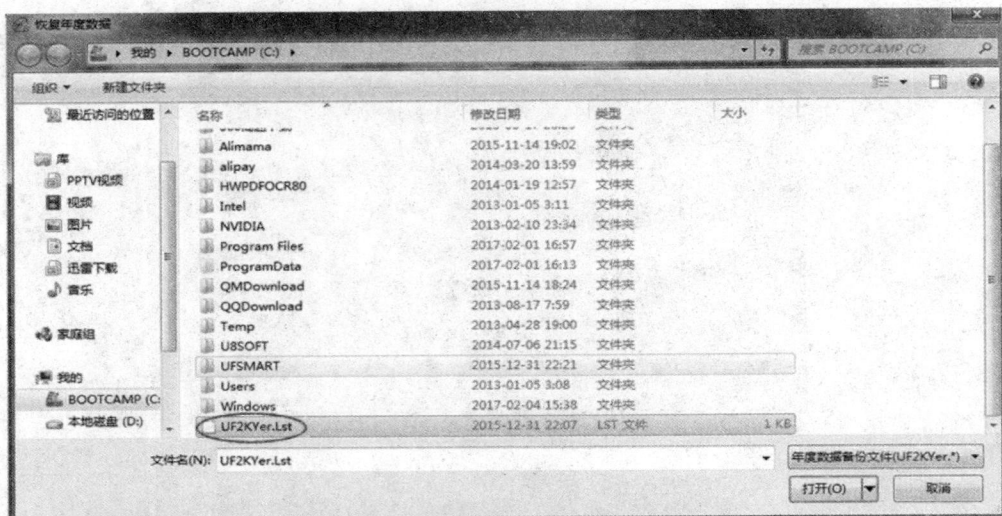

图 2-110　引入备份文件

二、凭证检查

　　T3 用友通标准版提供了灵活方便的凭证查询方式，具体操作如下：以账套主管（本例为"demo"）身份进入用友 T3，具体操作如图 1-20 至图 1-22 所示。进入"T3-用友通标准版"界面，依次点击"总账"-"凭证"-"查询凭证"，如图 2-111 所示。进入"凭证查询"界面，如图 2-112 所示。

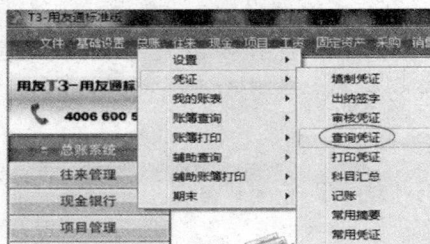

图 2-111　点选"凭证查询"路径

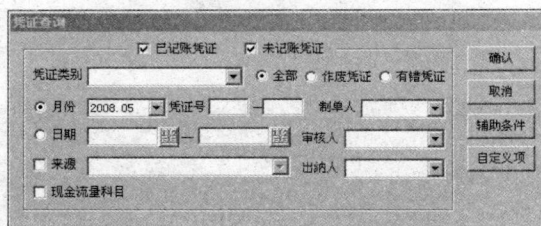

图 2-112　凭证查询

（一）如何查询某一特定月份的全部凭证

1.纳税人的全部凭证包括已记账及未记账凭证。在图 2-112 界面，同时选中"已记账凭证"和"未记账凭证"；"凭证类别"项后，选中"全部"；在"月份"项下，选择待查询的月份，如图 2-113 所示。

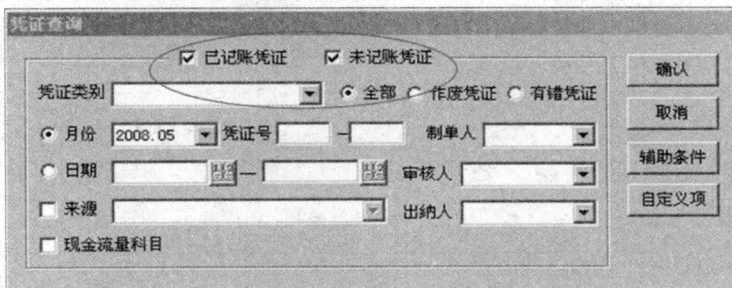

图 2-113　凭证查询条件设置

2.点击"确认"后，弹出"查询凭证"界面，列出凭证一览表，如图 2-114 所示。

图 2-114　凭证一览表

3.在凭证一览表中用鼠标双击某张凭证，则显示此张凭证，如图 2-115 所示。

4.在凭证展示界面，还可用鼠标单击"首张""上张""下张""末张"按钮翻页查找其他凭证，如图 2-115 所示。

（二）如何进行跨月份凭证的查询

1.在图 2-112 界面，同时选中"已记账凭证"和"未记账凭证"；"凭证类别"项后，选中"全部"；点选"日期"项，然后点选待查询的起止日历，如图 2-116 所示。

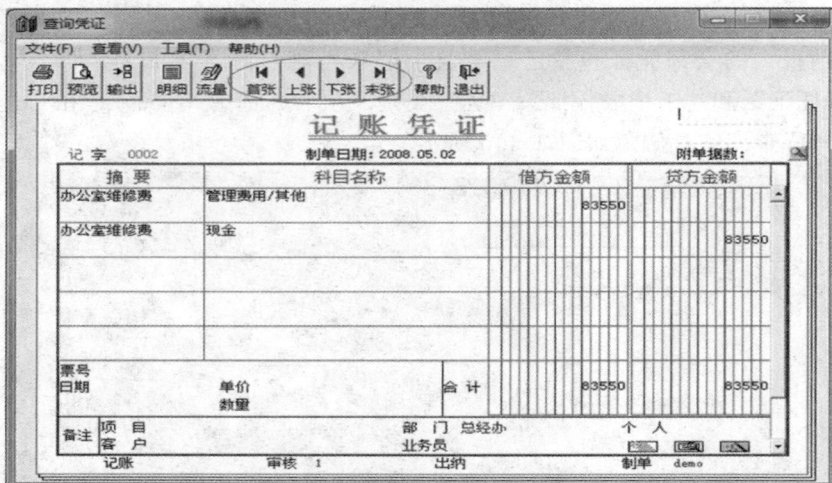

图 2-115 凭证展示

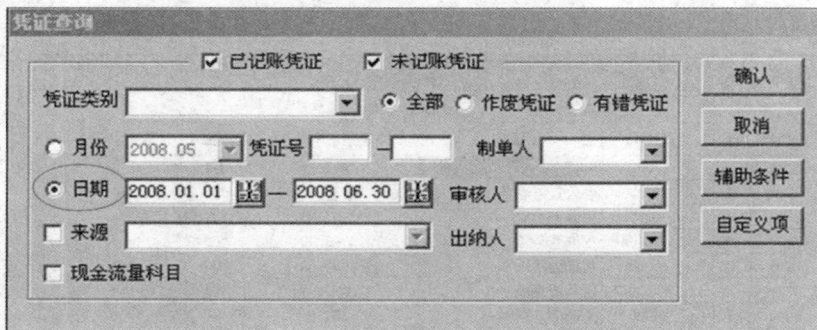

图 2-116 凭证查询条件设置

2.点击"确认"后，弹出"查询凭证"界面，列出凭证一览表。在凭证一览表中用鼠标双击某张凭证，则显示此张凭证。在凭证展示界面，还可用鼠标单击"首张""上张""下张""末张"按钮翻页查找其他凭证，具体操作如图 2-114、图 2-115 所示。

（三）如何查询总账之外的外部凭证

1.在图 2-112 界面，同时选中"已记账凭证"和"未记账凭证"；"凭证类别"项后，选中"全部"；选中"来源"项，然后在下拉菜单中选择要查询的外部凭证，可供选择的外部凭证来源包括应付、应收、固定资产系统、核算和工资系统，如图 2-117 所示。

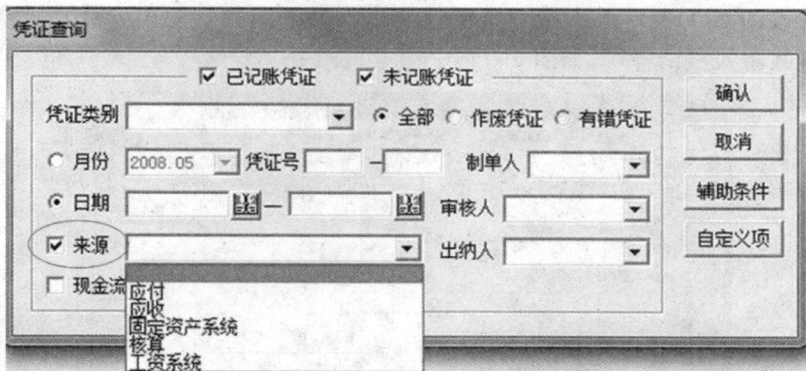

图 2-117 外部凭证查询

2.点击"确认"后,弹出"查询凭证"界面,列出凭证一览表。在凭证一览表中用鼠标双击某张凭证,则显示此张凭证。在凭证展示界面,还可用鼠标单击"首张""上张""下张""末张"按钮翻页查找其他凭证。具体操作如图 2-114、图 2-115 所示。

(四)如何查询销售业务的凭证

1.在图 2-112 界面,同时选中"已记账凭证"和"未记账凭证";"凭证类别"项后,选中"全部";设定"月份"或"日期"后,点击"辅助条件",进入"凭证查询"界面,如图 2-118 所示。

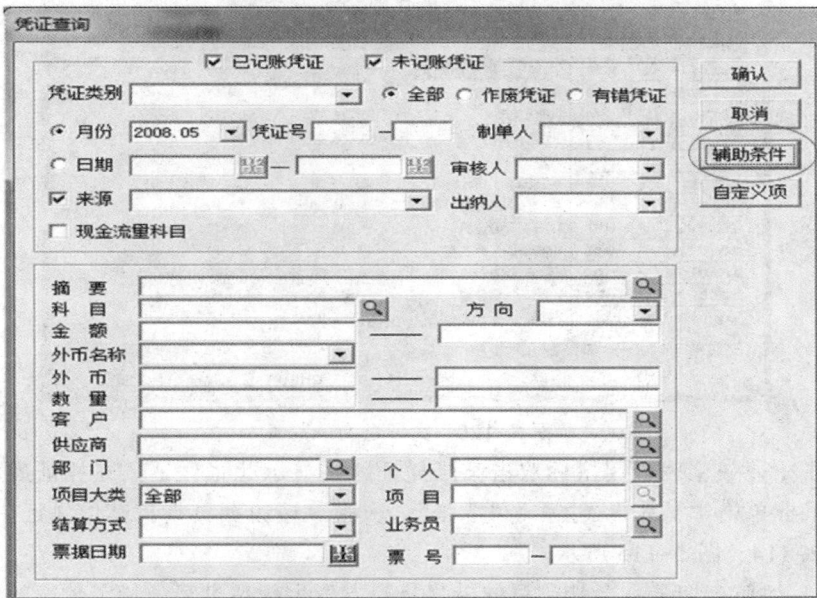

图 2-118 凭证查询的辅助条件

2. 进入图 2-118 界面，在“摘要”项输入要查询的摘要内容或在选项中选择摘要。本例输入“销售”，如图 2-119 所示。

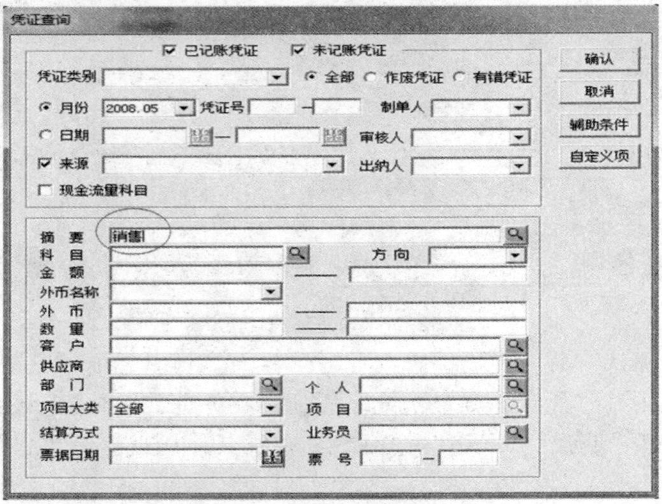

图 2-119　按摘要查询

3. 点击“确认”，弹出“查询凭证”界面，列出凭证一览表，如图 2-120 所示。

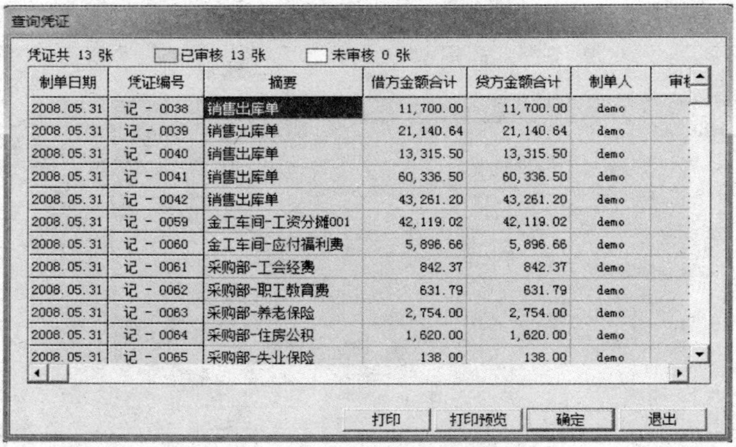

查询凭证

凭证共 13 张　已审核 13 张　未审核 0 张

制单日期	凭证编号	摘要	借方金额合计	贷方金额合计	制单人	审核
2008.05.31	记 - 0038	销售出库单	11,700.00	11,700.00	demo	
2008.05.31	记 - 0039	销售出库单	21,140.64	21,140.64	demo	
2008.05.31	记 - 0040	销售出库单	13,315.50	13,315.50	demo	
2008.05.31	记 - 0041	销售出库单	60,336.50	60,336.50	demo	
2008.05.31	记 - 0042	销售出库单	43,261.20	43,261.20	demo	
2008.05.31	记 - 0059	金工车间-工资分摊001	42,119.02	42,119.02	demo	
2008.05.31	记 - 0060	金工车间-应付福利费	5,896.66	5,896.66	demo	
2008.05.31	记 - 0061	采购部-工会经费	842.37	842.37	demo	
2008.05.31	记 - 0062	采购部-职工教育费	631.79	631.79	demo	
2008.05.31	记 - 0063	采购部-养老保险	2,754.00	2,754.00	demo	
2008.05.31	记 - 0064	采购部-住房公积	1,620.00	1,620.00	demo	
2008.05.31	记 - 0065	采购部-失业保险	138.00	138.00	demo	

打印　打印预览　确定　退出

图 2-120　凭证查询一览表

4. 在凭证一览表中用鼠标双击某张凭证，则显示此张凭证。在凭证展示界面，还可用鼠标单击“首张”“上张”“下张”“末张”按钮翻页查找其他凭证。具体操作如图 2-114、图 2-115 所示。

（五）如何查询某一会计科目的借（贷）方发生额超过某一特定数额的凭证

1. 在图 2-112 界面，同时选中“已记账凭证”和“未记账凭证”；“凭证类别”

项后，选中"全部"；设定"月份"或"日期"后，点击"辅助条件"，进入"凭证查询"界面，如图 2-118 所示。在该界面，点击"科目"项后面的放大镜按钮，弹出"科目参照"对话框，选择要查询的科目，如图 2-121 所示。点击"方向"项后面的下拉菜单，选择科目的借贷方向，如图 2-122 所示。在"金额"项输入待查询的金额，如图 2-123 所示。

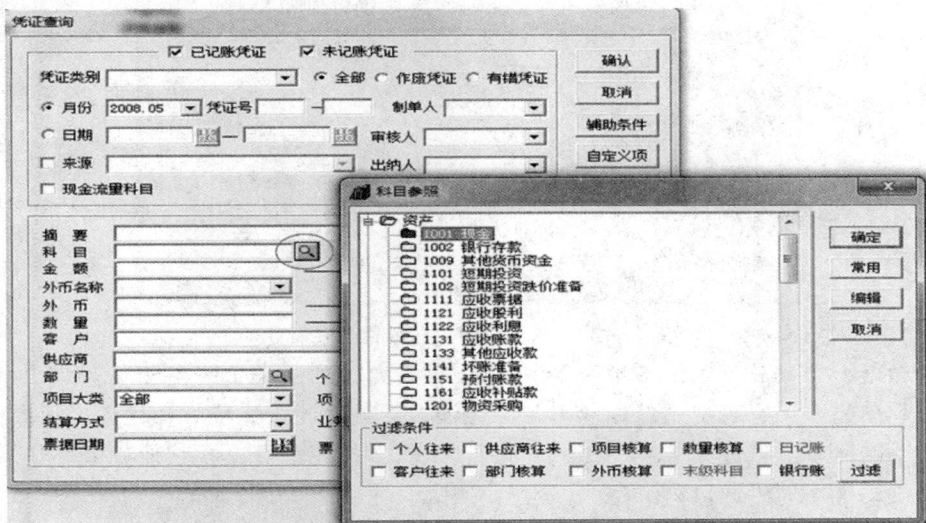

图 2-121 辅助查询——科目选择

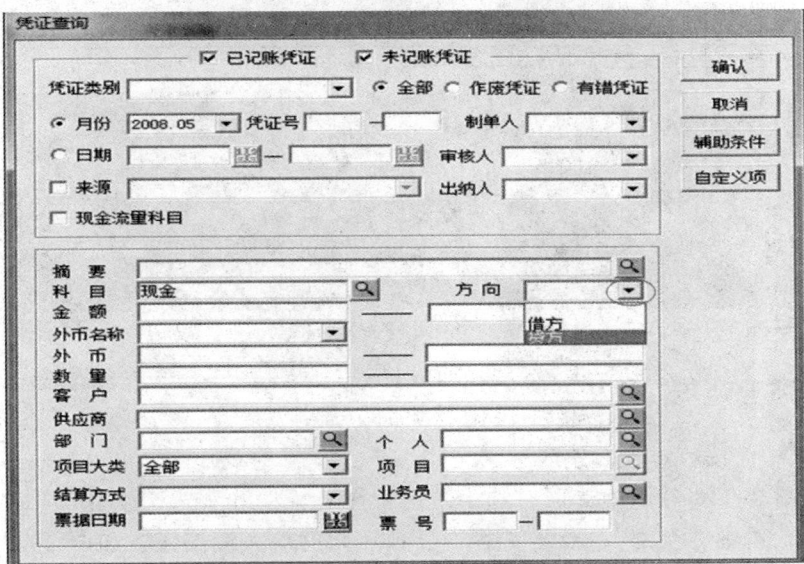

图 2-122 辅助查询——科目方向选择

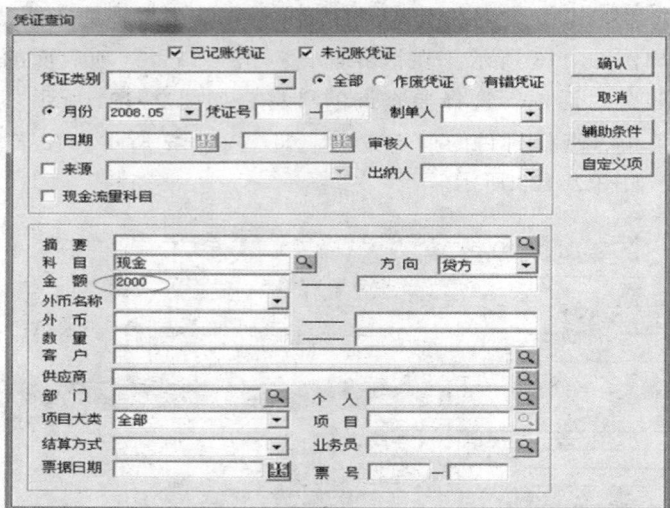

图 2-123　辅助查询——科目金额设置

2.点击"确认"后，弹出"查询凭证"界面，列出凭证一览表，如图 2-124 所示。在凭证一览表中用鼠标双击某张凭证，则显示此张凭证。在凭证展示界面，还可用鼠标单击"首张""上张""下张""末张"按钮翻页查找其他凭证。具体操作如图 2-114、图 2-115 所示。

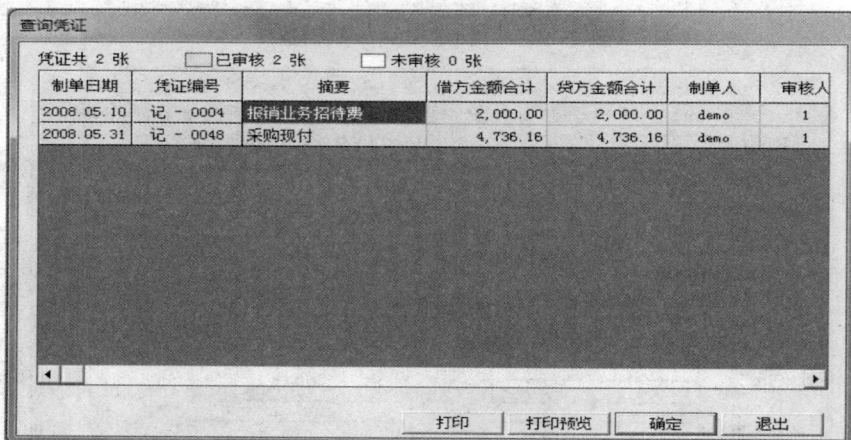

图 2-124　辅助查询凭证一览表

（六）如何按客户查询凭证

1.在图 2-118 界面中，同时选中"已记账凭证"和"未记账凭证"；"凭证类别"项后，选中"全部"；点击"客户"项后面的放大镜按钮，如图 2-125 所示。弹出"参照"对话框，选择要查询的客户，如图 2-126 所示。

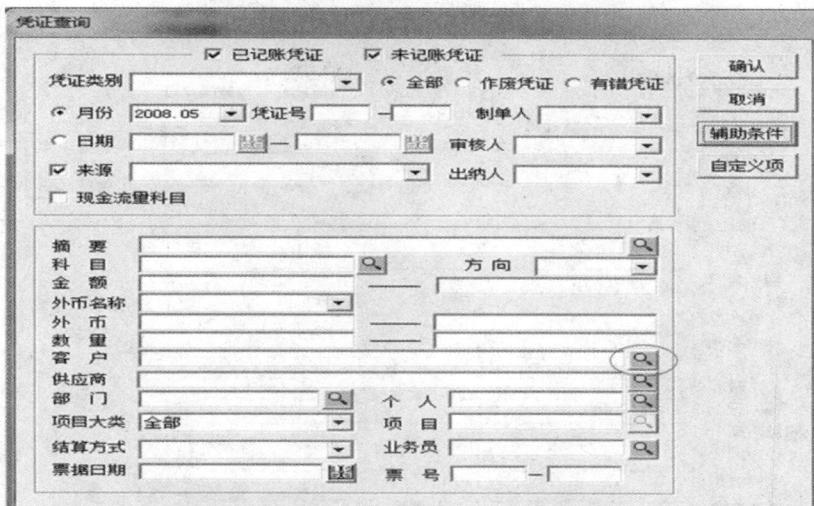

图 2-125　点选"客户"的路径

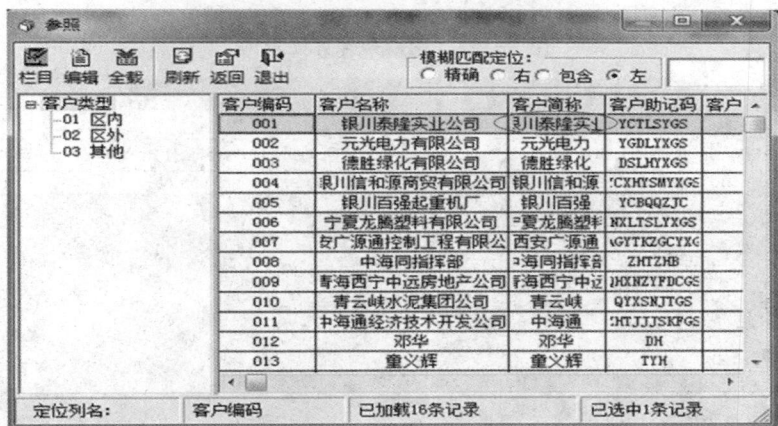

图 2-126　客户列表

2. 双击该客户，返回"凭证查询"界面，点击"确认"，如图 2-127 所示。弹出"查询凭证"界面，列出凭证一览表，如图 2-128 所示。在凭证一览表中用鼠标双击某张凭证，则显示此张凭证。在凭证展示界面，还可用鼠标单击"首张""上张""下张""末张"按钮翻页查找其他凭证。具体操作如图 2-114、图 2-115 所示。

（七）如何按供应商查询凭证

查询操作如（六）所示，区别是在图 2-118 界面，点击"供应商"项后面的放大镜按钮，弹出"参照"对话框，选择要查询的供应商即可。

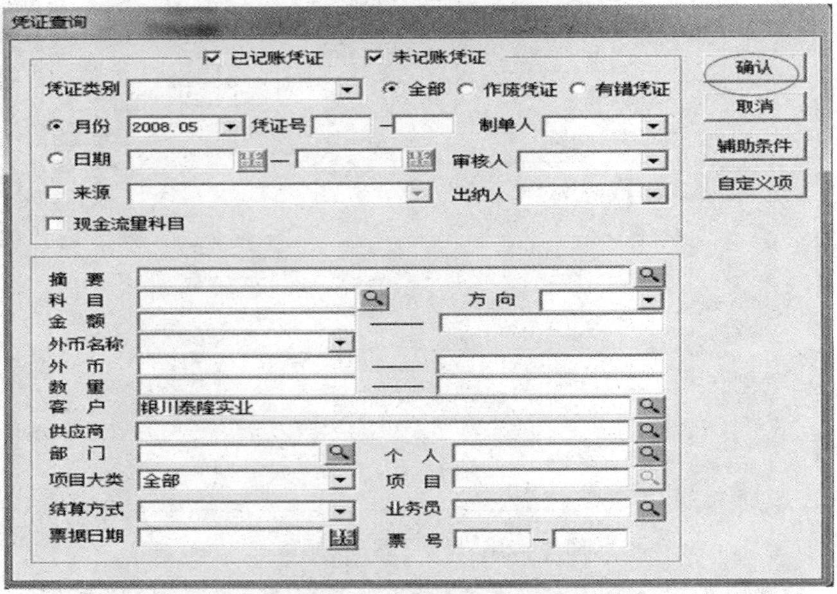

图 2-127　辅助条件凭证查询

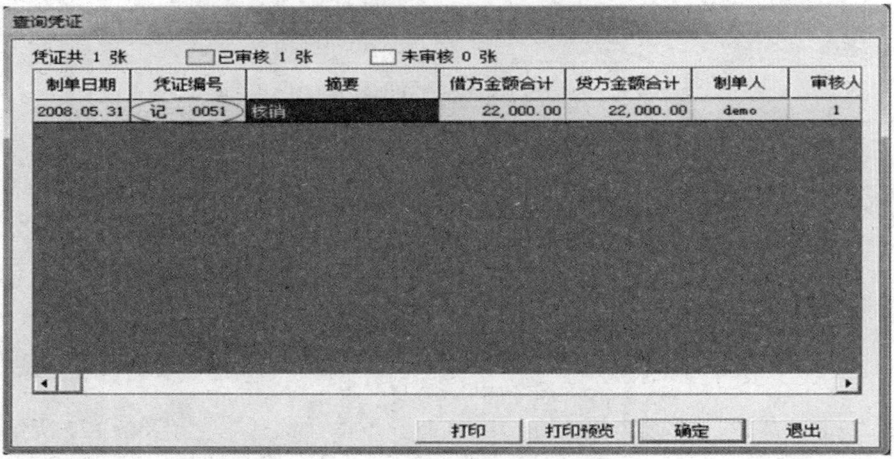

图 2-128　辅助查询凭证列表

（八）遇到会计科目为科目编号的凭证如何处理

税务人员在查看纳税人会计凭证时，有时会遇到以科目编码方式显示的凭证而不知所措，如图 2-129 所示。

这时通过点击菜单"查看"-"科目转换"，如图 2-130 所示，即可将科目编码转换为科目名称，如图 2-131 所示。

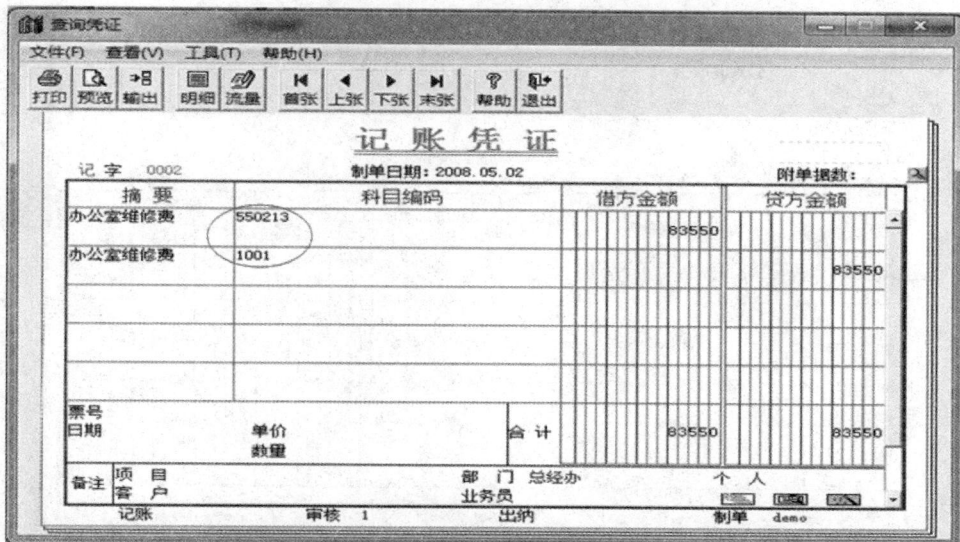

图 2-129　以科目编码方式显示的凭证

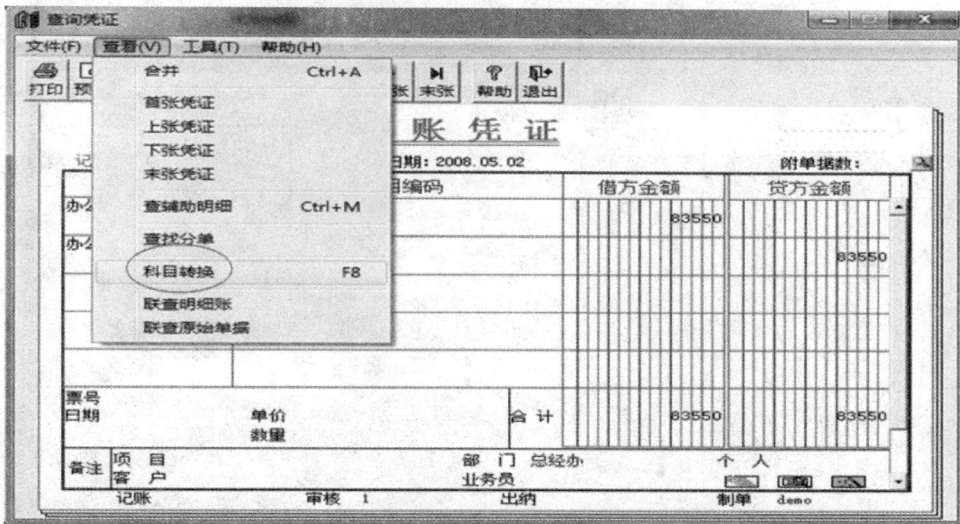

图 2-130　科目转换

（九）凭证是否被修改或删除的查询

上机日志记录了操作员对系统的每一步操作，是分析判定纳税人是否存在多套账、是否进行过反结账等的重要资料。查询上机日志要在系统管理中进行。

1. 以系统管理员（本例为"admin"）身份登录"账套管理"系统，依次点击"账套管理"-"视图"-"上机日志"，如图 2-132 所示。

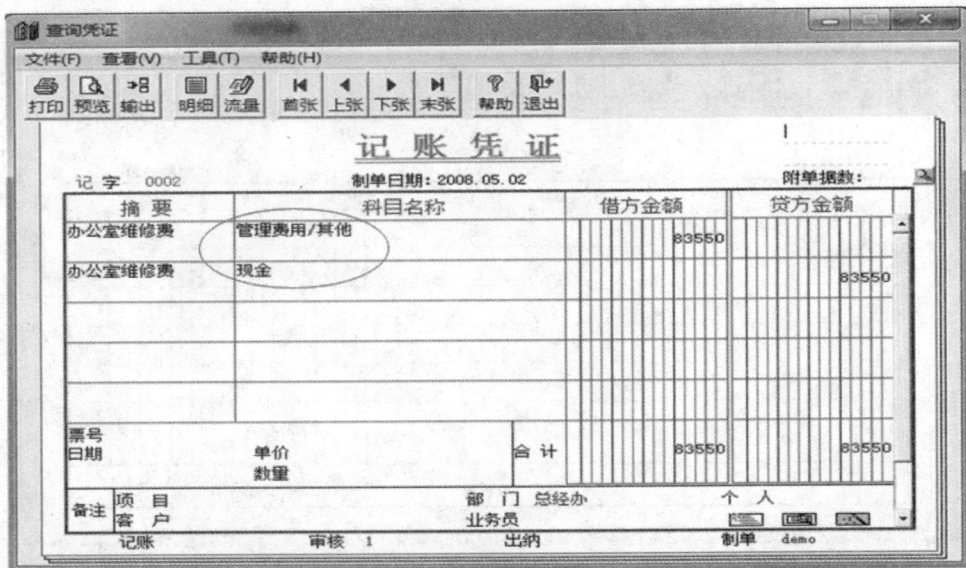

图 2-131　以科目名称方式显示的凭证

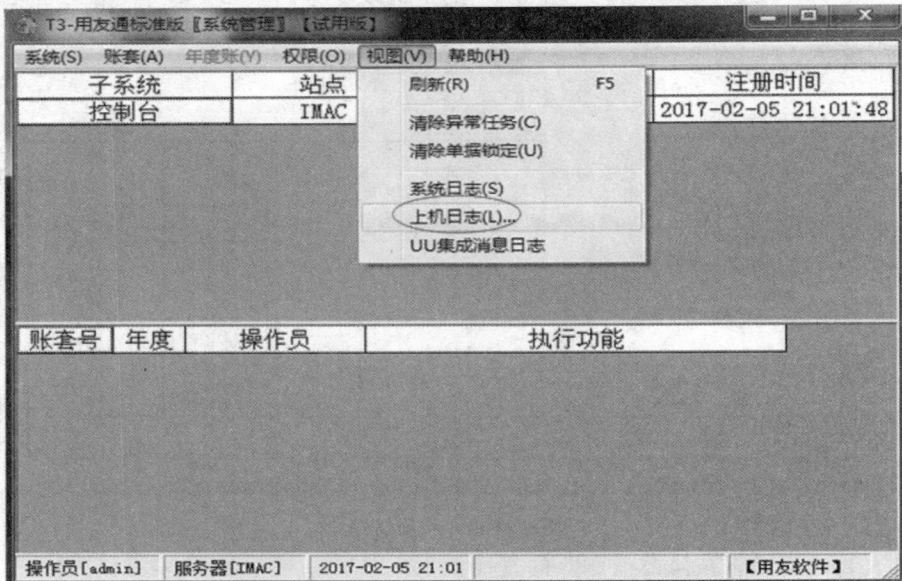

图 2-132　查询上机日志的路径

2.进入"上机日志"界面，如图 2-133 所示。可利用工具条中的"过滤"按钮，实现进一步查询。

图 2-133 上机日志

3. 点击"过滤"按钮，进入"日志过滤"界面，可选择过滤起止日期，在"执行功能"项的下拉菜单中，选择"恢复记账前状态"，意在筛选并确认是否存在取消记账行为；选择"整理凭证"，意在筛选并确认是否存在删除凭证行为，如图 2-134 所示。

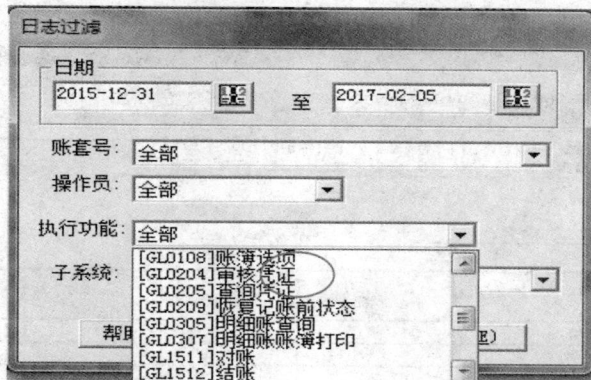

图 2-134 日志过滤

（十）从凭证切入的账证票联查

用友软件提供了账证单联查的功能。从凭证入手可查询明细分类账、总分类账，也可查询到自制原始凭证。

在"查询凭证"界面，将光标定位于要查询明细账的科目上，单击工具栏中的"明细"，如图 2-135 所示。

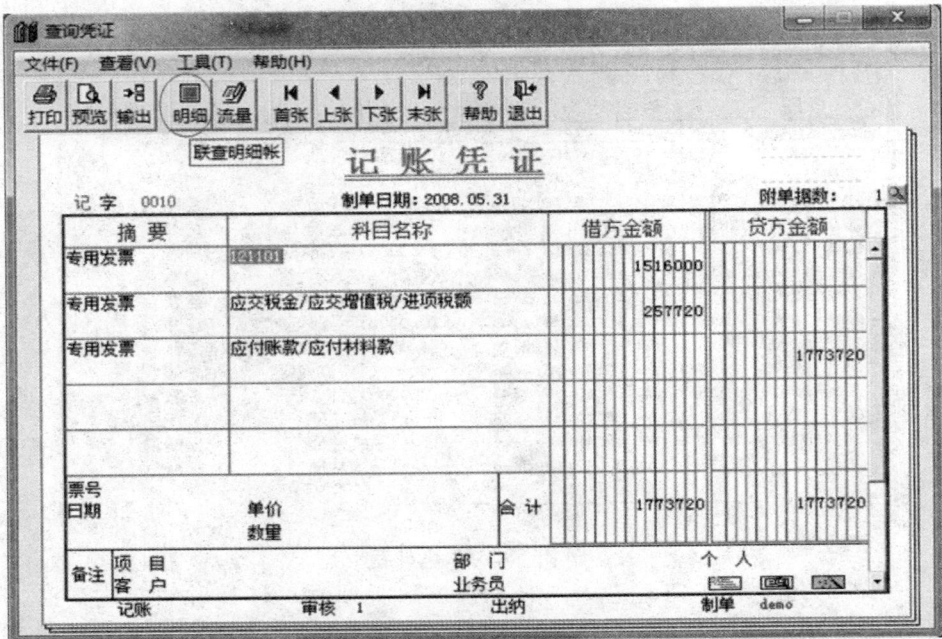

图 2-135　账证票联查——凭证

进入"明细账"界面，在菜单栏点击"总账"，如图 2-136 所示。进入"总账"界面，如图 2-137 所示。

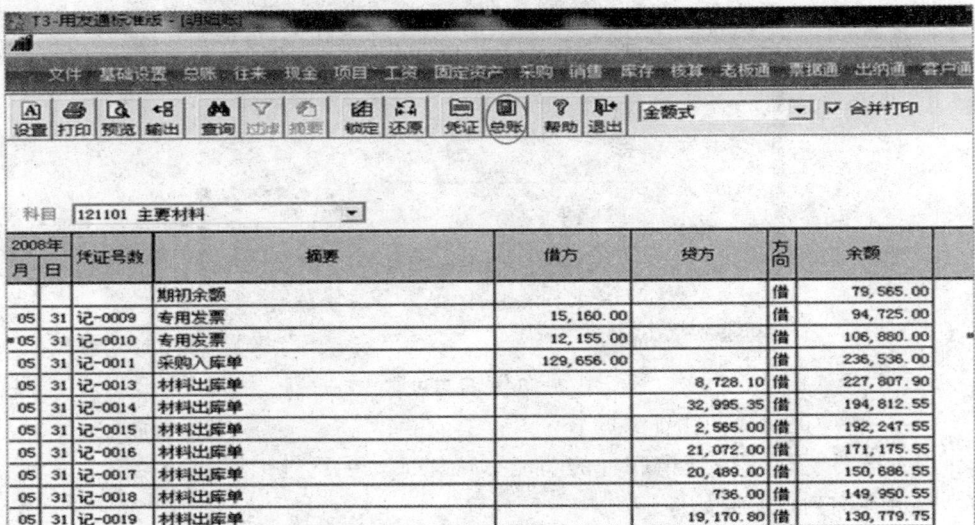

图 2-136　账证票联查——明细账

图 2-137　账证票联查——总账

　　若该凭证带有自制原始凭证，则可查看到该附件，在图 2-135 "查询凭证"界面，点击"查看"-"联查原始单据"，如图 2-138 所示，即可查看到原始单据，如图 2-139 所示。

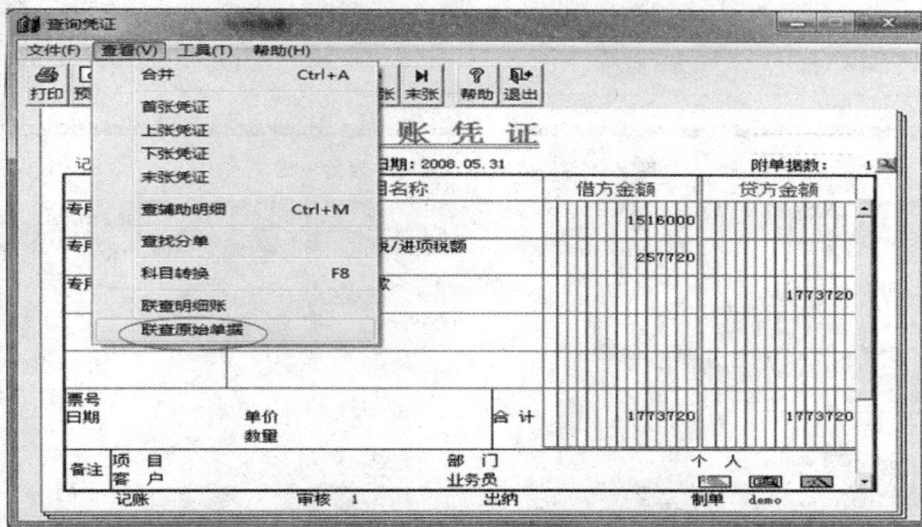

图 2-138　账证票联查路径——原始单据

三、明细账检查

　　T3 用友通标准版可以查询各账户的明细发生情况，并可按任意条件组合查询明细账。在查询过程中可以包含未记账凭证。具体操作如下：以账套主管（本例为"demo"）身份进入用友 T3，具体操作见图 1-20 至图 1-22 所示。进入"T3-用友通标准版"界面，依次点击"总账"-"账簿查询"-"明细账"，如图 2-140 所示。进入"明细账查询条件"界面，如图 2-141 所示。

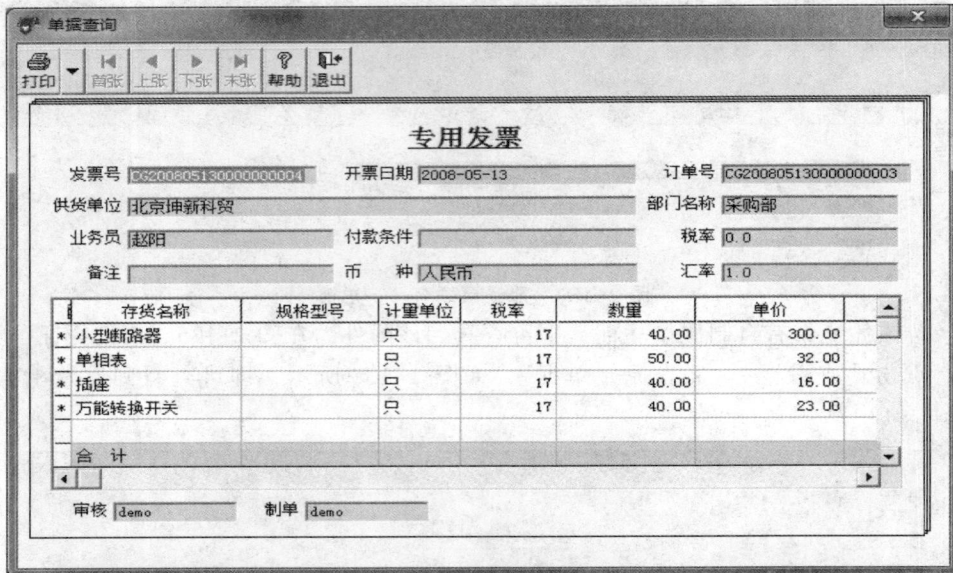

图 2-139　账证票联查——原始单据

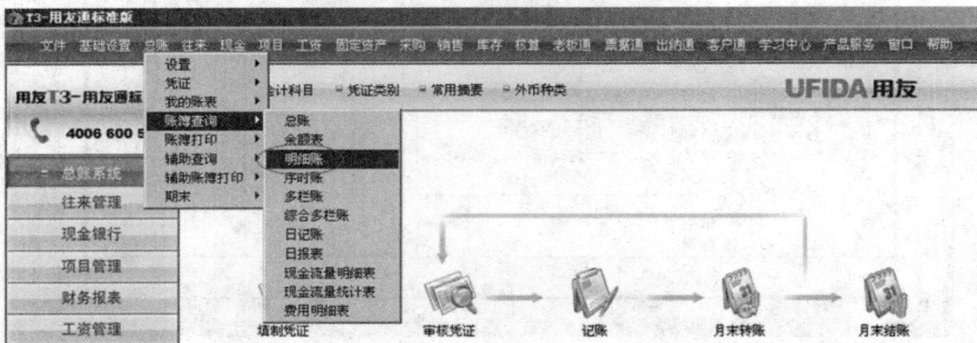

图 2-140　"明细账"查询路径

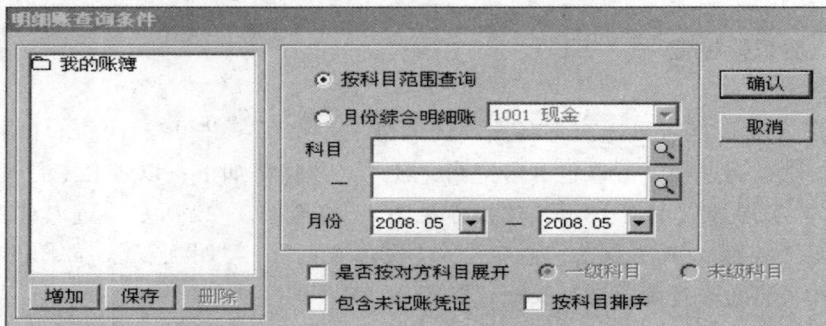

图 2-141　明细账查询条件

本界面共有两种明细账的查询格式：按科目范围查询、月份综合明细账。按科目范围查询是按科目查询，按发生日期排序的明细账；月份综合明细账是按非末级科目查询，包含非末级科目总账数据及末级科目明细数据的综合明细账，可使各级科目的数据关系一目了然。同时，可通过选择起止月份实现跨月份查询明细账，但不可跨年查询明细账。

（一）如何查询某个月全部科目的明细账

在图2-141"明细账查询条件"界面，点选"按科目范围查询"，点击"月份"项后的下拉菜单按钮，选择要查询月份，如图2-142所示。点击"确认"，进入"明细账"界面。

图2-142 设置明细账查询条件

在"明细账"界面，点击"科目"项后面的下拉菜单按钮，可按科目依次选择要查看的明细账，如图2-143、图2-144所示。

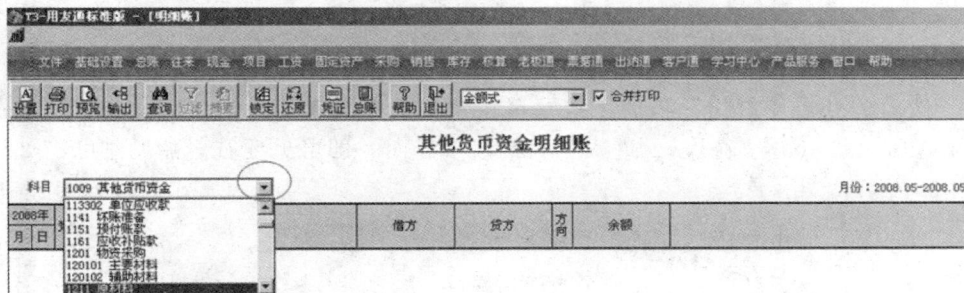

图2-143 明细账科目选取

（二）如何查询某一特定科目一定期间的明细账

在图2-141"明细账查询条件"界面，点选"月份综合明细账"并在其项后的下拉菜单中点选要查询的科目，如图2-145所示。

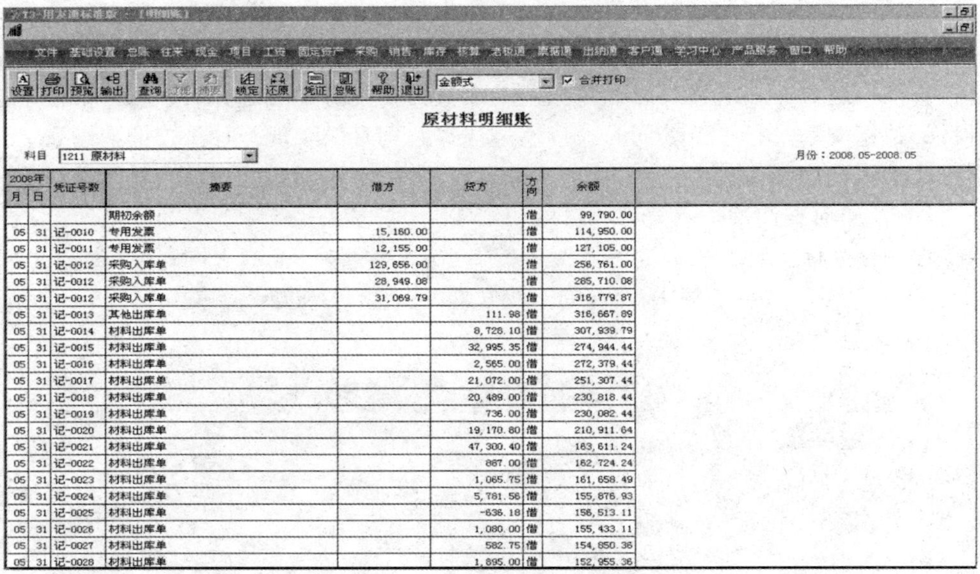

原材料明细账

科目 1211 原材料　　月份：2008.05-2008.05

2008年 月	日	凭证号数	摘要	借方	贷方	方向	余额
			期初余额			借	99,790.00
05	31	记-0010	专用发票	15,160.00		借	114,950.00
05	31	记-0011	专用发票	12,155.00		借	127,105.00
05	31	记-0012	采购入库单	129,656.00		借	256,761.00
05	31	记-0012	采购入库单	28,949.08		借	285,710.08
05	31	记-0012	采购入库单	31,069.79		借	316,779.87
05	31	记-0013	其他出库单		111.98	借	316,667.89
05	31	记-0014	材料出库单		8,728.10	借	307,939.79
05	31	记-0015	材料出库单		32,995.35	借	274,944.44
05	31	记-0016	材料出库单		2,565.00	借	272,379.44
05	31	记-0017	材料出库单		21,072.00	借	251,307.44
05	31	记-0018	材料出库单		20,489.00	借	230,818.44
05	31	记-0019	材料出库单		736.00	借	230,082.44
05	31	记-0020	材料出库单		19,170.80	借	210,911.64
05	31	记-0021	材料出库单		47,300.40	借	163,611.24
05	31	记-0022	材料出库单		887.00	借	162,724.24
05	31	记-0023	材料出库单		1,065.75	借	161,658.49
05	31	记-0024	材料出库单		5,781.56	借	155,876.93
05	31	记-0025	材料出库单		-636.18	借	156,513.11
05	31	记-0026	材料出库单		1,080.00	借	155,433.11
05	31	记-0027	材料出库单		582.75	借	154,850.36
05	31	记-0028	材料出库单		1,895.00	借	152,955.36

图 2-144　明细账查询结果

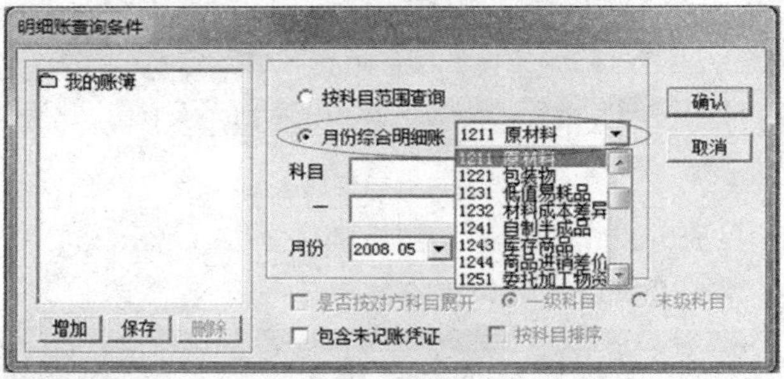

图 2-145　月份综合明细账查询——科目设定

然后，点击“月份”项后下拉菜单按钮，选择要查询月份的起止月份，如图 2-146 所示。点击“确认”，进入“明细账”界面，即可见要查看的明细账，如图 2-147 所示。

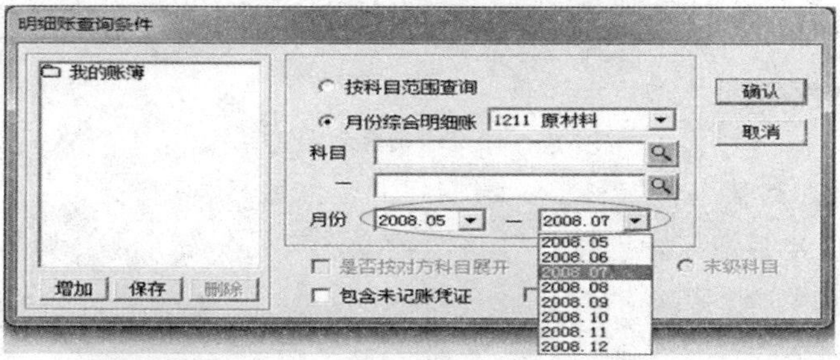

图 2-146　月份综合明细账查询——月份设定

原材料明细账

2008年		凭证号数	科目编码	科目名称	摘要	借方	贷方	方向	余额
月	日								
05			1211	原材料	期初余额			借	99,790.00
05			1211	原材料	当前合计(月净额:19,763.04)	245,136.37	225,373.33	借	119,553.04
05			1211	原材料	累　计	245,136.37	225,373.33	借	119,553.04
06			1211	原材料	期初余额			借	119,553.04
06			1211	原材料	当前合计(月净额:0)			借	119,553.04
06			1211	原材料	当前累计	245,136.37	225,373.33	借	119,553.04
07			1211	原材料	期初余额			借	119,553.04
07			1211	原材料	当前合计(月净额:0)			借	119,553.04
07			1211	原材料	累　计	245,136.37	225,373.33	借	119,553.04
05			121101	主要材料	期初余额			借	79,565.00
05	31	记-0010	121101	主要材料	专用发票-赵阳	15,160.00		借	94,725.00
05	31	记-0011	121101	主要材料	专用发票-赵阳	12,155.00		借	106,680.00
05	31	记-0012	121101	主要材料	采购入库单	129,658.00		借	236,536.00
05	31	记-0014	121101	主要材料	材料出库单		8,728.10	借	227,807.90
05	31	记-0015	121101	主要材料	材料出库单		32,995.35	借	194,812.55

图2-147　月份综合明细账查询结果

（三）如何查询某一类别科目一定期间的明细账

在图2-141"明细账查询条件"界面，点选"按科目范围查询"后，点击在"科目"项后的第一个放大镜，弹出"科目参照"界面，选择要查询类别的第一个科目，如图2-148所示。

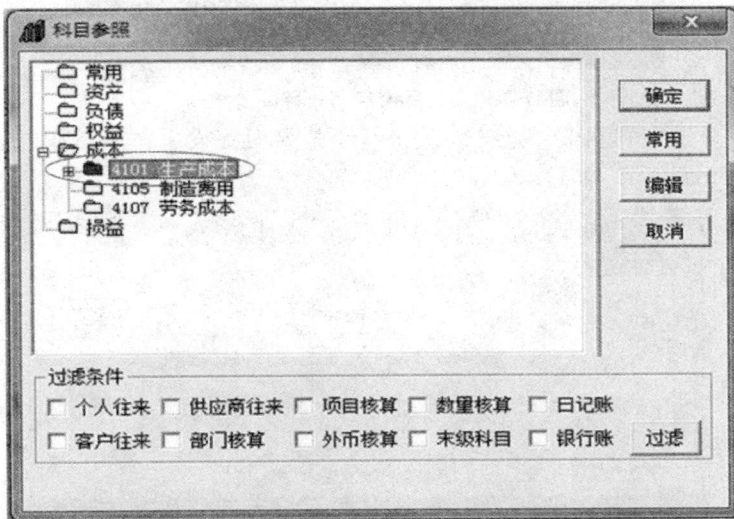

图2-148　科目设定——科目参考（1）

点击"确定"，返回"明细账查询条件"界面，如图2-149所示，此时，已选科目的编号已显示在文本框中。

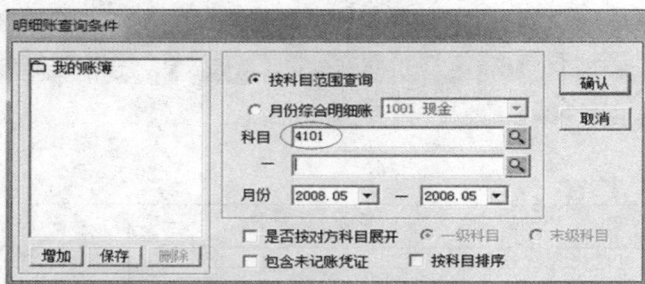

图 2-149　科目设定结果

再次点击在"科目"项后的第二个放大镜，弹出"科目参照"界面，选择要查询类别的最后一个科目，如图 2-150 所示。

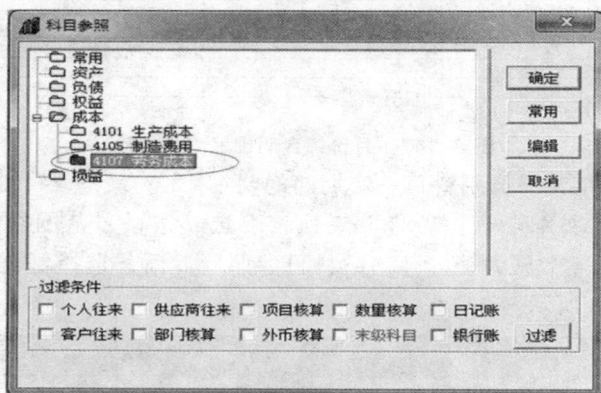

图 2-150　科目设定——科目参考（2）

点击"确定"，返回"明细账查询条件"界面并设置好"月份"项的起止月份，如图 2-151 所示。

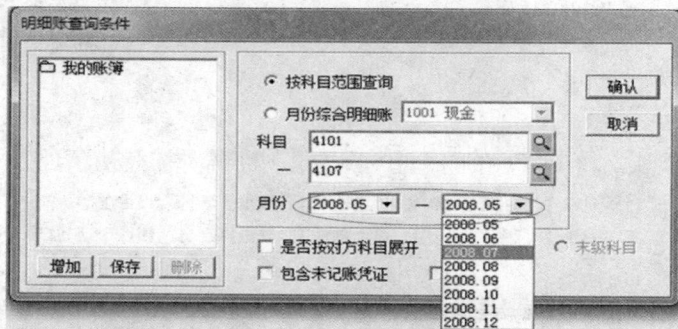

图 2-151　月份设定

最后点击"确认"，进入"明细账"界面，即可见要查看的该类别的第一个科目的明细账，如图 2-152 所示。

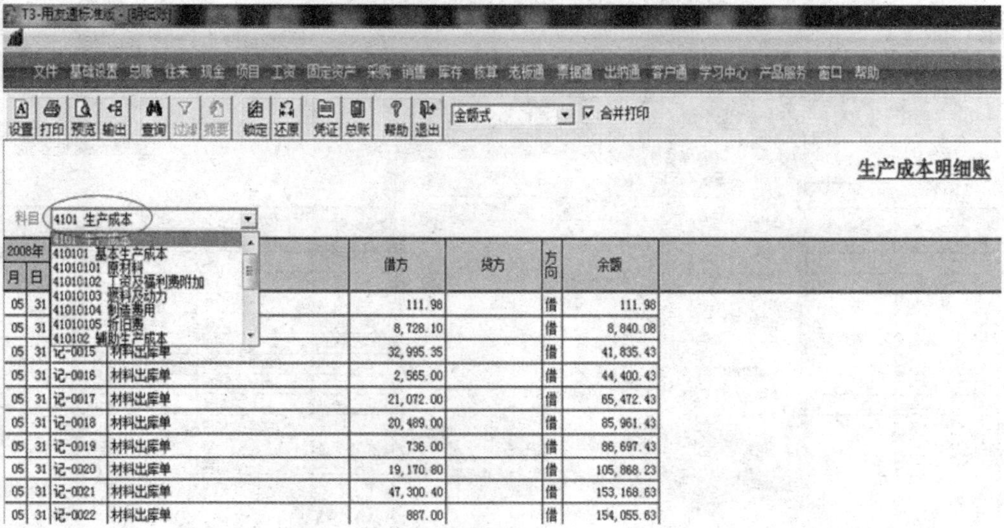

图 2-152　特定类别明细账查询结果（1）

　　通过点选该界面"科目"项后的下拉菜单中的科目，可查看到该类别的最后一个科目的明细账，如图 2-153 所示。

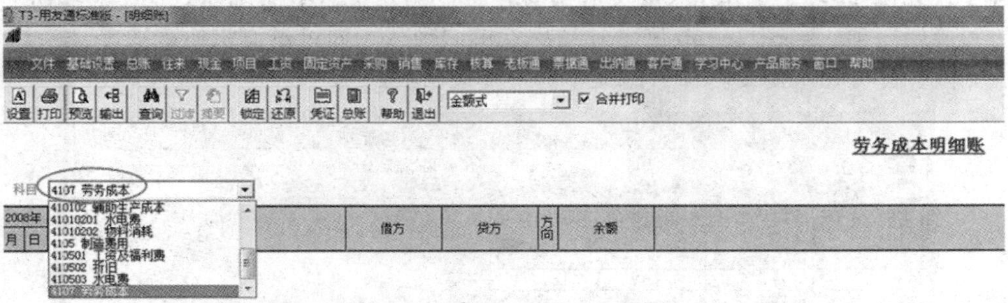

图 2-153　特定类别明细账查询结果（2）

　　（四）如何在某科目明细账中进一步查询符合要求的业务（如何进行明细账组合条件查询）

　　在平时查账时，除了按科目和月份查以外，也需要按其他条件查，如按摘要、科目自定义项、发生额范围、日期范围、凭证范围、结算方式、票号、制单人、复核人等条件进行查询。为此，T3 用友通标准版提供了组合查询方式。在某科目"明细账"界面，单击"过滤"，弹出"明细账过滤条件"窗口，如图 2-154 所示。在该窗口，根据查询需要进行条件设置后，系统会将当前科目明细账中符合条件的业务全部过滤出来。

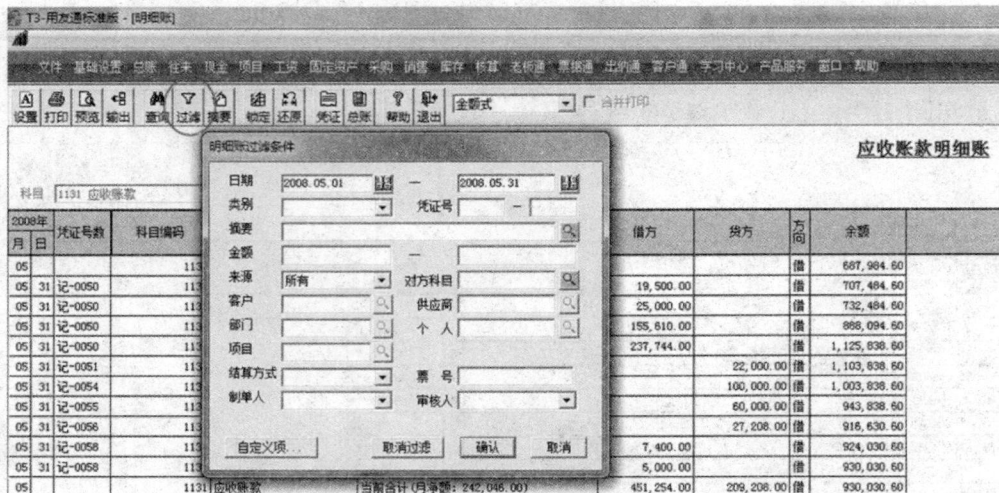

图 2-154　明细账过滤条件

1. 按摘要过滤明细账

在"明细账过滤条件"界面，点击"摘要"项后的放大镜按钮，弹出"参照"窗口，如图 2-155 所示。双击所需摘要，将该摘要带入"明细账过滤条件"界面的"摘要"项，如图 2-156 所示。最后点击"确认"即可过滤出所查业务。当然，摘要内容也可在"摘要"项后的文本框中直接输入。

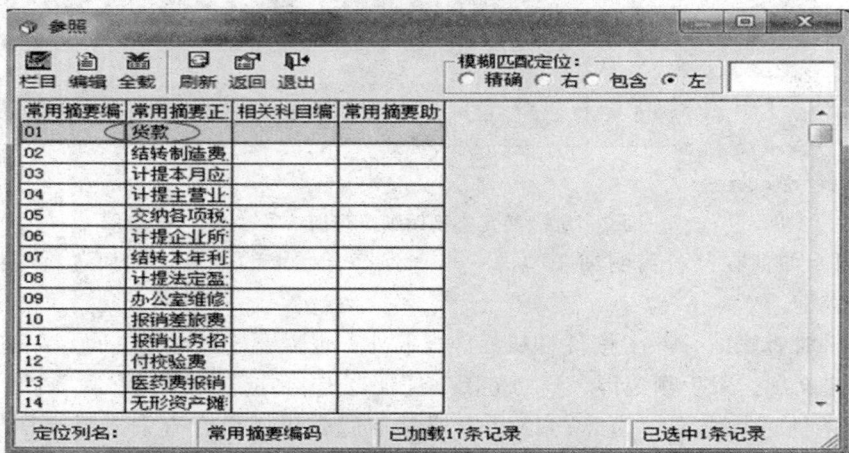

图 2-155　明细账过滤——参照

2. 按金额过滤明细账

在"明细账过滤条件"界面，在"金额"项后输入要查询的数额，如图 2-157 所示。点击"确认"即可过滤出所查业务。

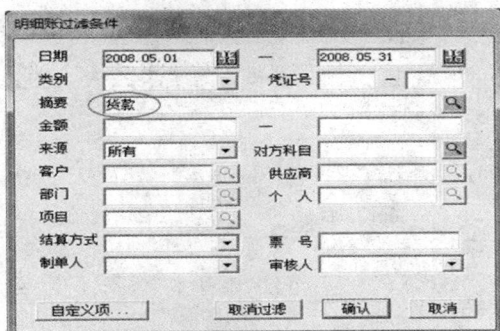

图 2-156　明细账过滤——摘要

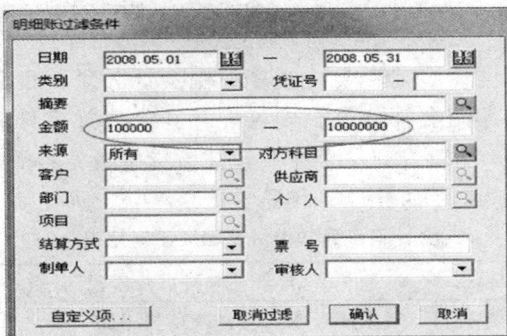

图 2-157　明细账过滤——金额

3. 按对方科目过滤明细账

在"明细账过滤条件"界面，点击"对方科目"项后的放大镜按钮，弹出"科目参照"窗口，如图 2-158 所示。双击所选科目，将该科目编码带入"明细账过滤条件"界面的"对方科目"项，如图 2-159 所示。最后点击"确认"即可过滤出所查业务。

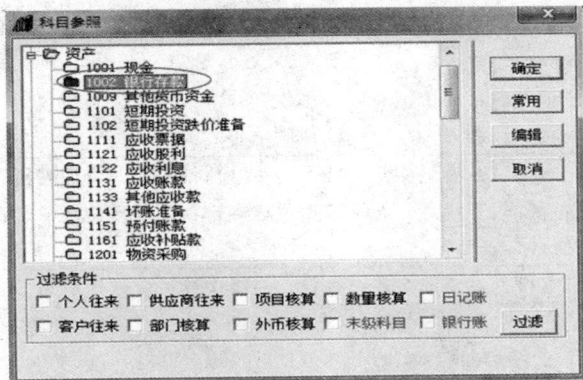

图 2-158　明细账过滤——科目参照

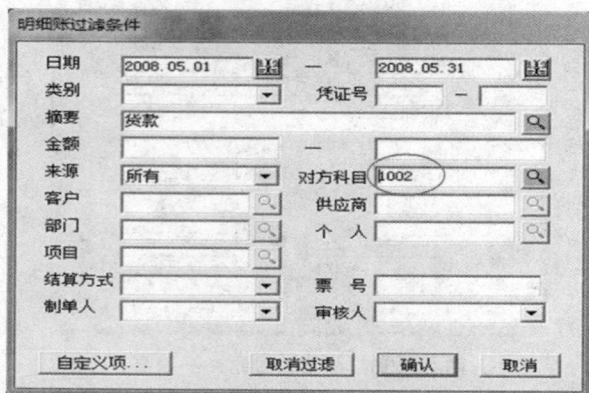

图 2-159　明细账过滤——对方科目

　　如果纳税人按照会计准则和会计制度编制会计分录，税额计算基本不会有错误。但如果未按规定编制会计分录，则可能存在未按规定计算缴纳税款问题。因此，借助用友软件这一功能查询是否存在异常借贷逻辑关系的会计业务，有助于税务检查。税务检查中应关注的会计科目异常借贷科目，详见表 2-1。

表 2-1　　　　　　　　　　　　会计科目异常借贷逻辑关系对照表

会计科目	异常对应科目及涉税问题
货币资金	1. 借记本科目，贷记往来账户时，涉嫌利用往来账户隐瞒应税收入 2. 借记本科目，贷记存货、成本费用账户时，涉嫌不作销售处理、隐瞒销售收入或隐瞒应税收入
应收股利 应收利息	借记本科目，贷记往来账户或者投资收益以外的其他账户，涉嫌故意隐瞒投资收益
应收账款	借记本科目，贷记存货类账户，涉嫌隐瞒销售收入
其他应收款	借记本科目，贷记存货类账户，涉嫌隐瞒销售收入
原材料 低值易耗品	1. 贷记本科目，借记货币资金或往来科目，涉嫌少计销售收入 2. 贷记本科目，借记"长期股权投资""营业外支出"科目，涉嫌未按规定确认视同销售收入 3. 贷记本科目，借记"应付账款""应付股利""存货科目""应付职工福利"等科目，涉嫌未按规定确认视同销售收入
库存商品	贷记本科目，借记"营业外支出""应付账款""营业费用""应付职工福利""应付利润"等科目，涉嫌未按税法规定视同销售货物、转让财产或者提供劳务确认收入
长期股权投资	贷记本科目，借记往来账科目，涉嫌少计投资转让所得
资本公积	借记"固定资产""原材料"等科目，贷记本科目，涉嫌未将捐赠非货币性资产并入应纳税所得额缴税

　　注：会计科目异常借贷逻辑关系是互为异常对应关系。

4. 按客户过滤明细账

在图 2-159 "明细账过滤条件"界面，点击"客户"项后的放大镜按钮，弹出"参照"窗口，如图 2-160 所示。

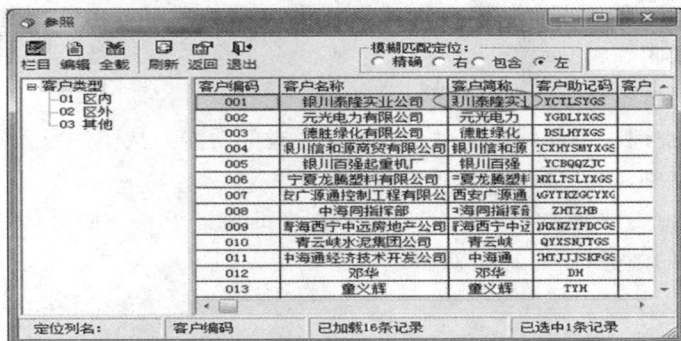

图 2-160　明细账"过滤"——客户参照

双击所选客户，将该客户带入"明细账过滤条件"界面的"客户"项，如图 2-161 所示。

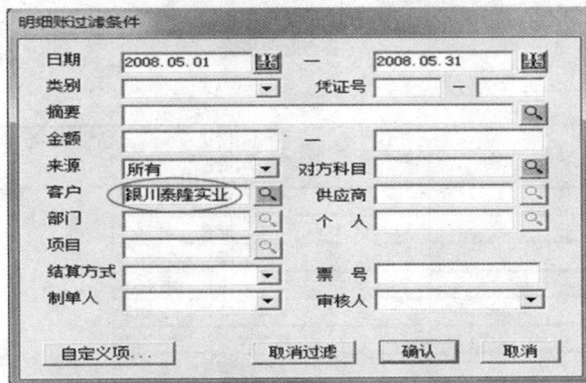

图 2-161　明细账"过滤"——客户设置

最后点击"确认"即可过滤出该客户的所有业务，如图 2-162 所示。

图 2-162　明细账"过滤"——客户查询结果

5. 按供应商过滤明细账

在"明细账过滤条件"界面，点击"供应商"项后的放大镜按钮，弹出"参照"窗口，双击所选供应商，将该供应商带入"明细账过滤条件"界面的"供应商"项，最后点击"确认"即可过滤出该供应商的所有业务。具体操作可参照"4. 按客户过滤明细账"。

（五）从明细账切入的账证票联查

为了便于查询，用友软件提供了账证单联查的功能。从明细账入手一是可查询到凭证及原始单据，二是可查询到总账。

在"明细账"界面，将光标定位于要查询的凭证上，如图 2-163 所示。一是单击工具栏中的"凭证"；二是双击鼠标的左键，即可进入"联查凭证"界面，如图 2-164 所示。

原材料明细账

科目 121101 主要材料

月份：2008.05-2008.05

2008年 月	日	凭证号数	摘要	借方	贷方	方向	余额
			期初余额			借	79,565.00
05	31	记-0010	专用发票	15,160.00		借	94,725.00
05	31	记-0011	专用发票	12,155.00		借	106,880.00
05	31	记-0012	采购入库单	129,656.00		借	236,536.00
05	31	记-0014	材料出库单		8,728.10	借	227,807.90
05	31	记-0015	材料出库单		32,995.35	借	194,812.55
05	31	记-0016	材料出库单		2,565.00	借	192,247.55
05	31	记-0017	材料出库单		21,072.00	借	171,175.55
05	31	记-0018	材料出库单		20,489.00	借	150,686.55
05	31	记-0019	材料出库单		736.00	借	149,950.55
05	31	记-0020	材料出库单		19,170.80	借	130,779.75
05	31	记-0021	材料出库单		47,300.40	借	83,479.35
05	31	记-0045	运费发票	2,790.00		借	86,269.35
05	31	记-0045	专用发票	4,247.75		借	90,517.10
05	31	记-0049	采购现付	16,637.00		借	107,154.10
05			当前合计	180,645.75	153,056.65	借	107,154.10
05			累　计	180,645.75	153,056.65	借	107,154.10

图 2-163　账证票联查——明细账

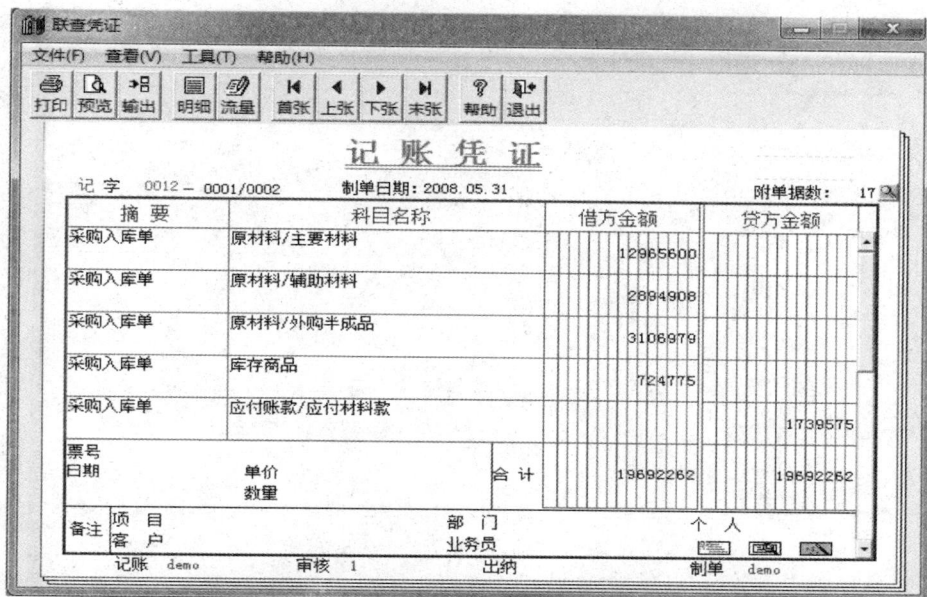

图 2-164 账证票联查——联查凭证

在"联查凭证"界面，在菜单栏依次点击"查看"-"联查原始单据"，可进一步查看凭证的原始单据，如图 2-165 所示。

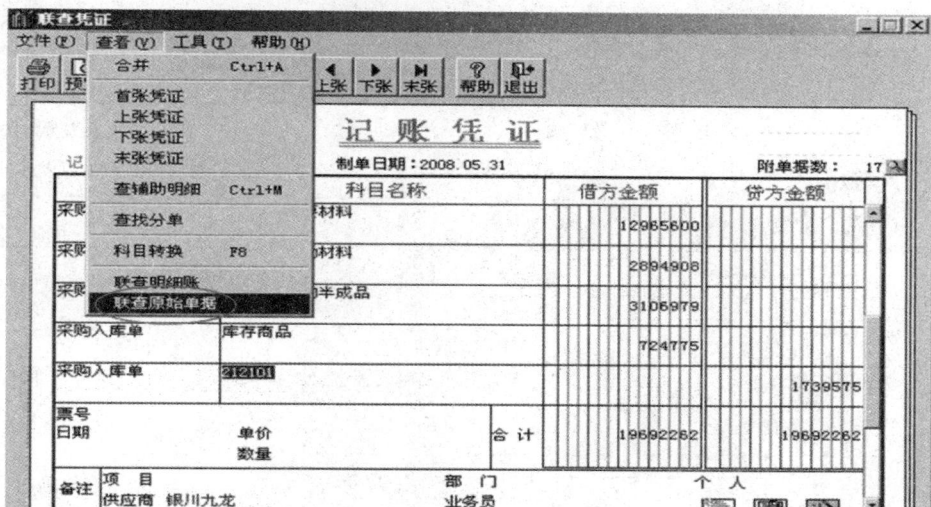

图 2-165 账证票联查——原始单据

若该凭证带有自制原始单据，则可查看到该单据。对于有单据列表的，可双击该单据，进一步查询该单据，如图 2-166 所示。

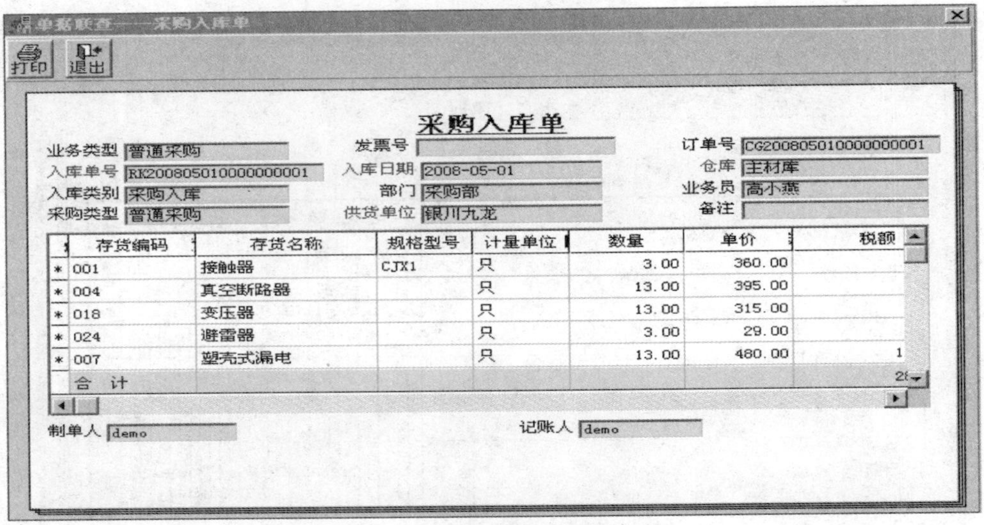
单据联查——采购入库单

打印 退出

采购入库单

业务类型 普通采购　发票号　订单号 CG200805010000000001
入库单号 RK200805010000000001　入库日期 2008-05-01　仓库 主材库
入库类别 采购入库　部门 采购部　业务员 高小燕
采购类型 普通采购　供货单位 银川九龙　备注

	存货编码	存货名称	规格型号	计量单位	数量	单价	税额
*	001	接触器	CJX1	只	3.00	360.00	
*	004	真空断路器		只	13.00	395.00	
*	018	变压器		只	13.00	315.00	
*	024	避雷器		只	3.00	29.00	
*	007	塑壳式漏电		只	13.00	480.00	1
	合　计						2

制单人 demo　记账人 demo

图 2-166　账证票联查——单据联查

同时，在“明细账”界面，单击工具栏中的“总账”，如图 2-167 所示，即可进入相应科目的总账界面，如图 2-168 所示，从而实现凭证账务数据的一体化查询。

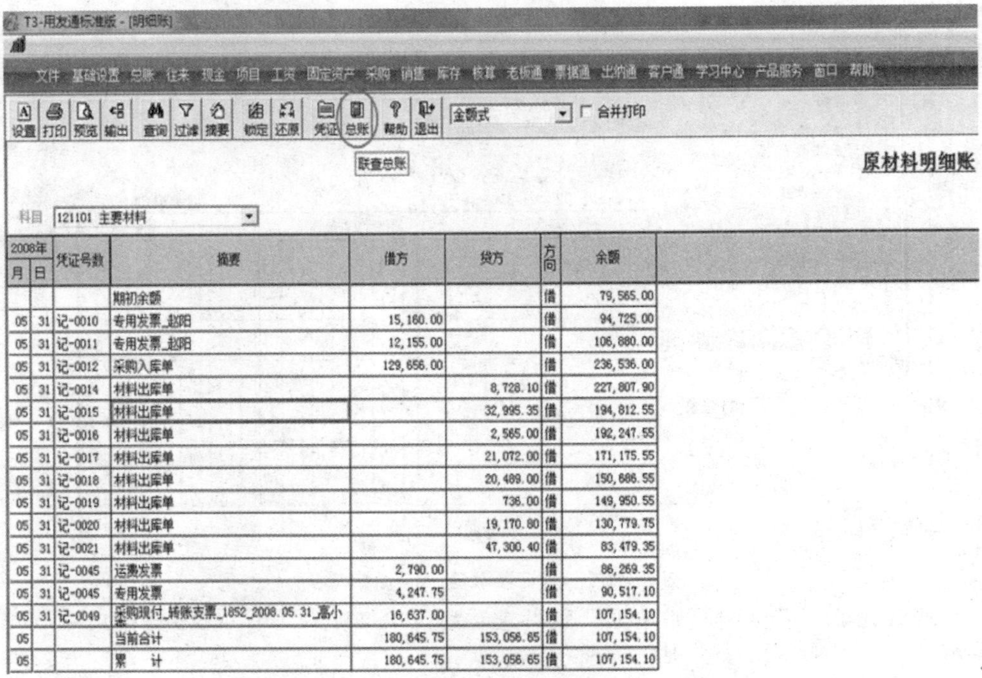
T3-用友通标准版 - [明细账]

文件 基础设置 总账 往来 现金 项目 工资 固定资产 采购 销售 库存 核算 老板通 票据通 出纳通 客户通 学习中心 产品服务 窗口 帮助

设置 打印 预览 输出 查询 过滤 摘要 锁定 还原 凭证 总账 帮助 退出　金额式　合并打印

联查总账

原材料明细账

科目 121101 主要材料

2008年 月	日	凭证号数	摘要	借方	贷方	方向	余额
			期初余额			借	79,565.00
05	31	记-0010	专用发票_赵阳	15,160.00		借	94,725.00
05	31	记-0011	专用发票_赵阳	12,155.00		借	106,880.00
05	31	记-0012	采购入库单	129,656.00		借	236,536.00
05	31	记-0014	材料出库单		8,728.10	借	227,807.90
05	31	记-0015	材料出库单		32,995.35	借	194,812.55
05	31	记-0016	材料出库单		2,565.00	借	192,247.55
05	31	记-0017	材料出库单		21,072.00	借	171,175.55
05	31	记-0018	材料出库单		20,489.00	借	150,686.55
05	31	记-0019	材料出库单		736.00	借	149,950.55
05	31	记-0020	材料出库单		19,170.80	借	130,779.75
05	31	记-0021	材料出库单		47,300.40	借	83,479.35
05	31	记-0045	运费发票	2,790.00		借	86,269.35
05	31	记-0045	专用发票	4,247.75		借	90,517.10
05	31	记-0049	采购现付_转账支票_1852_2008.05.31_高小燕	16,637.00		借	107,154.10
05			当前合计	180,645.75	153,058.65	借	107,154.10
05			累　计	180,645.75	153,058.65	借	107,154.10

图 2-167　账证票联查——联查总账路径

图 2-168 账证票联查——联查总账

四、总账检查

总账查询不但可以查询各总账科目的年初余额、各月发生额合计和月末余额，还可查询所有二至六级明细科目的年初余额、各月发生额合计和月末余额。具体操作如下：以账套主管（本例为"demo"）身份进入用友 T3，具体操作如图 1-20 至图 1-22 所示。进入"T3-用友通标准版"界面，依次点击"总账"-"账簿查询"-"总账"，如图 2-169 所示。进入"总账查询条件"界面，如图 2-170 所示。

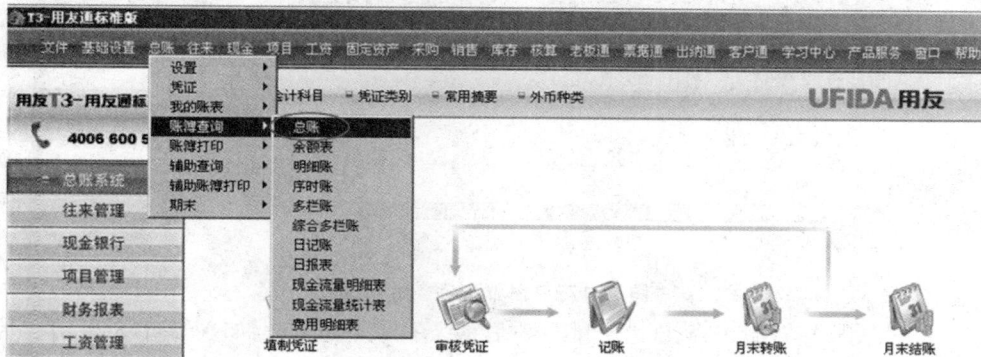

图 2-169 "总账"查询路径

图 2-170 总账查询条件

图 2-170 中"科目"可输入起止科目范围，为空时，系统默认为是所有科目。在确定科目范围后，可以按该范围内的某级科目输入"级次"，如将科目级次输入为 1-1，则只查一级科目；如将科目级次输为 1—3，则只查一至三级科目；如需要查所有末级科目，则用鼠标选择"末级科目"即可；如想查询包含未记账凭证的总账，用鼠标选择"包含未记账凭证"即可。

（一）如何查询全部科目的 1 至 3 级总账

在图 2-170"总账查询条件"界面，"科目"项为空，"级次"输入 1—3，如图 2-171 所示。点击"确认"，进入"T3-用友通标准版-［总账］"界面，"科目"项显示第一个科目"1001 现金"的总账数据，如图 2-172 所示。

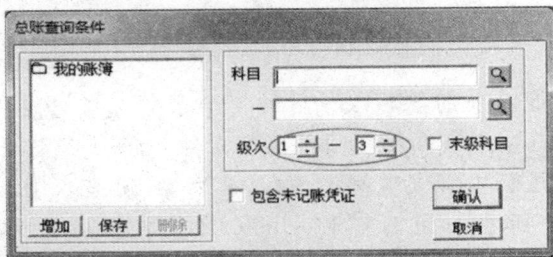

图 2-171　总账查询条件设置——级次

图 2-172　总账查询条件结果

在"总账"界面，点击"科目"项后的下拉菜单按钮，如图 2-173 所示。可点选查看其他科目的总账，如图 2-174 所示。

图 2-173　查询其他科目总账路径

图 2-174　查询其他科目总账结果

（二）如何查询某一特定科目的总账

在图 2-170"总账查询条件"界面，点击在"科目"项后的第一个放大镜，弹出"科目参照"界面，选择要查询的科目，如图 2-175 所示。

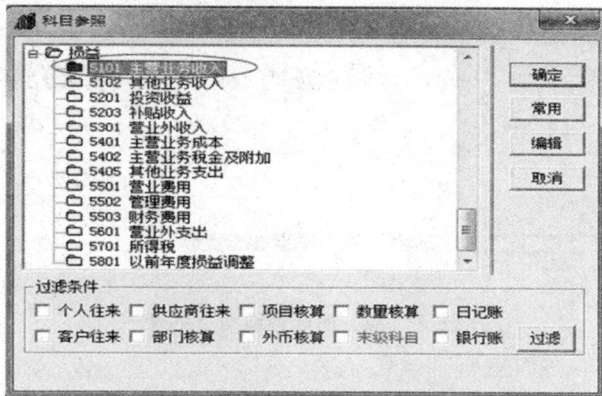

图 2-175　总账查询科目设定——科目参考

点击"确定"，返回"总账查询条件"界面，如图 2-176 所示，此时，已选科目的编号已显示在文本框中。

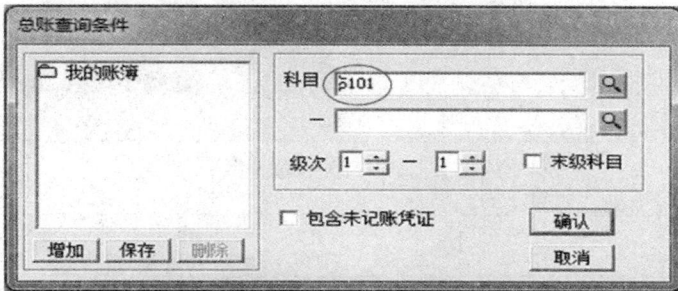

图 2-176　总账查询科目设定（1）

再次点击在"科目"项后的第二个放大镜，弹出"科目参照"界面，再次点选该科目并点击"确定"，返回"总账查询条件"界面，如图 2-177 所示。

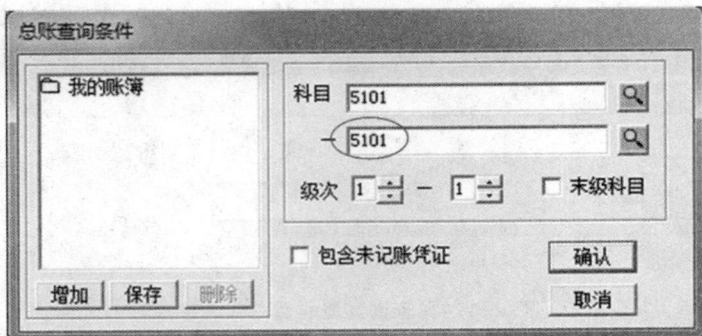

图 2-177　总账查询科目设定（2）

　　最后点击"确认"，进入"总账"界面，即可见要查看科目的总账，如图 2-178 所示。

图 2-178　总账查询科目结果

（三）从总账切入的账证票联查

　　为了便于查询，用友软件提供了账证单联查的功能，可以从总账入手查询到明细账再到凭证及原始单据。

　　在"总账"界面，单击工具栏中的"明细"，如图 2-179 所示，即可进入相应科目的"明细账"界面，如图 2-180 所示。

图 2-179　账证票联查——联查明细账路径

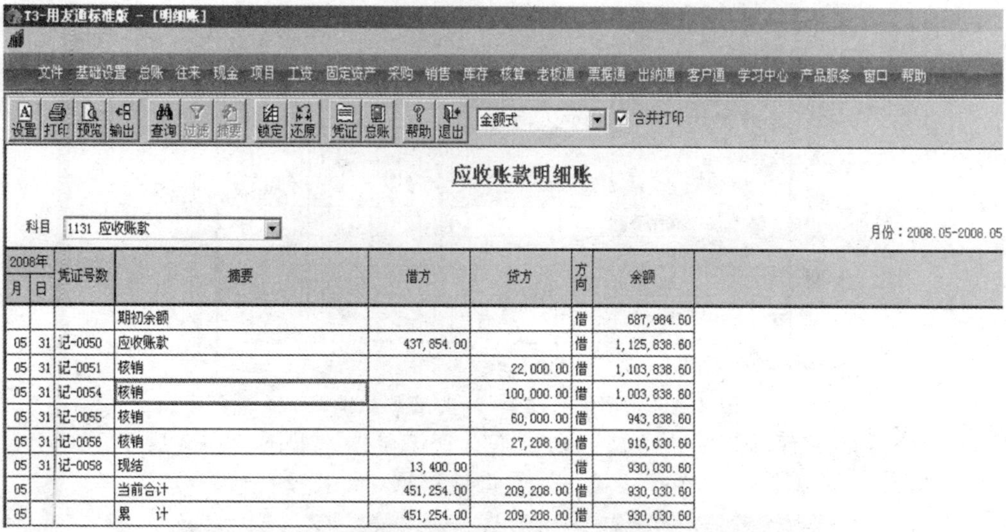

2008年 月	日	凭证号数	摘要	借方	贷方	方向	余额
			期初余额			借	687,984.60
05	31	记-0050	应收账款	437,854.00		借	1,125,838.60
05	31	记-0051	核销		22,000.00	借	1,103,838.60
05	31	记-0054	核销		100,000.00	借	1,003,838.60
05	31	记-0055	核销		60,000.00	借	943,838.60
05	31	记-0056	核销		27,208.00	借	916,630.60
05	31	记-0058	现结	13,400.00		借	930,030.60
05			当前合计	451,254.00	209,208.00	借	930,030.60
05			累　计	451,254.00	209,208.00	借	930,030.60

图 2-180　账证票联查——明细账

在“明细账”界面，将光标定位于要查询的凭证上，一是单击工具栏中的“凭证”；二是双击鼠标的左键。本例采取单击工具栏中的“凭证”方式，如图 2-181 所示，进入“联查凭证”界面。

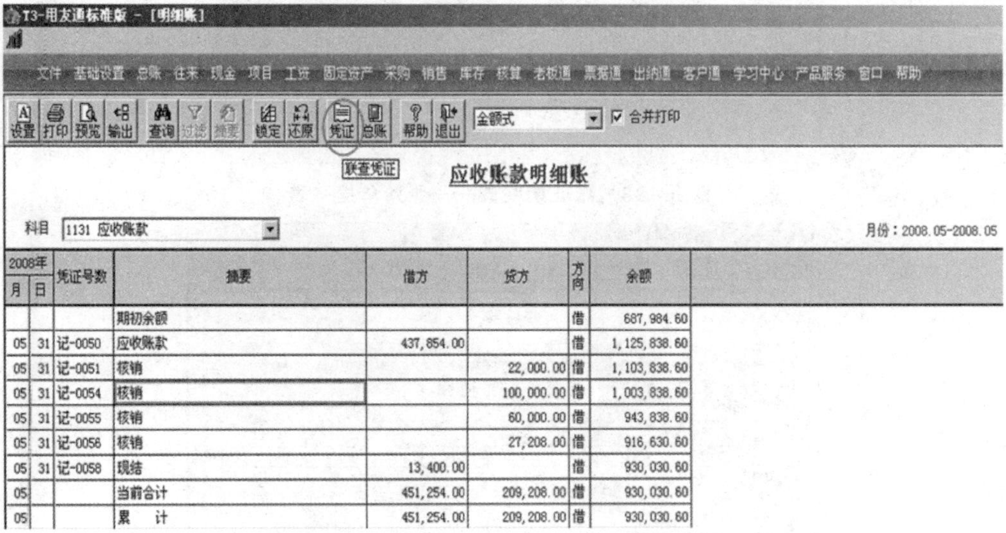

2008年 月	日	凭证号数	摘要	借方	贷方	方向	余额
			期初余额			借	687,984.60
05	31	记-0050	应收账款	437,854.00		借	1,125,838.60
05	31	记-0051	核销		22,000.00	借	1,103,838.60
05	31	记-0054	核销		100,000.00	借	1,003,838.60
05	31	记-0055	核销		60,000.00	借	943,838.60
05	31	记-0056	核销		27,208.00	借	916,630.60
05	31	记-0058	现结	13,400.00		借	930,030.60
05			当前合计	451,254.00	209,208.00	借	930,030.60
05			累　计	451,254.00	209,208.00	借	930,030.60

图 2-181　账证票联查——联查凭证路径

在“联查凭证”界面，在菜单栏依次点击“查看”-“联查原始单据”，可进一步查看凭证的原始单据，如图 2-182 所示。

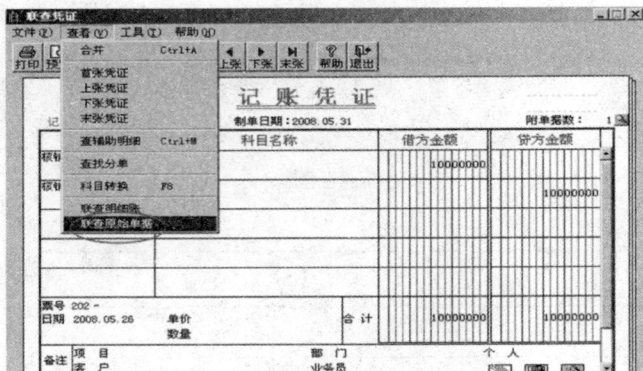

图 2-182　账证票联查——联查原始单据路径

若该凭证带有自制原始单据，则可查看到该单据，如图 2-183 所示。对于有单据列表的，可双击某一单据，进一步查询该单据，如图 2-184 所示。

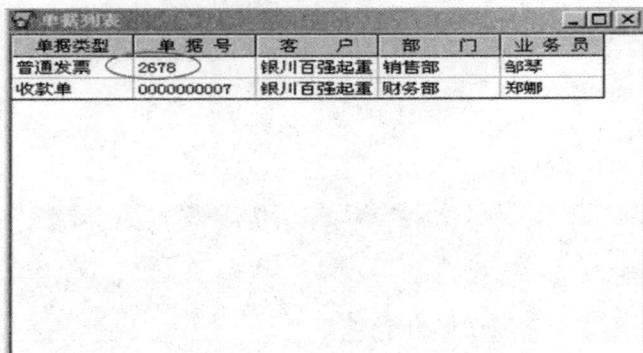

图 2-183　账证票联查——原始单据列表

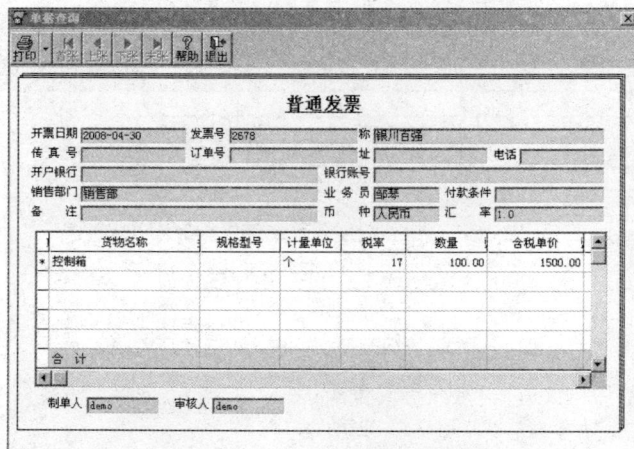

图 2-184　账证票联查——原始单据

第四节 T3用友通标准版报表资料的查询及应用

一、余额表的查询

余额表用于查询统计各级科目的本期发生额、累计发生额和余额等。传统的总账，是以总账科目分页设账，而余额表则可输出某月或某几个月的所有总账科目或明细科目的期初余额、本期发生额、累计发生额、期末余额，不仅可以查询统计人民币金额账，还可查询统计外币数量发生额和余额。另外可查询到包含未记账凭证在内的最新发生额及余额。因此，在检查中可用余额表代替总账。具体操作如下：以账套主管（本例为"demo"）身份进入用友T3，具体操作如图1-20至图1-22所示。进入"T3-用友通标准版"界面，依次点击"总账"-"账簿查询"-"余额表"，如图2-185所示。进入"发生额及余额查询条件"界面，如图2-186所示。

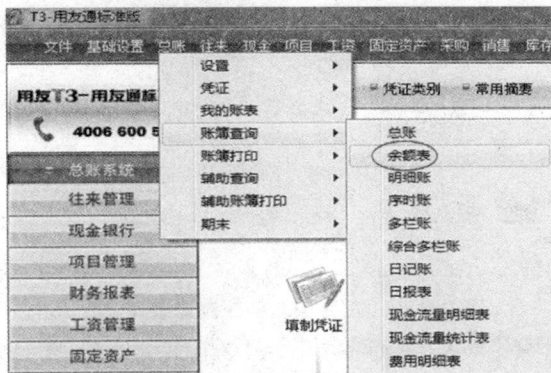

图2-185 查询"余额表"路径

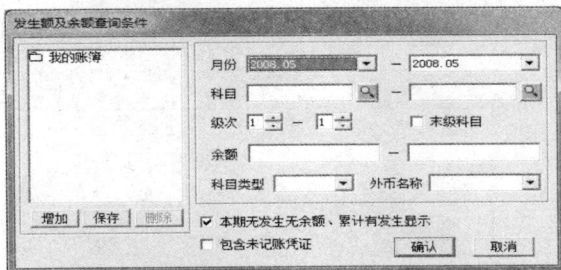

图2-186 发生额及余额查询条件

在图2-186中，"月份"选择起止月份，当只查某个月时，应将起止月都选择为同一月份，如查2008年5月，则月份范围应选择为2008.05-2008.05。"科目"可输入起止科目范围，为空时，系统默认是所有科目。在确定科目范围后，可以按该范围内的某级科目输入"级次"，如将科目级次输入为 1—1，则只查一级科目；如将科目级次输为 1—3，则只查一至三级科目；如果需要查所有末级科目，则用鼠标选择"末级科目"即可。"余额"用于指定要查找的余额范围，例如余额下限输入 0.01，上限不输，则表示查余额大于零的所有科目，若输入 200—400，表示查余额≥200 且≤400 的所有科目。"科目类型"为空时，系统默认是全部类型，也可用鼠标点取科目类型下拉框，选择要查询的科目类型。若想查询包含未记账凭证的余额表，用鼠标选择"包含未记账凭证"即可。

（一）如何查询某月所有总账或明细账 1—3 级科目的期初余额、本期发生额、期末余额

在图 2-186"发生额及余额查询条件"界面，"月份"项起止月份均点选同一月份；"科目"项为空；"级次"输入 1—3；"科目类型"为空，如图 2-187 所示。点击"确认"，进入"发生额及余额表"界面，如图 2-188 所示。

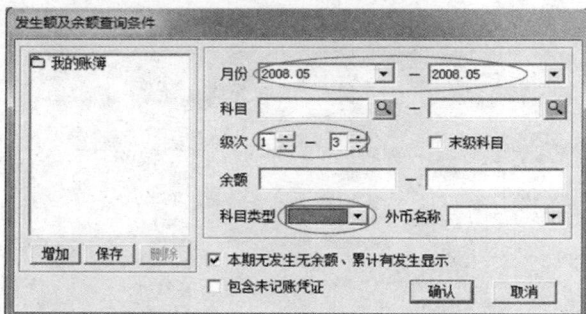

图 2-187　发生额及余额查询条件设定

科目编码	科目名称	期初余额		本期发生		期末余额	
		借方	贷方	借方	贷方	借方	贷方
1001	现金	29,863.55		56,200.00	8,603.66	77,459.89	
1002	银行存款	4,638,903.30		455,600.00	155,042.29	4,939,461.01	
1131	应收账款	687,984.60		451,254.00	209,208.00	930,030.60	
1211	原材料	99,790.00		245,136.37	225,373.33	119,553.04	
121101	主要材料	79,565.00		180,645.75	153,056.65	107,154.10	
121102	辅助材料	9,475.00		33,755.83	33,988.68	9,242.15	
121103	外购半成品	10,750.00		30,734.79	38,328.00	3,156.79	
1243	库存商品	345,510.00		264,658.41	149,753.84	460,414.57	
1501	固定资产	2,568,970.35		5,600.00		2,574,570.35	
1502	累计折旧		471,875.45		13,032.59		484,908.04
1603	在建工程	9,311,496.01				9,311,496.01	
1801	无形资产	904,429.78			6,350.00	898,079.78	
资产小计		18,586,947.59	471,875.45	1,478,448.78	767,363.71	19,311,065.25	484,908.04
2101	短期借款		368,000.00				368,000.00
2121	应付账款		237,803.33	30,000.00	236,459.09		444,262.42
212101	应付材料款		237,803.33	30,000.00	87,960.22		295,763.55
212102	暂估应付款				148,498.87		148,498.87
2131	预收账款				246,392.00		246,392.00

图 2-188　发生额及余额查询结果

（二）如何查询某几个月的所有总账或明细账 1—3 级科目的期初余额、本期发生额、累计发生额、期末余额

在图 2-186"发生额及余额查询条件"界面，点击"月份"项后下拉菜单，选择要查询月份的起止月份，如图 2-189 所示；"科目"项为空；"级次"输入 1—3；"科目类型"为空，如图 2-190 所示。

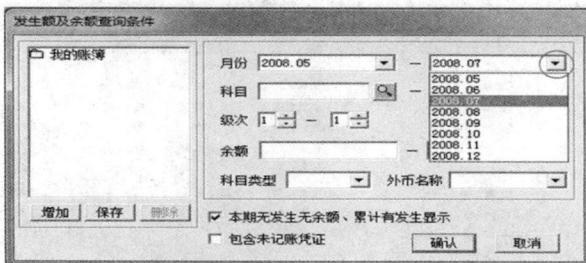

图 2-189　发生额及余额查询条件设定——月份

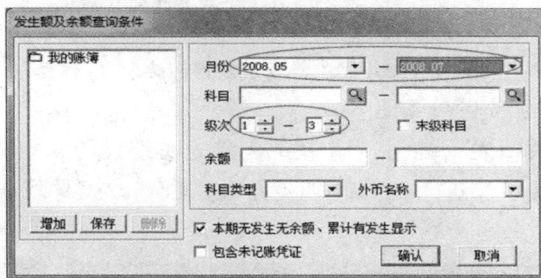

图 2-190　发生额及余额查询条件设定

点击"确认"，进入"发生额及余额表"界面，点击工具栏的"累计"按钮，如图 2-191 所示。系统将显示借贷方累计发生额，如图 2-192 所示。

科目编码	科目名称	期初余额		本期发生		期末余额	
		借方	贷方	借方	贷方	借方	贷方
1001	现金	29,863.55		56,200.00	8,603.66	77,459.89	
1002	银行存款	4,638,903.30		455,600.00	155,042.29	4,939,461.01	
1131	应收账款	687,984.60		451,254.00	209,208.00	930,030.60	
1211	原材料	99,790.00		245,136.37	225,373.33	119,553.04	
121101	主要材料	79,565.00		180,645.75	153,056.65	107,154.10	
121102	辅助材料	9,475.00		33,755.83	33,988.68	9,242.15	
121103	外购半成品	10,750.00		30,734.79	38,328.00	3,156.79	
1243	库存商品	345,510.00		264,658.41	149,753.84	460,414.57	
1501	固定资产	2,568,970.35		5,600.00		2,574,570.35	
1502	累计折旧		471,875.45		13,032.59		484,908.04
1603	在建工程	9,311,496.01				9,311,496.01	
1801	无形资产	904,429.78				898,079.78	
资产小计		18,586,947.59	471,875.45	1,478,448.78	767,363.71	19,311,065.25	484,908.04
2101	短期借款		368,000.00				368,000.00
2121	应付账款		237,803.33	30,000.00	236,459.09		444,262.42
212101	应付材料款		237,803.33	30,000.00	87,960.22		295,763.55
212102	暂估应付款				148,498.87		148,498.87

图 2-191　发生额及余额查询结果（1）

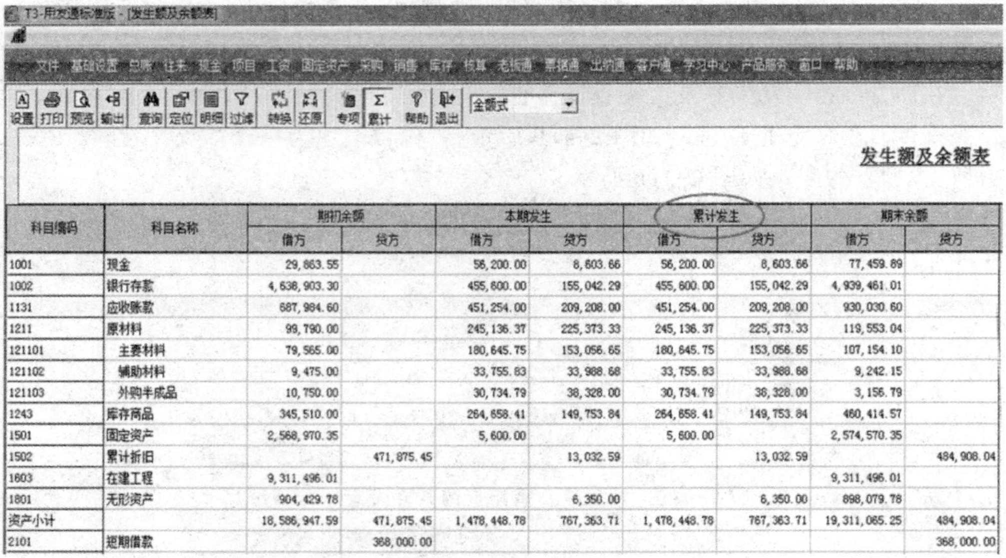

图 2-192　发生额及余额查询结果（2）

（三）如何由余额表联查凭证

在"发生额及余额表"界面，选中要查询的明细科目，点击工具栏的"明细"按钮，如图 2-193 所示。进入"明细账"界面，可查看该科目明细账，如图 2-194 所示。

图 2-193　余额表联查——"明细账"查询路径

图 2-194　余额表联查——明细账

在"明细账"界面，选中要查询的凭证，点击工具栏的"凭证"按钮，如图2-195 所示。进入"联查凭证"界面，可查看该凭证具体内容，如图 2-196 所示。

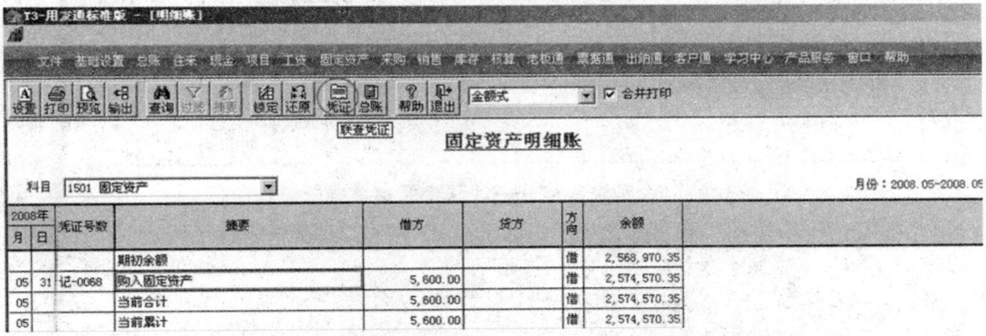

图 2-195　余额表联查——"凭证"查询路径

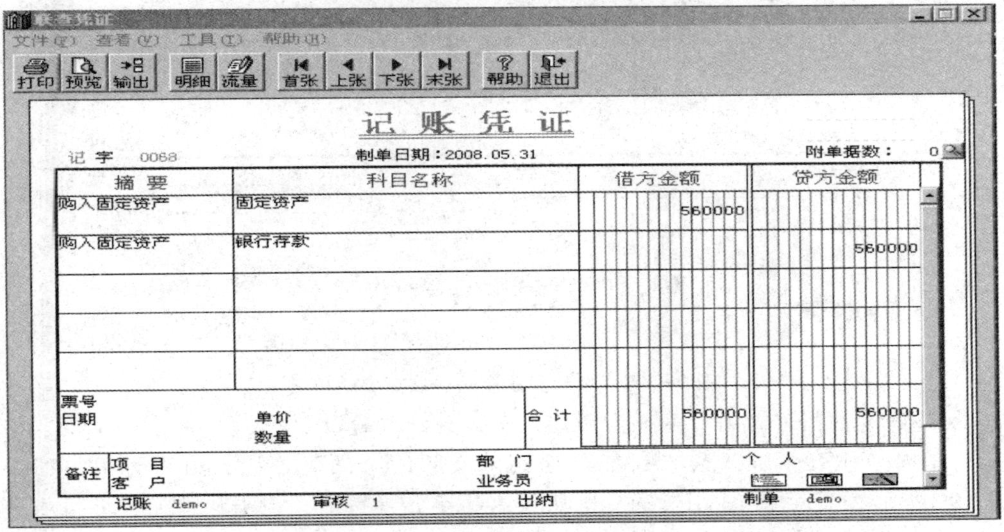

图 2-196　余额表联查——联查凭证

在"联查凭证"界面，点击工具栏的"查看"-"联查原始单据"，如图2-197所示。进入原始单据界面，本例为"固定资产卡片"，可查看该固定资产情况，共有"固定资产卡片""附属设备"等七张选项卡，如图2-198所示。

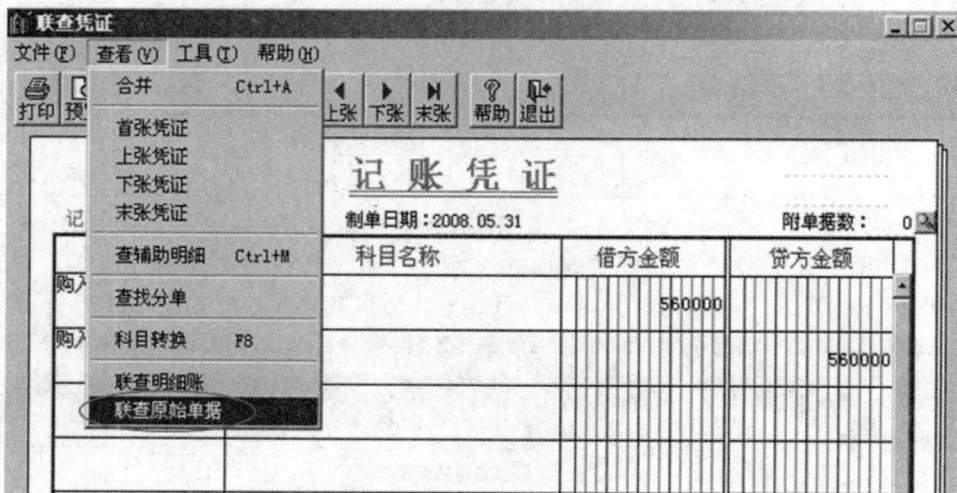

图 2-197　余额表联查——"联查原始单据"查询路径

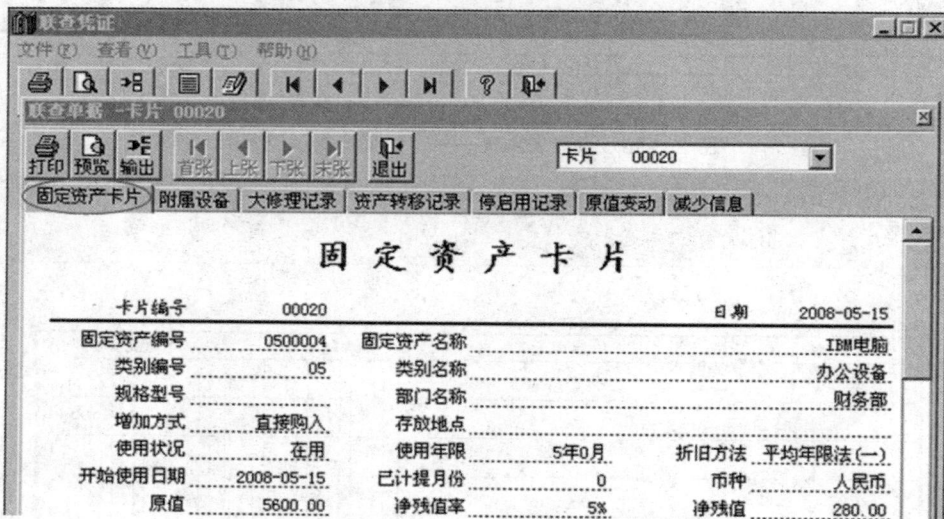

图 2-198　余额表联查——联查原始单据

（四）如何将外文科目余额表转化为中文科目余额表

在税务检查余额表时，可能会遇到外文版的余额表，让人束手无策，如图2-199所示。实际上T3用友通标准版设有文字转换按钮，点击该按钮，即可将外文余额表转换为中文余额表。

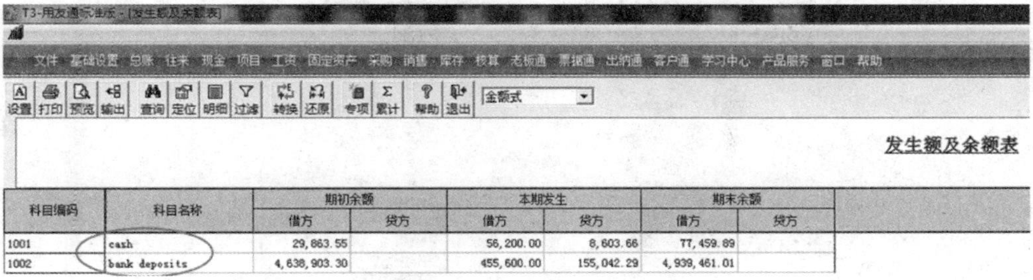

科目编码	科目名称	期初余额		本期发生		期末余额	
		借方	贷方	借方	贷方	借方	贷方
1001	cash	29,863.55		56,200.00	8,603.66	77,459.89	
1002	bank deposits	4,638,903.30		455,600.00	155,042.29	4,939,461.01	

图 2-199　外文版余额表

在“发生额及余额表”界面，点击工具栏“转换”按钮，如图 2-200 所示，即可转换为中文版余额表，如图 2-201 所示。

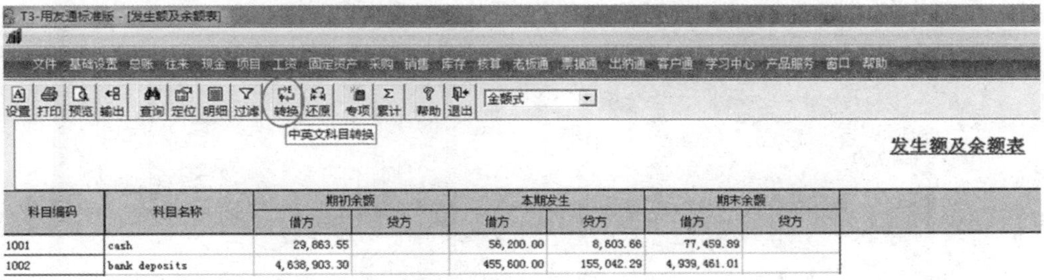

科目编码	科目名称	期初余额		本期发生		期末余额	
		借方	贷方	借方	贷方	借方	贷方
1001	cash	29,863.55		56,200.00	8,603.66	77,459.89	
1002	bank deposits	4,638,903.30		455,600.00	155,042.29	4,939,461.01	

图 2-200　余额表文字转换路径

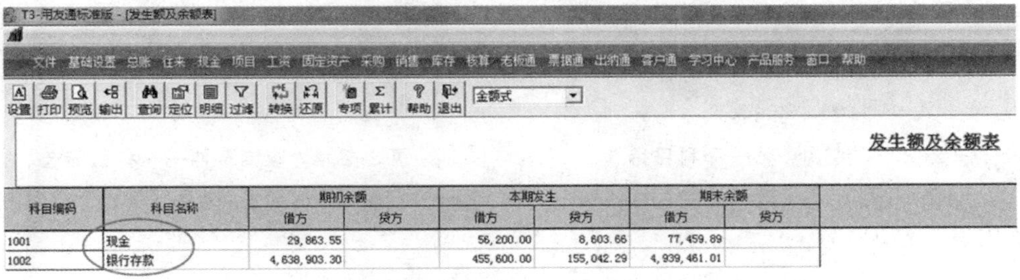

科目编码	科目名称	期初余额		本期发生		期末余额	
		借方	贷方	借方	贷方	借方	贷方
1001	现金	29,863.55		56,200.00	8,603.66	77,459.89	
1002	银行存款	4,638,903.30		455,600.00	155,042.29	4,939,461.01	

图 2-201　余额表文字转换

二、费用明细表的查询

T3 用友通标准版系统自动根据设置的条件出具费用明细表，将各月数据显示在一张表上，以便进行数据分析。税务检查中可通过查询该表迅速了解纳税人的费用支出。具体操作如下：以账套主管（本例为“demo”）身份进入用友 T3，具体操作如图 1-20 至图 1-22 所示。进入“T3-用友通标准版”界面，依次点击“总账”-“账簿查询”-“费用明细表”，如图 2-202 所示。

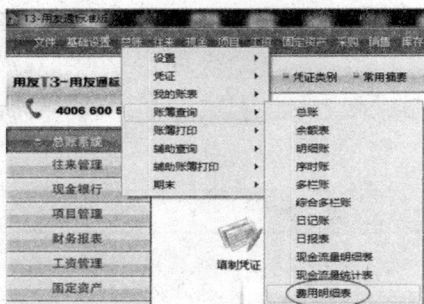

图 2-202 "费用明细表"查询路径

　　进入"查询条件"界面，如图 2-203 所示，在界面的左侧选择要分析的科目，点击界面中间的箭头按钮，将其移至界面的右侧，如图 2-204 所示。

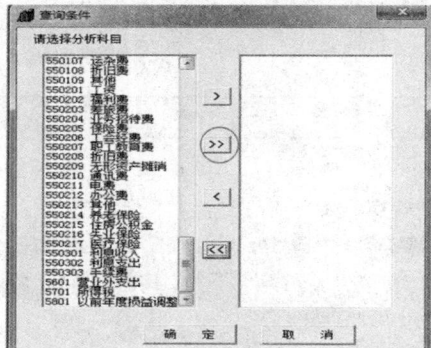

图 2-203 查询条件——科目待选

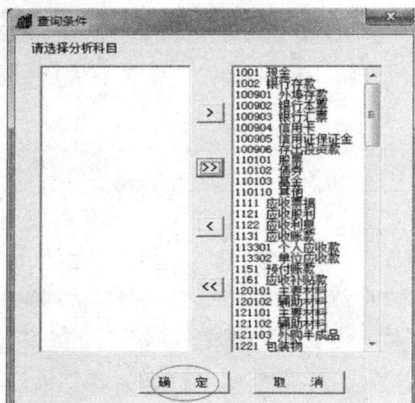

图 2-204 查询条件——科目筛选

　　点击"确定"，进入"费用明细表"，如图 2-205 所示，可见各月所选科目的费用发生情况。

三、往来账龄分析表查询

　　往来账龄分析主要是用来对客户、供应商以及个人的往来款项余额的时间分布进行分析，进行账龄分析可分析往来业务的真实性。往来账龄分析包括客户往来账龄分析、供应商往来账龄分析和个人往来账龄分析三种。

　　（一）客户往来账龄分析

　　查询客户往来账龄分析表具体操作如下：以账套主管（本例为"demo"）身份进入用友 T3，具体操作如图 1-20 至图 1-22 所示。进入"T3-用友通标准版"界面，依次点击"往来"-"账簿"-"往来管理"-"客户往来账龄分析"，如图 2-206 所示。进入"客户往来账龄"界面，如图 2-207 所示。

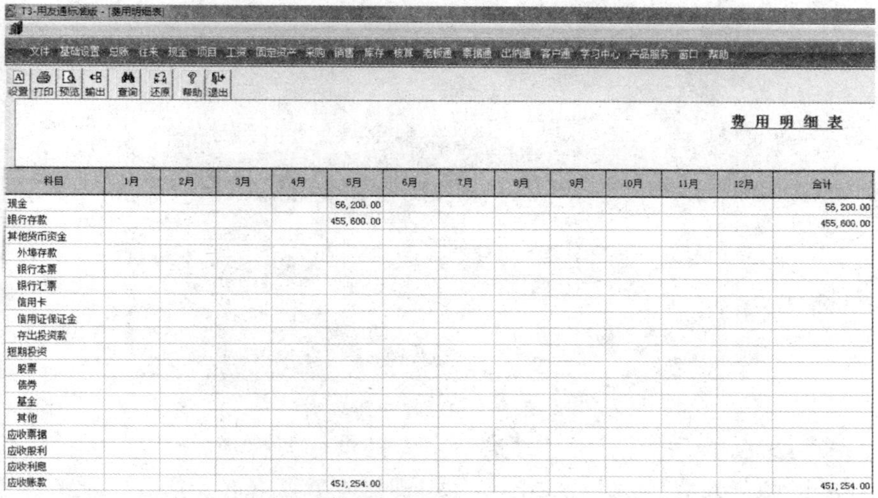

科目	1月	2月	3月	4月	5月	6月	7月	8月	9月	10月	11月	12月	合计
现金					56,200.00								56,200.00
银行存款					455,600.00								455,600.00
其他货币资金													
外埠存款													
银行本票													
银行汇票													
信用卡													
信用证保证金													
存出投资款													
短期投资													
股票													
债券													
基金													
其他													
应收票据													
应收股利													
应收利息													
应收账款					451,254.00								451,254.00

图 2-205 费用明细表

在图 2-207 中，“查询科目”可以直接输入或通过单击下拉菜单点取，有“应收账款”和“预收账款”两个科目可供选择。“分析对象”有客户、客户分类、客户总公司、地区分类、部门、业务员、主管部门、主管业务员选项，选择客户时，点击下行的放大镜，会弹出客户列表，如图 2-208 所示，可供点选；若此项为空，则默认为全部客户。“截止日期”即进行账龄分析的最后日期。“按所有往来明细分析”是对全部往来明细进行计算。“按未两清往来明细分析”是对未进行两清的往来明细进行计算。

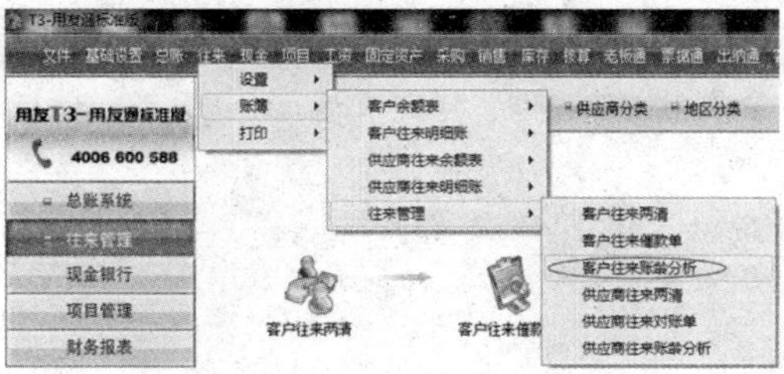

图 2-206 “客户往来账龄分析”查询路径

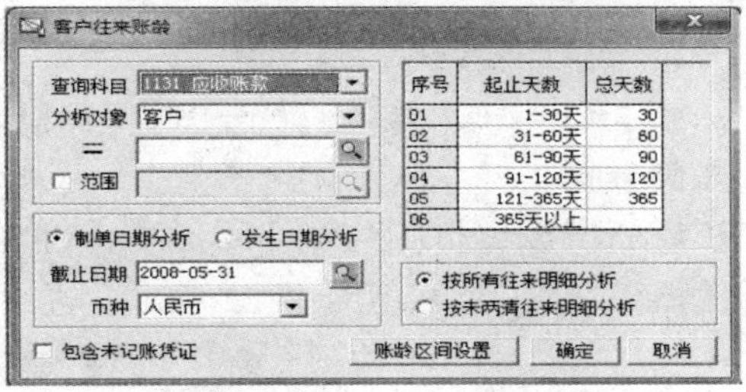

图 2-207 客户往来账龄查询条件设定

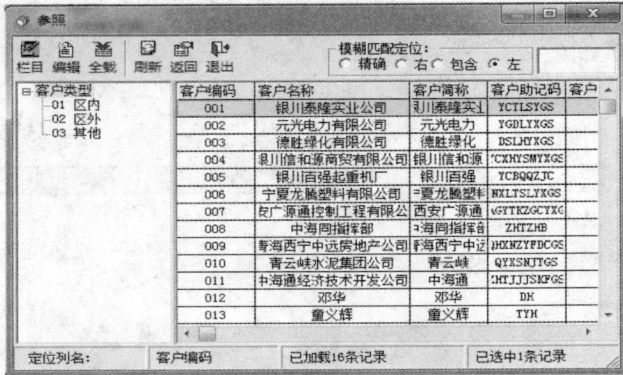

图 2-208　客户列表

在图 2-207 "客户往来账龄查询"界面设定好条件后，点击"确定"，进入"客户往来账龄"界面，如图 2-209 所示，即可查看所有客户应收账款的往来账龄情况。点击"查询科目"项后的下拉菜单，还可查询预收账款的往来账龄情况，如图 2-210 所示。

图 2-209　往来账龄分析——应收账款

（二）供应商往来账龄分析

查询供应商往来账龄分析表具体操作如下：以账套主管（本例为"demo"）身份进入用友 T3，具体操作如图 1-20 至图 1-22 所示。进入"T3-用友通标准版"界面，依次点击"往来"-"账簿"-"往来管理"-"供应商往来账龄分析"，如图 2-211 所示。进入"供应商往来账龄"界面，如图 2-212 所示。

图 2-210　往来账龄分析——预收账款

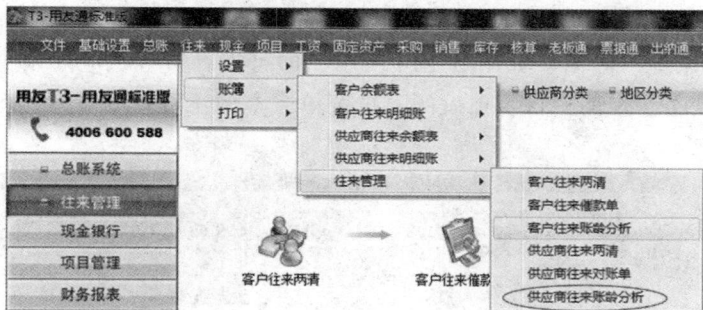

图 2-211　"供应商往来账龄分析"的路径

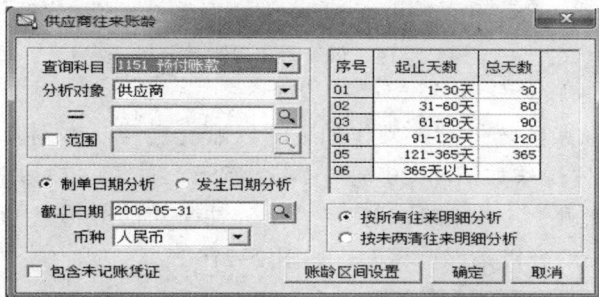

图 2-212　供应商往来账龄查询条件设定

在图 2-212 中，"查询科目"可以直接输入或通过单击下拉菜单点取，本例有"预付账款""应付材料款""运费"三个科目选择。"分析对象"有供应商、供应商分类、供应商总公司、地区分类、部门、业务员、主管部门、主管业务员选项，选择客户时，点击下行的放大镜，会弹出供应商列表，如图 2-213 所示，可供点选；若此项为空，则默认为全部供应商。"截止日期"即进行账龄分析的最后日期。"按所有往来明细分析"是对全部往来明细进行计算。"按未两清往来明细分析"是对未进行两清的往来明细进行计算。

图 2-213　供应商列表

在图 2-212"供应商往来账龄查询"界面设定好条件后，点击"确定"，进入"供应商往来账龄"界面，如图 2-214 所示，即可查看所有供应商预付账款的往来账龄情况。点击"查询科目"项后的下拉菜单，本例还可查询应付材料款和运费的往来账龄情况。

图 2-214　供应商往来账龄分析

（三）个人往来账龄分析

查询个人往来账龄分析具体操作如下：以账套主管（本例为"demo"）身份进入用友 T3，具体操作如图 1-20 至图 1-22 所示。进入"T3-用友通标准版"界面，依次点击"总账"-"辅助查询"-"个人往来账龄分析"，如图 2-215 所示。进入"个人往来账龄分析条件"界面，如图 2-216 所示。

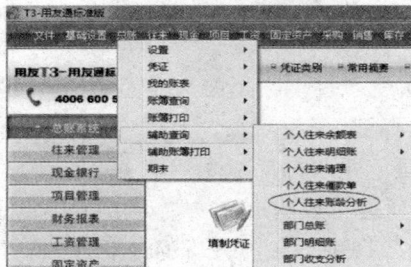

图 2-215　"个人往来账龄分析"查询路径

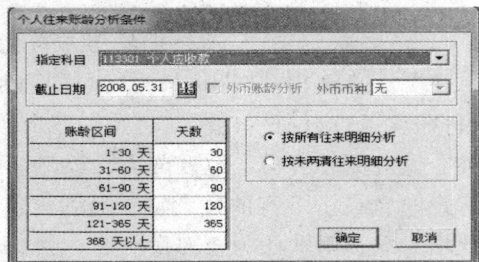

图 2-216　个人往来账龄分析条件

在图 2-216 中,"指定科目"可以直接输入或通过单击下拉菜单点取,本例科目为"个人应收款"。"截止日期"即进行账龄分析的最后日期。"按所有往来明细分析"是对全部往来明细进行计算。"按未两清往来明细分析"是对未进行两清的往来明细进行计算。

在图 2-216"个人往来账龄分析条件"界面设定好条件后,点击"确定",进入"个人往来账龄分析"界面,如图 2-217 所示,即可查看所有个人的往来账龄情况。

图 2-217　个人往来账龄分析表

四、客户余额表查询

查询客户余额表具体操作如下:以账套主管(本例为"demo")身份进入用友 T3,具体操作如图 1-20 至图 1-22 所示。进入"T3-用友通标准版"界面,依次点击"往来"-"账簿"-"客户余额表"-"客户余额表",如图 2-218 所示。

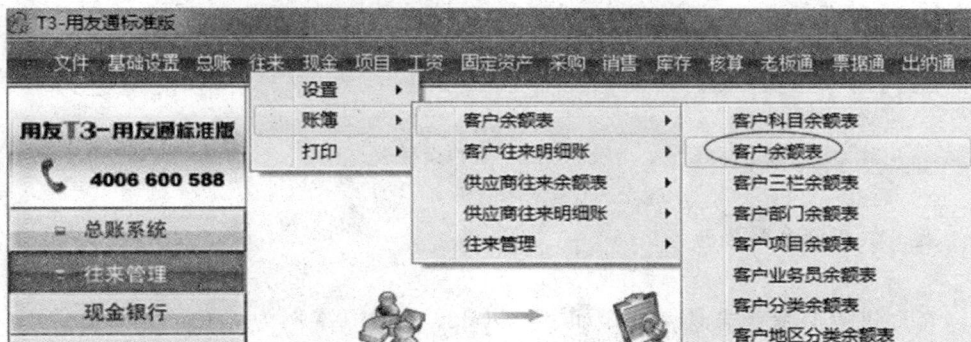

图 2-218　"客户余额表"查询路径

进入"客户余额表"查询条件设定界面,如图 2-219 所示。

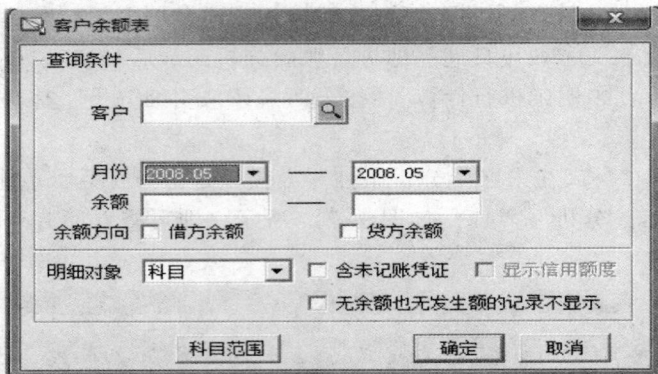

图 2-219　客户余额表查询条件设定

在图 2-219 中，"客户"可以直接输入或通过单击下拉菜单点取，若此项为空，则默认为全部客户。"月份"选择起止月份，当只查某个月时，应将起止月都选为同一月份。"余额"用于指定要查找的余额范围。"余额方向"有"借方余额"和"贷方余额"两个选项，若此项为空，则默认为借贷方余额。

在图 2-219"客户余额表"查询条件界面设定好条件后，点击"确定"，进入"客户余额表"界面，可通过点击"客户"项后的下拉菜单，查看每个客户的余额情况，如图 2-220 所示。

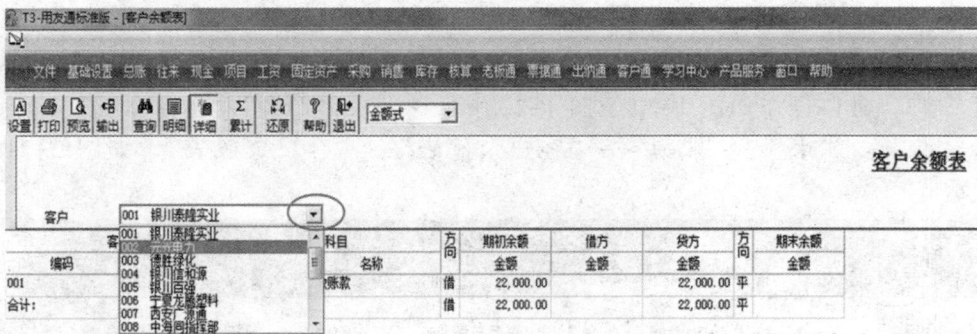

图 2-220　客户余额表

五、供应商余额表查询

查询供应商余额表具体操作如下：以账套主管（本例为"demo"）身份进入用友 T3，具体操作见图 1-20 至图 1-22 所示。进入"T3-用友通标准版"界面，依次点击"往来"-"账簿"-"供应商往来余额表"-"供应商余额表"，如图 2-221 所示。

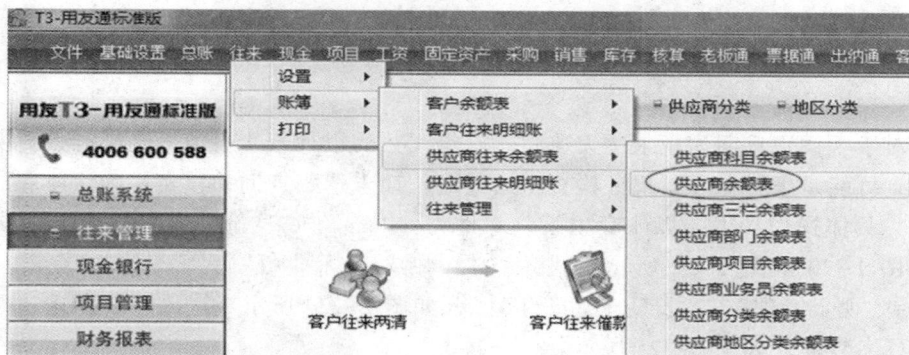

图 2-221 "供应商余额表"查询路径

进入"供应商余额表"查询条件设定界面，如图 2-222 所示。

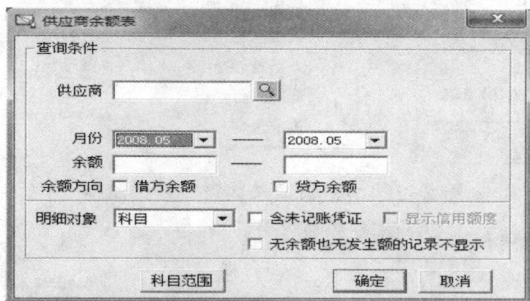

图 2-222 供应商余额表查询条件设定

在图 2-222 中，"供应商"可以直接输入或通过单击下拉菜单点取，若此项为空，则默认为全部供应商。"月份"选择起止月份，当只查某个月时，应将起止月都选择为同一月份。"余额"用于指定要查找的余额范围。"余额方向"有"借方余额"和"贷方余额"两个选项，若此项为空，则默认为借贷方余额。

在图 2-222 "供应商余额表"查询条件界面设定好条件后，点击"确定"，进入"供应商余额表"界面，可通过点击"供应商"项后的下拉菜单，查看每个供应商的余额情况，如图 2-223 所示。

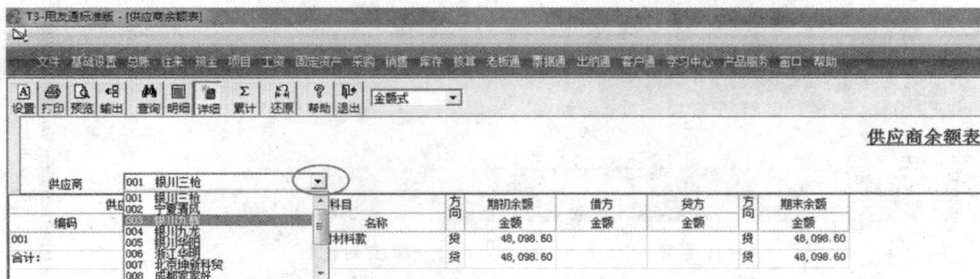

图 2-223 供应商余额表

六、长期未达账查询

对于至截止日期为止未达天数超过一定天数的银行未达账项，既可能是真实业务也有可能是虚构业务，税务检查中通过对长期未达账查询和核实，确认业务的真实性。具体操作如下：以账套主管（本例为"demo"）身份进入用友 T3，具体操作如图 1-20 至图 1-22 所示。进入"T3-用友通标准版"界面，依次点击"现金"-"现金管理"-"长期未达账审计"，如图 2-224 所示。进入"长期未达账审计条件"界面，如图 2-225 所示。

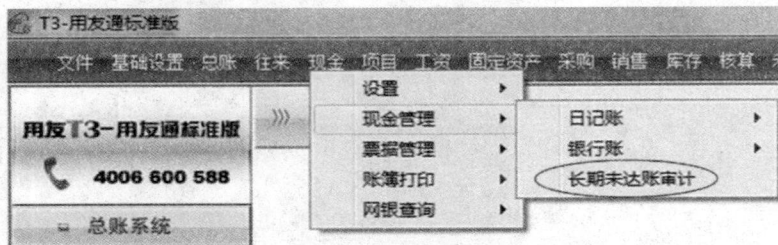

图 2-224　"长期未达账"查询路径

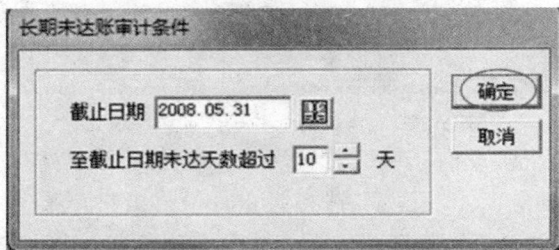

图 2-225　长期未达账审计条件设定

如图 2-225 设定好审计条件后，点击"确定"按钮，进入"长期未达审计"界面，如图 2-226 所示。在该界面有"银行对账单"和"单位日记账"两张选项卡，点击后分别查看。

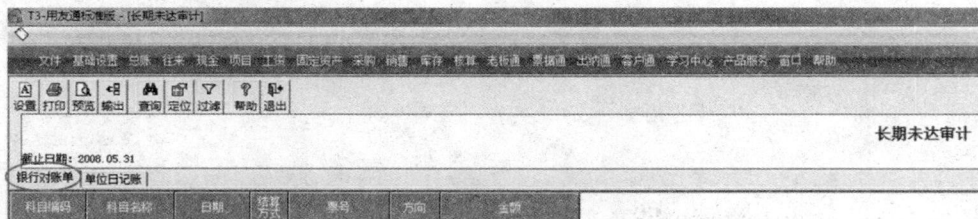

图 2-226　长期未达账——单位日记账

七、人员类别汇总表查询

工资的人员类别汇总表记载各部门各类人员的工资计提发放情况，对于分析工资列支的真实性以及纳税人的经营情况非常有用。T3用友通标准版提供了工资的"人员类别汇总表"供查询。具体操作如下：以账套主管（本例为"demo"）身份进入用友T3，具体操作如图1-20至图1-22所示。进入"T3-用友通标准版"界面，依次点击"工资"-"统计分析"-"账表"-"工资表"，如图2-227所示。

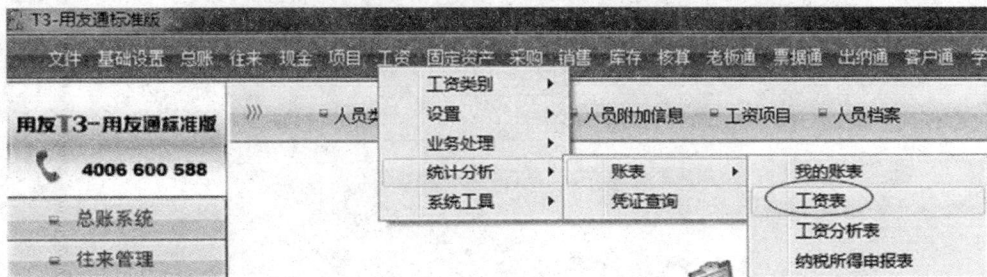

图2-227　"工资表"查询路径

进入"工资表"界面，可供选择的表包括"工资发放签名表""工资发放条""工资卡""部门工资汇总表""人员类别汇总表""条件汇总表""条件统计表""条件明细表""工资变动明细表""工资变动汇总表"。在众多口径的报表中选择"人员类别汇总表"，如图2-228所示。

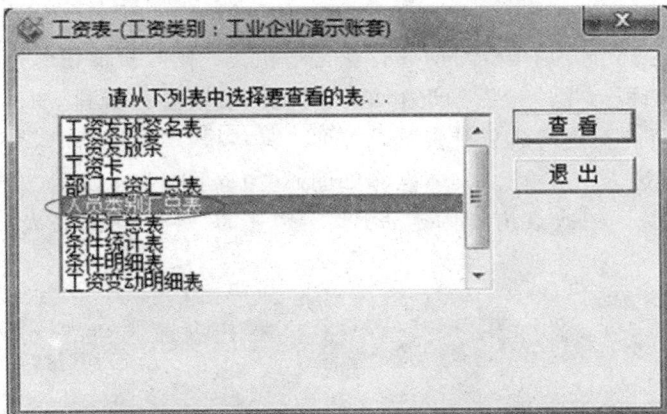

图2-228　点选"人员类别汇总表"

点击"查看"后，进入"人员类别汇总表"界面，如图2-229所示。在该界面可点击"会计月份"项后的下拉菜单，选择查看的月份。

图 2-229　人员类别汇总表

八、固定资产类别构成分析查询

　　纳税人固定资产类别构成与所属行业密切相关，同时折旧情况也反映企业生产状况，是分析纳税人生产经营情况和纳税情况的重要参考资料。T3 用友通标准版提供了"固定资产类别构成分析表"供查询。具体操作如下：以账套主管（本例为"demo"）身份进入用友 T3，具体操作如图 1-20 至图 1-22 所示。进入"T3-用友通标准版"界面，依次点击"固定资产"-"账表"-"我的账表"，如图 2-230所示。

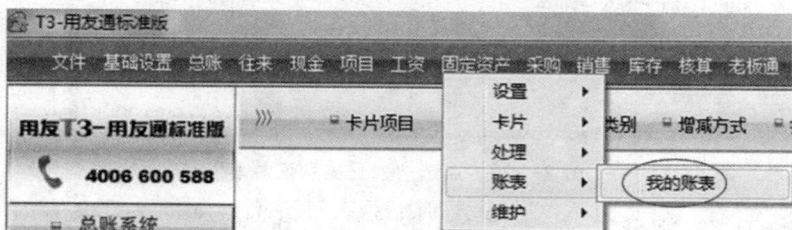

图 2-230　固定资产账表查询路径

进入固定资产的"报表"界面，有"分析表""统计表""折旧表"三类报表供查询，点击"分析表"，共有四个报表可供查询："部门构成分析表""固定资产使用状况分析表""价值结构分析表""类别构成分析表"。本例点选"类别构成分析表"，如图 2-231 所示。

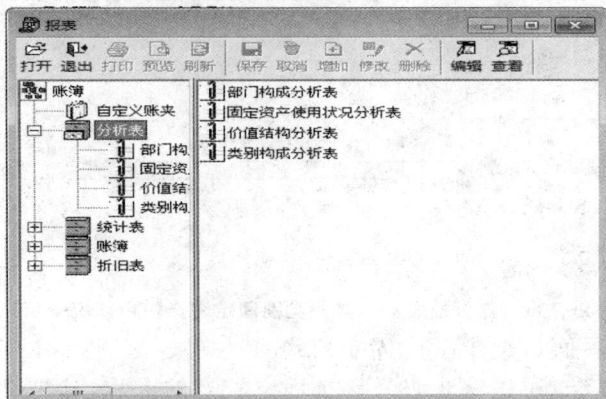

图 2-231　点选"类别构成分析表"

进入"条件-［固定资产使用状况分析表］"界面，在"期间"项后的下拉菜单中选择分析的时间，如图 2-232 所示。

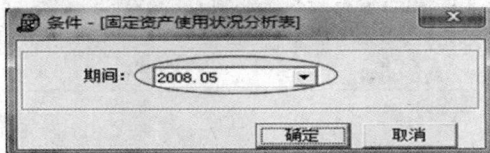

图 2-232　设定"固定资产使用状况分析表"的分析时间

点击"确定"，进入"查看报表"界面，可见固定资产的构成以及各类固定资产的数量、期末原值以及占总值百分比等信息，如图 2-233 所示。

资产类别	数量	计量单位	期末原值	类别百分比	占总值百分比
房屋及建筑物(01)	4	栋	1,943,960.79	100.00	75.51
机器设备(02)	8	台	229,335.58	100.00	8.91
电子设备(03)	2	台	21,200.00	100.00	0.82
交通运输设备(04)	2	辆	355,274.00	100.00	13.80
办公设备(05)	4		24,800.00	100.00	0.96

图 2-233　固定资产使用状况分析表

在图 2-233 界面，选中某一类别的固定资产并双击该类固定资产，可进入该类固定资产的“查看报表”界面，如图 2-234 所示。

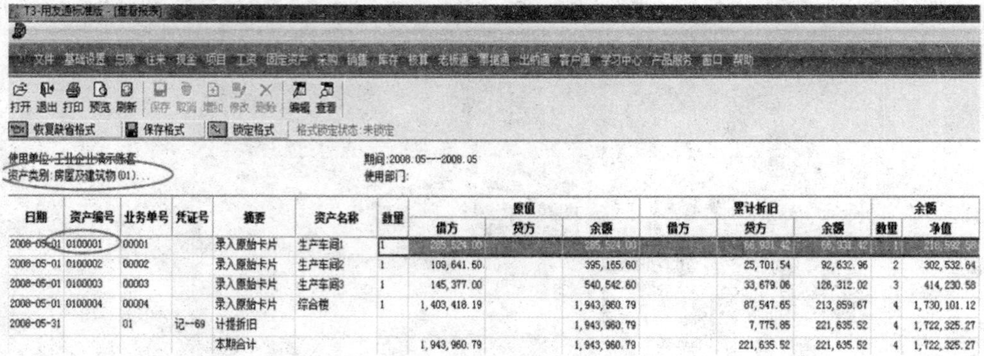

日期	资产编号	业务单号	凭证号	摘要	资产名称	数量	原值			累计折旧			余额	
							借方	贷方	余额	借方	贷方	余额	数量	净值
2008-05-01	0100001	00001		录入原始卡片	生产车间1	1	285,524.00		285,524.00		66,931.42	66,931.42	1	218,592.58
2008-05-01	0100002	00002		录入原始卡片	生产车间2	1	109,641.60		395,165.60		25,701.54	92,632.96	2	302,532.64
2008-05-01	0100003	00003		录入原始卡片	生产车间3	1	145,377.00		540,542.60		33,679.06	126,312.02	3	414,230.58
2008-05-01	0100004	00004		录入原始卡片	综合楼	1	1,403,418.19		1,943,960.79		87,547.65	213,859.67	4	1,730,101.12
2008-05-31		01	记--69	计提折旧					1,943,960.79		7,775.85	221,635.52	4	1,722,325.27
				本期合计			1,943,960.79		1,943,960.79		221,635.52	221,635.52	4	1,722,325.27

图 2-234　查看报表——某一类别固定资产使用状况分析表

在图 2-234 界面，选中某一固定资产（本例选择资产编号为 0100001）并双击该类固定资产，可进一步查看该类固定资产的卡片、附属设备、大修理记录、资产转移记录、停启用记录、原值变动和减少信息等选项卡，如图 2-235 所示。

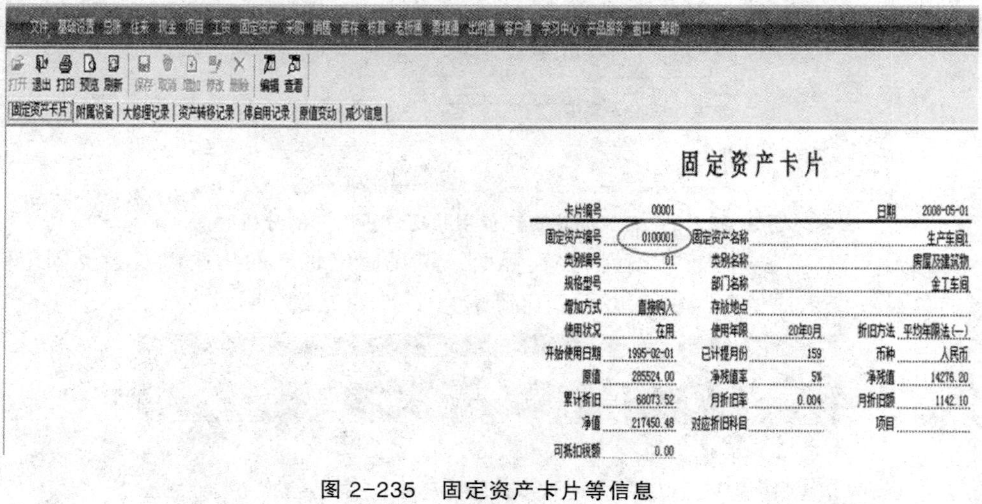

图 2-235　固定资产卡片等信息

九、固定资产统计表查询

纳税人的固定资产与所属行业密切相关，同时折旧情况也反映企业生产状况，是分析纳税人生产经营情况和纳税情况的重要参考资料。T3 用友通标准版提供了“固定资产统计表”供查询。具体操作如下：以账套主管（本例为

"demo") 身份进入用友 T3,具体操作如图 1-20 至图 1-22 所示。进入"T3-用
友通标准版"界面,依次点击"固定资产"-"账表"-"我的账表",如图 2-
230 所示。

进入固定资产的"报表"界面,有"分析表""统计表""折旧表"三类报表供
查询,点击"统计表",共有八个报表可供查询:"一览表""固定资产统计表""盘
盈盘亏报告表""评估变动表""评估汇总表""役龄资产统计表""逾龄资产统计
表"。本例点选"固定资产统计表",如图 2-236 所示。

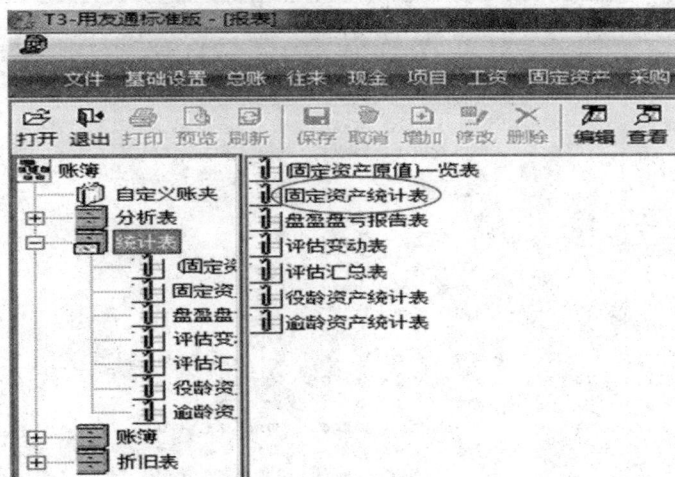

图 2-236　点选"固定资产统计表"

点选"固定资产统计表"并双击,进入"条件-[固定资产统计表]"界面,
如图 2-237 所示。

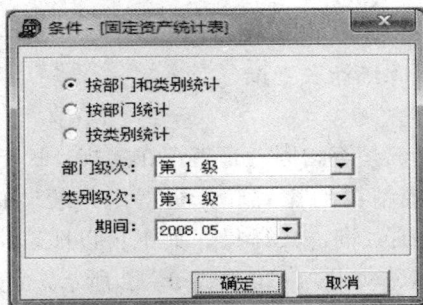

图 2-237　"固定资产统计表"条件设定

设定如图 2-237 所示的条件后,点击"确定",进入"查看报表"界面,即可
查看固定资产的相关信息,如图 2-238 所示。

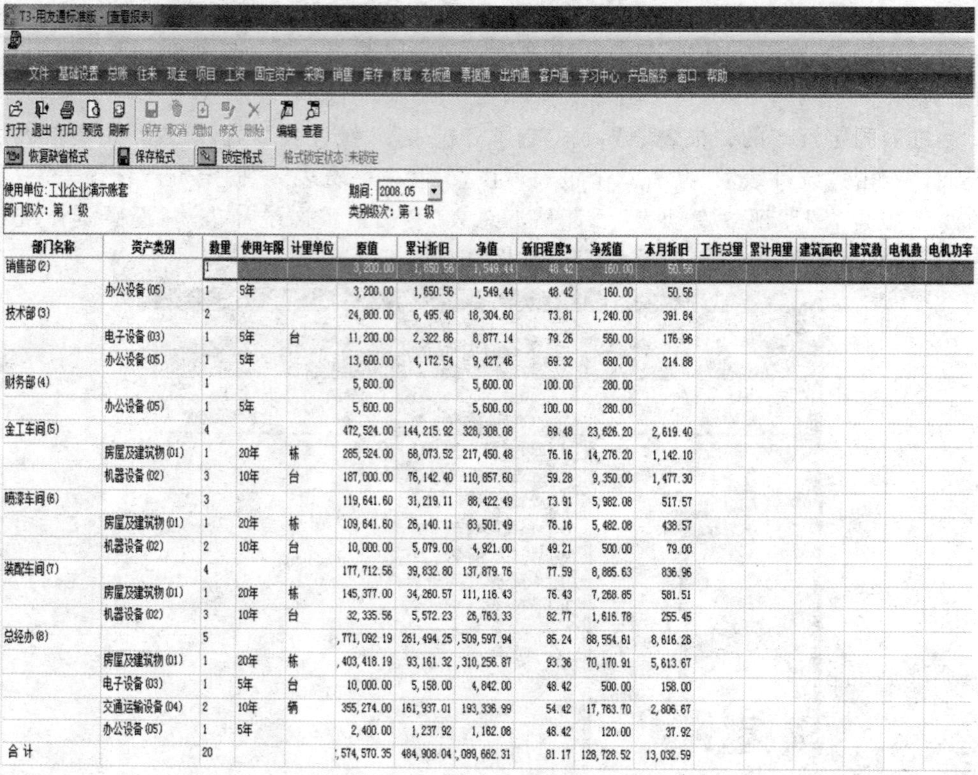

使用单位:工业企业演示账套　　期间: 2008.05
部门级次: 第 1 级　　类别级次: 第 1 级

部门名称	资产类别	数量	使用年限	计量单位	原值	累计折旧	净值	新旧程度%	净残值	本月折旧	工作总量	累计用量	建筑面积	建筑数	电机数	电机功率
销售部(2)		1			3,200.00	1,650.56	1,549.44	48.42	160.00	50.56						
	办公设备(05)	1	5年		3,200.00	1,650.56	1,549.44	48.42	160.00	50.56						
技术部(3)		2			24,800.00	6,495.40	18,304.60	73.81	1,240.00	391.84						
	电子设备(03)	1	5年	台	11,200.00	2,322.86	8,877.14	79.26	560.00	176.96						
	办公设备(05)	1	5年		13,600.00	4,172.54	9,427.46	69.32	680.00	214.88						
财务部(4)		1			5,600.00		5,600.00	100.00	280.00							
	办公设备(05)	1	5年		5,600.00		5,600.00	100.00	280.00							
金工车间(5)		4			472,524.00	144,215.92	328,308.08	69.48	23,626.20	2,619.40						
	房屋及建筑物(01)	1	20年	栋	285,524.00	68,073.52	217,450.48	76.16	14,276.20	1,142.10						
	机器设备(02)	3	10年	台	187,000.00	76,142.40	110,857.60	59.28	9,350.00	1,477.30						
喷漆车间(6)		3			119,641.60	31,219.11	88,422.49	73.91	5,982.08	517.57						
	房屋及建筑物(01)	1	20年	栋	109,641.60	26,140.11	83,501.49	76.16	5,482.08	438.57						
	机器设备(02)	2	10年	台	10,000.00	5,079.00	4,921.00	49.21	500.00	79.00						
装配车间(7)		4			177,712.56	39,832.80	137,879.76	77.59	8,885.63	836.96						
	房屋及建筑物(01)	1	20年	栋	145,377.00	34,260.57	111,116.43	76.43	7,268.85	581.51						
	机器设备(02)	3	10年	台	32,335.56	5,572.23	26,763.33	82.77	1,616.78	255.45						
总经办(8)		5			,771,092.19	261,494.25	,509,597.94	85.24	88,554.61	8,616.28						
	房屋及建筑物(01)	1	20年	栋	,403,418.19	93,161.32	,310,256.87	93.36	70,170.91	5,613.67						
	电子设备(03)	1	5年	台	10,000.00	5,158.00	4,842.00	48.42	500.00	158.00						
	交通运输设备(04)	2	10年	辆	355,274.00	161,937.01	193,336.99	54.42	17,763.70	2,806.67						
	办公设备(05)	1	5年		2,400.00	1,237.92	1,162.08	48.42	120.00	37.92						
合 计		20			,574,570.35	484,908.04	,089,662.31	81.17	128,728.52	13,032.59						

图 2-238　固定资产统计表

同时，通过双击某一固定资产记录，即可进一步查看该固定资产的卡片等信息。

十、固定资产折旧期间统计表查询

纳税人各期计提折旧额是否相同、是否存在违规计提折旧的行为，可以通过税务检查中对各期折旧计提情况的比对和分析得出判断。T3 用友通标准版提供了“固定资产折旧统计表”供查询。具体操作如下：以账套主管（本例为“demo”）身份进入用友 T3，具体操作如图 1-20 至图 1-22 所示。进入“T3-用友通标准版”界面，依次点击“固定资产”-“账表”-“我的账表”，如图 2-230 所示。

进入固定资产的“报表”界面，点击“折旧表”，共有五张报表可供查询：“折旧计提汇总表”“固定资产及累计折旧表（一）”“固定资产及累计折旧表（二）”“固定资产折旧计算明细表”“固定资产折旧期间统计表”。本例点选“固定资产折旧期间统计表”，如图 2-239 所示。

点选"固定资产统计表"并双击,进入"条件-[固定资产折旧期间统计表]"界面,如图 2-240 所示。

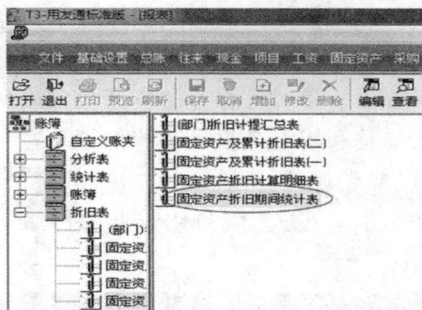

图 2-239　点选"固定资产折旧期间统计表"　图 2-240　"固定资产折旧期间统计表"条件设定

设定如图 2-240 所示的条件后,点击"确定",进入"固定资产折旧期间统计表"界面,即可查看固定资产各期间折旧计提的相关信息,如图 2-241 所示。

使用单位:工业企业演示账套

资产类别	资产编号	资产名称	规格型号	开始使用日期	原值	5月折旧	6月折旧	期间折旧	本年折旧	累计折旧
房屋及建筑物					1,943,960	7,775.85	7,775.85	15,551.70	15,551.70	29,411.37
	0100001	生产车间1		1995.02.0	285,524.0	1,142.10	1,142.10	2,284.20	2,284.20	69,215.62
	0100002	生产车间2		1995.05.0	109,641.6	438.57	438.57	877.14	877.14	26,578.66
	0100003	生产车间3		1995.02.0	145,377.0	581.51	581.51	1,163.02	1,163.02	34,842.08
	0100004	综合楼		2006.01.0	1,403,418.	5,613.67	5,613.67	11,227.34	11,227.34	98,774.99
机器设备					229,335.5	1,811.75	1,811.75	3,623.50	3,623.50	88,605.38
	0200001	剪板机		2005.04.0	74,000.00	584.60	584.60	1,169.20	1,169.20	19,114.30
	0200002	折弯机		2003.01.0	73,000.00	576.70	576.70	1,153.40	1,153.40	47,873.40
	0200003	冲床		2000.05.0	40,000.00	316.00	316.00	632.00	632.00	10,632.00
	0200004	台式钻床		2008.04.2	1,280.00	10.11	10.11	20.22	20.22	20.22
	0200005	多工位母线		2008.05.0	30,000.00	237.00	237.00	474.00	474.00	5,263.50
	0200006	切排机		2005.05.0	1,055.56	8.34	8.34	16.68	16.68	543.96
	0200007	喷涂机		2005.05.0	7,000.00	55.30	55.30	110.60	110.60	3,610.60
	0200008	空压机		2005.05.0	3,000.00	23.70	23.70	47.40	47.40	1,547.40
电子设备					21,200.00	334.96	334.96	669.92	669.92	7,815.82
	0300001	海尔空调		2002.05.0	10,000.00	158.00	158.00	316.00	316.00	5,316.00
	0300002	联想电脑		2005.05.0	11,200.00	176.96	176.96	353.92	353.92	2,499.82
交通运输设备					355,274.0	2,806.67	2,806.67	5,613.34	5,613.34	64,743.68
	0400001	金杯车		2006.07.0	45,915.00	362.73	362.73	725.46	725.46	16,313.34
	0400002	红旗轿车		2003.04.0	309,359.0	2,443.94	2,443.94	4,887.88	4,887.88	48,430.34
办公设备					24,800.00	303.36	391.84	695.20	695.20	7,452.86
	0500001	办公桌		2000.05.0	2,400.00	37.92	37.92	75.84	75.84	1,275.84
	0500002	复印机		2005.05.0	13,600.00	214.88	214.88	429.76	429.76	4,387.42
	0500003	办公桌		2004.05.0	3,200.00	50.56	50.56	101.12	101.12	1,701.12
	0500004	IBM电脑		2008.05.1	5,600.00	0.00	88.48	88.48	88.48	88.48
合计					2,574,570.	13,032.59	13,121.07	26,153.66	26,153.66	98,029.11

图 2-241　固定资产折旧期间统计表

十一、资产负债表查询

对资产负债表的检查是税务检查的重要内容，可以帮助税务人员快速了解企业生产经营状况以及存在的疑点。T3用友通标准版提供编制和查询资产负债表的路径，对纳税人资产负债表的查询有两种方法，方法一是对已保存的资产负债表利用财务报表系统的"打开"功能进行查询；方法二是利用财务报表系统的"新建"功能重新生成报表进行查询。具体操作如下：以账套主管（本例为"demo"）身份进入用友 T3，具体操作如图 1-20 至图 1-22 所示。进入"T3-用友通标准版"界面，点击"财务报表"，如图 2-242 所示。

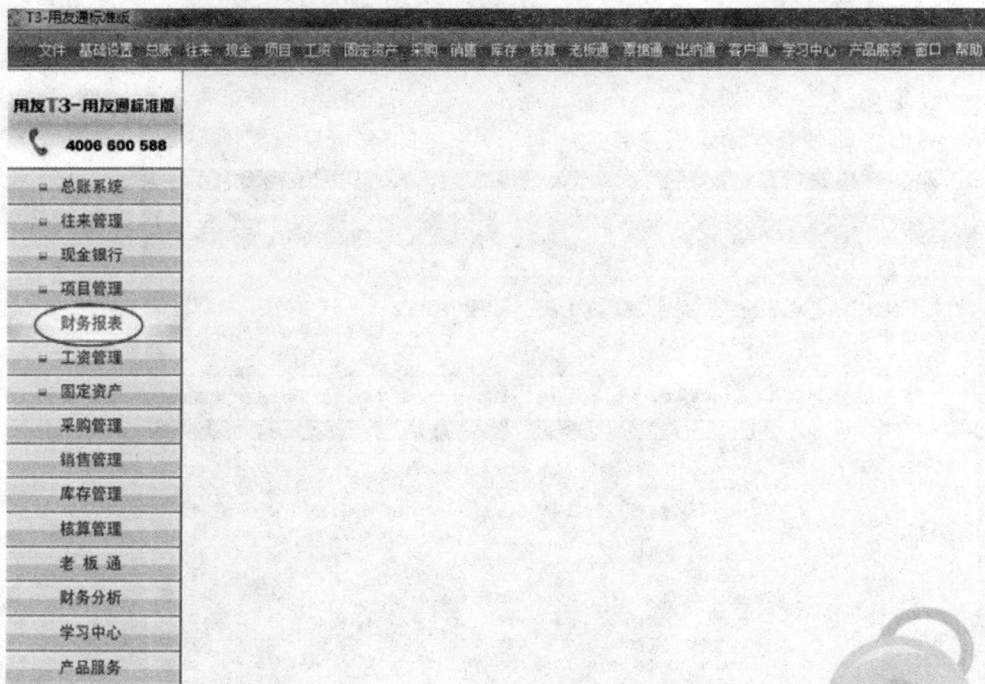

图 2-242　资产负债表查询路径

点击"财务报表"后，会在电脑屏幕下方出现图 2-243 标识，点击该标识进入"财务报表"界面，如图 2-244 所示。

在图 2-244 界面，查询报表的方法是利用财务报表系统的"打开"功能查询已保存的资产负债表。此时，点击"打开"，弹出"打开"界面，点选已存储的报表文件，如图 2-245 所示。点击"打开"按钮，即可打开资产负债表进行查看。

图 2-243　财务报表启动标识　　　　　图 2-244　打开财务报表

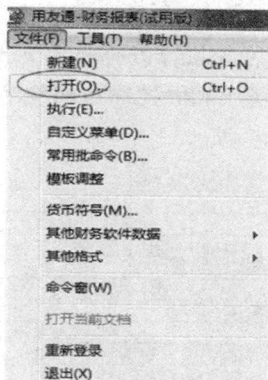

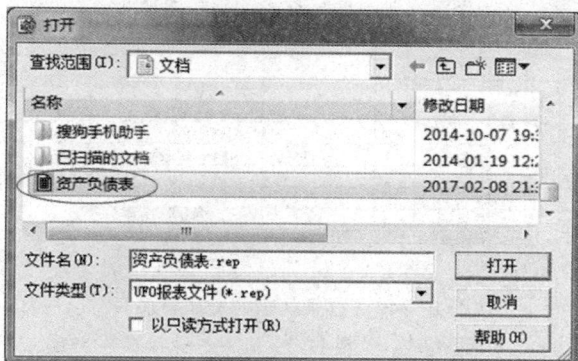

图 2-245　打开"报表文件"路径

　　另一种查询报表的方法是利用财务报表系统的"新建"功能进行查询。此时，在"用友通–财务报表"界面点击"新建"，如图 2-246 所示。进入"新建"界面。在"模版分类"项点选行业，本例点选"工业"，然后在"工业模版"项点选资产负债表，如图 2-247 所示。

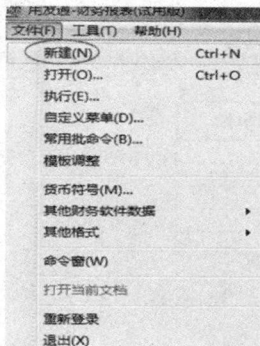

图 2-246　新建财务报表　　　　　　　图 2-247　点选"资产负债表"

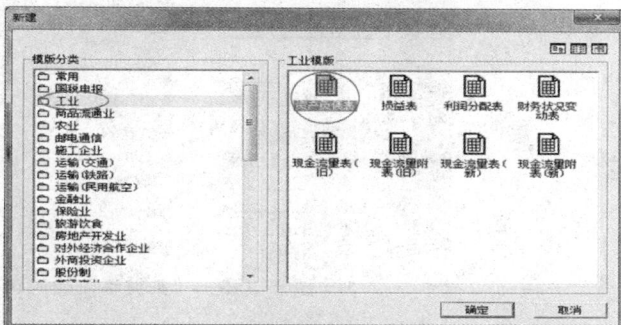

点击"确定"后进入"资产负债表"界面，此时资产负债表处于"格式"状态，资产负债表各项目以公式单元形式显示，点击该界面左下角的"格式"按钮，如图 2-248 所示。"格式"按钮变为"数据"，资产负债表各项目则以数据形式显示，如图 2-249 所示。

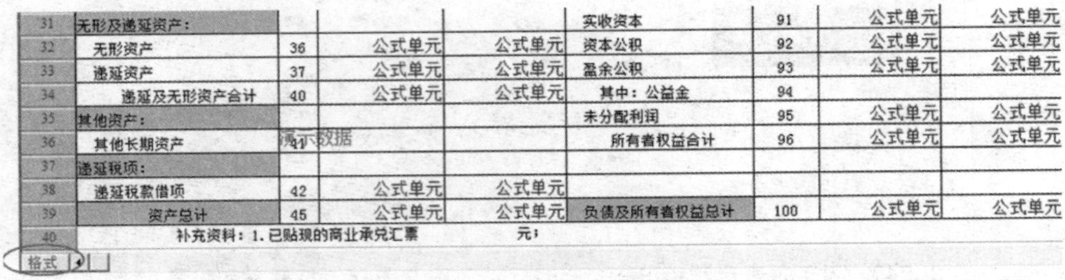

31	无形及递延资产：			实收资本	91	公式单元	公式单元
32	无形资产	36	公式单元	公式单元	资本公积	92	公式单元	公式单元
33	递延资产	37	公式单元	公式单元	盈余公积	93	公式单元	公式单元
34	递延及无形资产合计	40	公式单元	公式单元	其中：公益金	94		
35	其他资产				未分配利润	95	公式单元	公式单元
36	其他长期资产		显示数据		所有者权益合计	96	公式单元	公式单元
37	递延税项：							
38	递延税款借项	42	公式单元	公式单元				
39	资产总计	45	公式单元	公式单元	负债及所有者权益总计	100	公式单元	公式单元
40	补充资料：1.已贴现的商业承兑汇票		元：					

图 2-248　格式状态的资产负债表

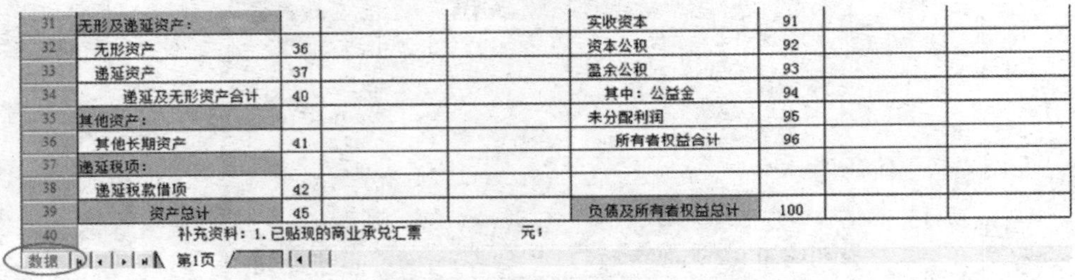

31	无形及递延资产：			实收资本	91	
32	无形资产	36		资本公积	92	
33	递延资产	37		盈余公积	93	
34	递延及无形资产合计	40		其中：公益金	94	
35	其他资产			未分配利润	95	
36	其他长期资产	41		所有者权益合计	96	
37	递延税项：					
38	递延税款借项	42				
39	资产总计	45		负债及所有者权益总计	100	
40	补充资料：1.已贴现的商业承兑汇票		元：			

图 2-249　数据状态的资产负债表

在数据状态下，点击菜单栏"数据"－"关键字"－"录入"，如图 2-250 所示。进入"录入关键字"界面，录入单位名称、年、月等关键字，如图 2-251 所示。

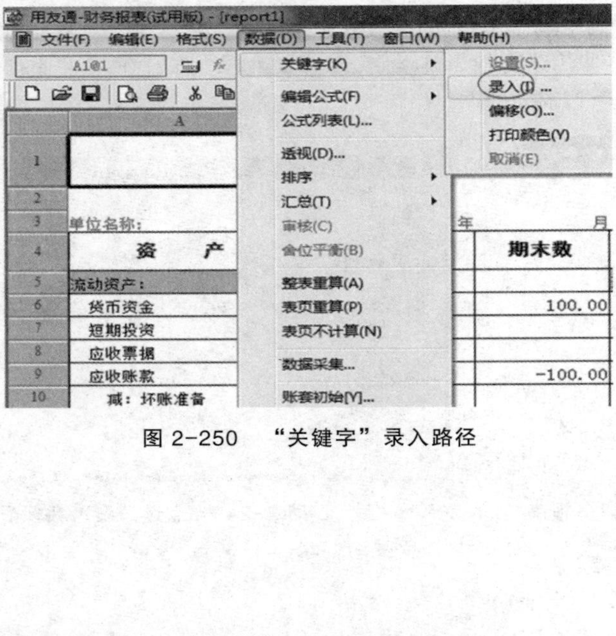

图 2-250　"关键字"录入路径

在"录入关键字"界面，点击"确定"后，弹出"是否重算第 1 页"对话框，如图 2-252 所示。点击"是"，自动生成资产负债表，如图 2-253 所示。

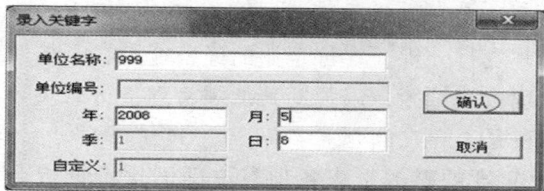

图 2-251　关键字录入　　　　图 2-252　"是否重算第 1 页"对话框

图 2-253　生成资产负债表

十二、利润表查询

利润表的查询操作同资产负债表，只是利用财务报表系统的"新建"功能进行查询时，在"新建"界面的"工业模版"项点选"利润表"，如图 2-254 所示。

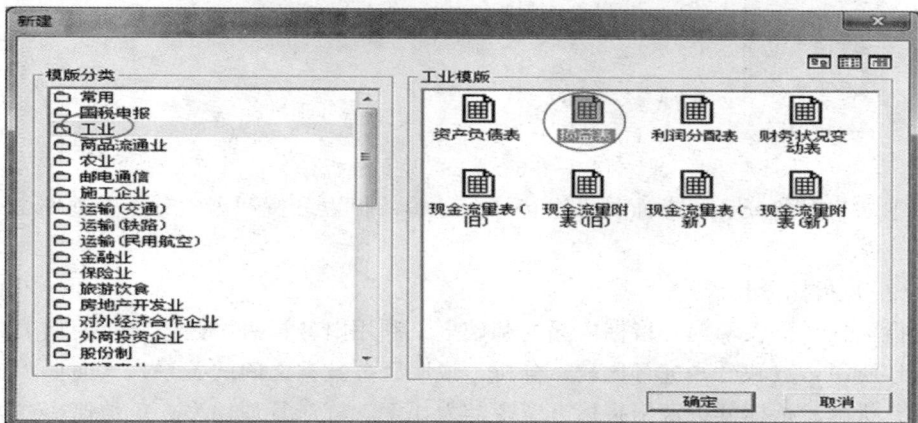

图 2-254　报表模版点选"利润表"

十三、财务分析

财务报表一般只反映过去的财务状况。但是，了解过去并不是使用者的最终目的。财务报表的真正价值是通过对其进行分析，评价企业的经营能力，具体对纳税人来说是预测未来的盈余、股利、现金流量等，以帮助其加强管理、进行决策；对税务人员来说是分析过去年度的纳税是否存在问题。

财务分析的方法分为同一会计年度的财务报表各项目之间的比率分析、不同会计年度之间的比较分析、企业之间的横向比较分析等。财务分析系统的任务就是利用财务分析软件提供的函数和公式，通过对比分析、绝对数分析、定基分析、趋势分析、环比分析、结构分析等分析方法，对财务数据进行直观、形象的分析，为企业的经营活动提供帮助。T3用友通标准版提供了财务分析功能，如果纳税人购买并使用了该模块，税务人员可以利用该模块的分析功能和分析结果进行检查分析。具体操作如下：以账套主管（本例为"demo"）身份进入用友T3，具体操作如图1-20至1-22所示。进入"T3-用友通标准版"界面，点击"财务分析"，如图2-255所示。

图 2-255 点击"财务分析"

进入"财务分析"界面，可进行指标分析、报表分析和因素分析，如图2-256所示。

（一）指标分析

指标分析是在掌握各指标内涵的基础上，利用财务报表中已经记录的相关财务数据，使用函数和公式进行比较、分析，说明财务数据之间的关系，从而揭示企业的财务状况。指标分析常用指标有变现能力比率、资产管理比率、负债比率、盈利能力比率等四类指标。每类指标下设若干指标，具体指标及其公式如下：

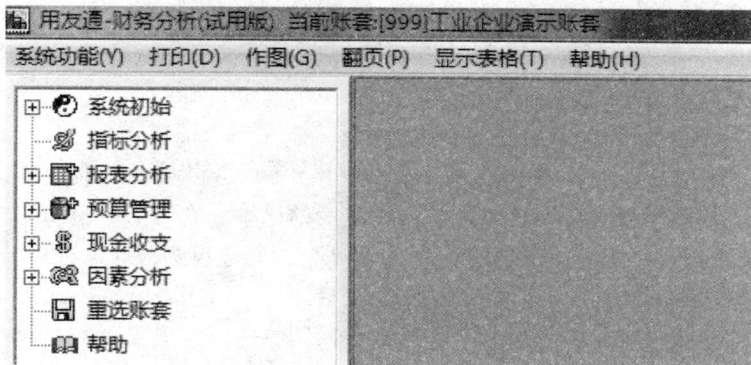

图 2-256　财务分析方式

1. 变现能力比率

变现能力比率是企业产生现金的能力，对企业的稳定性有很大影响，反映企业变现能力的指标主要有流动比率和速动比率。

（1）流动比率=流动资产÷流动负债

企业设置的标准值为 2，低于正常值，企业的短期偿债风险较大。一般情况下，营业周期、流动资产中的应收账款数额和存货的周转速度是影响流动比率的主要因素。

流动比率体现企业偿还短期债务的能力。流动资产越多，短期债务越少，则流动比率越大，企业的短期偿债能力越强。

（2）$\dfrac{\text{速动}}{\text{比率}}=\left(\dfrac{\text{流动}}{\text{资产}}-\text{存货}\right)÷\dfrac{\text{流动}}{\text{负债}}=\left(\dfrac{\text{货币}}{\text{资金}}+\dfrac{\text{短期}}{\text{投资}}+\dfrac{\text{应收}}{\text{票据}}+\dfrac{\text{应收账}}{\text{款净额}}\right)÷\dfrac{\text{流动}}{\text{负债}}$

保守速动比率=0.8，企业设置的标准值为 1，低于 1 的速动比率通常被认为是短期偿债能力偏低。影响速动比率的可信性的重要因素是应收账款的变现能力，账面上的应收账款不一定都能变现，也不一定非常可靠。

速动比率比流动比率更能体现企业偿还短期债务的能力。因为流动资产中，尚包括变现速度较慢且可能已贬值的存货，因此将流动资产扣除存货再与流动负债对比，以衡量企业的短期偿债能力。

2. 资产管理能力比率

资产管理能力比率是用于衡量企业进行资产管理的效率、反映企业运用资产的营运能力的财务比率。比率值越大，表明相应的资产投入带来的销售收入越大，其资产的效率也就越高。衡量企业营运能力的主要指标有存货周转率、应收账款周转率、营业周期、流动资产周转率和总资产周转率等。

（1）存货周转率=销货成本÷平均存货（次）

存货周转天数=（按年 360 天／按季 90 天／按月 30 天）÷存货周转率

存货周转率是衡量和评价企业购入存货、投入生产、销售收回等各环节管理状况的综合性指标。用时间表示的存货周转率就是存货周转天数。

一般来讲，存货周转速度越快，存货的资金占用水平越低，流动性越强，存货转换为现金或应收账款的速度越快。

（2）应收账款周转率=销售收入÷平均应收账款（次）

应收账款周转天数=（按年360天／按季90天／按月30天）÷应收账款周转率

应收账款周转率反映公司应收账款周转速度的比率。它说明一定期间内公司应收账款转为现金的平均次数。用时间表示的应收账款周转速度为应收账款周转天数。

（3）营业周期=存货周转天数+应收账款周转天数

营业周期是指从外购承担付款义务，到收回因销售商品或提供劳务而产生的应收账款的这段时间。其计算公式为：营业周期=存货周转天数+应收账款周转天数。营业周期的长短是决定公司流动资产需要量的重要因素。较短的营业周期表明对应收账款和存货的有效管理。一般情况下，营业周期短，说明资金周转速度快；营业周期长，说明资金周转速度慢。这就是营业周期与流动比率的关系。决定流动比率高低的主要因素是存货周转天数和应收账款周转天数。在流动资产中，存货所占的比重较大。存货的流动性，将直接影响企业的流动比率，因此必须特别重视对存货的分析。

（4）流动资产周转率=销售收入÷平均流动资产

在一定时期内，流动资产周转次数越多，表明以相同的流动资产完成的周转额越多，流动资产利用的效果越好。流动资产周转率用周转天数表示时，周转一次所需要的天数越少，表明流动资产在经历生产和销售各阶段时占用的时间越短，周转越快。生产经营任何一个环节上的工作得到改善，都会反映到周转天数的缩短上来。

（5）总资产周转率=销售收入÷平均资产总额

总资产周转率是综合评价企业全部资产经营质量和利用效率的重要指标。通过该指标的对比分析，可以反映企业本年度以及以前年度总资产的运营效率和变化，发现企业与同类企业在资产利用上的差距。

3.负债比率

负债比率，是指债务和资产、净资产的关系，它反映企业偿付债务本金和支付债务利息的能力。

（1）资产负债率=（负债总额÷资产总额）×100%

资产负债率也叫举债经营比率，是负债总额除以资产总额的百分比，反映在总资产中有多大比例是通过举债来筹资的，也可以衡量企业清算时保护债权人利益的程度。

（2）产权比率=（负债总额÷所有者权益）×100%

一方面，该指标反映了由债权人提供的资本和股东提供的资本的相对比率关系，反映了企业基本财务结构是否稳定。产权比率高，是高风险、高报酬的财务结构；产权比率低，是低风险、低报酬的财务结构。另一方面，该指标也表明债权人投入的资本受到股东权益保障的程度，或者说是企业清算时对债权人利益的保障程度。

4.盈利能力比率

盈利能力比率是指企业正常经营赚取利润的能力，是企业生存发展的基础，是各方面都非常关注的指标。反映企业盈利能力的指标很多，通常使用的有销售净利率、销售毛利率、资产净利率、净值报酬率和资本金利润率。

（1）销售净利率=（净利润÷销售收入）×100%

该指标反映每一元销售收入带来的净利润的多少，表示销售收入的收益水平。

（2）销售毛利率=［（销售收入-销售成本）÷销售收入］×100%

毛利率是企业销售净利率的最初基础，没有足够大的毛利率便不能盈利。

（3）资产净利率=（净利润÷平均资产总额）×100%

资产净利率指标越高，表明资产的利用效率越高，说明企业在增收节支等方面取得了良好的效果。

（4）净值报酬率=（净利润÷平均所有者权益）×100%

净值报酬率也叫净资产收益率，反映公司所有者权益的投资报酬率，具有很强的综合性。

（5）资本金利润率=（利润总额÷资本金总额）×100%

资本金利润率是衡量投资者投入企业资本金的获利能力，也是规划企业负债规模的有效尺度。资本金利润率越高，说明企业获利能力越强，当资本金利润率高于同期银行贷款利率时，通过举借债务可为企业带来收益；反之，若资本金利润率低于同期银行贷款利率，则过高的负债将使投资者的利益受到损害。

查询指标分析结果的路径如下，在图2-256界面，双击"指标分析"，进入"基本指标分析"界面，进行分析条件设定，如图2-257所示。

在图2-257中，"分析日期"项下有"按月""按季""按年"三种选项，当选定某个选项后，可在下面文本框的下拉菜单中点选具体时间。本例选定"按月"，时间是"2008.5"，点击"确定"后，即可查看"基本财务指标一览表"，获取各项指标的运算结果，如图2-258所示。

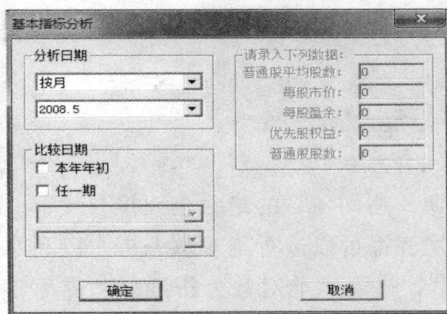

图 2-257　基本指标分析的设定

图 2-258　基本财务指标一览表

在图 2-257 中，还可以设定"比较日期"进行纵向比较，如图 2-259 所示。比较日期的方式有"本年年初"和"任一期"两种。当点选"任一期"后，则在下面文本框的下拉菜单中可进行跨年度选择，如图 2-259 所示。点击"确定"后，即可进行跨年度指标运算和查询。

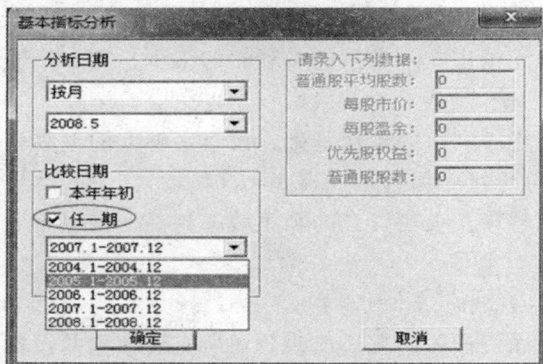

图 2-259　基本指标分析的设定——跨年

（二）报表分析

报表分析的方法灵活多样，可以根据企业的实际情况采用不同的分析方法。以利润表为例，报表分析方法如图 2-260 所示。

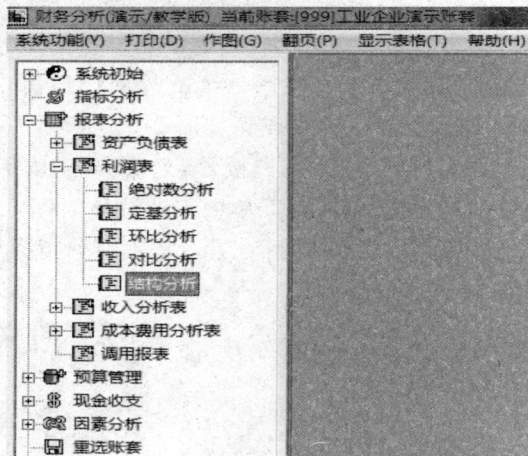

图 2-260　报表分析方法

1.绝对数分析。绝对数分析是将不同时期、相同项目的绝对金额排列成行，以观察其绝对额的变化趋势。资产负债表和利润表都可以进行绝对数分析。以利润表为例，在图 2-260 界面，点选"绝对数分析"，进入"绝对数分析选择"界面，如图 2-261 所示。点击"确定"后，即可查看报表分析结果，如图 2-262 所示。

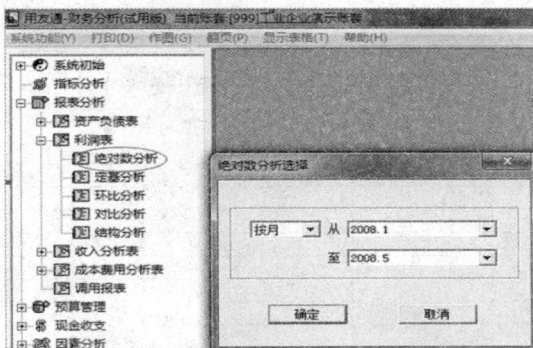

图 2-261　绝对数分析的设定

图 2-262　报表分析——比较利润表（绝对数分析）

2. 定基分析。定基分析是以某一期的报表数据作为基数，其他各期与之对比，计算百分比，以观察各期相对于基数的变化趋势。资产负债表和利润表可以进行定基分析。以利润表为例，在图 2-260 界面，点选"定基分析"，进入"定基分析选择"界面，如图 2-263 所示。点击"确定"后，即可查看报表分析结果，如图 2-264 所示。

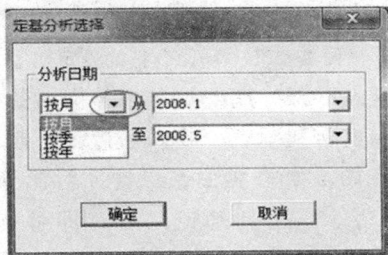

图 2-263　定基分析的设定

图 2-264　报表分析——比较利润表（定基分析）

3. 环比分析。环比分析是以某一期的数据和上期的数据进行比较，计算趋势百分比，以观察每年的增减变化情况。资产负债表和利润表可以进行环比分析。以利润表为例，在图 2-260 界面，点选"环比分析"，进入"环比分析选择"界面，如图 2-265 所示。点击"确定"后，即可查看报表分析结果，如图 2-266所示。

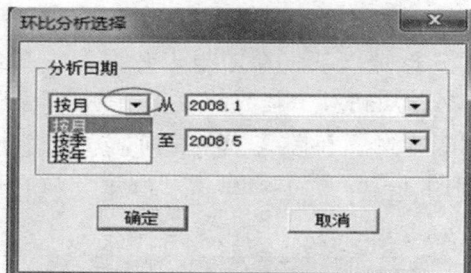

图 2-265　环比分析的设定

4. 对比分析。对比分析是以某一期的数据和某期的数据进行比较，计算金额增减和百分比增减。资产负债表、利润表、收入分析表、成本费用分析表可以进行对比分析。以利润表为例，在图 2-260 界面，点选"对比分析"，进入"对比分析选择"界面，如图 2-267 所示。点击"确定"后，即可查看报表分析结果，如图2-268 所示。

图 2-266　报表分析——比较利润表（环比分析）

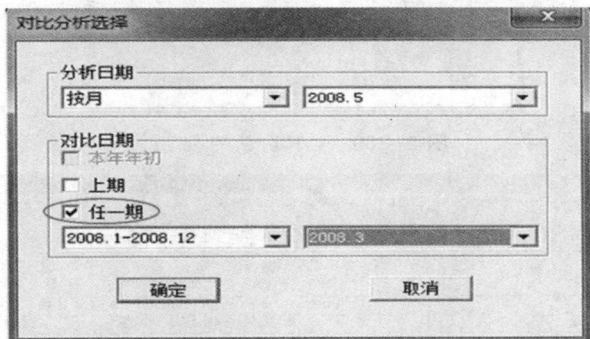

图 2-267　对比分析的设定

5.结构分析。结构分析用于考核各部门在总体中所占的比重，或各费用在总体费用中所占比重，如资产负债表中货币资金占总资产的比重、办公费占管理费用的比重等。资产负债表、利润表、收入分析表、成本费用分析表可以进行结构分析。以利润表为例，在图 2-260 界面，点选"结构分析"，进入"结构分析选择"界面，如图 2-269 所示。点击"确定"后，即可查看报表分析结果，如图 2-270所示。

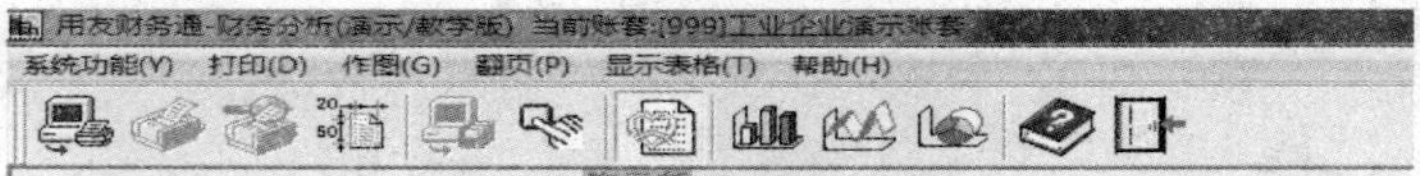

比较利润表

项目	2008.5	2008.3	增减	
			金额	百分比
一、主营业务收入	433,721.37		433,721.37	
减：主营业务成本	149,753.84		149,753.84	
主营业务税金及附加	6,456.84		6,456.84	
二、主营业务利润（亏损以“－	277,510.69		277,510.69	
加：其他业务利润（亏损以“				
减：营业费用	24,928.71		24,928.71	
管理费用	39,279.92		39,279.92	
财务费用				
三、营业利润（亏损以“－”号	213,302.06		213,302.06	
加：投资收益（亏损以“－”				
补贴收入				
营业外收入				
减：营业外支出	7.24		7.24	
四、利润总额（亏损以“－”号	213,294.82		213,294.82	
减：所得税	70,387.29		70,387.29	
五、净利润（亏损以“－”号填	142,907.53		142,907.53	

核算单位：工业企业演示账套　　打印日期：2017年2月9日

制表：demo　　[用友财务软件]

图 2-268　报表分析——比较利润表（对比分析）

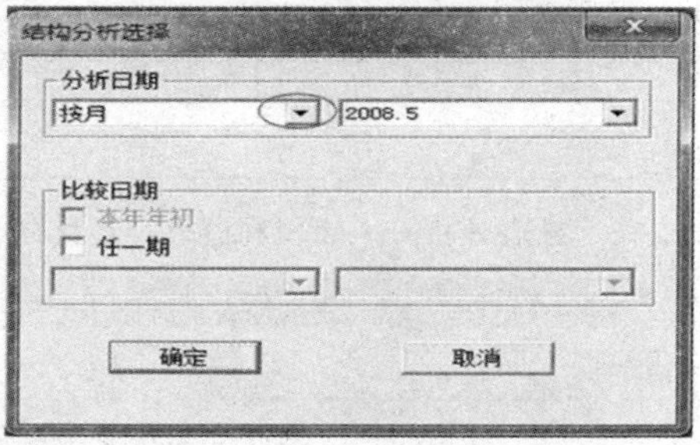

图 2-269　结构分析的设定

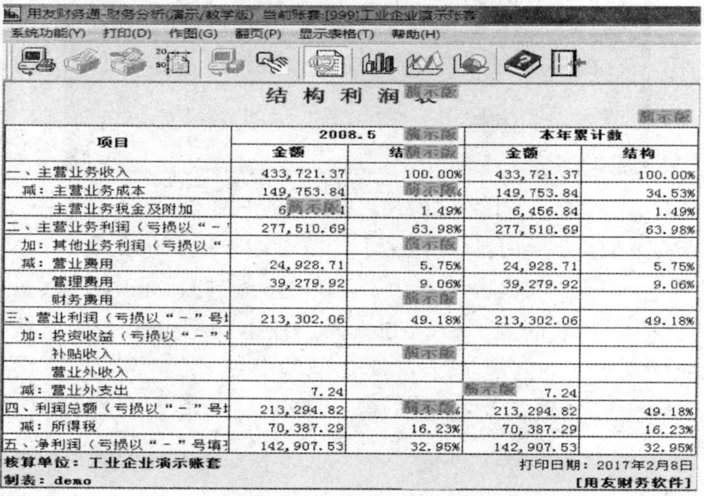

结构利润表

项目	2008.5		本年累计数	
	金额	结构	金额	结构
一、主营业务收入	433,721.37	100.00%	433,721.37	100.00%
减：主营业务成本	149,753.84	[illegible]	149,753.84	34.53%
主营业务税金及附加	[illegible]	1.49%	6,456.84	1.49%
二、主营业务利润（亏损以“－	277,510.69	63.98%	277,510.69	63.98%
加：其他业务利润（亏损以“				
减：营业费用	24,928.71	5.75%	24,928.71	5.75%
管理费用	39,279.92	9.06%	39,279.92	9.06%
财务费用				
三、营业利润（亏损以“－”号	213,302.06	49.18%	213,302.06	49.18%
加：投资收益（亏损以“－”				
补贴收入				
营业外收入				
减：营业外支出	7.24		7.24	
四、利润总额（亏损以“－”号	213,294.82	[illegible]	213,294.82	49.18%
减：所得税	70,387.29	16.23%	70,387.29	16.23%
五、净利润（亏损以“－”号填	142,907.53	32.95%	142,907.53	32.95%

核算单位：工业企业演示账套　　打印日期：2017年2月8日

制表：demo　　[用友财务软件]

图 2-270　结构利润表

第五节 T3用友通标准版物流信息的查询及应用

一、采购业务检查

（一）如何查询采购订单

采购订单是购销双方共同签署的以确认采购活动的标志。通过采购订单可以直接向供应商订货并可查询采购订单的收料情况和订单执行状况，因此其是税务检查中重要的证据之一。

T3用友通标准版设计了采购订单查询操作。具体的查询路径如下：以账套主管（本例为"demo"）身份进入用友T3，具体操作如图1-20至图1-22所示。进入"T3-用友通标准版"界面，依次点击"采购"-"采购单据列表"-"采购订单列表"，如图2-271所示。

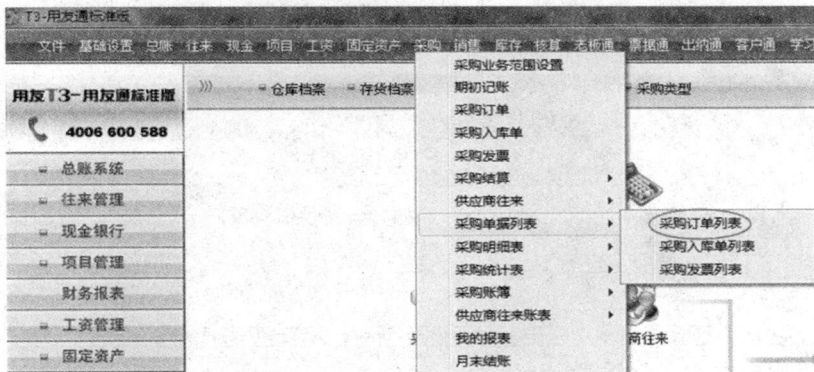

图 2-271 "采购订单列表"查询路径

进入"单据过滤条件"界面，可点选具体过滤条件，全为空时，系统默认为查询所有单据。本例全部为空，如图2-272所示。

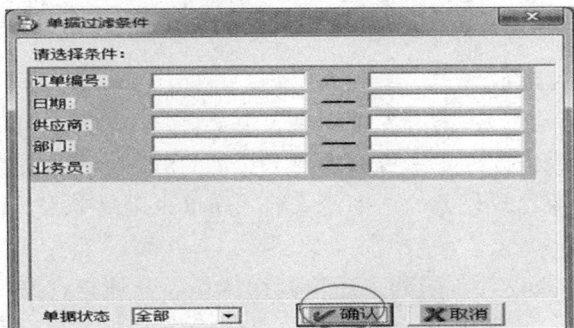

图 2-272 单据过滤条件设定——采购订单

点击“确认”后，进入“采购订单列表”界面，可见全部采购订单，如图 2-273 所示。选中其中一条单据记录并双击，进入“采购订单”界面，如图 2-274 所示，可具体查看订单内容。

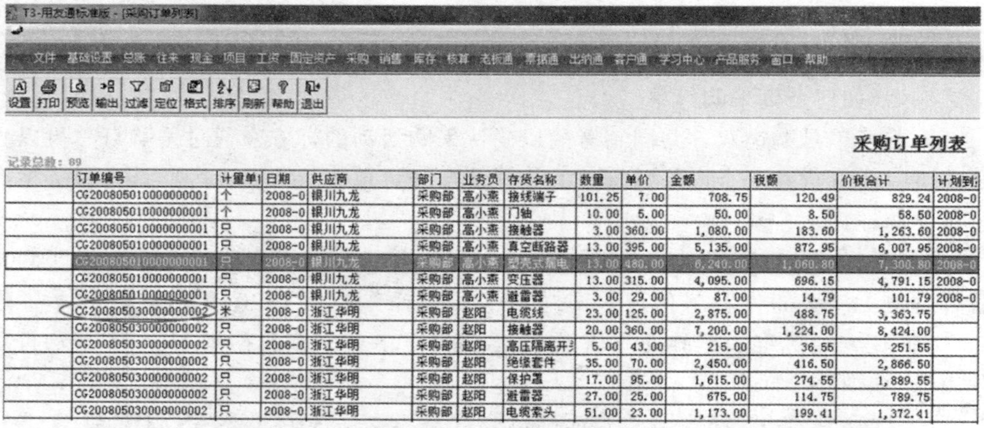

T3-用友通标准版 - [采购订单列表]

采购订单列表

记录总数：89

订单编号	计量单	日期	供应商	部门	业务员	存货名称	数量	单价	金额	税额	价税合计	计划到
CG200805010000000001	个	2008-0	银川九龙	采购部	高小燕	接线端子	101.25	7.00	708.75	120.49	829.24	2008-0
CG200805010000000001	个	2008-0	银川九龙	采购部	高小燕	门轴	10.00	5.00	50.00	8.50	58.50	2008-0
CG200805010000000001	只	2008-0	银川九龙	采购部	高小燕	接触器	3.00	360.00	1,080.00	183.60	1,263.60	2008-0
CG200805010000000001	只	2008-0	银川九龙	采购部	高小燕	真空断路器	13.00	395.00	5,135.00	872.95	6,007.95	2008-0
CG200805010000000001	只	2008-0	银川九龙	采购部	高小燕	塑壳式漏电	13.00	480.00	6,240.00	1,060.80	7,300.80	2008-0
CG200805010000000001	只	2008-0	银川九龙	采购部	高小燕	变压器	13.00	315.00	4,095.00	696.15	4,791.15	2008-0
CG200805010000000001	只	2008-0	银川九龙	采购部	高小燕	避雷器	3.00	29.00	87.00	14.79	101.79	2008-0
CG200805030000000002	米	2008-0	浙江华明	采购部	赵阳	电缆线	23.00	125.00	2,875.00	488.75	3,363.75	
CG200805030000000002	只	2008-0	浙江华明	采购部	赵阳	接触器	20.00	360.00	7,200.00	1,224.00	8,424.00	
CG200805030000000002	只	2008-0	浙江华明	采购部	赵阳	高压隔离开关	5.00	43.00	215.00	36.55	251.55	
CG200805030000000002	只	2008-0	浙江华明	采购部	赵阳	绝缘套件	35.00	70.00	2,450.00	416.50	2,866.50	
CG200805030000000002	只	2008-0	浙江华明	采购部	赵阳	保护罩	17.00	95.00	1,615.00	274.55	1,889.55	
CG200805030000000002	只	2008-0	浙江华明	采购部	赵阳	避雷器	27.00	25.00	675.00	114.75	789.75	
CG200805030000000002	只	2008-0	浙江华明	采购部	赵阳	电缆索头	51.00	23.00	1,173.00	199.41	1,372.41	

图 2-273　采购订单列表

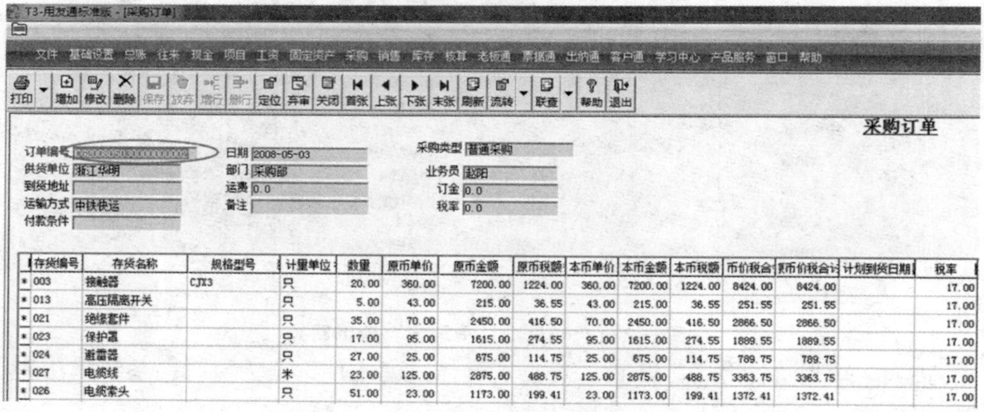

T3-用友通标准版 - [采购订单]

采购订单

订单编号 CG200805030000000002　日期 2008-05-03　采购类型 普通采购
供货单位 浙江华明　部门 采购部　业务员 赵阳
到货地址　运费 0.0　订金 0.0
运输方式 中铁快运　备注　税率 0.0
付款条件

存货编号	存货名称	规格型号	计量单位	数量	原币单价	原币金额	原币税额	本币单价	本币金额	本币税额	币价税合	本币价税合计	计划到货日期	税率
003	接触器	CJX3	只	20.00	360.00	7200.00	1224.00	360.00	7200.00	1224.00	8424.00	8424.00		17.00
013	高压隔离开关		只	5.00	43.00	215.00	36.55	43.00	215.00	36.55	251.55	251.55		17.00
021	绝缘套件		只	35.00	70.00	2450.00	416.50	70.00	2450.00	416.50	2866.50	2866.50		17.00
023	保护罩		只	17.00	95.00	1615.00	274.55	95.00	1615.00	274.55	1889.55	1889.55		17.00
024	避雷器		只	27.00	25.00	675.00	114.75	25.00	675.00	114.75	789.75	789.75		17.00
027	电缆线		米	23.00	125.00	2875.00	488.75	125.00	2875.00	488.75	3363.75	3363.75		17.00
026	电缆索头		只	51.00	23.00	1173.00	199.41	23.00	1173.00	199.41	1372.41	1372.41		17.00

图 2-274　采购订单

（二）如何查询采购入库单

采购入库单，又称收货单、验收入库单，是确认货物入库的书面证明。它是体现库存业务的重要单据，采购入库单不仅表现了货物的转移，同时也是所有权实际转移的重要标志。采购入库单一方面表现了实物的流入，形成储备存货，另一方面预示着货币资金的流出或债务的产生。采购入库单也是财务人员据以记账、核算成本的重要原始凭证。

T3 用友通标准版设计了采购入库单查询操作。具体查询路径如下：以账套主管（本例为“demo”）身份进入用友 T3，具体操作如图 1-20 至图 1-22 所示。进入“T3-用友通标准版”界面，依次点击“采购”-“采购单据列表”-“采购入库单列表",如图 2-275 所示。

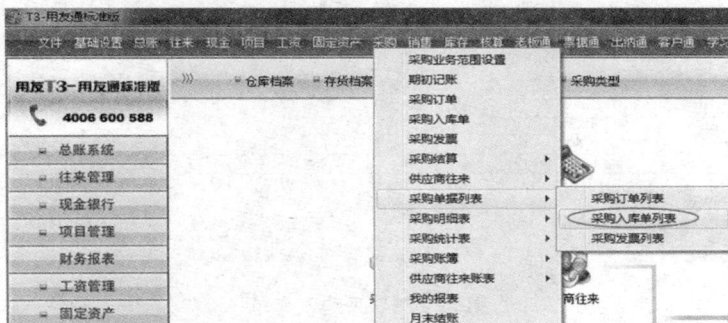

图 2-275 "采购入库单列表"查询路径

进入"单据过滤条件"界面,可点选具体过滤条件,全为空时,系统默认为查询所有单据。本例全部为空,如图 2-276 所示。

图 2-276 单据过滤条件设定-采购入库单

点击"确认"后,进入"采购入库单列表"界面,可见全部采购入库单,如图 2-277 所示。选中其中一条单据记录并双击,进入"采购入库单"界面,如图 2-278 所示,可具体查看入库单内容。

图 2-277 采购入库单列表

图 2-278　采购入库单

（三）如何查询票到货未到业务

票到货未到业务隐含非常大的虚开发票风险，税务人员在检查时一般将其作为重点检查内容。T3 用友通标准版设计了票到货未到业务查询操作。具体查询路径如下：以账套主管（本例为"demo"）身份进入用友 T3，具体操作如图 1-20 至图 1-22 所示。进入"T3-用友通标准版"界面，依次点击"采购"-"采购明细表"-"票到货未到明细表"，如图 2-279 所示。该路径下还可查询到采购明细表、入库明细表、结算明细表、费用明细表、货到票未到明细表、增值税抵扣明细表和采购发票核销明细表。

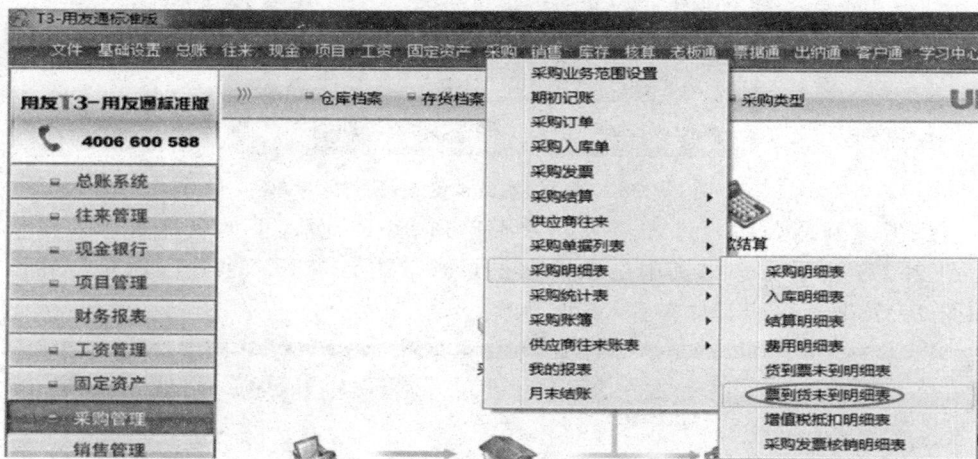

图 2-279　"票到货未到明细表"查询路径

进入"查询［票到货未到明细表］"界面，可点选具体过滤条件，全为空时，系统默认为查询所有明细业务。本例全部为空，如图 2-280 所示。

点击"确认"后，进入"票到货未到明细表"界面，可见全部业务。若无该项业务，则查询结果显示无记录数，如图 2-281 所示。

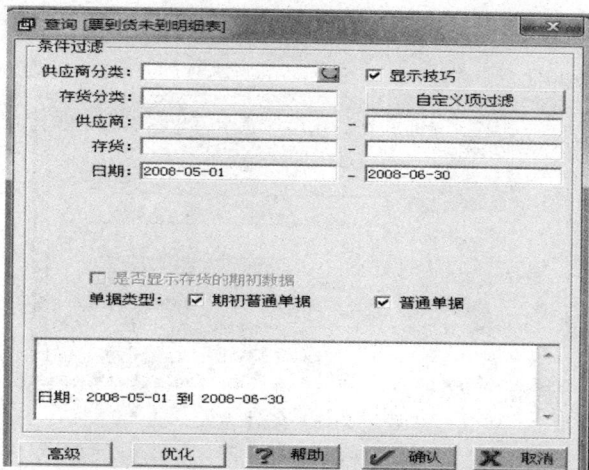

图 2-280　票到货未到明细表查询条件

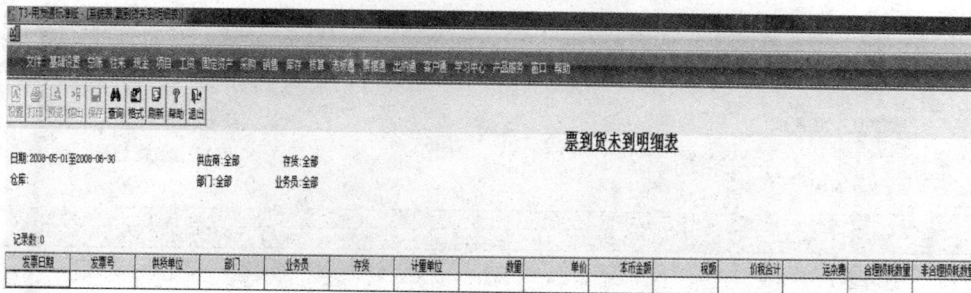

图 2-281　票到货未到明细表

（四）如何查询在途货物余额表

T3用友通标准版设计了在途货物余额表查询操作。具体查询路径如下：以账套主管（本例为"demo"）身份进入用友T3，具体操作如图1-20至图1-22所示。进入"T3-用友通标准版"界面，依次点击"采购"-"采购账簿"-"在途货物余额表"，如图2-282所示。该路径下还可查询到暂估入库余额表。

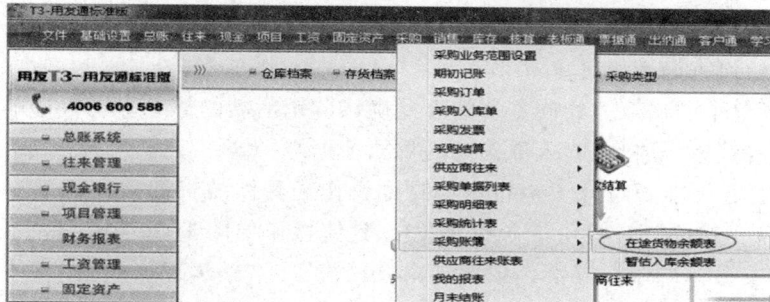

图 2-282　"在途货物余额表"查询路径

进入"条件输入"界面，可点选具体过滤条件和显示格式。本例过滤条件如图 2-283 所示。

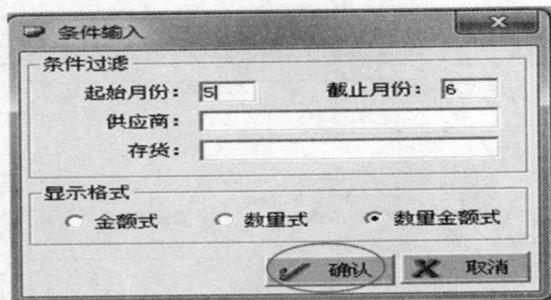

图 2-283　条件输入

点击"确认"后，进入"在途货物余额一览表"界面，可见全部在途货物业务，如图 2-284 所示。

图 2-284　在途货物余额一览表

二、销售业务检查

（一）如何查询销售订单

销售订单是购销双方共同签署的以此确认购销活动的标志。销售订单能显示销售业务自身信息，是检查收入准确性的重要证据之一。

T3 用友通标准版设计了销售订单查询操作。具体的查询路径如下：以账套主管（本例为"demo"）身份进入用友 T3，具体操作如图 1-20 至图 1-22 所示。进入"T3-用友通标准版"界面，依次点击"销售"-"销售单据列表"-"销售订单列表"，如图 2-285 所示。该路径下还可查询到销售发货单列表、销售发票列表、代垫费用单列表、销售支出单列表。

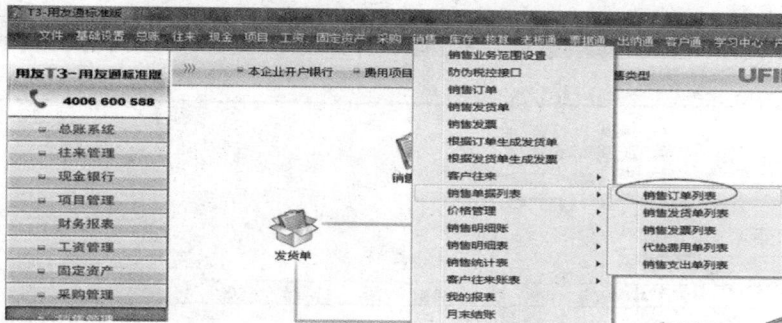

图 2-285 "销售订单列表"查询路径

进入"单据过滤条件"界面，可点选具体过滤条件，全为空时，系统默认为查询所有单据。本例全部为空，如图 2-286 所示。

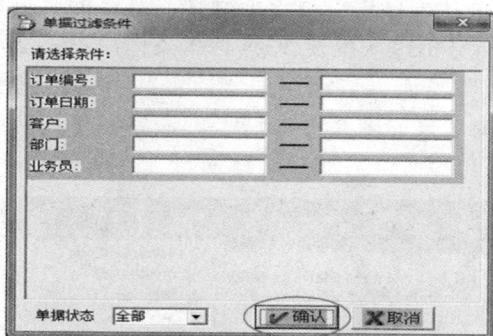

图 2-286 单据过滤条件设定

点击"确认"后，进入"销售订单列表"界面，可见全部销售订单，如图 2-287 所示。选中其中一条单据记录并双击，进入"销售订单"界面，如图 2-288 所示，可具体查看订单内容。

图 2-287 销售订单列表

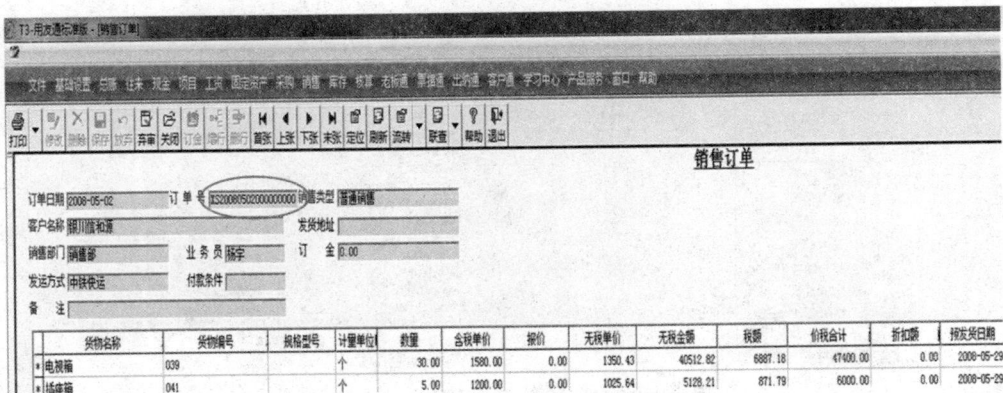

图 2-288　销售订单

（二）如何查询存货价格

T3 用友通标准版设计了存货价格查询操作。具体的查询路径如下：以账套主
管（本例为"demo"）身份进入用友 T3，具体操作如图 1-20 至图 1-22 所示。进
入"T3-用友通标准版"界面，依次点击"销售"-"价格管理"-"存货价格"，
如图 2-289 所示。查询结果如图 2-290 所示。该路径下还可查询到客户价格和调
价记录。

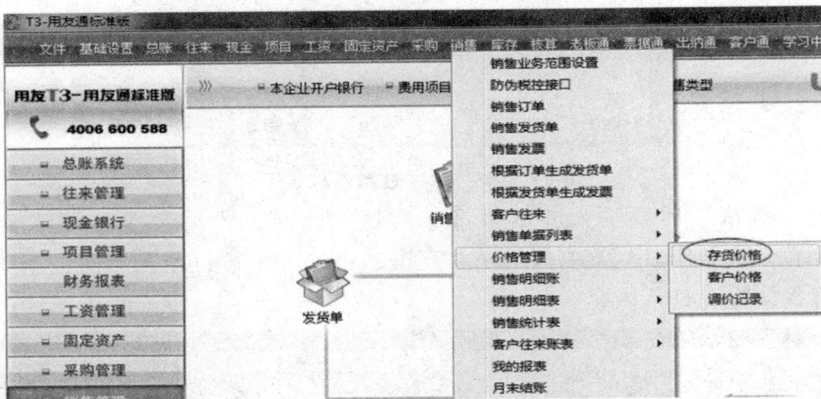

图 2-289　"存货价格"查询路径

（三）如何查询发货单结算收款勾对表

已发货是否收款是税务检查中分析收入真实性时必须要核对的资料。T3 用友
通标准版设计了发货单结算收款勾对表查询操作。具体的查询路径如下：以账套主
管（本例为"demo"）身份进入用友 T3，具体操作如图 1-20 至图 1-22 所示。进
入"T3-用友通标准版"界面，依次点击"销售"-"销售明细账"-"发货单结算
收款勾对表"，如图 2-291 所示。查询结果如图 2-292 所示。该路径下还可查询到
销售收入明细账、销售成本明细账、销售明细账和劳务收入明细账。

图 2-290　存货价格

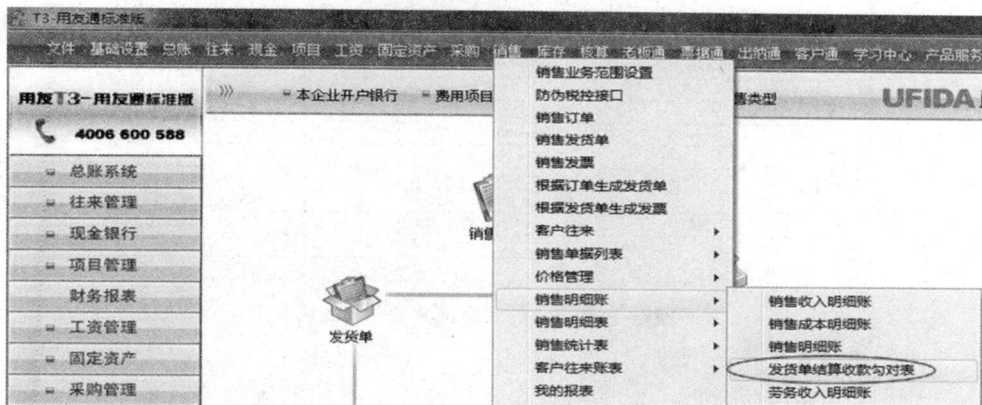

图 2-291　"发货单结算收款勾对表"查询路径

发货单结算收款勾对表

发货日期	发货单号	单据类型	部门	业务员	客户名称	自定义存货	自定义存货	自定义存货	数量	单价(含税)	金额
2008-05-02	XS200805020	发货单	销售部	杨宇	银川信和源商贸有限公司				35.00	1,525.71	45,641.03
2008-05-08	XS200805080	发货单	销售部	杨宇	邓华				15.00	1,300.00	16,666.67
2008-05-10	XS200805100	发货单	销售部	杨宇	青云岭水泥集团公司				12.00	1,350.00	13,846.15
2008-05-15	XS200805150	发货单	销售部	邹琴	中海同指军部				5.00	5,000.00	21,367.52
2008-05-26	XS200805260	发货单	销售部	邹琴	银川百锐起重机厂				35.00	4,446.00	133,000.00
2008-05-31	XS200805310	发货单	销售部	杨宇	元光电力有限公司				80.00	2,971.80	203,200.00
2008-06-01	XS200806010	发货单	销售部	杨宇	宁夏龙腾塑料有限公司				60.00	1,987.05	101,900.00
2008-06-05	XS200806050	发货单	销售部	邹琴	中海通经济技术开发公司				60.00	5,557.50	285,000.00
2008-06-05	XS200806050	发货单	销售部	杨宇	银川泰隆实业公司				65.00	2,799.00	155,500.00
2008-06-28	XS200806100	发货单	销售部	邹琴	德胜绿化有限公司				70.00	3,008.57	180,000.00
2008-06-28	XS200806200	发货单	销售部	邹琴	银川信和源有限公司				55.00	2,808.00	132,000.00
2008-06-28	XS200806280	发货单	销售部	邹琴	银川信和源商贸有限公司				50.00	4,095.00	175,000.00
2008-06-30	XS200806300	发货单	销售部	杨宇	邓华				1.00	140.40	120.00
2008-06-30	XS200806300	发货单	采购部		童义辉				7.00	129.87	777.00

续表

税额	价税合计	折扣	结算数量	结算金额	结算税额	结算价税合计	未结数量	未结金额
7,758.97	53,400.00		35.00	45,641.03	7,758.97	53,400.00		
2,833.33	19,500.00		15.00	16,666.67	2,833.33	19,500.00		
2,353.85	16,200.00		12.00	13,846.15	2,353.85	16,200.00		
3,632.48	25,000.00		5.00	21,367.52	3,632.48	25,000.00		
22,610.00	155,610.00		35.00	133,000.00	22,610.00	155,610.00		
34,544.00	237,744.00		80.00	203,200.00	34,544.00	237,744.00		
17,323.00	119,223.00		60.00	101,900.00	17,323.00	119,223.00		
48,450.00	333,450.00		60.00	285,000.00	48,450.00	333,450.00		
26,435.00	181,935.00		65.00	155,500.00	26,435.00	181,935.00		
30,600.00	210,600.00		70.00	180,000.00	30,600.00	210,600.00		
22,440.00	154,440.00		55.00	132,000.00	22,440.00	154,440.00		
29,750.00	204,750.00		50.00	175,000.00	29,750.00	204,750.00		
20.40	140.40						1.00	120.00
132.09	909.09						7.00	777.00

续表

未结税额	未结价税合计	回款金额	未回款金额	差额(本币系指)	出库数量	出库金额
		53,400.00				
			19,500.00		15.00	11,700.00
		16,200.00			12.00	21,140.64
			25,000.00		5.00	13,315.50
			155,610.00		35.00	60,336.50
			237,744.00		40.00	43,261.20
		119,223.00			60.00	45,150.00
		333,450.00			60.00	159,785.40
		83,000.00	98,935.00		65.00	59,208.65
		100,000.00	110,600.00		70.00	102,914.40
		80,000.00	74,440.00		55.00	77,950.00
			204,750.00		50.00	54,076.50
20.40	140.40		140.40			
132.09	909.09		909.09			

图 2-292　发货单结算收款勾对表

（四）如何查询发货明细表

T3 用友通标准版设计了发货明细表查询操作。具体的查询路径如下：以账套主管（本例为"demo"）身份进入用友 T3，具体操作如图 1-20 至图 1-22 所示。进入"T3-用友通标准版"界面，依次点击"销售"-"销售明细表"-"发货明细表"，如图 2-293 所示。

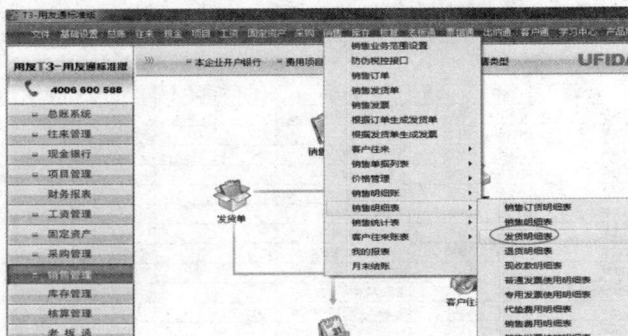

图 2-293　发货明细表查询路径

进入"发货明细表"界面，可点选具体过滤条件。本例按图 2-294 所示设置条件。

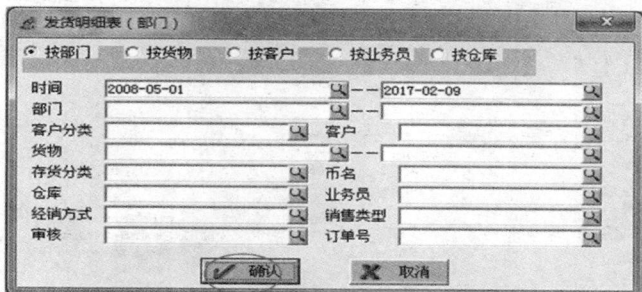

图 2-294　发货明细表查询条件设定

点击"确认"后，进入"发货明细表"界面，可见全部发货业务，如图 2-295 所示。

图 2-295　发货明细表

（五）如何查询进销存统计表

T3 用友通标准版设计了进销存统计表查询操作。具体的查询路径如下：以账套主管（本例为"demo"）身份进入用友 T3，具体操作如图 1-20 至图 1-22 所示。进入"T3-用友通标准版"界面，依次点击"销售"-"销售统计表"-"进销存统计表"，如图 2-296 所示。

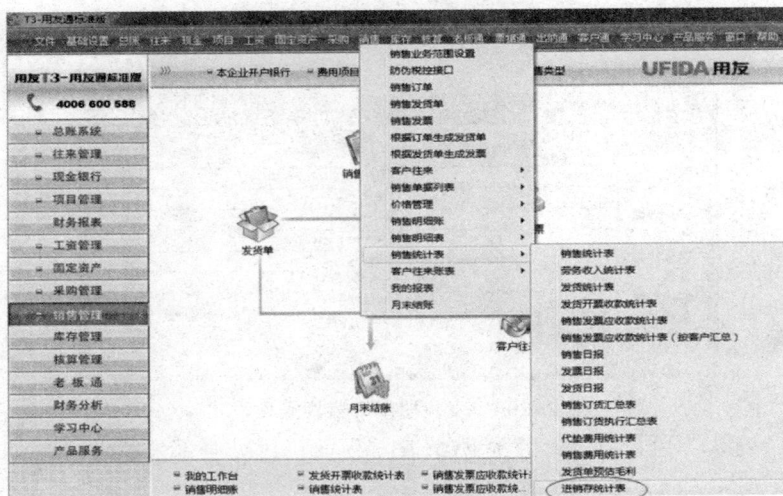

图 2-296 "进销存统计表"查询路径

进入"进销存统计表"过滤条件界面，可点选具体过滤条件。本例按图 2-297
所示设置条件。

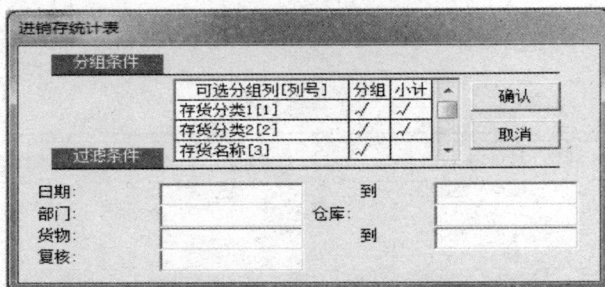

图 2-297 进销存统计表查询条件设定

点击"确认"后，进入"进销存统计表"界面，可见全部业务，如图 2-298
所示。

图 2-298 进销存统计表

三、库存与核算业务检查

（一）如何查询库存盘点信息

纳税人的库存盘点信息是用来证明存货真实性的重要证据，是税务稽查取证内容之一。T3用友通标准版设计了盘点单查询操作。具体的查询路径如下：以账套主管（本例为"demo"）身份进入用友T3，具体操作如图1-20至图1-22所示。进入"T3-用友通标准版"界面，依次点击"库存"-"库存单据列表"-"库存盘点"，如图2-299所示。

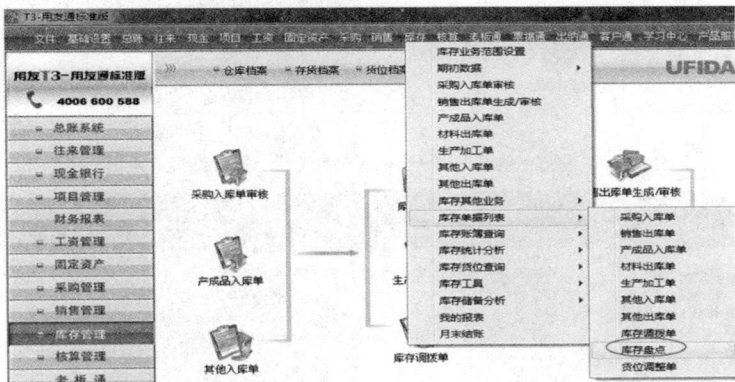

图2-299　"库存盘点"查询路径

（二）如何查询产成品入库单

纳税人的产成品入库单是用来证明产成品数量真实性的重要证据，是税务稽查取证内容之一。T3用友通标准版设计了产成品入库单查询操作。具体的查询路径如下：以账套主管（本例为"demo"）身份进入用友T3，具体操作如图1-20至图1-22所示。进入"T3-用友通标准版"界面，依次点击"核算"-"单据列表"-"产成品入库单"，如图2-300所示。该路径下还可以查询采购入库单、其他入库单、销售出库单、其他出库单、入库调整单和出库调整单。

（三）如何查询材料出库单

纳税人的材料出库单是用来证明成本真实性的重要证据，是税务稽查取证内容之一。T3用友通标准版设计了材料出库单查询操作。具体的查询路径如下：以账套主管（本例为"demo"）身份进入用友T3，具体操作如图1-20至1-22所示。进入"T3-用友通标准版"界面，依次点击"库存"-"库存单据列表"-"材料出库单"，如图2-301所示。该路径下还可以查询采购入库单、销售出库单、产成品入库单、生产加工单、其他入库单、其他出库单、库存调拨单、库存盘点和货位调整单。

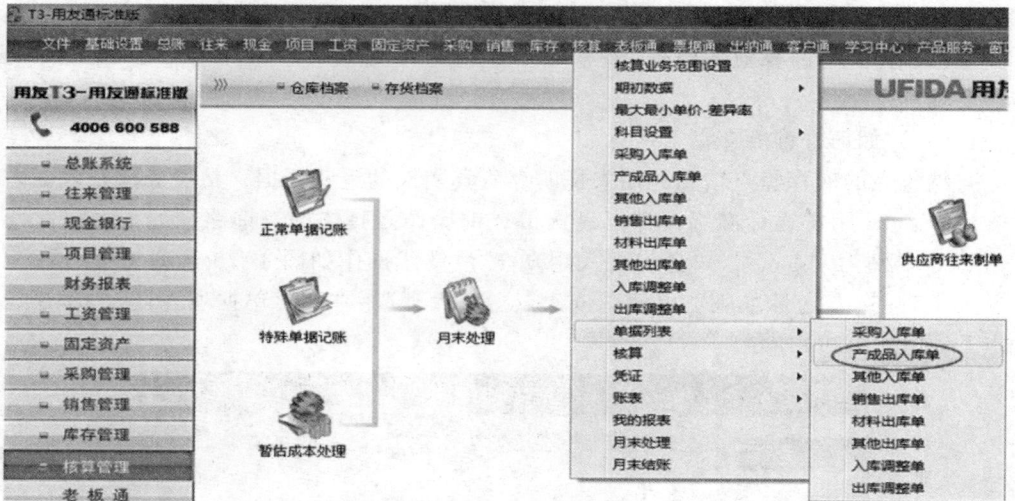

图 2-300　"产成品入库单"查询路径

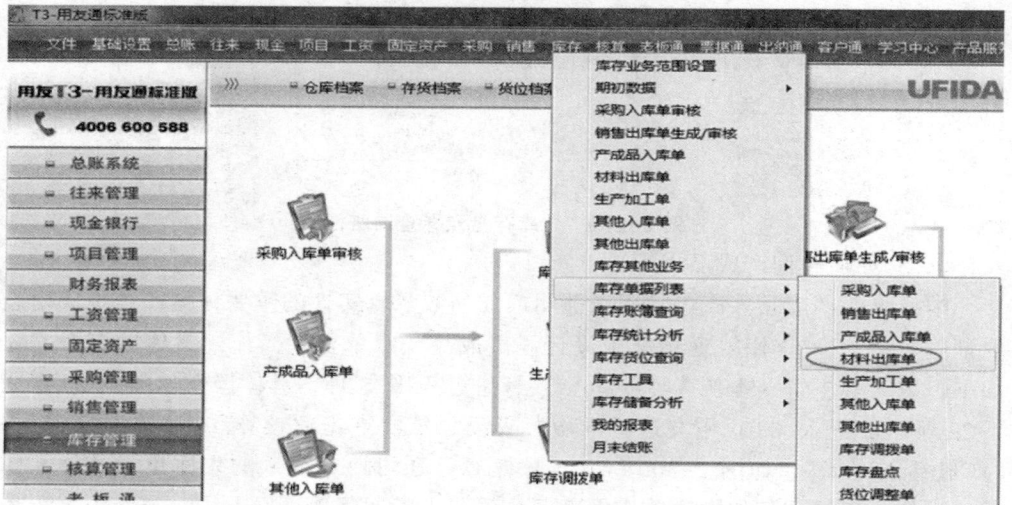

图 2-301　"材料出库单"查询路径

（四）如何查询出入库流水账

纳税人的出入库流水账是用来证明销售真实性的重要证据，是税务稽查取证内容之一。T3 用友通标准版设计了出入库流水账查询操作。具体的查询路径如下：以账套主管（本例为"demo"）身份进入用友 T3，具体操作如图 1-20 至图 1-22 所示。进入"T3-用友通标准版"界面，依次点击"核算"-"账表"-"出入库流水账"，如图 2-302 所示。该路径下还可以查询入库汇总表、出库汇总表、差异分摊表、收发存汇总表、暂估材料余额表等。

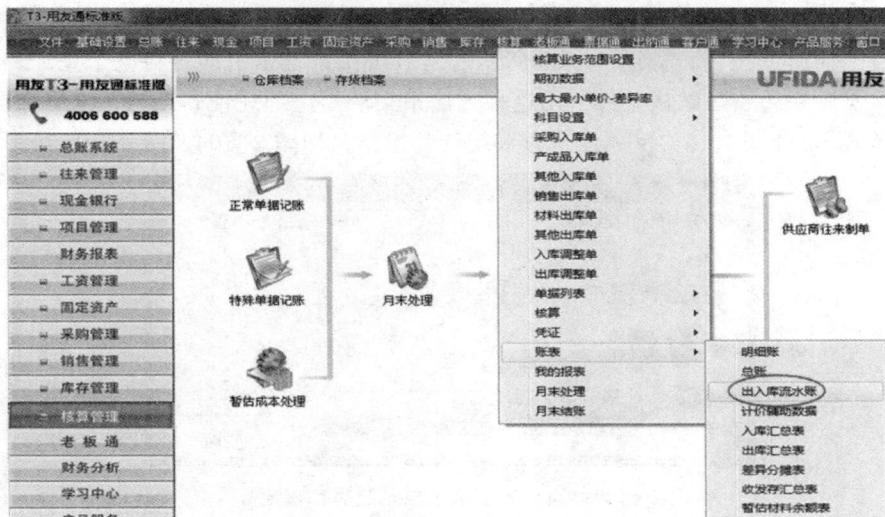

图 2-302　"出入库流水账"查询路径

第六节　取　证

一、凭证打印及引出

　　对于查询后需要采用打印取证的凭证，可在"查询凭证"界面，点击工具栏"打印"按钮，如图 3-303 所示。之后按照系统索引即可将凭证打印出来。

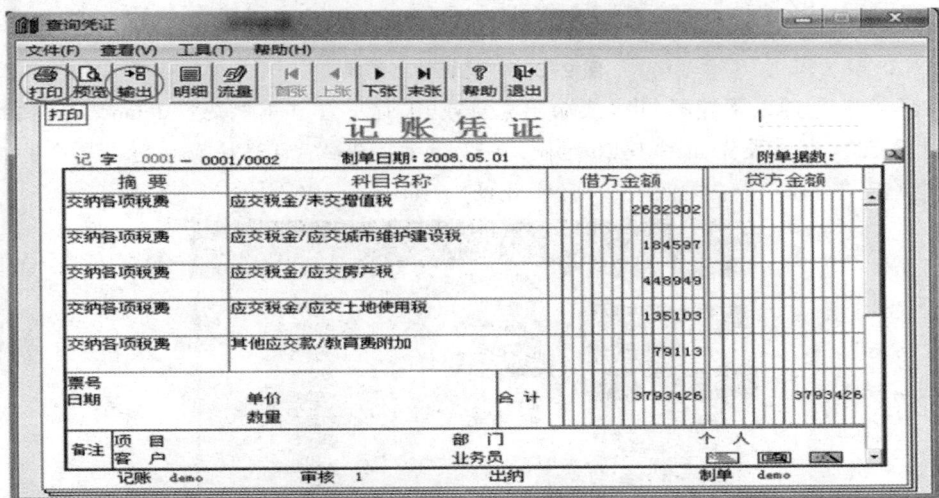

图 2-303　记账凭证打印路径

对于查询后需要采用复制电子证据取证的凭证，可在"查询凭证"界面，点击工具栏"输出"按钮，如图 3-303 所示。之后按照系统索引即可将电子凭证复制出来。需要注意的一是默认条件下用这种方法采集的是全部凭证；二是在输出凭证时，应选择 Excel 作为文件类型，便于查询统计等操作，如图 2-304、图 2-305 所示。

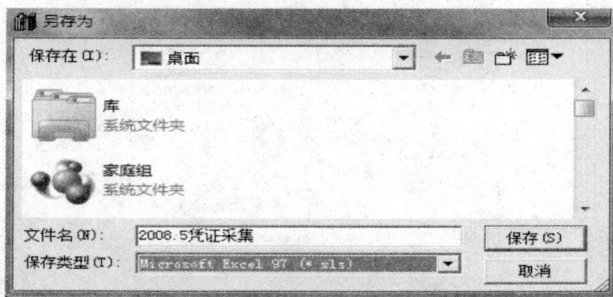

图 2-304　凭证输出路径及类型设定

图 2-305　凭证输出结果

还可以通过以下路径打印或输出凭证:以账套主管（本例为"demo"）身份进入用友 T3，具体操作如图 1-20 至图 1-22 所示。进入"T3-用友通标准版"界面，依次点击"总账"-"凭证"-"打印凭证"，如图 2-306 所示。

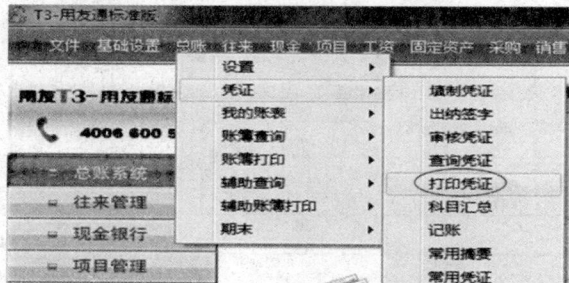

图 2-306　打印输出凭证路径

进入"凭证打印"界面,有"打印""输出"两个按钮供选择,如图 2-307 所示。之后按照系统索引即可打印或输出凭证。

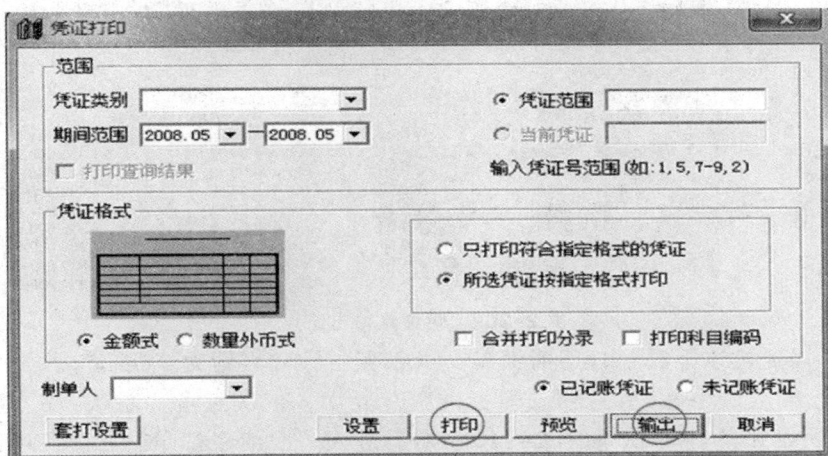

图 2-307　凭证打印或输出设定

二、明细账打印及引出

对于查询后需要采用打印取证的明细账,可在"明细账"界面,点击工具栏"打印"按钮,如图 3-308 所示。之后按照系统索引即可将明细账打印出来。

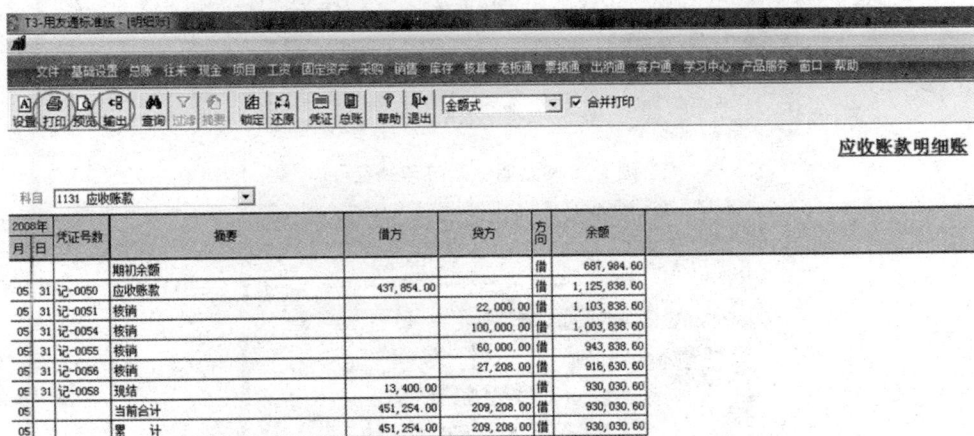

图 2-308　明细账打印路径

对于查询后需要采用复制电子证据取证的明细账,可参照凭证引出,在"明细账"界面,点击工具栏"输出"按钮,如图 3-308 所示。之后按照系统索引即可输出电子明细账,如图 2-309 所示。

图 2-309 明细账输出结果

　　还可以通过以下路径打印明细账：以账套主管（本例为"demo"）身份进入 T3 用友通标准版，在"T3-用友通标准版"界面，依次点击"总账"－"账簿打印"－"明细账簿打印"，如图 2-310 所示。进入"明细账打印"界面，可设置打印内容。用这种方法和路径打印明细账，可同时打印多个科目的明细账，如图 2-311 所示。

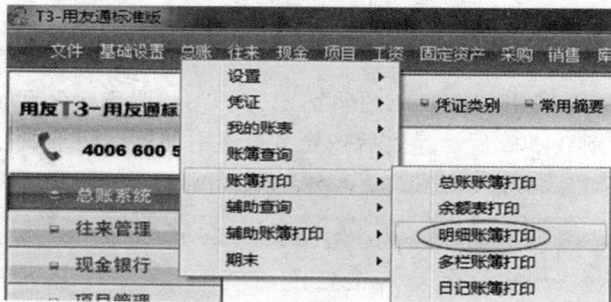

图 2-310 明细账打印路径

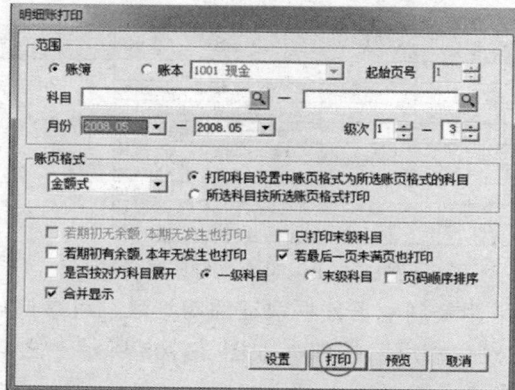

图 2-311 明细账打印设定

三、总账打印及引出

对于查询后需要采用打印取证的总账，可在"总账"界面，点击工具栏"打印"按钮，如图 3-312 所示。之后按照系统索引即可将总账打印出来。

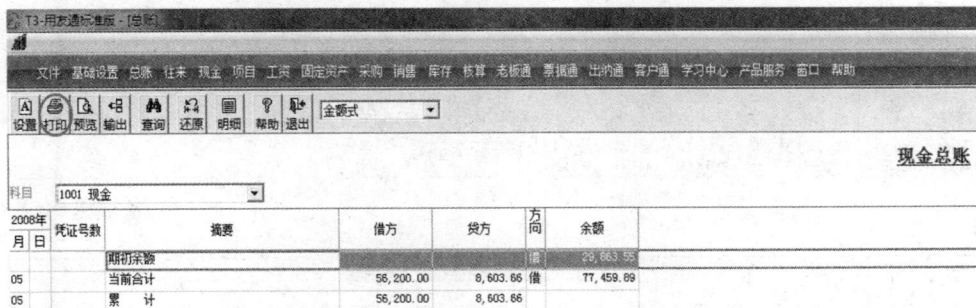

图 2-312　总账打印路径

对于查询后需要采用复制电子证据取证的总账，可在"总账"界面，点击工具栏"输出"按钮，如图 3-312 所示。之后按照系统索引即可将总账复制出来。

还可以通过以下路径打印总账，以账套主管（本例为"demo"）身份进入用友 T3，在"T3-用友通标准版"界面，依次点击"总账"-"账簿打印"-"总账账簿打印"，如图 2-313 所示。进入"三栏式总账打印"界面，可设置打印内容。用这种方法和路径打印总账，可同时打印多个科目的总账，如图 2-314 所示。

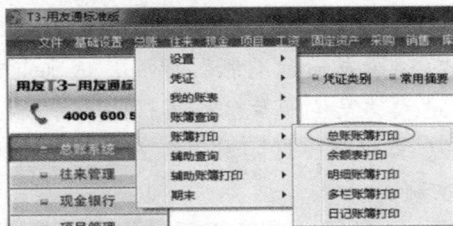

图 2-313　总账打印路径

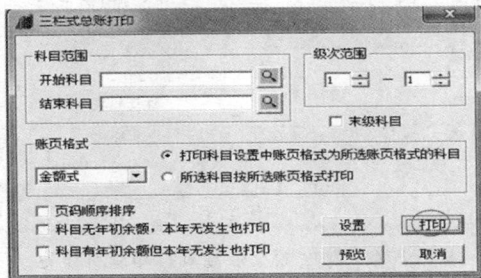

图 2-314　总账打印条件设定

四、余额表打印及引出

对于查询后需要采用打印取证的发生额及余额表，可在“发生额及余额表”界面，点击工具栏“打印”按钮，如图 3-315 所示。之后按照系统索引即可将发生额及余额表打印出来。

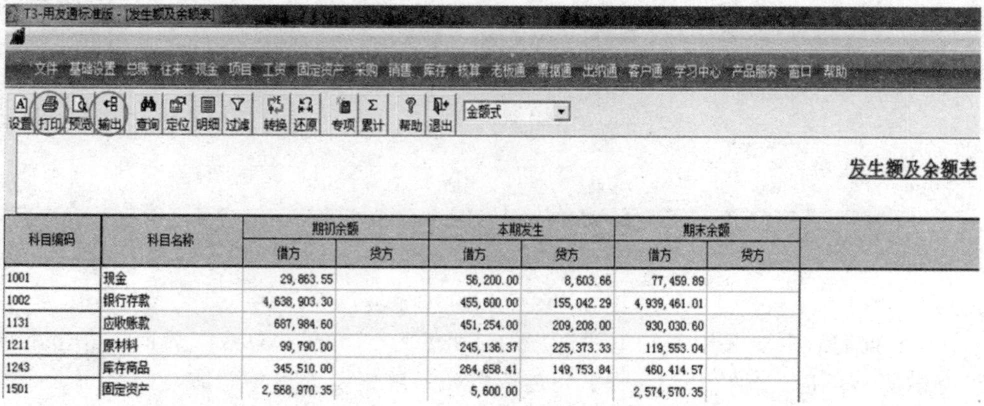
T3-用友通标准版 - [发生额及余额表]
文件 基础设置 总账 往来 现金 项目 工资 固定资产 采购 销售 库存 核算 老板通 票据通 出纳通 客户通 学习中心 产品服务 窗口 帮助
设置 打印 预览 输出 查询 定位 明细 过滤 转换 还原 专项 累计 帮助 退出
金额式
发生额及余额表
科目编码 科目名称 期初余额 本期发生 期末余额
借方 贷方 借方 贷方 借方 贷方
1001 现金 29,863.55 56,200.00 8,603.66 77,459.89
1002 银行存款 4,638,903.30 455,600.00 155,042.29 4,939,461.01
1131 应收账款 687,984.60 451,254.00 209,208.00 930,030.60
1211 原材料 99,790.00 245,136.37 225,373.33 119,553.04
1243 库存商品 345,510.00 264,658.41 149,753.84 460,414.57
1501 固定资产 2,568,970.35 5,600.00 2,574,570.35

图 2-315　发生额及余额表打印路径

对于查询后需要采用复制电子证据取证的发生额及余额表，可在“发生额及余额表”界面，点击工具栏“输出”按钮，如图 3-315 所示。之后按照系统索引即可将发生额及余额表复制出来。

还可以通过以下路径打印发生额及余额表：以账套主管（本例为“demo”）身份进入用友 T3，在“T3-用友通标准版”界面，依次点击“总账”-“账簿打印”-“余额表打印”，进入“发生额及余额表打印”界面，可设置打印内容，如图 2-316 所示。用这种方法和路径打印发生额及余额表，可选择打印科目范围，可跨月份打印发生额及余额表。

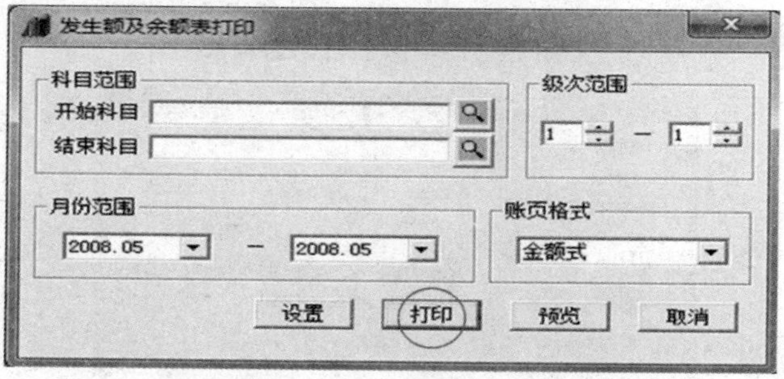
发生额及余额表打印
科目范围
开始科目
结束科目
级次范围
1 — 1
月份范围
2008.05 — 2008.05
账页格式
金额式
设置
打印
预览
取消

图 2-316　发生额及余额表打印条件设定

五、采购订单列表打印及引出

T3用友通标准版中有大量的单证，若需要打印或采集电子证据，操作基本一致。本例以采购订单列表为例，介绍订单列表的打印和输出操作。

对于查询后需要采用打印取证的采购订单列表，可在"采购订单列表"界面，点击工具栏"打印"按钮，如图2-317所示。之后按照系统索引即可将采购订单列表打印出来。

采购订单列表

订单编号	计量单位	日期	供应商	部门	业务员	存货名称	数量	单价	金额	税额	价税合计	计划到
CG200805010000000001	个	2008-0	银川九龙	采购部	高小燕	接线端子	101.25	7.00	708.75	120.49	829.24	2008-0
CG200805010000000001	个	2008-0	银川九龙	采购部	高小燕	门轴	10.00	5.00	50.00	8.50	58.50	2008-0
CG200805010000000001	只	2008-0	银川九龙	采购部	高小燕	接触器	3.00	360.00	1,080.00	183.60	1,263.60	2008-0
CG200805010000000001	只	2008-0	银川九龙	采购部	高小燕	真空断路器	13.00	395.00	5,135.00	872.95	6,007.95	2008-0
CG200805010000000001	只	2008-0	银川九龙	采购部	高小燕	塑式断电	13.00	480.00	6,240.00	1,060.80	7,300.80	2008-0
CG200805010000000001	只	2008-0	银川九龙	采购部	高小燕	变压器	13.00	315.00	4,095.00	696.15	4,791.15	2008-0
CG200805010000000001	只	2008-0	银川九龙	采购部	高小燕	避雷器	3.00	29.00	87.00	14.79	101.79	2008-0
CG200805030000000002	米	2008-0	浙江华明	采购部	赵阳	电缆线	23.00	125.00	2,875.00	488.75	3,363.75	
CG200805030000000002	只	2008-0	浙江华明	采购部	赵阳	接触器	20.00	360.00	7,200.00	1,224.00	8,424.00	
CG200805030000000002	只	2008-0	浙江华明	采购部	赵阳	高压隔离开关	5.00	43.00	215.00	36.55	251.55	
CG200805030000000002	只	2008-0	浙江华明	采购部	赵阳	绝缘套件	35.00	70.00	2,450.00	416.50	2,866.50	

图2-317 采购订单列表打印路径

对于查询后需要采用复制电子证据取证的采购订单列表，可在"采购订单列表"界面，点击工具栏"输出"按钮，如图3-317所示。之后按照系统索引即可将采购订单列表复制出来。

第三章

金蝶 K3 的
税务检查技巧

第一节　金蝶软件概述

一、金蝶软件的产品系列

金蝶软件有限公司于 1993 年在深圳成立，自 1996 年开发了会计软件后，一直研究开发 ERP 软件，目前有三种 ERP 产品：面向中小型企业的 KIS 和 K3，以及面向大中型企业的 EAS，涵盖企业财务管理、供应链管理、客户关系管理、人力资源管理、知识管理、商业智能等内容。

金蝶专业版以上的软件可以分成不同模块，按客户具体的需求，可选择具体的模块和客户端数量。

（一）金蝶 KIS

金蝶 KIS 系列包括金蝶 KIS 迷你版、标准版、专业版、旗舰版，其中迷你版和标准版是纯财务软件；专业版是财务+进销存+生产管理的集合系统；旗舰版是专业版的升级版本，功能更强大，模块更丰富。专业版和旗舰版的财务部分可以单独购买。

迷你版是单机版，使用 Access 数据库；标准版、专业版和旗舰版是网络版，使用 SQL Server 数据库，可以多用户同时操作。

关于金蝶各个版本的功能详见表 3-1 金蝶 KIS 标准版、行政事业版、商贸版和专业版的功能差异表；表 3-2 金蝶 KIS 旗舰版、专业版、商贸版、标准版、迷你版的功能差异表。

（二）金蝶 K3

金蝶 K3（K/3）系列属于金蝶 ERP 系统，其中的财务系统可以单独购买。

表 3-1　　金蝶 KIS 标准版、行政事业版、商贸版和专业版的功能差异表

产品功能	KIS 迷你版	KIS 标准版	KIS 行政事业版	KIS 商贸版	KIS 专业版
采购进货				√	√
智能补货				√	
货品销售				√	√
仓库管理				√	√
成本核算				√	√
退货功能				√	√
赠品管理				√	√
委托代销				√	√
生产领料					√
产品入库					√
生产成本自动核算					√
根据生产数量自动下达采购订单					√
委外管理					√
销售组装				√	√
保质期				√	√
库存预警				√	√
多计量单位				√	√
价格资料管理				√	√
销售报价				√	√
商品调价、折扣				√	√
返利管理				√	
经营分析				√	√
收支类别管理				√	√
费用单				√	
业务凭证集成到财务系统				√	√
金税接口					√
单据自定义					√
套打设计	√	√	√	√	√
数据引入引出	√	√	√	√	√
多账套管理	√	√	√	√	√
系统授权体系	√	√	√	√	√
系统平滑升级	√	√	√		√

续表

产品功能	KIS 迷你版	KIS 标准版	KIS 行政事业版	KIS 商贸版	KIS 专业版
基本财务核算	√	√	√	√	√
多计量单位数量金额核算	√	√	√	√	√
多币种业务核算	√	√	√		√
往来管理	√	√	√		√
核算项目分级组合管理	√	√	√		√
自动转账	√	√	√		√
证、账、表关联查询	√	√	√	√	√
出纳日记账、日报表	√	√	√		√
出纳日记账生成凭证					√
银行对账、支票管理	√	√	√		√
现金盘点	√	√			√
银行存取款管理				√	
长期未达账管理	√	√	√		√
简易现金流量表	√	√	√		√
财务报表、现金流量表	√	√	√	√	√
财务指标分析		√	√		√
简单自定义报表	√	√	√		√
强大自定义报表					√
固定资产计提折旧管理		√	√		√
固定资产附属设备管理		√	√		√
职员档案管理		√	√		√
工资条打印、工资支付		√	√		√
工资费用分配		√	√		√
银行代发		√	√		√
工资扣零					√
个人所得税计算		√	√		√
应收应付管理				√	
远程应用				√	
移动应用				√	
老板报表				√（与移动集成）	√

3-2　　　KIS 旗舰版、专业版、商贸版、标准版、迷你版的功能差异表

解决方案	KIS 旗舰版	KIS 专业版	KIS 商贸版	KIS 标准版/迷你版
目标应用	年销售额 3 000 万以上的工商企业，ERP 全面应用，信息化	年销售额 5 000 万以下的工商企业，核心业务规范管理应用	年销售额 5 000 万以下的商贸批发企业，进销存快速管理，移动应用	小微企业财务应用
标准财务解决方案	有	有	总账/报表/日记账	有，简单
成本解决方案	有	无	无	无
基础供应链解决方案	有	有	进销存	无
委外加工解决方案	有	简单应用	无	无
基础制造解决方案	有	简单生产	无	无
计划解决方案	有	无	无	无
人力资源解决方案	有，基础	无	无	无
电子商务解决方案	有，淘宝/京东	无	无	无
移动应用与多级审批	有	老版报表	老版报表/销售助手	无
商业智能解决方案	有	无	无	无

1.金蝶 K3 WISE 是为中小企业 ERP 量身定做的企业管理软件，是计划平台与物控平台高度集成的联查联调工作平台，可以在品种繁多、交付期短、制造流程复杂、综合考虑因素多、物料采购计划变动频繁的情况下满足生产需求。该系统直接与 1688 电商平台关联，降低采购成本，实现询价单、报价单等信息共享，获取海量供货信息。通过二维码云服务，与供应商、客户建立更加紧密的协同关系，支持PC 端与移动端扫描，减少中间流程，提高效率。金蝶 K3 WISE 与 KIS 旗舰版的差异详见表 3-3。

表 3-3   **K3 WISE 与 KIS 旗舰版差异表**

解决方案		K3 WISE	KIS 旗舰版
目标应用		年销售额 15 亿元以下的企业，完整 ERP 企业精细化管理，IT 信息化	年销售额 3 000 万~1 亿元的企业，ERP 全面应用，基础信息化
财务	标准财务解决方案	有	有
	成本解决方案	有，支持实际、标准、作业成本	有，支持实际成本
	风险与内控解决方案	有	无
	费用与预算解决方案	有	无
供应链	标准供应链解决方案	有	有
	进出口管理解决方案	有	无
	外部供应链协同方案	有	无
CRM	客户关系管理解决方案	有	无
制造	基础制造解决方案	有	有
	精益生产解决方案	有	无
HR	基础人力资源解决方案	有	有
	战略人力资源解决方案	有	无
电子商务	B2C 电子商务解决方案	无	有

2.金蝶 K3 Cloud 面向大中型企业，其开放的 ERP 云平台 K3 Cloud 以制造业为核心，全面支持法人企业跨国家、跨地域、跨语系的多工厂及多组织间的业务协同，适用于单体及多组织、多工厂、多地点的制造型企业。

（三）金蝶 EAS

金蝶 EAS 面向大型集团企业的管控平台，是基于云计算、社交网络和移动科技的整合技术平台。金蝶 EAS 的核心应用包括战略决策和业务协作。战略决策为企业提供战略目标管理、战略绩效管理、全面预算管理和决策支持，帮助企业达成战略目标；业务协作全面覆盖价值链研发、采购、生产、库存、销售、分销、服务等基本增值活动和财务、人力资源、协同办公等。金蝶 EAS 还为企业提供风险管理和对标管理，帮助企业管控风险。

金蝶 EAS 针对行业特性，同时提供房地产、建筑工程、制造业、金融、现代农业、交通运输、电子、政府、流通、烟草、服装、现代服务业等 28 个行业解决方案，满足不同行业的应用需求。

小贴士 3-1

税务人员可以根据纳税人所使用的金蝶软件的版本，结合表 3-1 至表 3-3 所列内容，分析出纳税人能实现的核算内容，从而确定可检查的内容。

二、金蝶软件的特征及功能

1. 恢复已保存账套时账套号须重新设置，且文件名不能与已经存在的账套文件名相同。

如原来的账套账套号为"001"，文件名为"绿色原野电子一厂"，必须为恢复的账套号重新编号和命名，否则文件无法恢复。具体操作如下：

（1）点击"账套管理"，进入"金蝶 K/3 账套管理"界面，点击"恢复"按钮，如图 3-1 所示。

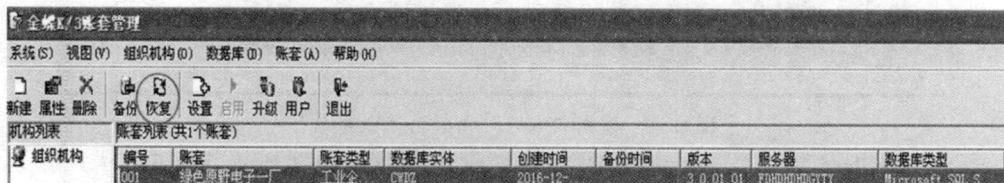

图 3-1　点击"恢复"

（2）弹出"恢复账套"对话框，"数据库文件路径"自动指向"绿色原野电子一厂"备份文件所在的路径。点选"F 绿色原野电子一厂"后，"账套名"自动显示"绿色原野电子一厂"，系统自动提示"账套名重复！"，如图 3-2 所示。

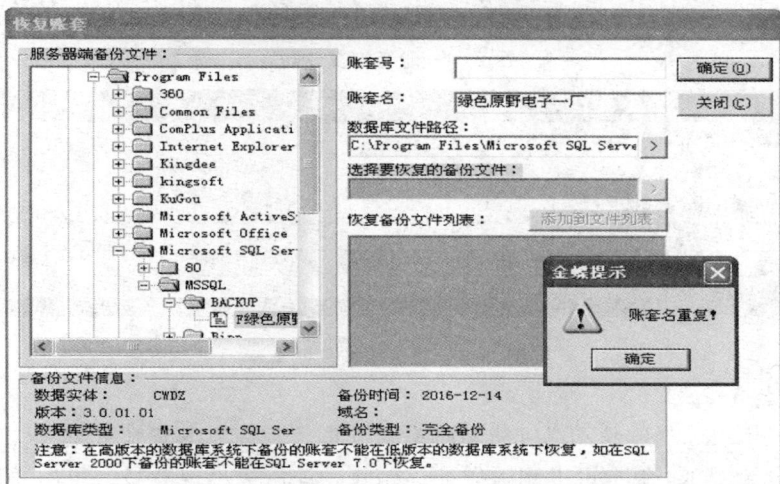

图 3-2　选取恢复账套

（3）本例将账套名称修改为"绿色原野电子一厂1"，账套号编号为"100"，如图3-3所示。

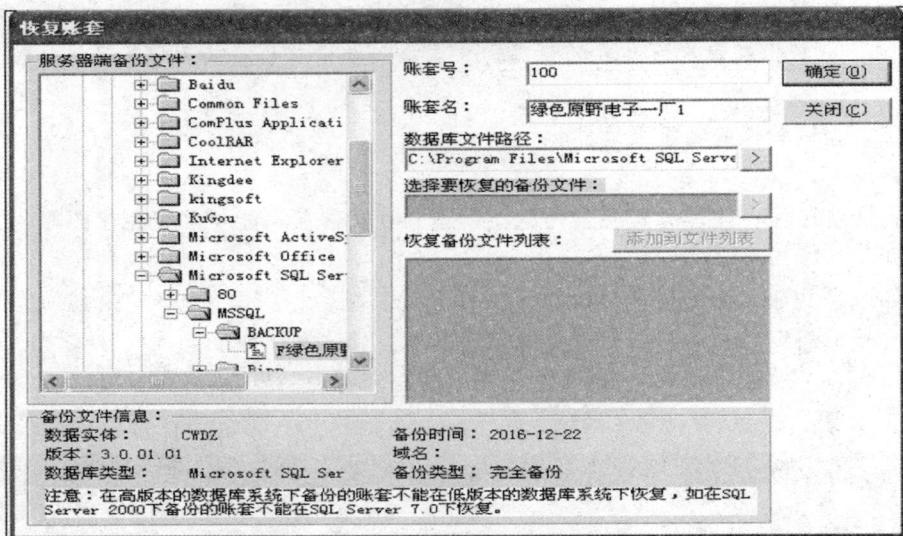

图3-3　重新"编号"和命名"账套名"

（4）点击"确定"后，显示账套恢复成功，如图3-4所示。同时，"账套列表"中显示所恢复的账套，如图3-5所示。

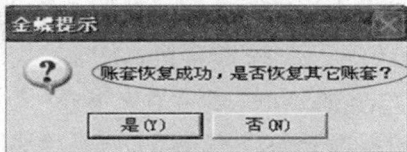

图3-4　账套恢复成功

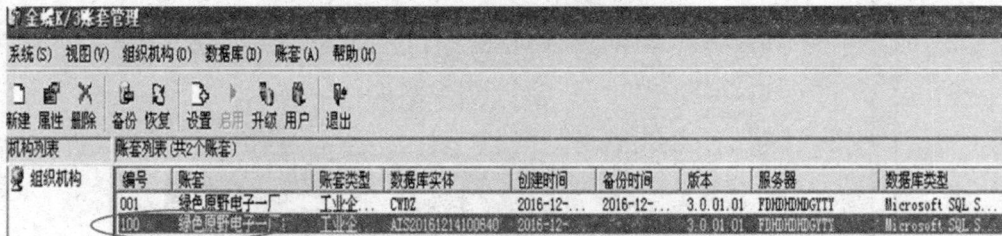

图3-5　显示所恢复账套

小贴士 3-2

利用金蝶K3这一特点，可借助账套名查证是否存在多套账问题。

2.部分金蝶K3版本可以删除凭证，删除凭证后会出现断号，虽然通过调整也可以重新排列凭证号，但查询上机日志仍会发现删除凭证的痕迹。

根据国家发布的企业会计信息化工作规范，会计软件应当提供不可逆的记账功能，确保对同类已记账凭证的连续编号，不得提供对已记账凭证的删除和插入功能，不得提供对已记账凭证日期、金额、科目和操作人的修改功能。但是在规范出台前，金蝶 K3 14.0 之前的版本存在删除凭证功能。

（1）点击"金蝶 K3 主控台"，点选相关账套，录入用户名和密码，进入"金蝶 K3"界面，然后依次点击"财务会计"–"总账"–"凭证处理"–"凭证查询"，如图 3-6 所示。

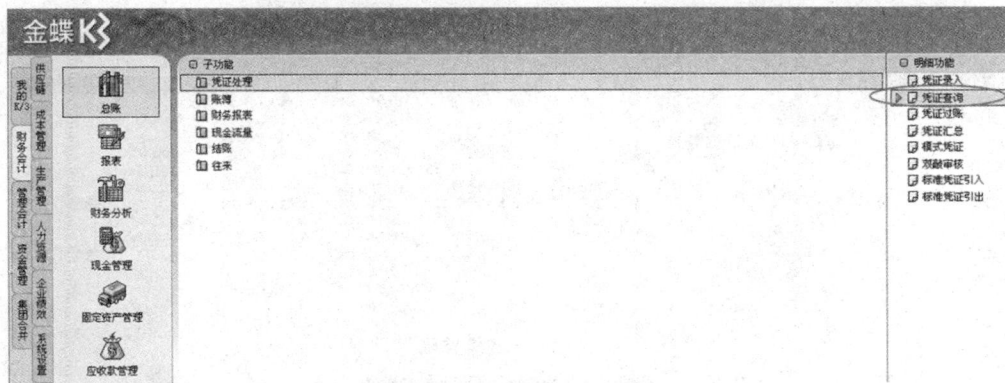

图 3-6　选择"凭证查询"路径

（2）弹出"会计分录序时簿过滤"对话框，在审核部分点选"全部"，在过账部分也点选"全部"，如图 3-7 所示，然后点击"确定"。弹出"会计分录序时簿"即全部凭证列表。

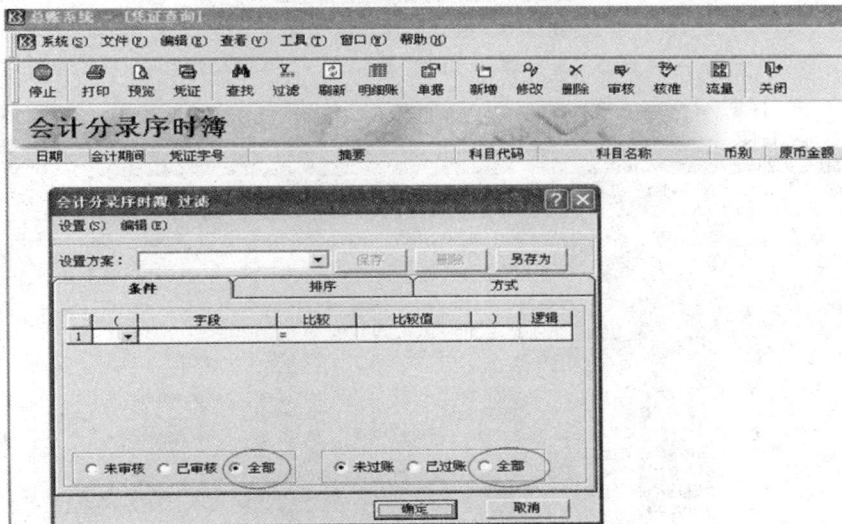

图 3-7　弹出"会计分录序时簿过滤"对话框

（3）在该界面，选中要删除的凭证，本例选中"记-45"，单击"编辑"，在下拉菜单中选中"删除凭证"，如图 3-8 所示。弹出"是否删除当前凭证"对话框，选择"是"，确认删除当前凭证，如图 3-9 所示。

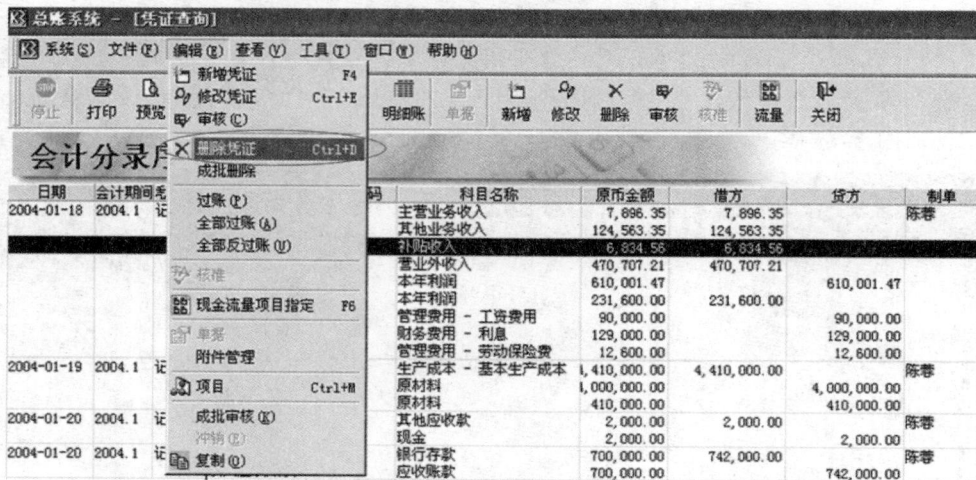

图 3-8　选择"删除凭证"路径

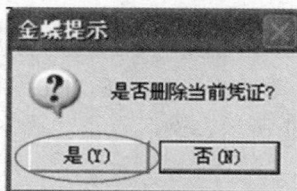

图 3-9　确认删除当前凭证

（4）在"会计分录序时簿"界面可见凭证字号"记-45"已不存在，产生断号，如图 3-10 所示。

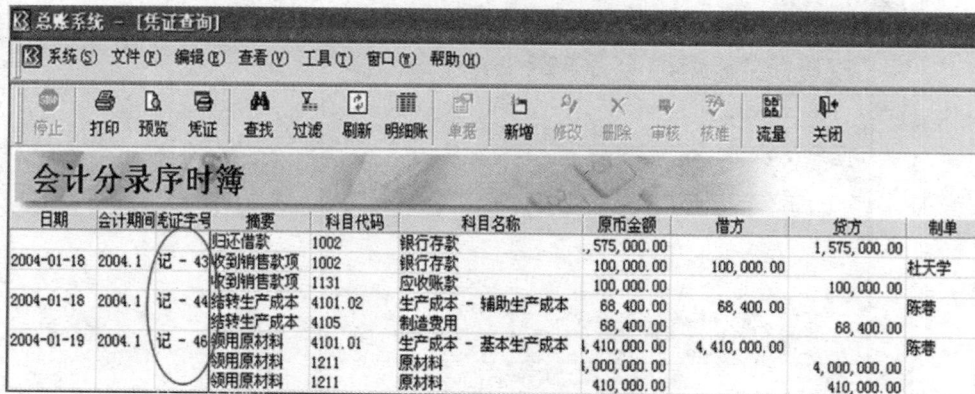

图 3-10　断号凭证

（5）若未进行断号整理重新排序，可通过"凭证过账"中的"断号检查"进行识别。依次点击"财务会计"-"总账"-"凭证处理"-"凭证过账"，进入"凭证过账"界面，点选"断号检查"如图 3-11 所示，弹出"凭证断号检查"对话框，如图 3-12 所示，显示检查结果。

图 3-11　点选"断号检查"　　　　图 3-12　"凭证断号检查"对话框

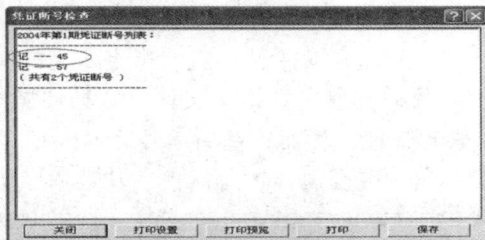

（6）查询上机日志，可见删除凭证的操作。登录"账套管理"，进入"金蝶 K/3 账套管理"界面，依次点击"账套"-"上机日志"，打开上机日志，如图 3-13 所示。查看删除凭证痕迹，如图 3-14 所示。

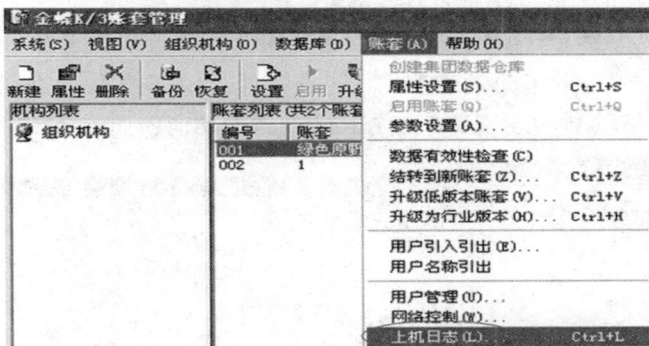

图 3-13　查询"上机日志"

图 3-14　查看删除凭证痕迹

小贴士 3-3

利用金蝶 K3 这一特点，查询并确认纳税人提供给税务机关的账是否经过处理，是否存在多套账。

3. 系统一旦启用，所有年度的数据都放在一个账套。因此，账套可以跨年度连续使用，也可以进行跨年度查询。

（1）登录账套管理，查看指定账套的属性，发现数据库实体文件唯一，即所有年度的数据都放在数据库文件中。具体操作如下：登录"账套管理"，进入"金蝶 K/3 账套管理"界面，选中编号为"001"的账套，点击"属性"，如图 3-15 所示。之后弹出"账套属性"对话框，其数据库实体文件为"CWDZ"，如图 3-16 所示。

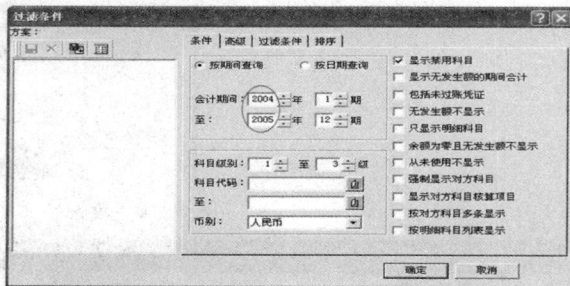

图 3-15　查看账套"属性"

（2）点击"金蝶 K3 主控台"，点选相关账套，录入用户名和密码，进入"金蝶 K3"界面，然后点击查询明细账的"过滤条件"，发现按期间查询时，会计期间可跨年度设置，即金蝶可实现跨年度查询明细账的功能，如图 3-17 所示。

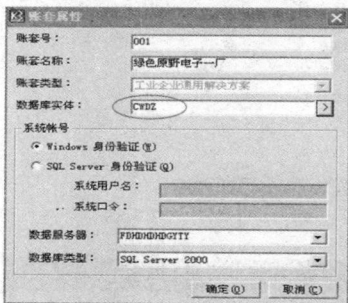

图 3-16　查看数据库实体文件　　　　**图 3-17　跨年度查询明细账**

小贴士 3-4

金蝶 K3 这一特点，为采集证据尤其是跨年度采集证据提供了渠道和方法。

4. 报表的编制可以实现不同账套间的取数（适用于同一中间层服务器上不同账套间的取数）。

如果需要取同一中间层服务器上不同的账套中的数据，则首先要通过工具菜单中的多账套管理连接不同的账套，即配置取数账套。

（1）以资产负债表为例，跨账套编制报表具体操作如下：点击"金蝶 K3 主控台"，点选相关账套，录入用户名和密码，进入主界面，然后依次点击"财务会计"-"报表"-"资产负债表",如图 3-18 所示。

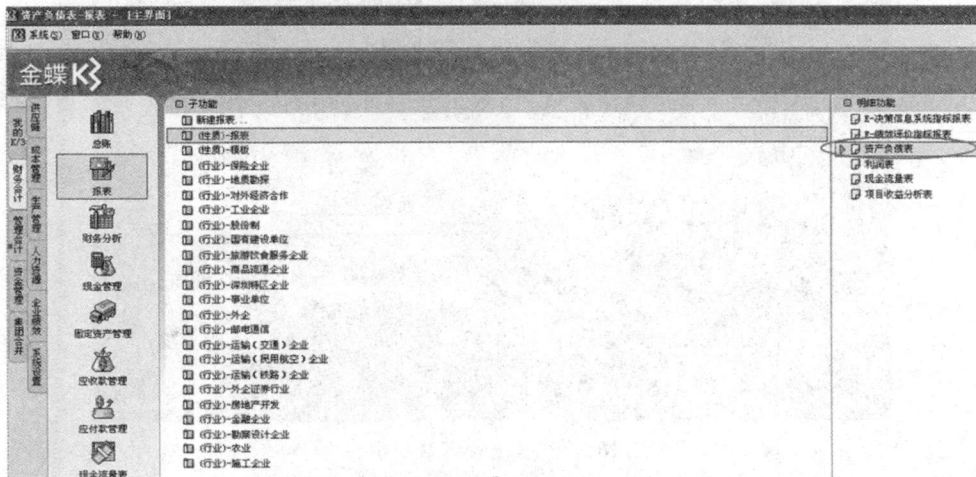

图 3-18　打开"资产负债表"路径

(2) 在资产负债表界面,依次点击"工具"-"多账套管理"如图 3-19 所示。

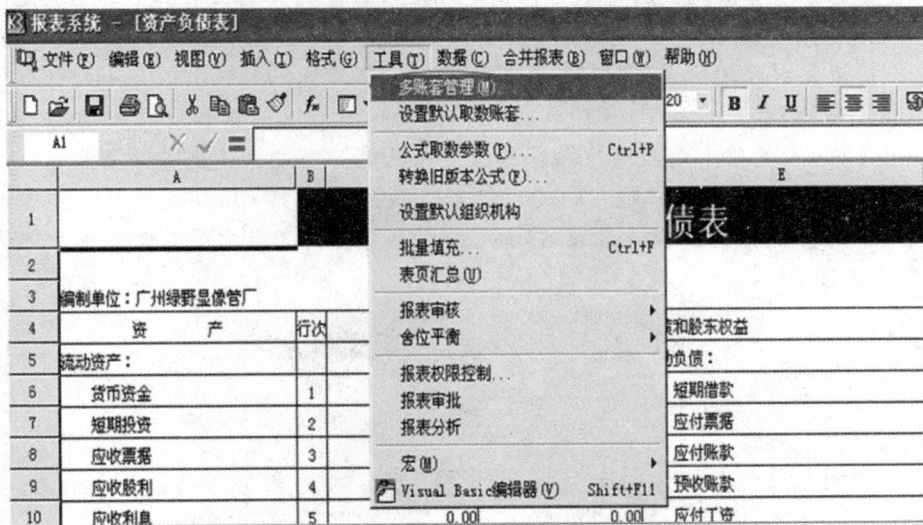

图 3-19　配置取数账套

5. 部分金蝶软件提供多语言版本,如金蝶 K3 系统内置的数据能够进行简体中文、繁体中文和英文的切换。

尽管多语言版本的业务数据能够进行切换,但无法自动切换,需在登录金蝶K3 总控台时选择语言版本,如图 3-20 所示。

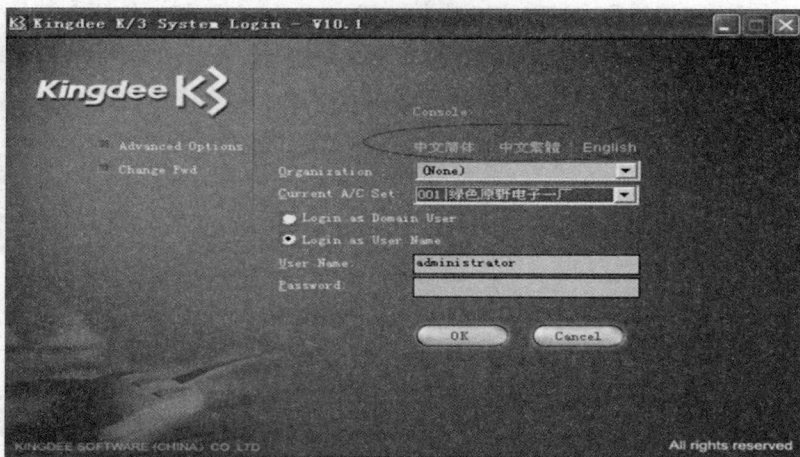

图 3-20　三种语言版本

6.部分版本可自行进行反结账和反过账，部分版本需要借助专门的软件进行反结账和反过账。

根据国家发布的企业会计信息化工作规范，会计软件应当提供不可逆的记账功能，确保对同类已记账凭证的连续编号，不得提供对已记账凭证的删除和插入功能，不得提供对已记账凭证日期、金额、科目和操作人的修改功能，不允许有反结账功能。依据规定，金蝶 K3 14.0 及后续版本取消了反结账和反过账功能。金蝶 K3 WISE V14.0 软件上也没有反结账和反过账功能。但是，违规的反结账和反过账操作仍然是存在的——利用专门的反结账、反过账工具 Close Tool 可以实现该操作。双击打开该工具，登录金蝶 K3 后会有 2 个按钮："启用反结账"和"关闭反结账"，如图 3-21 所示。

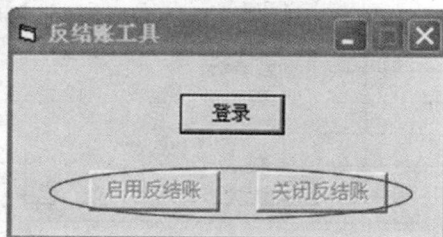

图 3-21　反结账工具

自带反结账和反过账的版本在"期末结账"界面，有"反结账"选项，点选该项即可进行反结账操作，如图 3-22 所示。在反结账完成后，再进入"凭证查询"界面，单击鼠标右键，弹出工具条，可选择"反过账"或"全部反过账"，如图 3-23 所示。

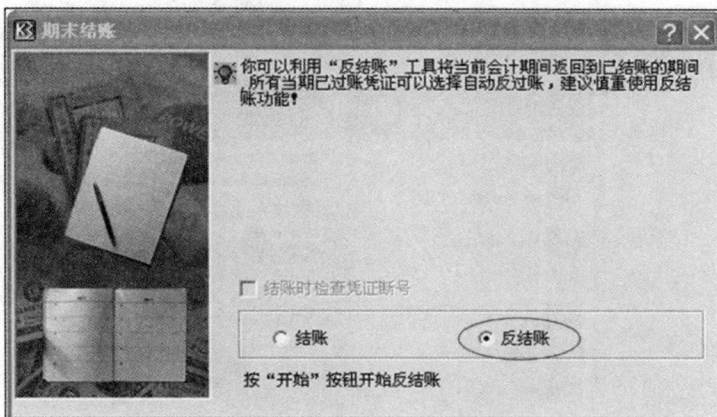

图 3-22 "反结账"的设置

图 3-23 "反过账"的设置

小贴士 3-5

反结账和反过账功能往往被用来制作多套账。因此，在检查时，要先分析纳税人所提供的账是否使用过反结账和反过账功能。

三、金蝶 K3 软件功能介绍

（一）系统结构组成

金蝶 K3 属于三层架构，由数据库（SQL）、中间层（数据存储端）、客户端（操作终端）构成。数据库服务器与中间层服务器可以在同一台服务器上，也可以不在同一台服务器上。若在一台服务器同时安装数据库（SQL）、中间层、客户端，系统安装后分别对应图 3-24 中的服务管理器、账套管理、金蝶 K3 主控台。

图 3-24　金蝶 K3 构成

1.服务管理器，主要对金蝶 K3 运行产生的数据进行管理。登录服务管理器可以获取数据库类型和服务器名称，可对服务管理器进行启动、暂停和停止等操作。服务管理器功能如图 3-25 所示。

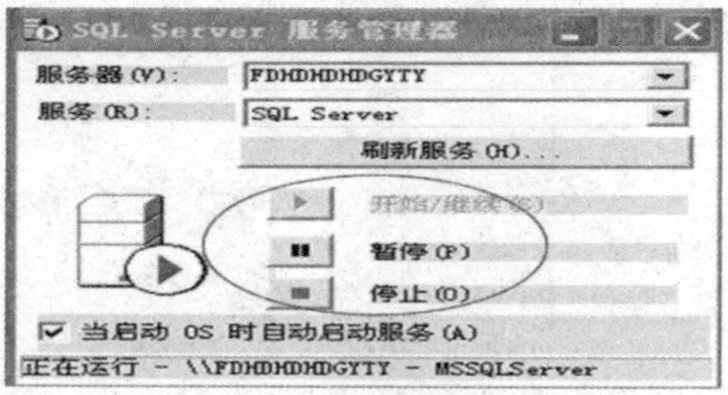

图 3-25　服务管理器功能

小贴士 3-6

一般而言，金蝶软件所有的账套数据均存储在一个服务管理器上，因此找到服务管理器，即可找到所有账套；同时，纳税人可以通过暂停或停止服务管理器妨碍税务机关实施税务检查。

2.账套管理，主要实现新建、备份、恢复和删除账套等功能以及对用户的设置、授权等。账套管理功能如图 3-26 所示。

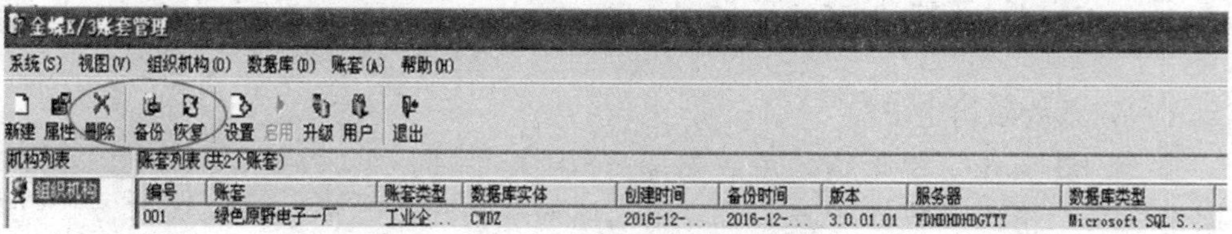

图 3-26　"账套管理"的功能

小贴士 3-7

如果纳税人设有多套账且没有将其删除，登录账套管理，在账套列表中即可看到所有账套以及该账套的数据库文件名、所在服务器。因此可通过查看账套管理，确认纳税人是否设立多套账。

3. 金蝶 K3 主控台，主要功能模块有财务会计、管理会计、资金管理、供应链、成本管理、生产管理、人力资源、企业绩效等。金蝶 K3 主控台功能如图 3-27所示。

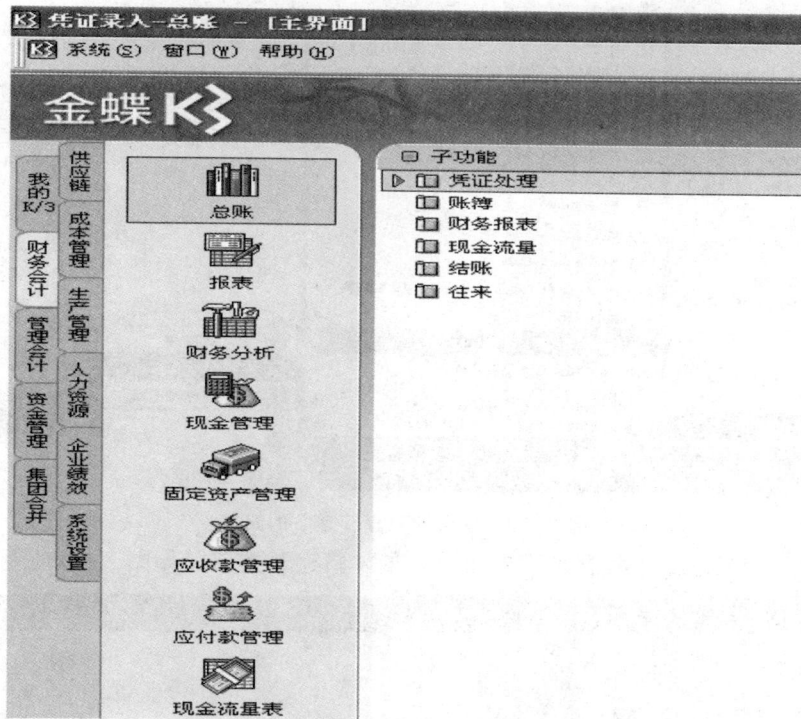

图 3-27 "金蝶 K3 主控台"功能

（二）各模块的主要功能

1.K3 中间层实现以下功能

（1）账套管理

①新建账套。账套号、账套名不能重复但可修改，但账套类型不可更改。具体操作如下：登录安装了中间层的服务器（电脑），然后依次点击"开始"-"所有程序"-"金蝶 K3"-"中间层服务部件"-"账套管理"，如图3-28所示。

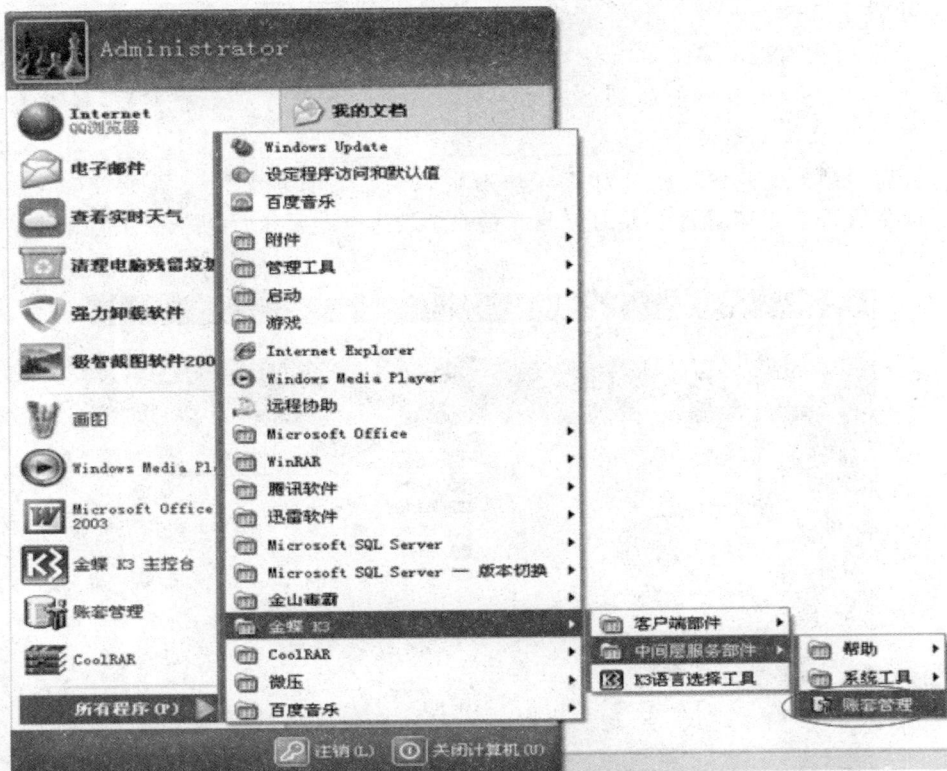

图 3-28　登录"账套管理"的路径

进入"金蝶 K/3 账套管理"界面,点击"新建"按钮,如图 3-29 所示。

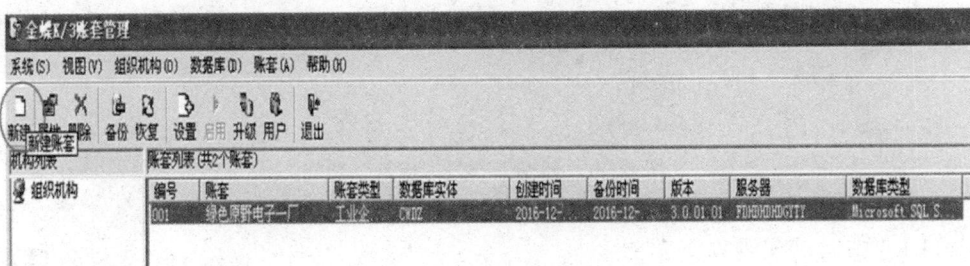

图 3-29　新建账套

弹出"新建账套"对话框,本例录入账套号"002",账套名称为"1",点击"账套类型"-"数据库文件路径"-"数据库日志文件路径",并设定新账套信息,如图 3-30 所示。

点击"确定",返回"金蝶 K/3 账套管理"界面,"账套列表"中出现新建账套"002",如图 3-31 所示。

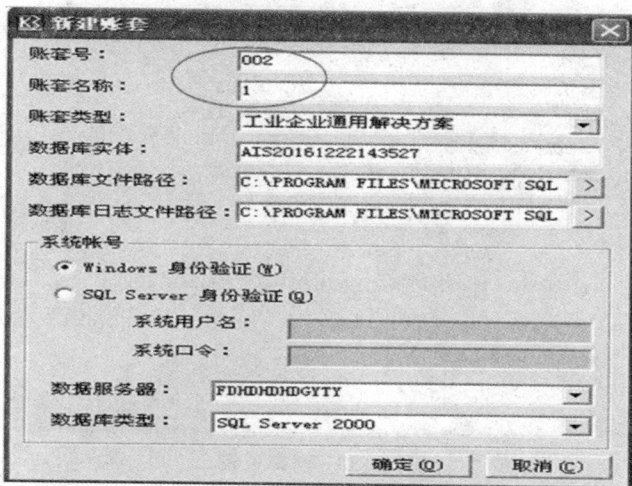

图 3-30　设定新账套信息

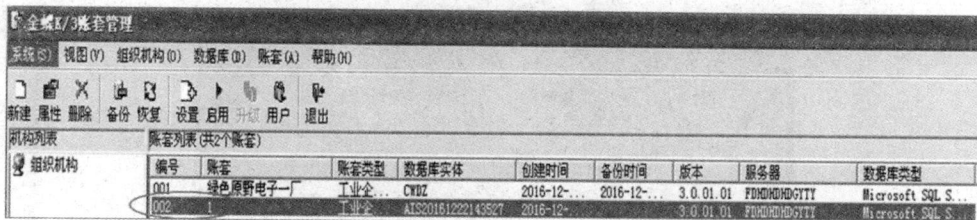

图 3-31　查看新建账套

②设置参数和属性。公司名称可改，其他参数在账套启用后即不可更改（包括总账启用期间）。具体操作如下：在"金蝶 K/3 账套管理"界面，点击"账套" - "参数设置"，如图 3-32 所示。

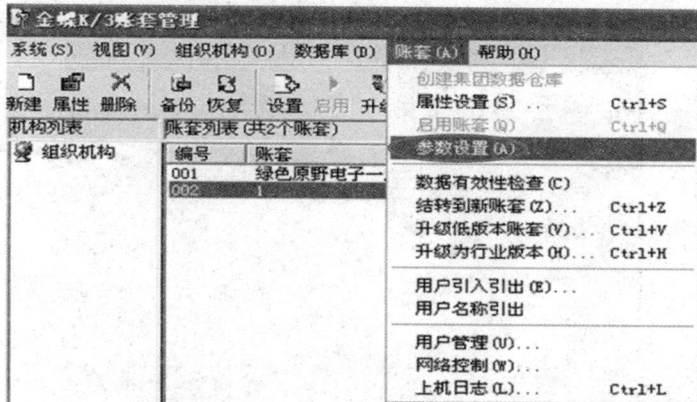

图 3-32　点选"参数设置"的路径

弹出"参数设置"对话框，点选具体的设置，如图 3-33 所示。

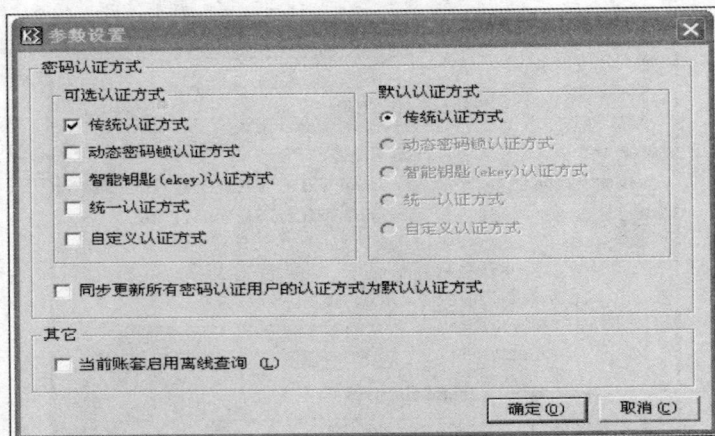

图 3-33　参数设置

在图 3-32 界面，点击"账套"－"属性设置"，弹出"属性设置"对话框，如图 3-34（1）、图 3-34（2）、图 3-34（3）所示。

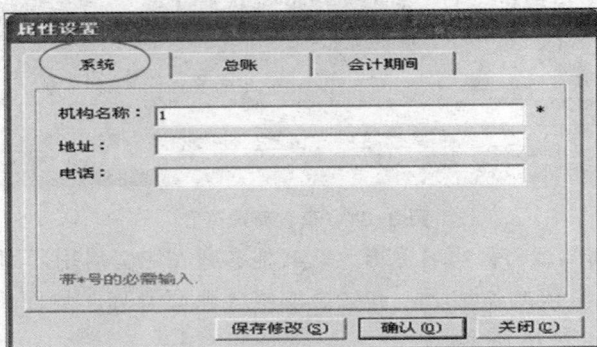

图 3-34（1）　属性设置——系统

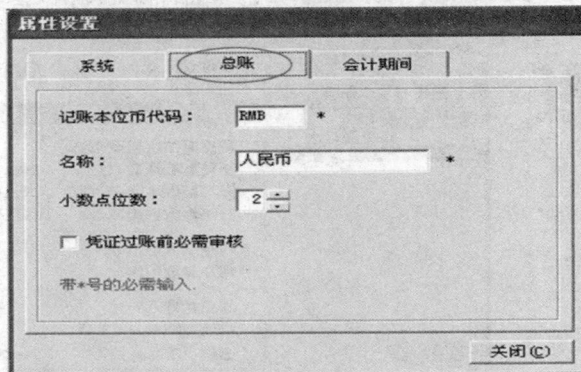

图 3-34（2）　属性设置——总账

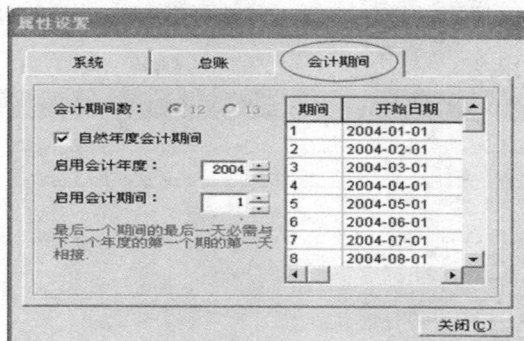

图 3-34（3）　属性设置——会计期间

小贴士 3-8

账套的数据库实体文件由 "ais+账套设立时间" 构成，利用这一特点，可通过搜索 "ais" 查到数据库实体文件；同时也可通过查看文件名判定账套的设立时间。一般来说，数据库文件路径和数据库日志文件路径为默认，若不更改，则所有账套数据库文件均存储在该路径下。因此，可利用这一特点，查询是否有多套账问题。

（2）备份与恢复

①备份。备份路径和备份方式可自行选择，备份文件不能直接打开使用。

具体操作如下：在 "金蝶 K/3 账套管理" 界面，选中要备份的账套 "001"，点击 "备份"，如图 3-35 所示。

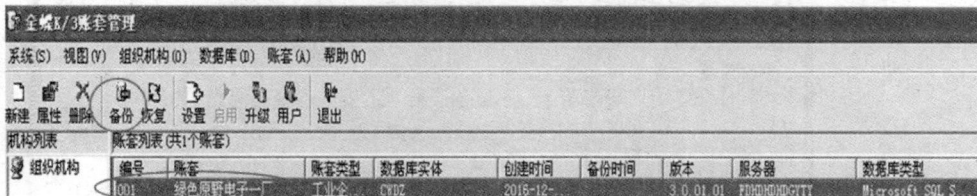

图 3-35　备份账套

弹出 "账套备份" 对话框，点选 "备份方式"，如图 3-36 所示。

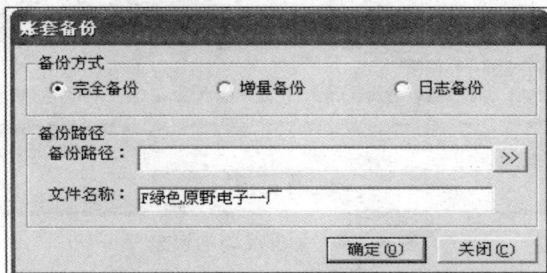

图 3-36　选择 "备份方式"

点击"备份路径"后面的按钮，弹出"选择数据库文件路径"对话框，确定备份文件存储位置，如图 3-37 所示。

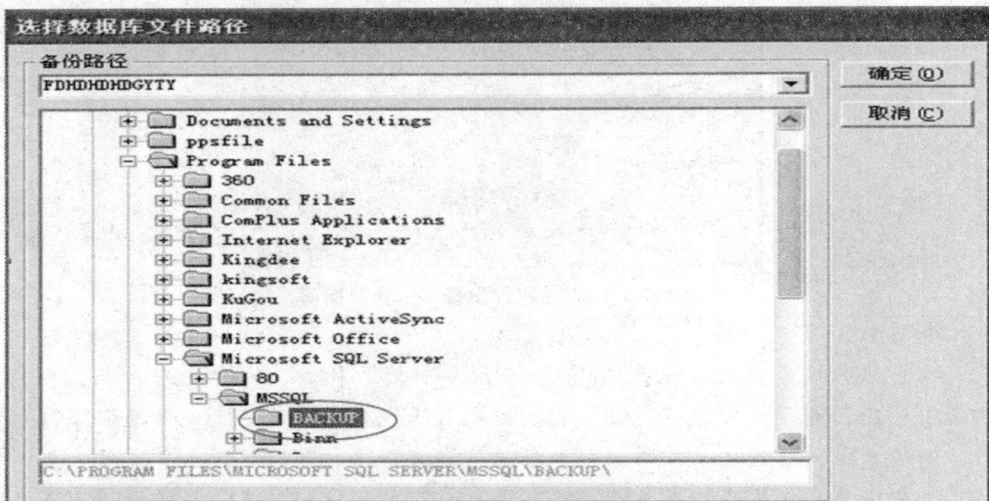

图 3-37　确定备份文件存储位置

点击"确定"后，返回"账套备份"对话框，如图 3-38 所示。点击"确定"后，弹出"金蝶提示"对话框，提示生成两个备份文件，如图 3-39 所示。

图 3-38　确定"备份路径"

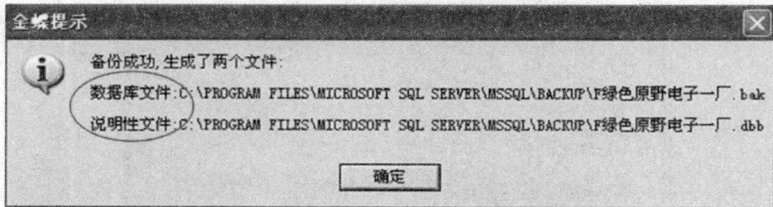

图 3-39　备份成功的提示

②恢复。恢复与备份是对应的过程，一般情况下，当纳税人的原账套受到损

坏，可通过备份文件进行恢复，恢复时"账套号""账套名"不允许重复。具体操作如下：在"金蝶 K/3 账套管理"界面，点击"恢复"按钮，弹出"恢复账套"对话框，选中备份文件，如图 3-40 所示。

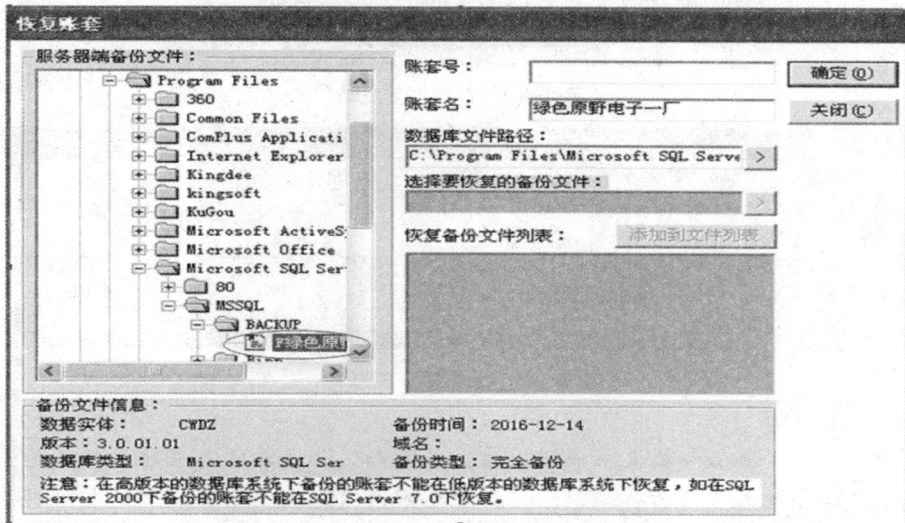

图 3-40　选中备份文件

重新设定账套号和账套名称，点击"确定"，如图 3-41 所示。弹出"金蝶提示"对话框，提示账套恢复成功，如图 3-42 所示。同时，在"金蝶 K/3 账套管理"界面，"账套列表"显示恢复的账套，如图 3-43 所示。

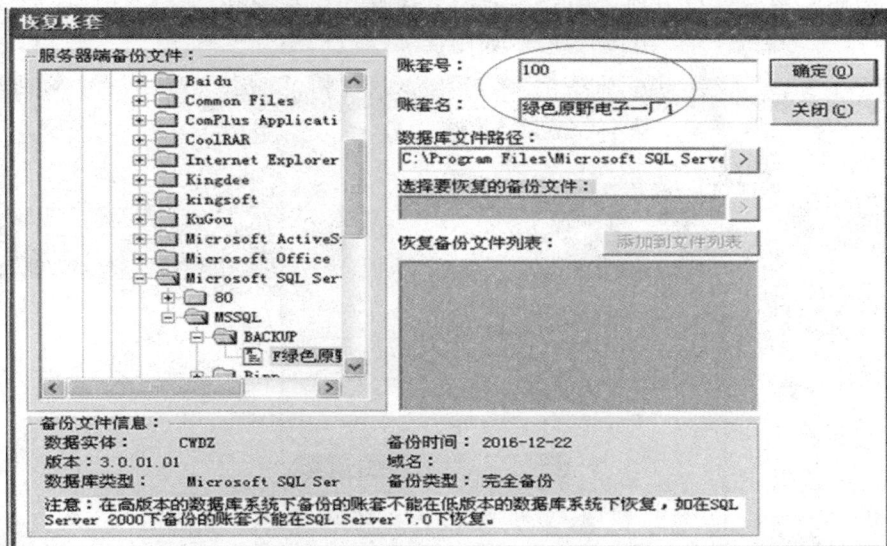

图 3-41　重新设定账套号和账套名称

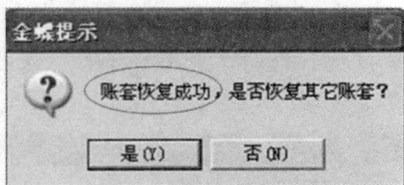

图 3-42　账套恢复成功

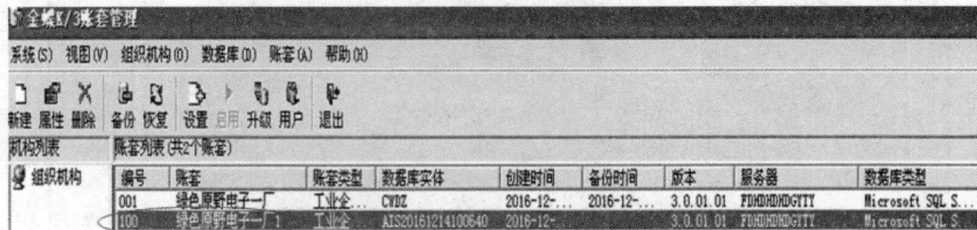

图 3-43　显示恢复的账套

> **小贴士 3-9**
>
> 　　纳税人利用备份和恢复功能可以生成多套账，但是在没有删除原账套的情况下，会在账套列表中有所体现。另外，税务人员可以利用金蝶软件的备份功能采集电子财务资料，但要利用恢复功能将采集的电子财务资料引入软件中进行检查，则必须有与纳税人相同版本的财务软件。

（3）用户管理

　　①新建用户。新建用户可在账套管理（中间层）实现，也可在金蝶 K3 总控台（客户端）实现。这里以前者为例，介绍具体操作流程。在"金蝶 K/3 账套管理"界面，点选"账套"-"用户管理"，如图 3-44 所示。

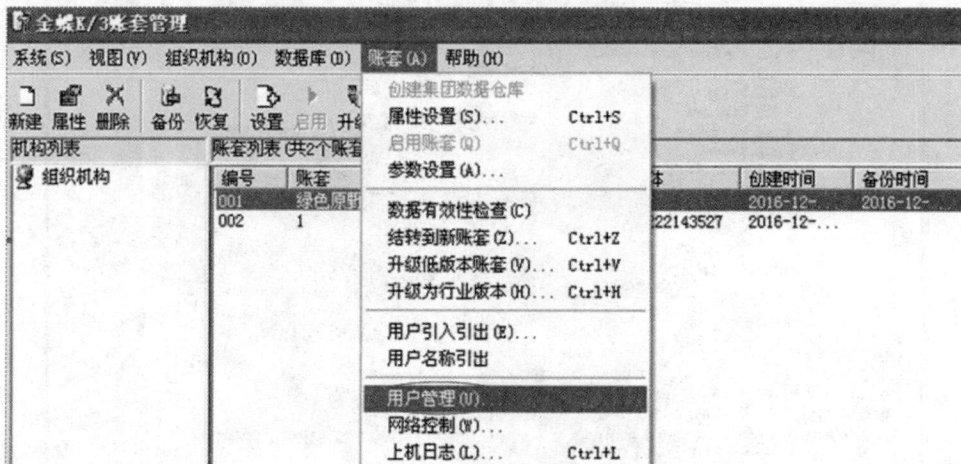

图 3-44　点选账套管理中的"用户管理"

弹出"用户管理"对话框，点选"用户"-"新建用户"，如图 3-45 所示。

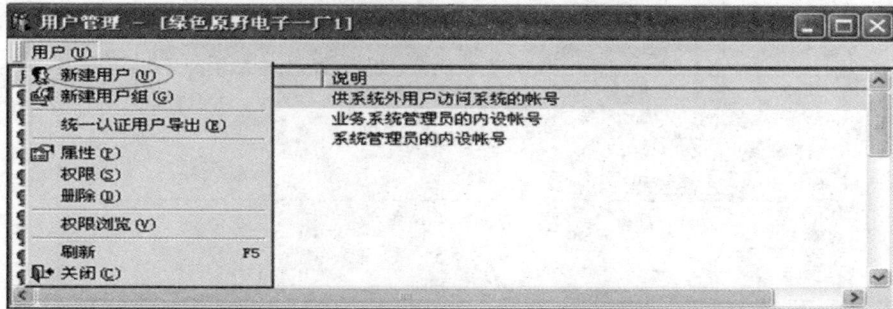

图 3-45　账套管理中的"新建用户"

进入"新增用户"界面，点击"用户姓名"后的按钮，如图 3-46 所示。

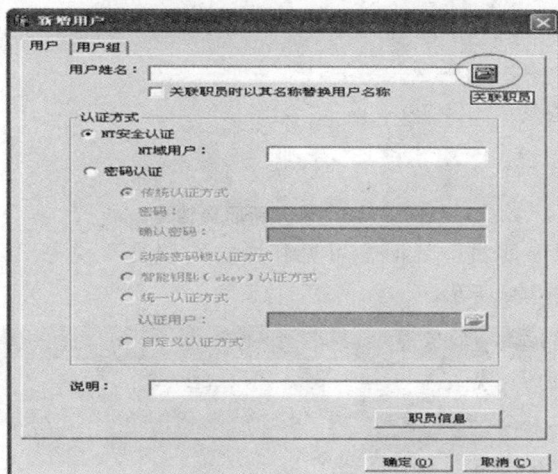

图 3-46　关联职员

进入"核算项目-职员"界面，点选"新增"，如图 3-47 所示。

图 3-47　新增职员

进入"职员-新增"界面，录入职员信息，本例代码为"税务人员"，名称为"税务"，点击"保存"，如图3-48所示。

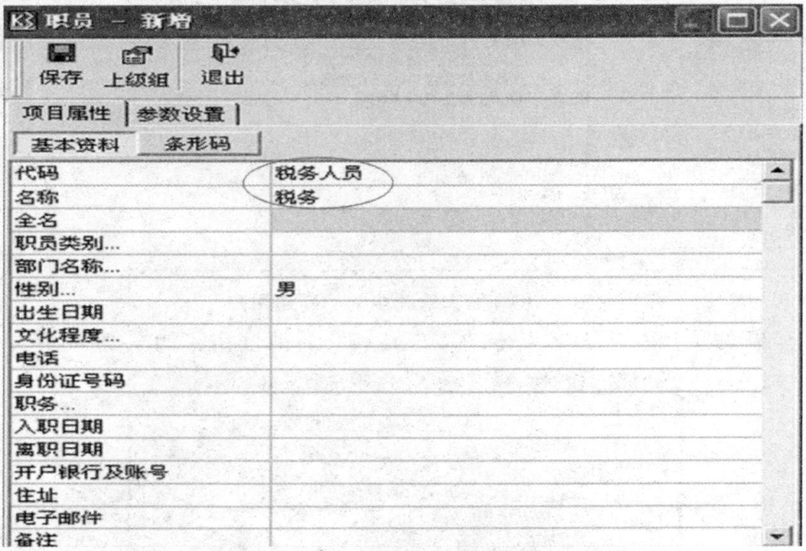

图 3-48　录入新职员信息

返回"核算项目-职员"界面，可见新增加的职员"税务"，点选新增加职员，点击"退出"如图3-49所示。

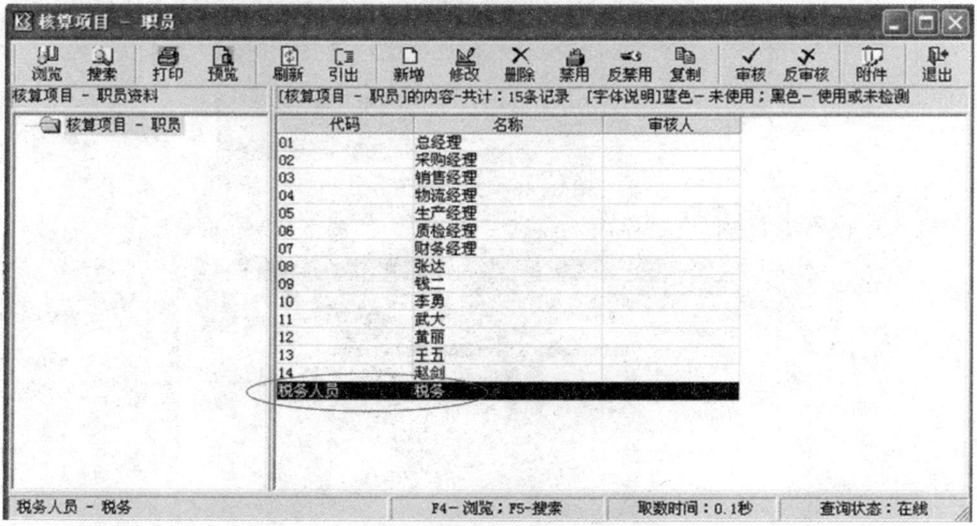

图 3-49　显示新添加的职员

返回"新增用户"界面。"用户姓名"栏显示新增职员"税务"，同时，点选"密码认证"设置密码，点击"确定"，如图3-50所示。

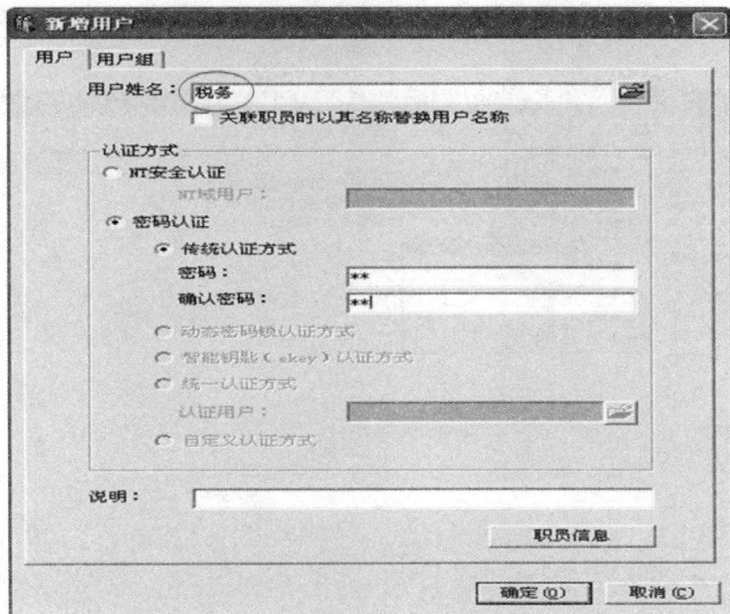

图 3-50　设置密码

　　返回"用户管理"界面，在"用户名"中可见新增职员"税务"，如图 3-51
所示。

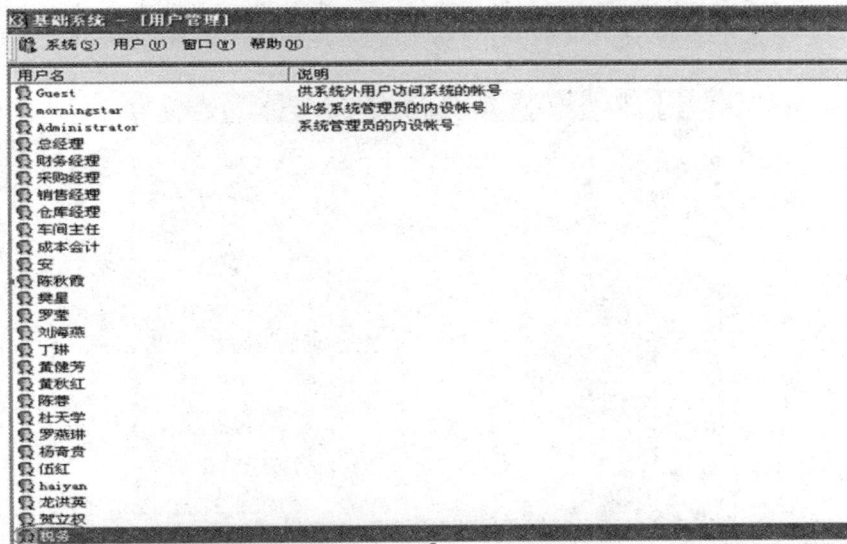

图 3-51　新增用户成功

　　②用户授权。只有系统管理员才可以给一般用户进行授权，授权可在账套管理
（中间层）进行，也可在金蝶 K3 总控台（客户端）进行。以后者为例，点击金蝶

K3 主控台，点选相关账套，录入用户名和密码，进入"主"界面，然后依次点击"系统设置"–"用户管理"–"用户"–"权限"，如图 3-52 所示。

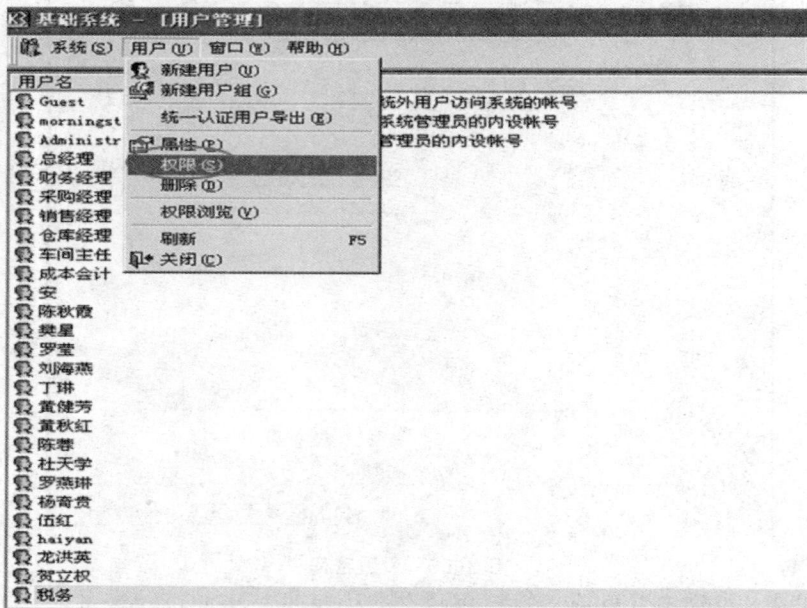

图 3-52　点选"权限"

进入"用户管理_权限管理"界面，勾选各模块的查询权，点击"确认"如图 3-53 所示。

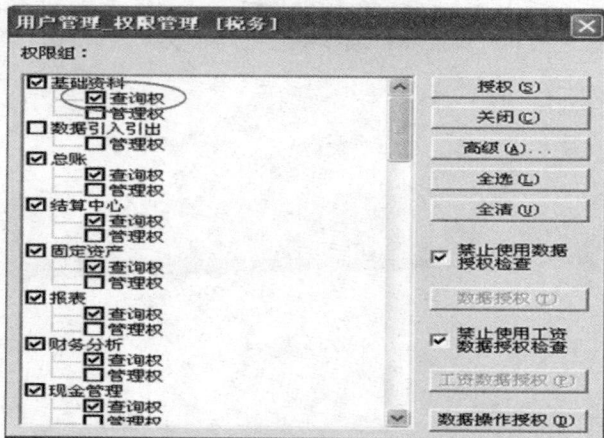

图 3-53　授以"查询权"

授权之后，即可以新用户身份登录金蝶 K3 主控台，实现操作，如图 3-54 所示。

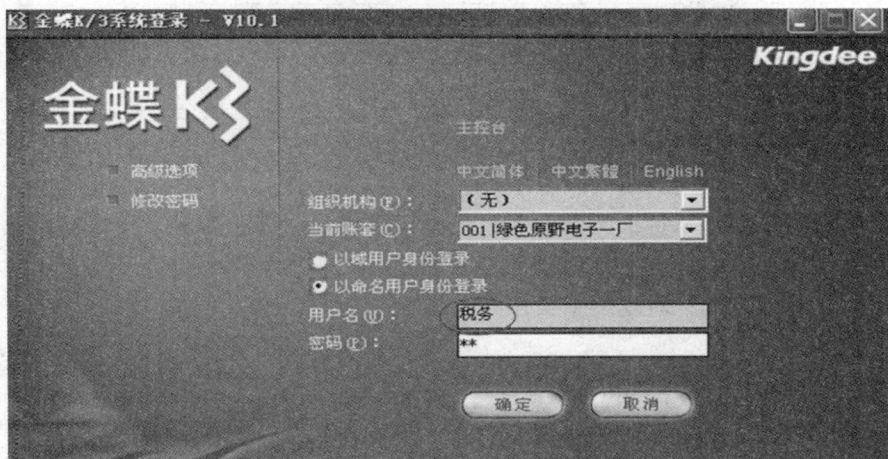

图 3-54　以新用户身份登录"金蝶 K3 主控台"

小贴士 3-10

　　对纳税人的金蝶 K3 系统进行检查时，为保证数据安全、减少检查风险，可利用该设置要求账套管理员将税务人员作为新用户增加到系统中并只授予查询权。

---

　　③查看软件版本及版本号。中间层与客户端均可通过"帮助"菜单下的"关于"实现这一功能。具体操作如下：在图 3-32 界面，依次点击"财务会计"-"帮助"-"关于"，如图 3-55 所示，进入"金蝶 K3"界面，显示版本，本例金蝶 K3 为 10.1 版本，如图 3-56 所示。

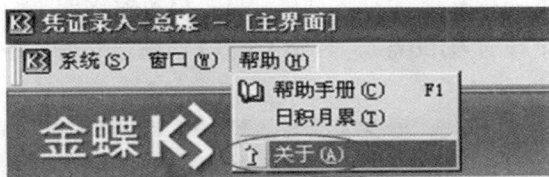

图 3-55　点选"关于"

图 3-56　查看版本

小贴士 3-11

对纳税人的金蝶 K3 系统进行检查时，可利用这项设置，了解金蝶财务软件
的版本，进而确定其功能，为下一步的检查提供参考。

2.K3 客户端的主要功能

（1）基础资料

基础资料服务于系统框架的设置，包括以下模块：公共资料、集团基础数据平
台、仓存管理、采购管理、销售管理、存货管理、成本管理、应收款管理、应付款
管理、预算管理、项目管理、结算中心、质量管理等，如图 3-57 所示。

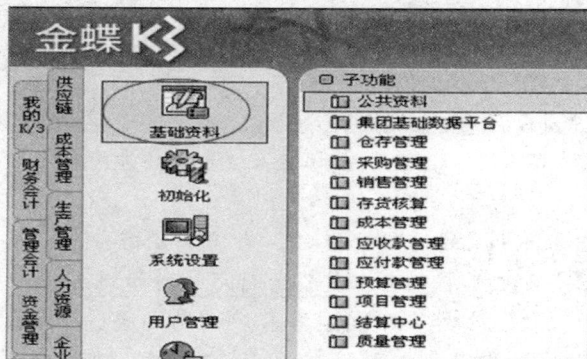

图 5-57 "基础资料"的内容

其中，公共资料包括以下模块：科目、币别、凭证字、计量单位、结算方式、
仓位、核算项目管理（核算项目不是明细科目，但可充当明细科目使用，一个科目
可平行下挂 1 024 个核算项目类）、客户、部门、职员、物料、仓库、供应商等，
如图 3-58 所示。

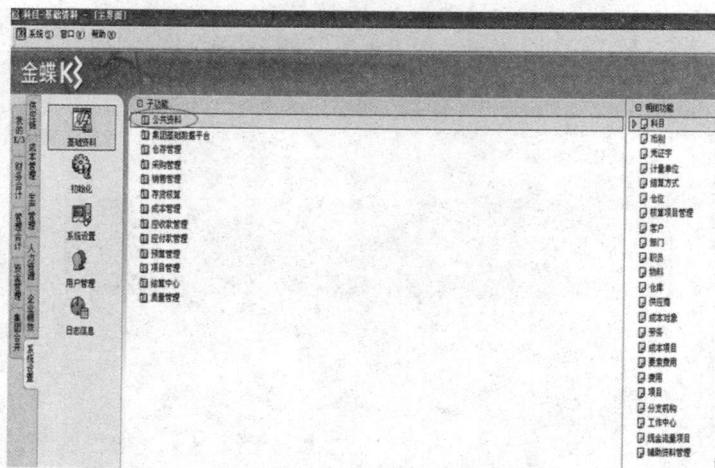

图 3-58 "公共资料"的内容

小贴士 3-12

税务人员查询基础资料，可以迅速了解纳税人的情况，尤其是与财务核算相关的资料，帮助税务人员确定检查重点和线索。

（2）总账系统（核心基础系统）

①新增凭证。具体操作如下：点击"金蝶 K3 主控台"，点选相关账套，录入用户名和密码，进入"金蝶 K3"界面，然后依次点击"财务会计"–"总账"–"凭证处理"–"凭证录入"，如图 3-59 所示。

图 3-59　新增凭证的路径

②修改、删除凭证。在凭证录入窗口中用户所录入的凭证都是以会计分录序时簿形式存在，在此窗口中可看到想要查看、修改、删除的凭证。具体操作如下：点击"金蝶 K3 主控台"，点选相关账套，录入用户名和密码，进入"金蝶 K3"界面，然后依次点击"财务会计"–"总账"–"凭证处理"–"凭证查询"，如图 3-60 所示。

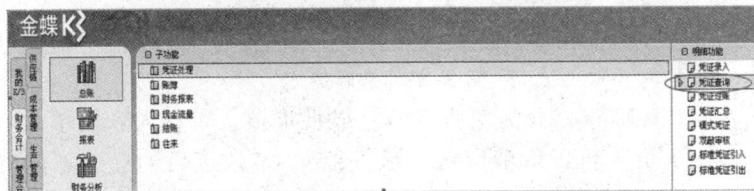

图 3-60　点击"凭证查询"的路径

弹出"会计分录序时簿过滤"对话框，勾选过滤条件，点击"确定"，如图 3-61 所示。

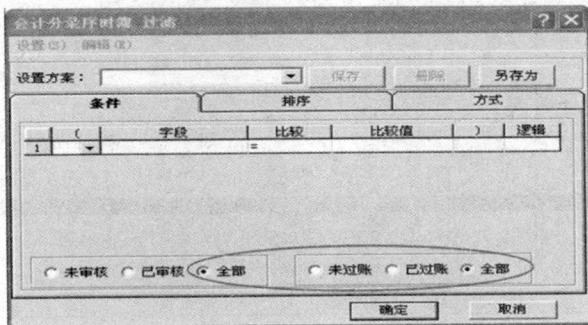

图 3-61　凭证过滤条件的设置

进入"会计分录序时簿"界面，选中需修改的凭证，点击"修改"按钮，如图 3-62 所示。

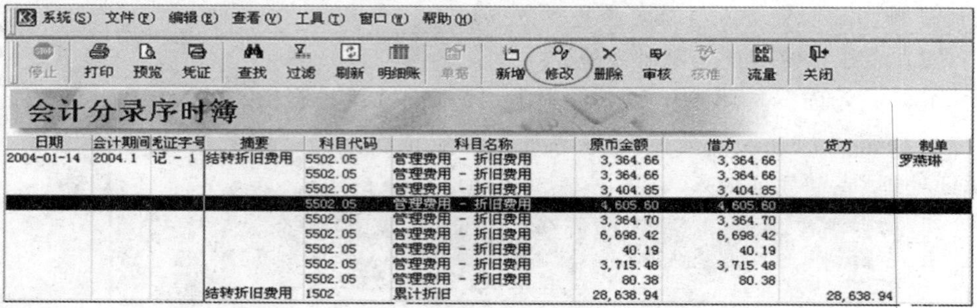

图 3-62　修改凭证

选中需删除的凭证，然后点击"删除"按钮，如图 3-63 所示。

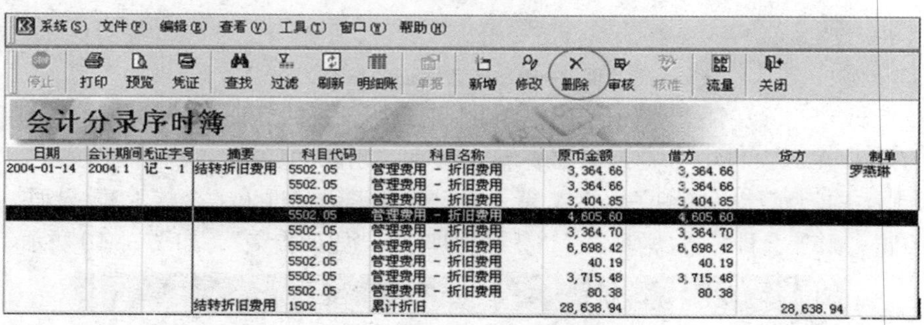

图 3-63　删除凭证

③凭证审核。凭证审核分为单张审核、成批审核，审核人和制单人不能为同一人，只有原审核人员才可以取消审核（反审核），审核以后的凭证不能直接修改和删除。具体操作如下：点击"金蝶 K3 主控台"，点选相关账套，录入用户名和密码，进入"金蝶 K3"界面，依次点击"财务会计"-"总账"-"凭证处理"-"凭证查询"-"审核"按钮，如图 3-64 所示。

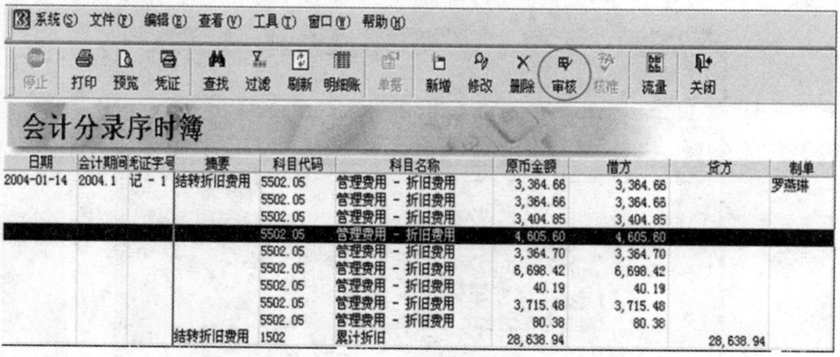

图 3-64　审核凭证

④凭证过账。凭证过账的具体操作如下：点击"金蝶K3主控台"，点选相关账套，录入用户名和密码，进入"金蝶K3"界面，然后依次点击"财务会计"–"总账"–"凭证处理"–"凭证过账"，如图3-65所示。然后在过账向导的带领下，完成过账操作。

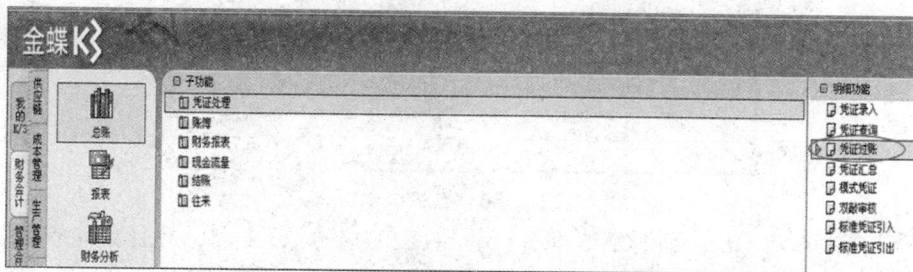

图3-65　凭证过账

⑤凭证查询。金蝶K3为用户提供灵活方便的凭证查询方式，查询过滤具体操作如下：点击"金蝶K3主控台"，点选相关账套，录入用户名和密码，进入"金蝶K3"界面，依次点击"财务会计"–"总账"–"凭证处理"–"凭证查询"，如图3-66所示。

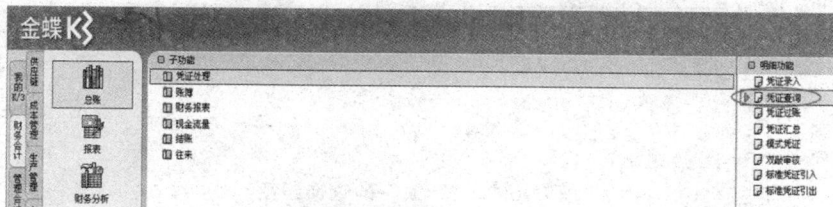

图3-66　凭证查询

查询方式有两种，一种是无机查询，如图3-67所示；一种是有机查询，如图3-68所示。

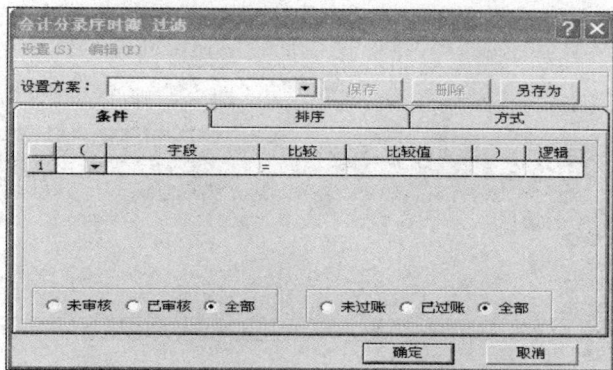

图3-67　无机查询

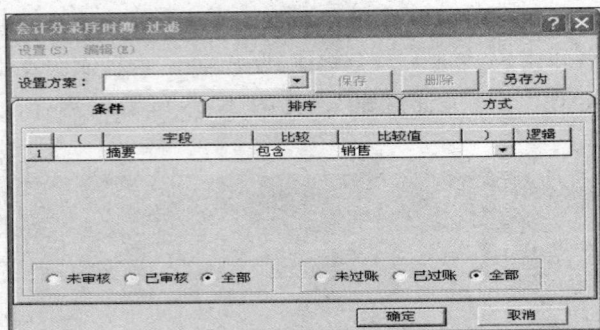

图 3-68　有机查询

　　⑥账簿查询。总账和明细账都可以跨年度和月份进行查询，并且只能查询，不能直接修改。具体操作如下：点击"金蝶 K3 主控台"，点选相关账套，录入用户名和密码，进入"金蝶 K3"界面，依次点击"财务会计"－"总账"－"账簿"，选择各类账簿（如明细分类账），如图 3-69 所示。

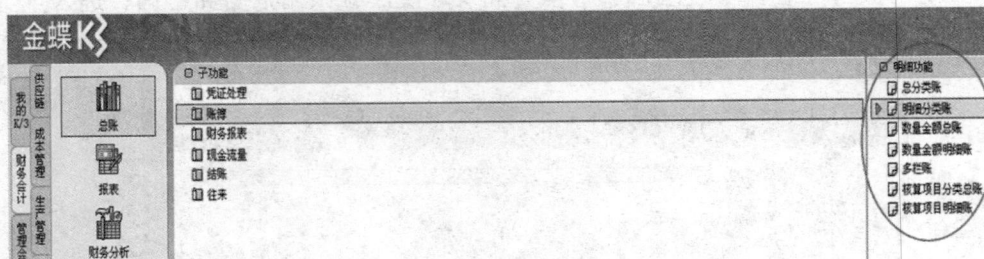

图 3-69　"账簿"的查询路径

　　⑦期末结账。结账之前，按企业财务管理和成本核算的要求，必须进行制造费用、产品生产成本的结转，期末调汇及损益结转等工作。若为年底结转，还必须结平本年利润和利润分配账户。结账的结果是当前期加 1，业务发生转到下一期。期末结账包括期末调汇、结转损益、自动转账、期末结账。具体操作如下：点击"金蝶 K3 主控台"，点选相关账套，录入用户名和密码，进入"金蝶 K3"界面，然后依次点击"财务会计"－"总账"－"结账"－"期末结账"，如图 3-70 所示。

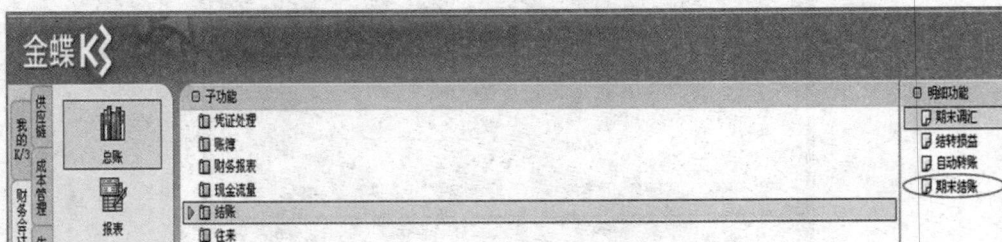

图 3-70　期末结账

小贴士 3-13

总账系统是金蝶软件的核心部分，对凭证和账簿的查询都在该系统进行，是税务检查的重点部分。

（3）报表

报表的编制有两种方法，一种方法是利用模板中的报表修改而成，具体操作如下：点击"金蝶 K3 主控台"，点选相关账套，录入用户名和密码，进入"金蝶 K3"界面，然后依次点击"财务会计"-"报表"-"模板"，选择各类报表（如利润表，图中老版软件显示为"收益表"），如图 3-71 所示；另一种方法是新建报表，须定义取数公式和报表格式，具体操作如下：点击"金蝶 K3 主控台"，点选相关账套，录入用户名和密码，进入"金蝶 K3"界面，然后依次点击"财务会计"-"报表"-"新建报表"，如图 3-72 所示。

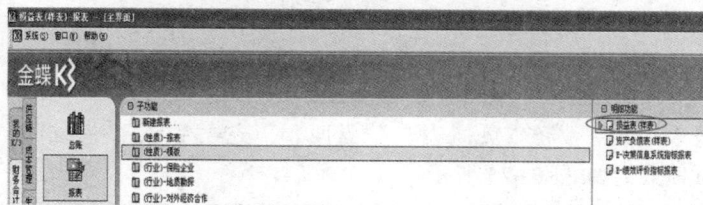

图 3-71　利用报表模板生成报表的路径

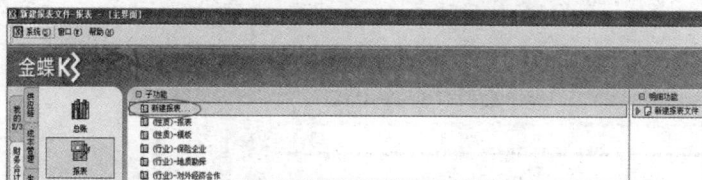

图 3-72　新建报表的路径

报表的处理主要包括公式取数参数的设置和报表的生成。进入报表后要设置报表各单元格的公式取数参数，首先点击"金蝶 K3 主控台"，点选相关账套，录入用户名和密码，进入"金蝶 K3"界面，然后依次点击"财务会计"-"报表"-"报表"-"资产负债表"，进入"报表系统-资产负债表"界面，点选"工具"-"公式取数参数"，如图 3-73 所示。

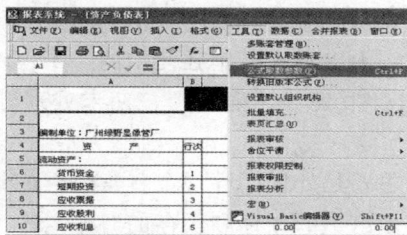

图 3-73　点选"公式取数参数"

进入"设置公式取数参数"界面，设置好后，如图 3-74 所示，点击"确定"。

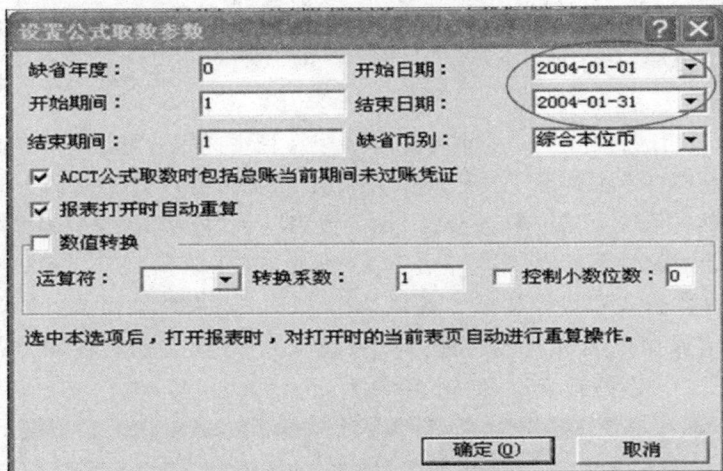

图 3-74　设置公式取数参数

返回"报表系统-［资产负债表］"界面，点选"数据"-"报表重算"，并得出所需资产负债表，如图 3-75 所示。

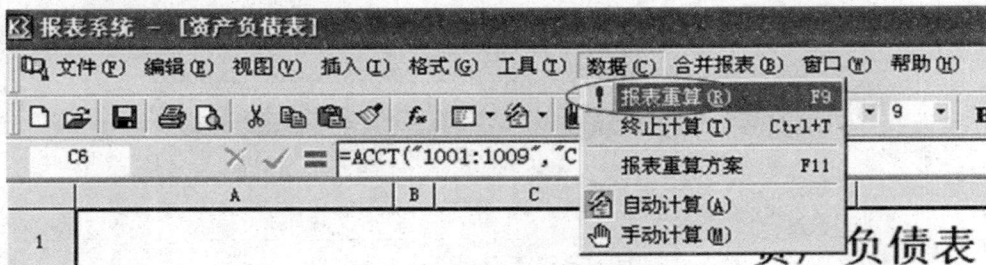

图 3-75　报表重算

小贴士 3-14

　　财务报表由总账数据自动生成，是向税务机关申报的资料之一，也是税务检查的重要内容，了解报表生成原理和流程，对税务人员至关重要。

（4）现金管理

现金管理系统是和总账系统相对独立的一个模块，其中不会产生任何凭证，对总账不会有任何影响，可作为出纳人员单独使用的一个模块。现金管理系统包括库存现金、银行存款、票据、报表、凭证管理、期末处理等子模块。主要功能模块如下：

①库存现金日记账：主要是处理库存现金日常收付的记录。

②现金盘点单：主要是出纳的账存和实存的对账。

③现金对账：主要是处理出纳账和会计账的对账。选择要对账的现金科目和对

账期间即可生成一张现金对账情况表。

④现金日报表：查看现金科目某一天的收支及余额情况、当天借贷方的发生笔数。

⑤银行存款日记账：主要是处理出纳日常的银行存款收付事项。

⑥银行对账单：出纳人员把银行定期寄来的对账单逐笔录入。

⑦银行存款对账：是银行日记账和银行对账单的勾对。对账有自动对账和手工对账两种方式，自动对账的条件有金额相等、结算方式相等、结算号相等、日期相等。银行存款对账必须满足的"基本条件"就是金额相等。

⑧余额调节表：做完银行存款对账后可生成余额调节表。

⑨银行存款日报表：查看银行存款科目某一天的收支及余额情况、当天借贷方的发生笔数。

上述功能模块中，现金功能模块如图 3-76 所示，银行存款功能模块如图 3-77 所示。

图 3-76　"现金"功能模块

图 3-77　"银行存款"功能模块

（5）人力资源

人力资源模块包括人力资源、工资管理和统计分析三个子模块。

①人力资源，包括基础数据管理、规划数据管理和人力资源 Web 系统。其中，基础数据管理所包括的功能模块如图 3-78 所示。

图 3-78　"人力资源"功能模块

②工资管理模块包括设置、工资业务、人员变动、工资报表、基金设置、基金计算、基金报表。工资业务可实现工资录入、工资计算、所得税计算、费用分配、工资凭证管理、工资审核、期末结账，如图 3-79 所示；人员变动包括人员变动一览表、人员变动处理、人力资源异动查询，如图 3-80 所示；工资报表包括工资条、工资发放表、工资汇总表、工资统计表、银行代发表、职员台账表、职员台账汇总表、个人所得税报表、工资费用分配表、工资配款表、人员结构分析、年龄工龄分析，如图 3-81 所示。

图 3-79　"工资业务"功能模块

图 3-80　"人员变动"功能模块

图 3-81　"工资报表"功能模块

小贴士 3-16

了解该模块的功能和设置，可以帮助税务人员实现对人员变动、工资报表以及个人所得税计算等内容的检查。

（6）固定资产管理。固定资产管理模块包括基础资料、业务处理、统计报表、管理报表和期末处理。

①基础设置工作。通过系统维护、设置系统参数，确定固定资产系统是一个单独使用的系统还是与总账系统相连，以及固定资产系统凭证如何产生等问题。

基础资料的设置，包括变动方式类别、使用状态类别、折旧方法定义、卡片类别管理（卡片类别支持分级分类管理）、存放地点维护，如图 3-82 所示。

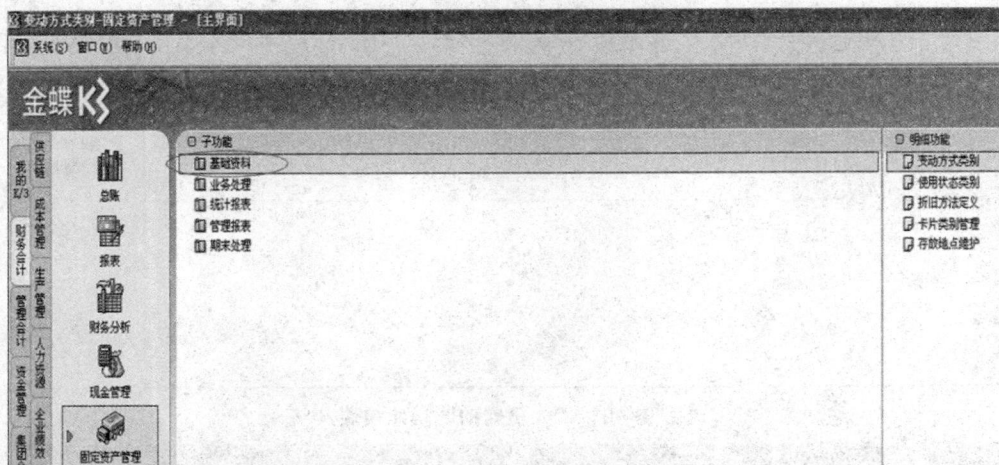

图 3-82　基础资料的设置

②业务处理，包括新增卡片、变动处理、卡片查询、凭证管理等，如图 3-83 所示。其中，新增的固定资产通过新增卡片来处理，需输入"基本信息""部门及其他""原值与折旧"等相关信息，如图 3-84 所示。变动处理可处理固定资产的使用部门变动、原值及累计折旧变动等情况，如图 3-85 所示。固定资产的清理是指固定资产的投资转出、报废、清理等，其也是通过变动处理实现的，如图 3-86 所示。凭证管理是将固定资产日常的增加、变动、清理等业务生成记账凭证，并将凭证转到总账系统中。固定资产的凭证可以在固定资产系统中审核，但不能过账；卡片生成的凭证金额有误，要先删除凭证，然后到卡片中修改金额（变动处理）。

图 3-83　"业务处理"的功能

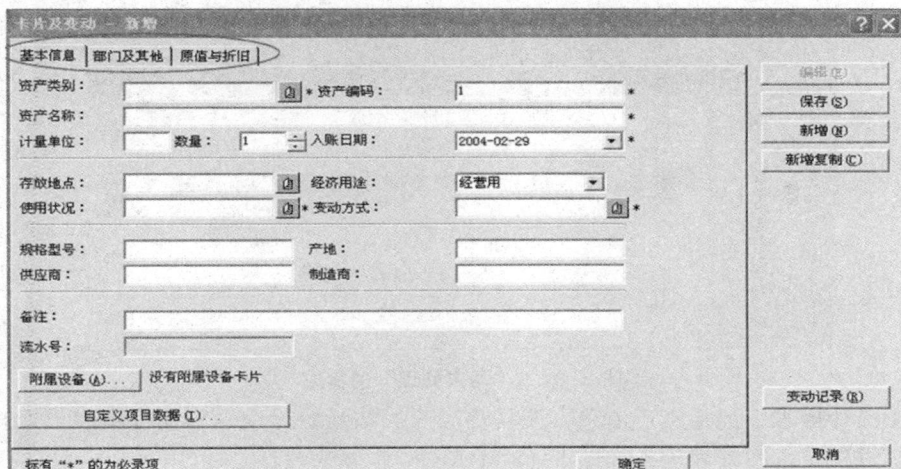

图 3-84　新增卡片填报内容

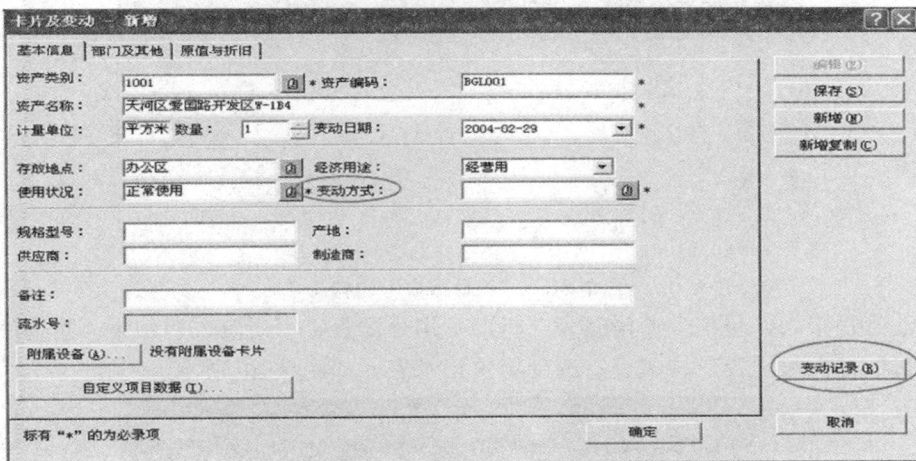

图 3-85　变动记录

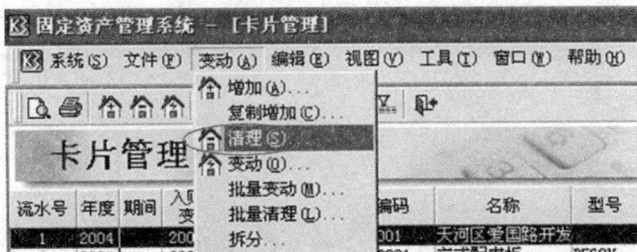

图 3-86　固定资产清理路径

③期末处理，包括工作量管理、计提折旧、折旧管理、期末结账、工作总量查询等，如图 3-87 所示。

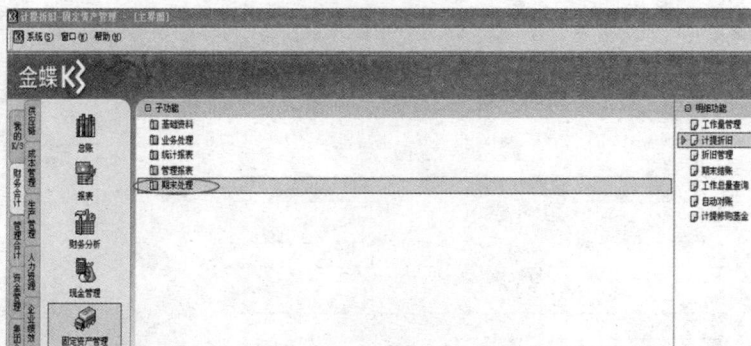

图 3-87 "期末处理"的构成

④统计报表，包括资产清单、变动情况表、数量统计表、到期提示表、处理情况表、附属设备明细表等，如图 3-88 所示。

图 3-88 "统计报表"的构成

⑤管理报表，包括资产增减表、折旧费用分配表、固定资产明细表、折旧明细表、折旧汇总表、资产构成表、变动历史记录表，如图 3-89 所示。

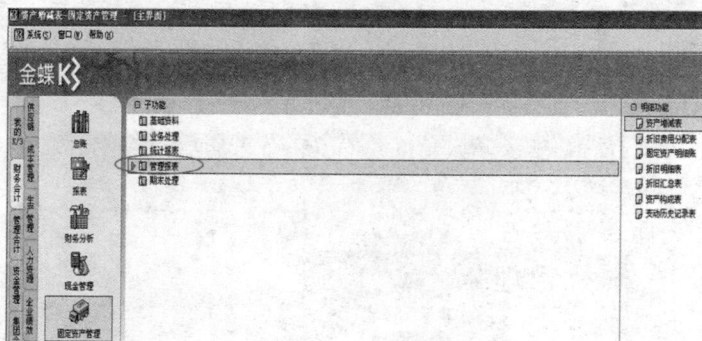

图 3-89 "管理报表"的构成

小贴士 3-17

了解该模块的功能和设置，可以帮助税务人员实现对纳税人拥有的固定资产种类、变动、使用状态、计提折旧等内容的检查。

（7）财务分析

金蝶财务软件的财务分析主要提供了报表分析、指标分析、因素分析、预算管理分析的内容，可以根据系统提供的各种分析工具，对财务状况进行一个比较全面的分析，了解公司的财务状况。

①报表分析包括对资产负债表、利润表和自定义报表的分析，如图 3-90 所示，对每一类报表系统都提供了结构分析、比较分析、趋势分析等三种分析方法。在分析结果的界面，可点击左上角的黄色图标，选择不同的分析方法，如图 3-91 所示。

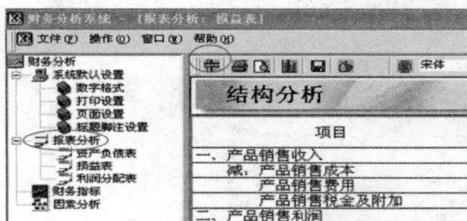

图 3-90　报表分析

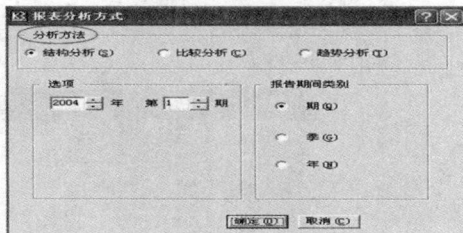

图 3-91　报表分析方式

结构分析是对构成某一指标的各个组成部分占总体的比重所进行的分析。结构分析可用于任何一个由部分构成总体的指标，如应收账款中各客户余额的百分比、产品销售收入中各个产品占总收入的比重等。

比较分析是指对同口径的任何一个财务指标在两个会计期间或一个会计期间与它的预算数之间的比较，借以揭示其增减金额及增减幅度的方法。

趋势分析是分析同一事物在时间阶段上的变化趋势。趋势分析往往能揭示企业财务指标或损益指标的变动规律，借以对企业未来的经济活动进行很好的预测和规划。趋势分析由于分析的角度不一样，又可以分为绝对数趋势分析和相对数趋势分析。

②指标分析是指通过计算各种财务指标来了解企业的经营和收益情况，如通过计算应收账款周转率可以了解企业资金回笼的速度；通过计算资产负债率可以了解企业的负债总额占总资产的比重，确定企业的融资和投资方案等，如图 3-92 所示。

图 3-92　指标分析

③因素分析是指选定某一个因素——可以是收入、利润，也可以是某一个产品的成本构成，然后对该因素进行各种分析。

> **小贴士 3-18**
>
> 了解该模块的功能和设置，可以帮助税务人员实现对财务报表的分析与检查。

（8）应收款管理

应收款管理系统以销售发票、其他应收单为依据来统计应收账款，以收款单、预收单、退款单来核销应收账款。应收款管理系统包括发票处理、其他应收单、收款、退款、票据处理、结算、凭证处理、坏账处理、分析、账表、合同、担保、期末处理，如图 3-93 所示。

图 3-93　"应收款管理"的构成

> **小贴士 3-19**
>
> 了解该模块的功能和设置，可以帮助税务人员实现对纳税人的收款单、预收单、退款单、发票、坏账、合同等内容的检查。

（9）应付款管理

应付款管理系统以采购发票、其他应付单为依据来统计应付账款，以付款单、退款单来核销应付账款。应付款管理系统包括发票处理、其他应付单、付款、退款、票据处理、结算、凭证处理、分析、账表、合同、担保、期末处理，如图 3-94 所示。

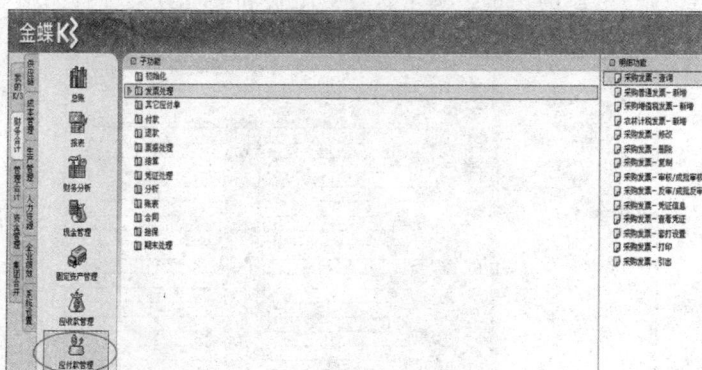

图 3-94　"应付款管理"的构成

（10）预算管理

预算管理系统是金蝶 K3 ERP 系统的重要组成部分，是管理会计下设的子模块。预算管理系统的设计思想：根据企业发展目标及规划，按责任中心编制全面预算，指导和控制各个责任中心的经营活动，并对执行预算的偏差进行业绩评价，便于企业实际业务运作时的事前计划、事中控制与事后分析控制。预算管理系统包括预算方案、预算编制、预算调整、预算查询、预算控制、预算报表、责任报告、绩效报告，如图 3-95 所示。

图 3-95　"预算管理"的构成

（11）项目管理

金蝶 K3 项目管理系统是管理会计下设的子模块，是对工程项目管理、项目控制与核算的整体解决方案，是与金蝶公司应用产品的总账管理、应收款管理、应付款管理、固定资产管理、销售管理、采购管理、仓存管理、报表等子系统的集成，形成贯穿于各个管理职能部门的畅通的信息流，从而达到相关部门的信息共享。通过各子系统的集成，可以对项目收支进行综合的管理；可以对项目的物流、信息流、资金流综合控制，配合业务流程重组，进而达到物流、信息流、资金流的统一。具体核算内容如图 3-96 所示。

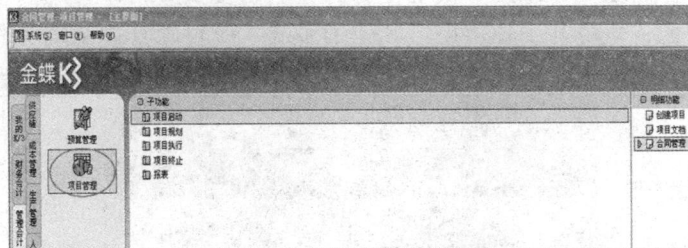

图 3-96　"项目管理"的构成

（12）资金管理

结算中心（即财务公司或财务结算中心）既不同于银行，又不同于与企业的财务部。它身兼银行和财会两种职能，即对真正银行来说，它是企业；对内部企业而言，它又担负银行的职能。结算中心管理系统的宗旨在于数字化管理，以业务为中心、财务为核心，对凭证、资金结算、融资、存款、利息计算、资金报表、资金分析等进行一体化管理，做到资金事前计划、实时控制和分析，加快资金周转，提高资金使用效益。具体核算内容包括资金结算、定期存款、融资、利息管理、凭证、账簿、资金报表、资金分析、网上银行、期末处理，如图 3-97 所示。

图 3-97　"结算中心"的构成

报账中心通过进行预算控制以及资金的统收统支，节约资金调拨成本，为企业带来健康的资金流。在这种模式下，资金管理高度集中，一切现金收付活动都集中在集团财务部，所属分支无资金经营权。

> **小贴士 3-20**
>
> 　了解该模块的功能和设置，可以帮助税务人员实现对纳税人的资金结算、融资、存款、利息、资金报表等内容的检查。

（13）采购管理

采购管理是供应链系统的子系统，包括采购申请、订单处理、收料通知、入库、结算、费用发票、退料、委外加工管理、库存查询、报表分析、查询分析、供应商供货信息、物料对应表等功能，如图 3-98 所示，对采购物流和资金流的全过程进行有效的双向控制和跟踪，实现完善的企业物资供应信息管理。该系统可以独立执行采购操作；也可与工业供需链其他子系统、应付款管理系统等其他系统结合运用，将能提供更完整、全面的企业物流业务流程管理和财务管理信息。

图 3-98　"采购管理"的构成

（14）销售管理

销售管理是供应链系统的子系统，包括报价、订单处理、发货通知、出库、结算、退货、费用发票、报表分析、指标分析、查询分析、库存查询、价格资料、折扣资料、信用管理、物料对应表等功能，如图 3-99 所示。该系统可以独立执行销售操作，也可与工业供需链其他子系统、应收款管理系统等结合运用，将能提供更完整、全面的企业物流业务流程管理和财务管理信息。

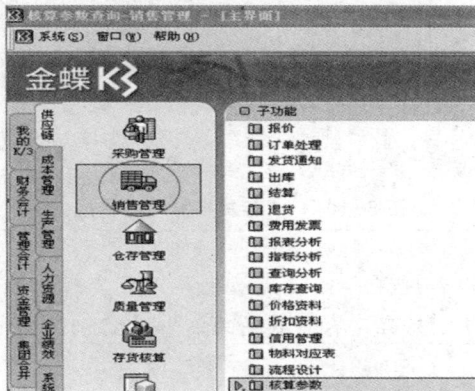

图 3-99　"销售管理"的构成

（15）仓存管理

仓存管理是供应链系统的子系统，包括验收入库、领料发货、受托加工、虚仓管理、盘点作业、库存调整、库存查询、查询分析、报表分析、流程设计、批号管理等功能，如图 3-100 所示。

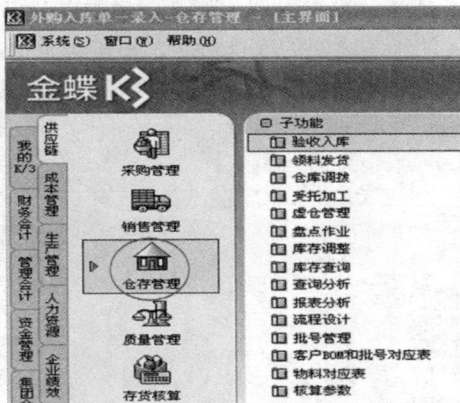

图 3-100　"仓存管理"的构成

（16）存货核算

存货核算是供应链系统的子系统，包括存货出入库核算、报表分析、存货跌价准备管理、凭证管理、期末管理等功能，如图 3-101 所示。

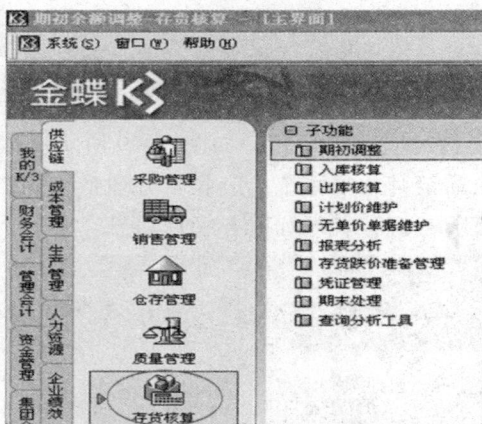

图 3-101　"存货核算"的构成

（17）成本管理

成本管理（工业）系统通过费用归集、费用分配、成本计算的过程来实现成本处理的业务流程，同时结合了成本对象、成本项目、费用要素、废品损失、标准成本等重要成本概念，并集成成本预测、定价决策、成本控制、成本分析、本量利分析、成本考核、出入库业务、出入库核算等功能共同实现一个完整的成本管理（工业）系统。

成本管理系统按照成本的业务流程提供了丰富的报表，如成本基本报表、费用归集报表、费用分配报表、成本计算单等四大类基础报表以及供决策使用的各种成本分析报表，提供了汇总表及明细表之间的联查功能，具体功能设置如图 3-102 所示。

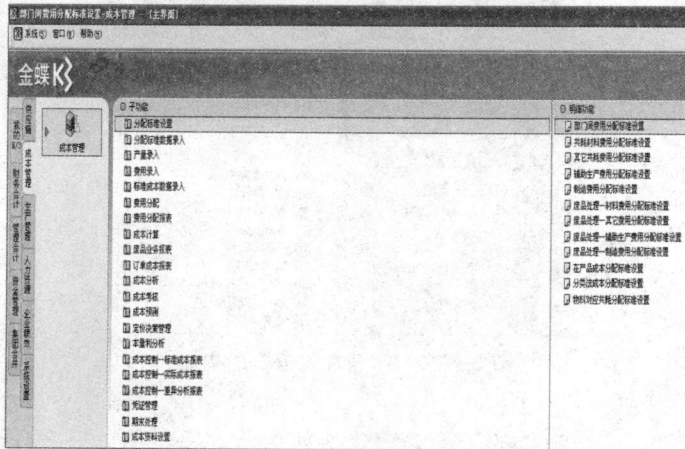

图 3-102　"成本管理"的构成

了解该模块的功能和设置，可以帮助税务人员实现对纳税人成本基本报表、费用归集报表、费用分配报表、成本计算单等内容的检查。

（18）生产管理

生产管理由生产数据管理、主生产计划、物料需求计划、粗能力需求计划、细能力需求计划、生产任务管理、重复生产计划、委外加工管理、车间作业管理、设备管理等功能构成，如图 3-103 所示。

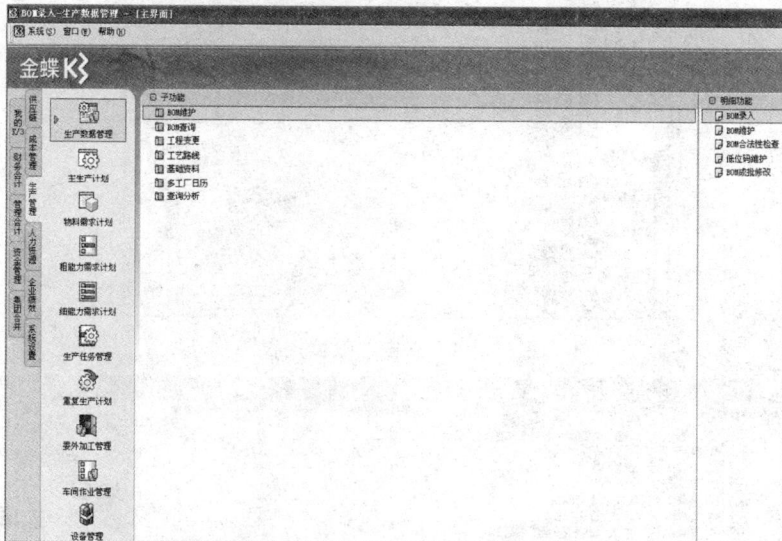

图 3-103　"生产管理"的构成

了解该模块的功能和设置，可以帮助税务人员实现对纳税人的生产任务、生产计划、委外加工、车间作业、设备等内容的检查。

第二节　金蝶 K3 基础信息查询及应用

一、税务人员获得查询权并进入金蝶 K3 系统实施检查

税务人员获得查询权并进入金蝶 K3 系统实施检查有两种途径。

1.按照本章"第一节（二）1.（3）用户管理"所述程序，将税务人员作为操作员纳入系统，同时在授权环节点选"查询权"，即可实现以税务人员自己的身份进入金蝶 K3 系统实施检查。

2.按照本章"第一节（二）1.（3）用户管理"所述程序，将税务人员作

为操作员纳入系统后，在授权环节通过数据授权实现检查。具体操作：进入"用户管理_权限管理"界面，如图 3-104 所示。点击"数据授权"，进入"数据授权"界面，在"授权项目列表"选择"科目（高级业务权限）"，选择指定的某几个科目，注意勾选"报表查询进行数据检查"，之后点击"确定"，如图 3-105 所示。

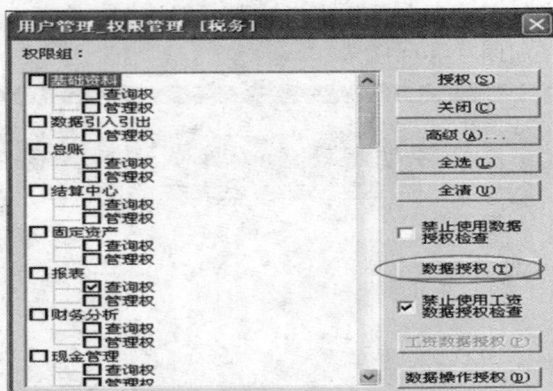

图 3-104　点击"数据授权"

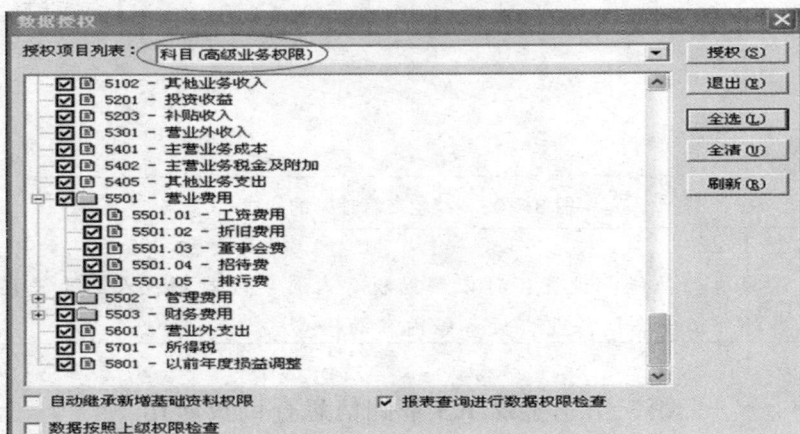

图 3-105　数据授权

二、查询基础设置

基础资料在公共资料、集团基础数据平台、仓存管理、采购管理、销售管理、存货管理、成本管理、应收款管理、应付款管理、预算管理、项目管理、结算中心、质量管理等子模块中均有设置，服务于全系统。查询基础资料可以迅速了解企业的基本情况以及财务资料核算的基础等。其中，公共资料包含的基础资料最多，对了解企业最有帮助，具体内容如图 3-106 所示。

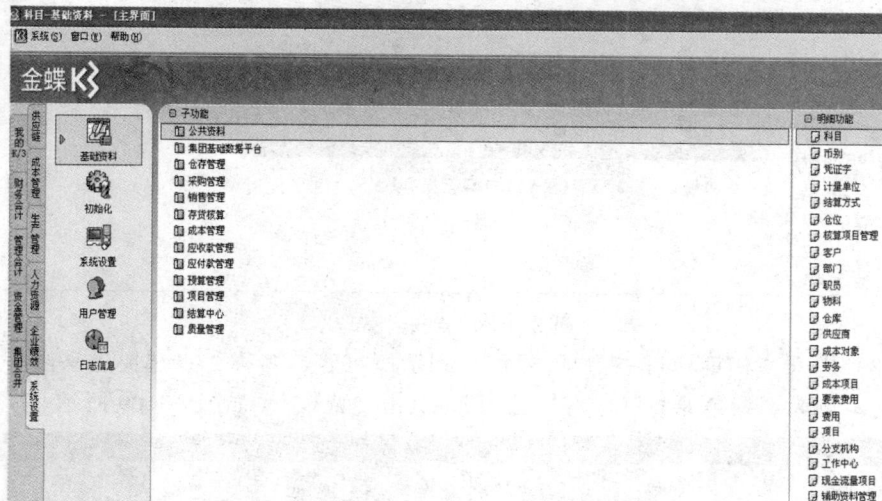

图 3-106　"公共资料"的构成

（一）如何查询纳税人的客户并导出客户信息

了解纳税人的客户，对于分析企业的经营情况非常必要。在金蝶 K3 中设有客户信息，可按照以下操作进行查询。

（1）点击"金蝶 K3 主控台"，点选相关账套，录入用户名和密码，进入主界面，然后依次点击"系统设置"-"基础资料"-"公共资料"-"客户"，如图 3-107 所示。

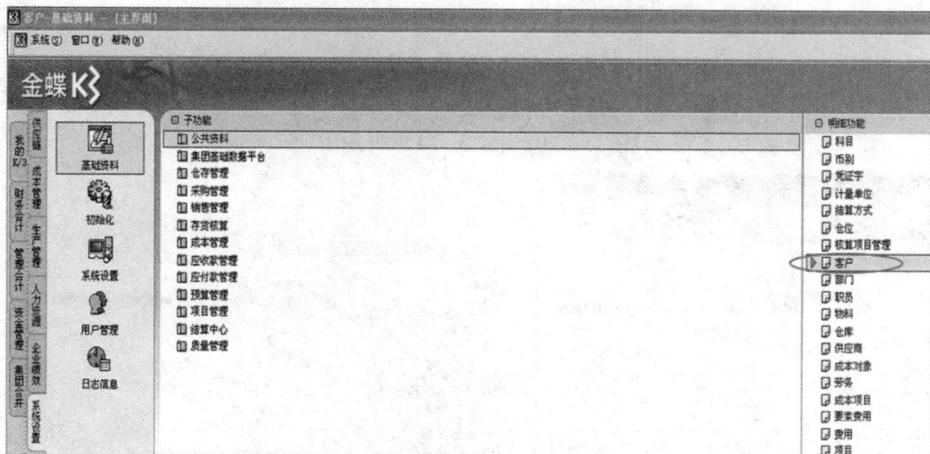

图 3-107　查询"客户"路径

（2）进入客户资料界面，选择要查看的客户类型，点击"管理"，如图 3-108 所示。

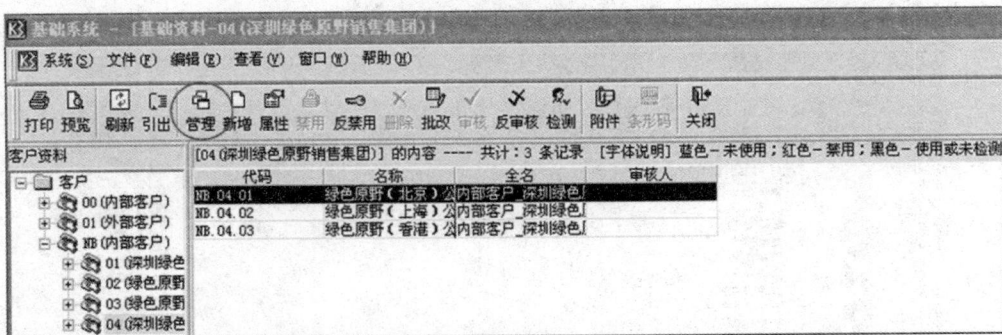
图 3-108　点击"管理"

（3）进入"核算项目-客户"界面，列示所有客户名称，点选要进一步查看的客户，本例为"绿色原野（上海）公司"，点击"修改"，如图 3-109 所示。

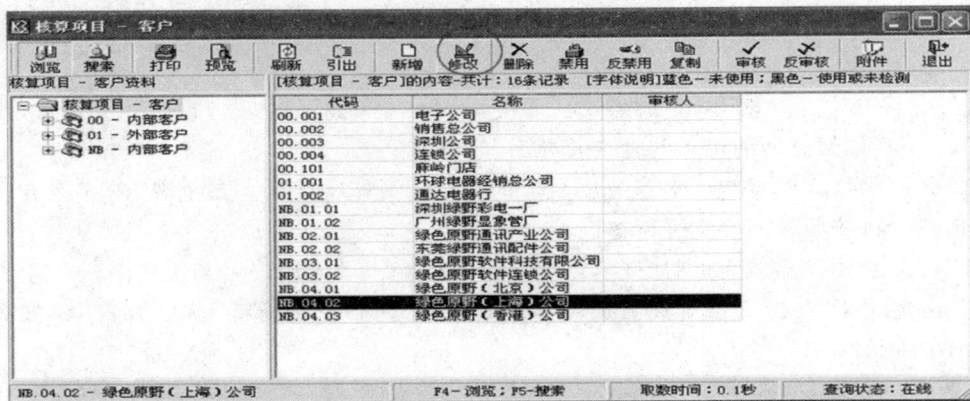
图 3-109　点选"修改"

（4）查看客户详细资料，包括基本资料、应收资料和条形码三张卡片上的相关资料，具体可查看的资料如图 3-110、图 3-111 所示。

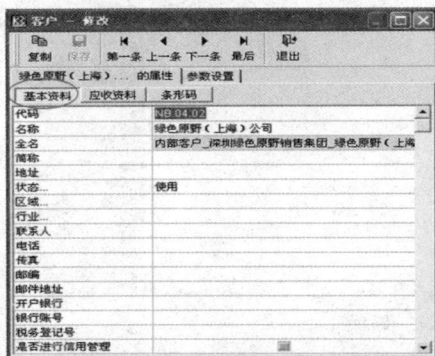
图 3-110　客户基本资料

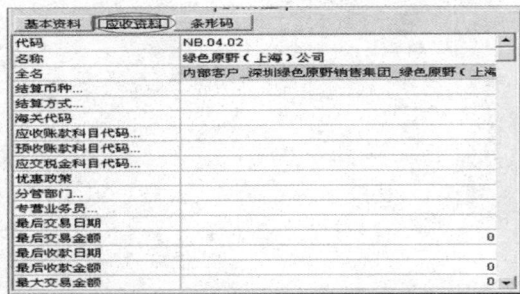
图 3-111　客户应收资料

（5）引出客户资料，在"核算项目–客户"界面，点击"引出"，弹出"引出
'核算项目–客户'"对话框，选择数据类型为"MS Excel 97–2002（*.xls）"，点
击"确定"，如图 3–112 所示。

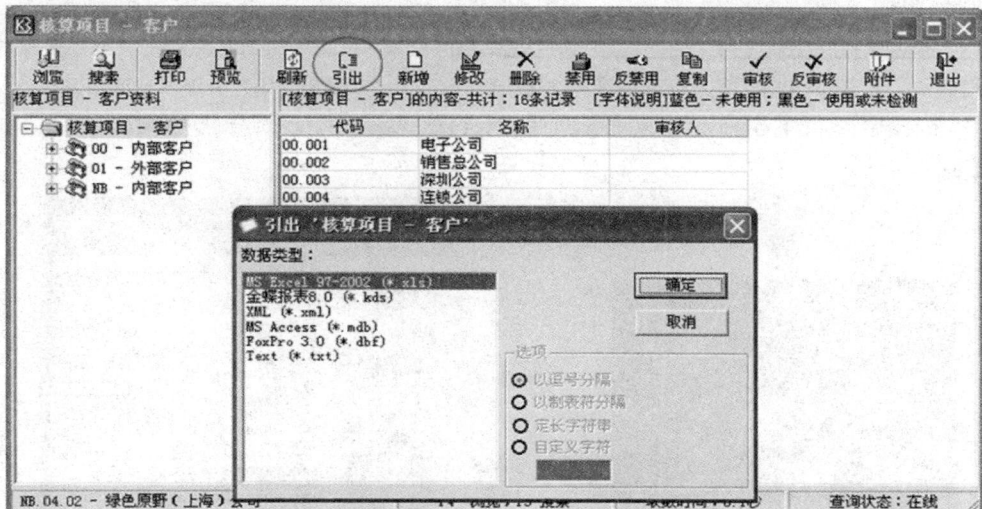

图 3–112　引出客户资料

（6）弹出"选择 EXCEL 文件"对话框，选择存储路径，为引出文件命名，点
击"保存"，如图 3–113 所示。

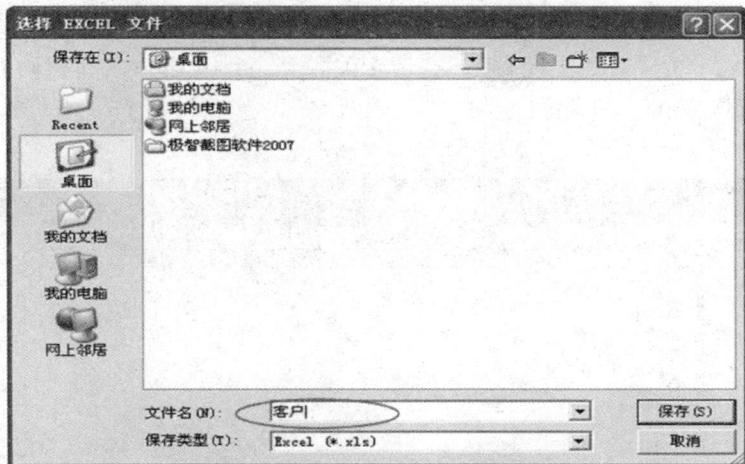

图 3–113　选择存储路径和命名

（7）弹出"数据引出"界面，确定表名，点击"确定"，如图 3–114 所示。弹
出"金蝶提示"对话框，点击"确定"，如图 3–115 所示。

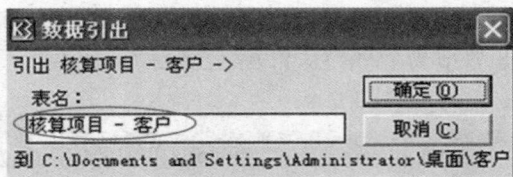

图 3-114　客户列表路径和命名

图 3-115　引出客户成功

在设定路径下生成导出文件，如图 3-116 所示。打开所导出的报表查看，如图 3-117 所示。

图 3-116　导出的客户数据文件

图 3-117　导出的客户数据展示

（二）如何查询企业所使用的物料

纳税人生产经营所需原材料、燃料和产品的种类、品种，是在税务检查中必须掌握的信息，在金蝶 K3 中可按照以下操作查询到该类信息。

（1）点击"金蝶 K3 主控台"，点选相关账套，录入用户名和密码，进入主界面，然后依次点击"系统设置"–"基础资料"–"公共资料"–"物料"，如图 3-118 所示。

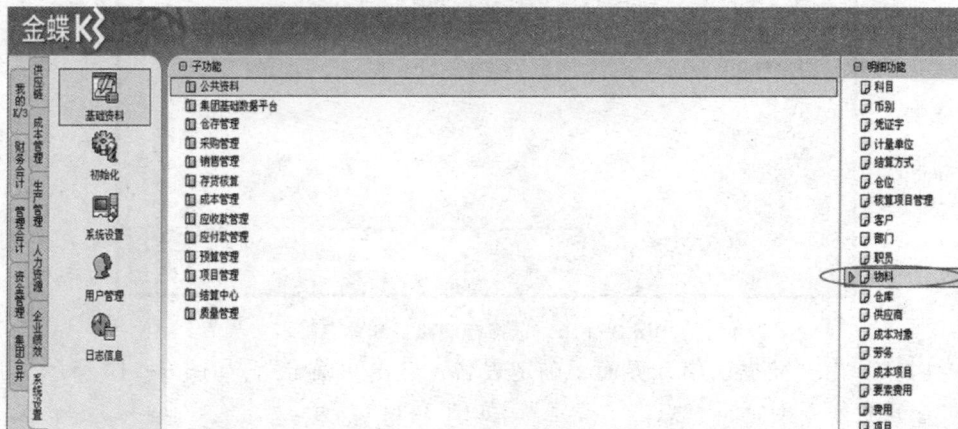

图 3-118　查询"物料"路径

（2）弹出"核算项目-物料"界面，点击树状图中的"核算项目-物料"，可查看纳税人的全部物料，如图 3-119 所示。

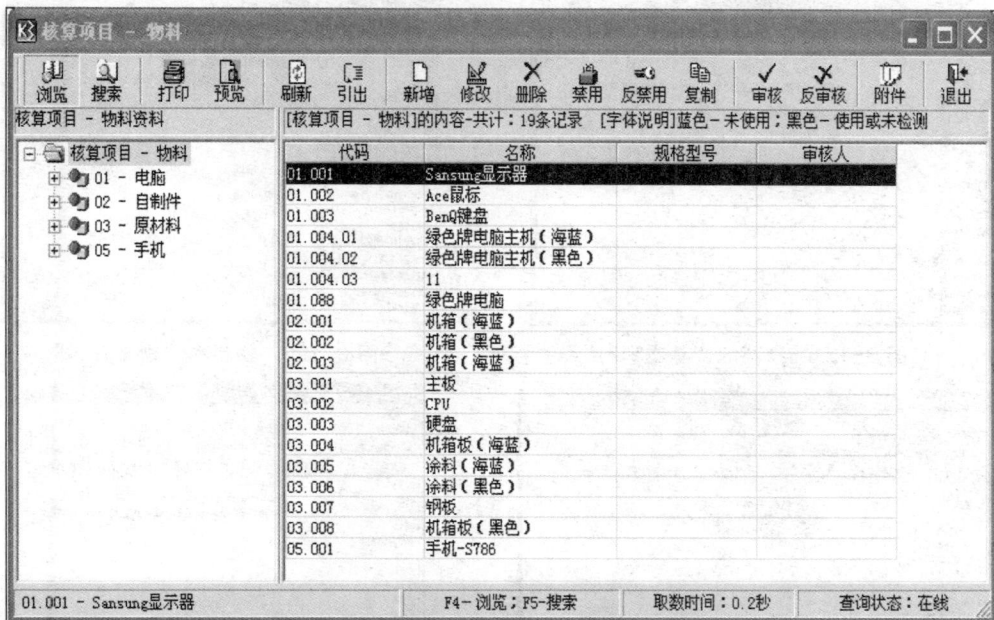

图 3-119　查看全部物料

（3）也可在"核算项目-物料"树状图中，选择某类物料，可查看该类物料的全部明细，选中要进一步查看的物料，如"01.004.01 绿色牌电脑主机（海蓝）"，点击"修改"，如图 3-120 所示。

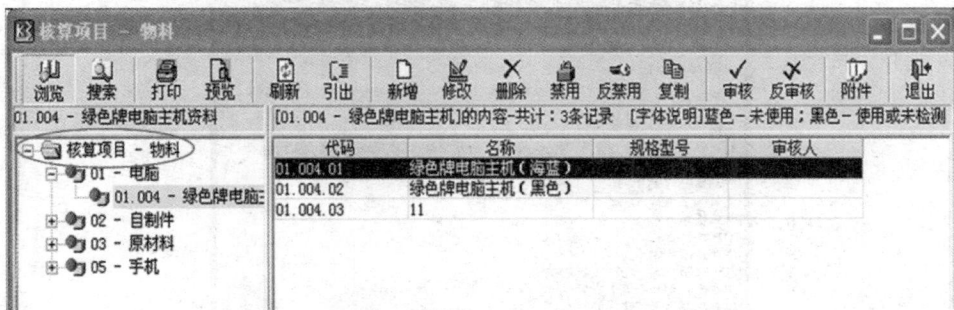

图 3-120　选择查看某物料

（4）查看物料详细资料，包括基本资料、物流资料、计划资料、设计资料和质量数据等卡片上的相关资料，具体可查看的资料如图 3-121 至图 3-125 所示。

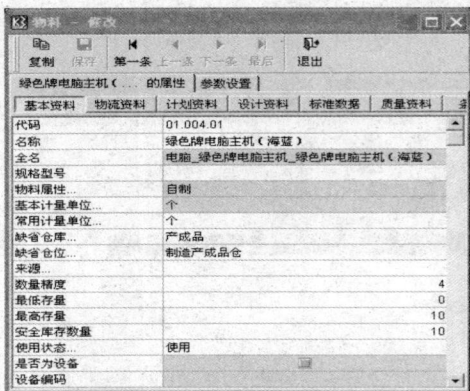

图 3-121　物料的"基本资料"

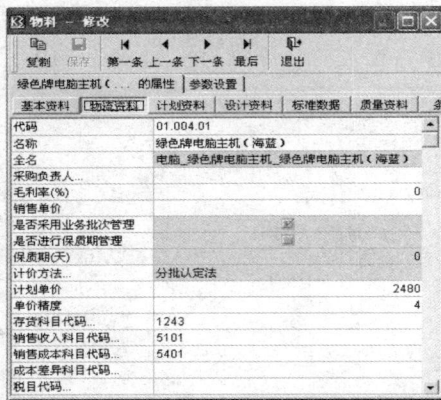

图 3-122　物料的"物流资料"

图 3-123　物料的"计划资料"

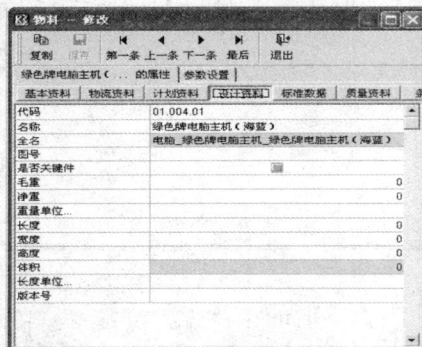

图 3-124　物料的"设计资料"

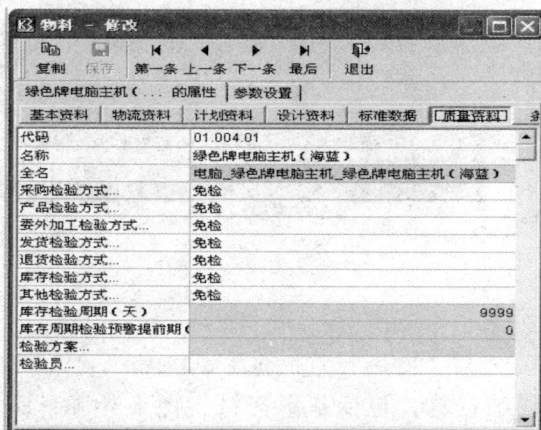

图 3-125　物料的"质量资料"

（三）如何了解纳税人的供应商

了解纳税人的供应商，对于分析企业的经营情况非常必要。在金蝶 K3 中设有供应商信息，可按照以下操作进行查询：

（1）点击"金蝶 K3 主控台"，点选相关账套，录入用户名和密码，进入主界面，然后依次点击"系统设置"－"基础资料"－"公共资料"－"供应商"，如图3-126 所示。

图 3-126　查询"供应商"路径

（2）弹出供应商资料界面，选择要查看的客户类型和具体供应商，如图 3-127所示。双击鼠标，即可查看选定供应商的信息，如图 3-128 所示。

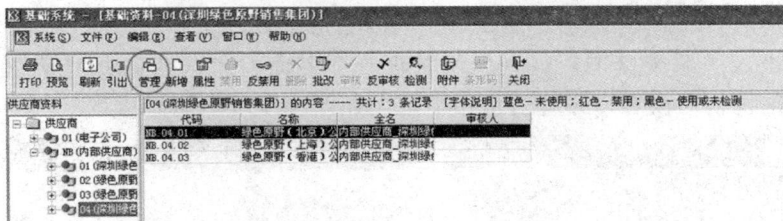

图 3-127　点击"管理"

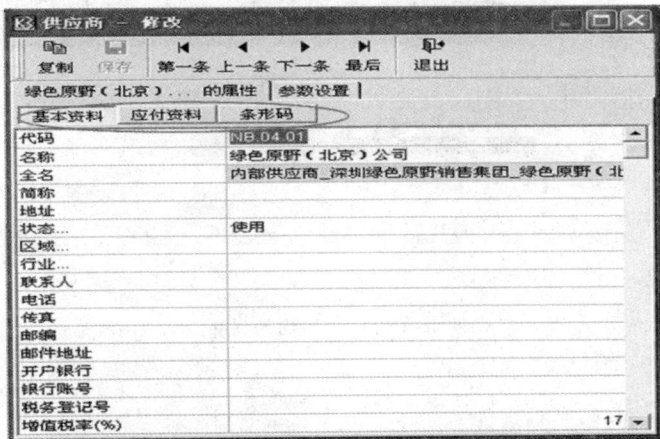

图 3-128　查看选定供应商

（四）如何了解纳税人对客户的信用设置

纳税人对客户是否给予信用期，与现金折扣销售和利息收入直接相关，要了解信用设置，在金蝶 K3 中可采用以下操作进行查询：

（1）点击"金蝶 K3 主控台"，点选相关账套，录入用户名和密码，进入主界面，然后依次点击"系统设置"-"基础资料"-"仓存管理"-"信用管理维护"，如图 3-129 所示。

图 3-129　查询信用管理

（2）进入"系统基本资料（信用管理）"界面，点选客户类型及需查询的客户，可见纳税人对该客户设置的信用期限，如图 3-130 所示。

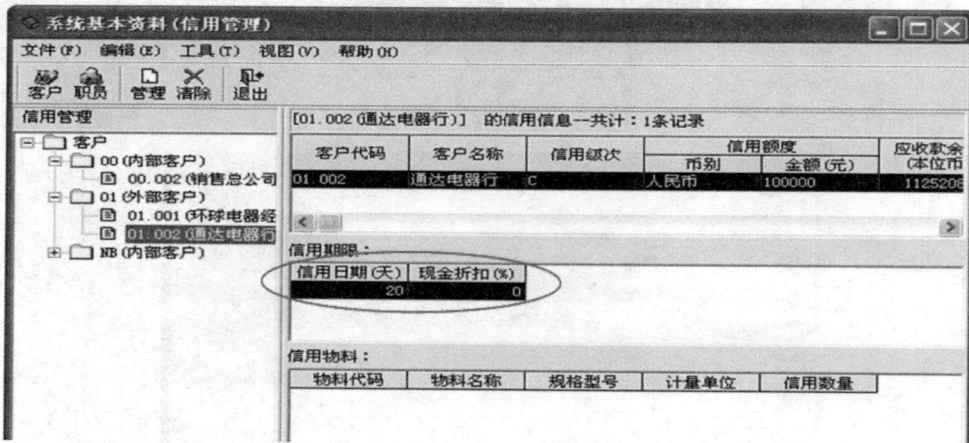

图 3-130　查询信用设置

第三节　金蝶 K3 财务资料查询及应用

一、遇到英文版或繁体版的界面或会计科目如何处理

目前金蝶 K3 系统提供中文简体科目、中文繁体科目、英文科目的引入功能。在登录界面有中文简体、中文繁体、英文三种选择。此时只需退出系统，在登录界面重新选择中文版登录即可，如图 3-131 所示。

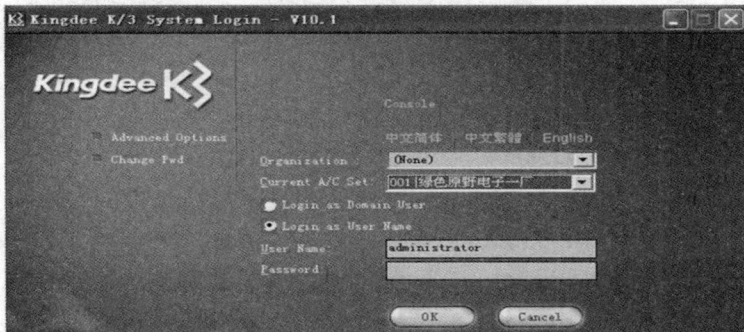

图 3-131　英文版登录界面

二、日志查询

上机日志记录了操作员对系统的每一步操作，是分析判定纳税人是否存在多套账、是否进行过反结账的重要资料。查询上机日志有两条路径。

（一）通过金蝶 K3 主控台进行查询

1. 点击"金蝶 K3 主控台"，点选相关账套，录入用户名和密码，进入主界面，然后依次点击"系统设置"－"日志信息"－"上机日志"，如图 3-132 所示。

图 3-132　查询"上机日志"的路径

2.进入"基础系统-上机日志"界面，可见上机日志信息，包括日期/时间、用户名称、操作、状态、内容描述、机器名和 IP 地址等信息，如图 3-133 所示。

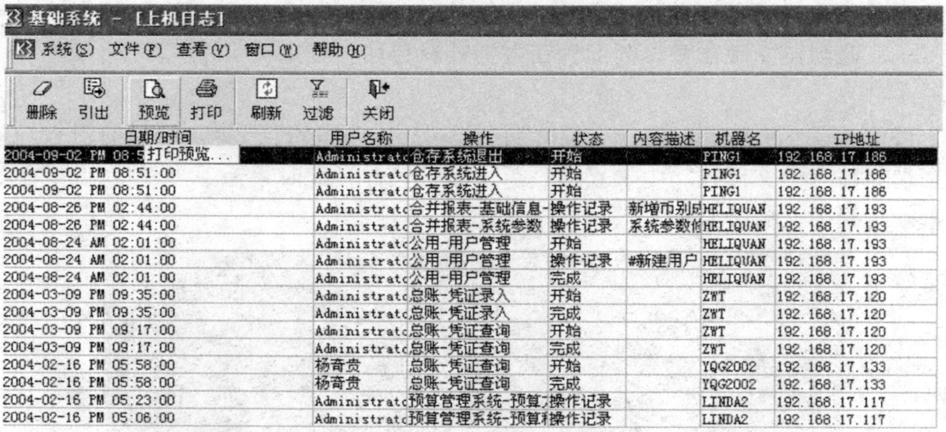

图 3-133　上机日志信息

3.通过筛选上机日志可迅速查询到所需信息。筛选条件包括用户名称、模块名称、操作状态、主机名称、IP 地址、时间，如图 3-134 所示。

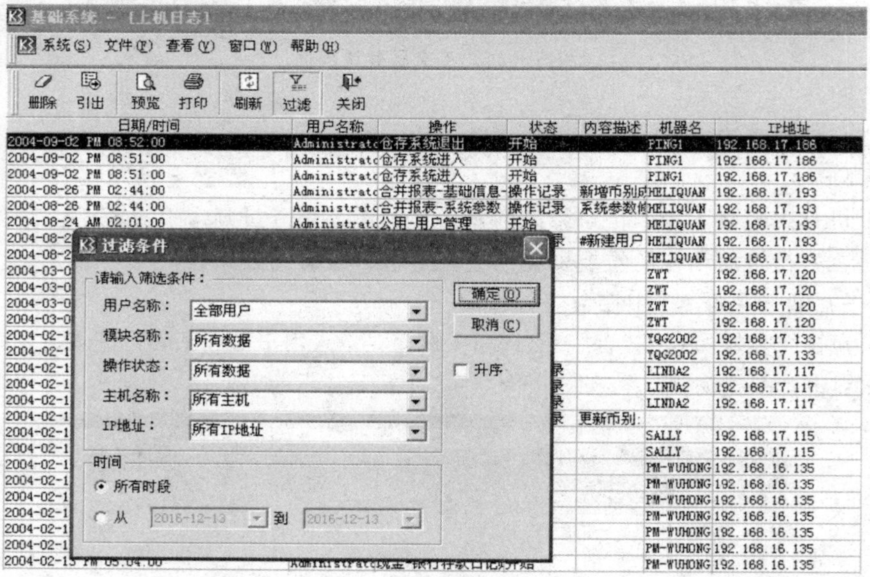

图 3-134　过滤条件

每项筛选条件下设若干明细条件。其中，用户名称包括全体用户和个别操作员用户；模块名称包括公用、总账系统、工资系统、固定资产、现金管理、应收系统、应付系统、报表系统等，如图 3-135 所示。主机名称包括所有操作过该软件系统的电脑名称，如图 3-136 所示。

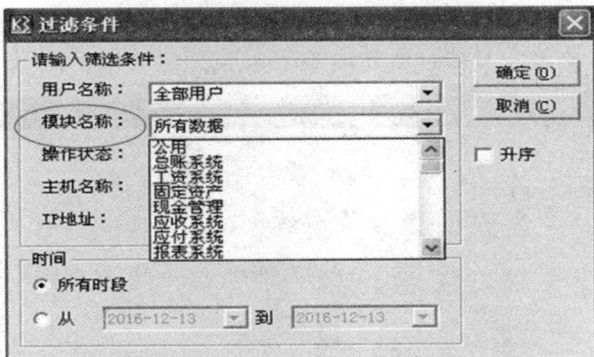

图 3-135　日志过滤——模块名称

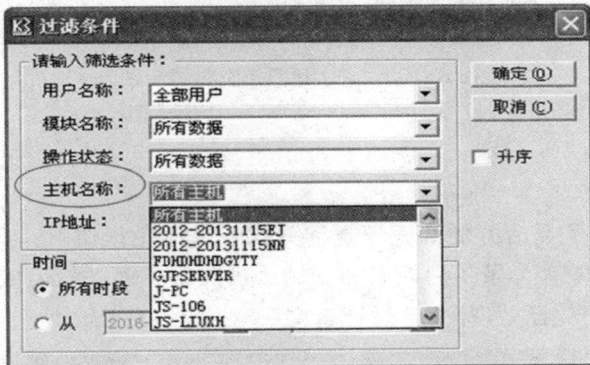

图 3-136　日志过滤——主机名称

（二）通过账套管理进行查询

1. 登录安装了中间层的服务器（电脑），然后依次点击"开始"-"所有程序"-"金蝶 K3"-"中间层服务部件"-"账套管理"-"账套"-"上机日志"，如图 3-137 所示。

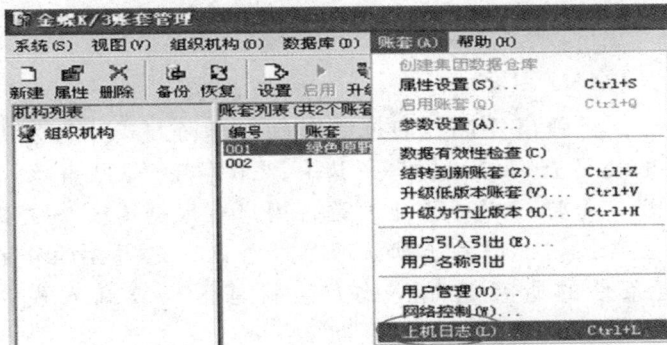

图 3-137　"上机日志"查询路径

2.进入上机日志界面，如图 3-138 所示。同时，可利用工具条中的"过滤"按钮，实现进一步查询，具体过滤如图 3-134 至图 3-136 所示。

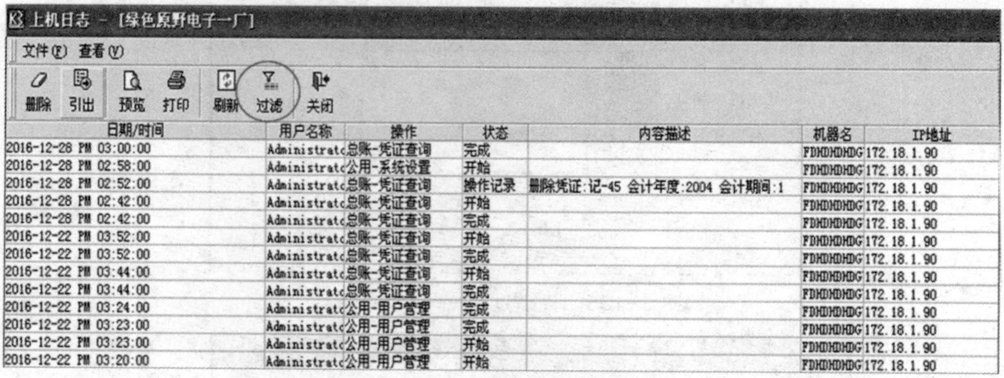

图 3-138 "上机日志"过滤条件

三、凭证查询

金蝶 K3 提供了灵活方便的凭证查询方式，具体操作如下：点击"金蝶 K3 主控台"，点选相关账套，录入用户名和密码，进入主界面，然后依次点击"财务会计"–"总账"–"凭证处理"–"凭证查询"，如图 3-139 所示。

图 3-139 "凭证查询"的路径

按此操作后，将弹出凭证查询过滤窗口。查询方式分为无机查询和有机查询。在弹出的凭证查询过滤窗口下边有"未审核""已审核""全部""未过账""已过账""全部"六种凭证大类，用户可根据需要按大类查询，也可直接单击"确定"按钮，以系统默认的条件查询，之后会计分录序时簿中会显示符合设定条件的所有凭证，此方法就是无机查询方式，如图 3-140 所示。

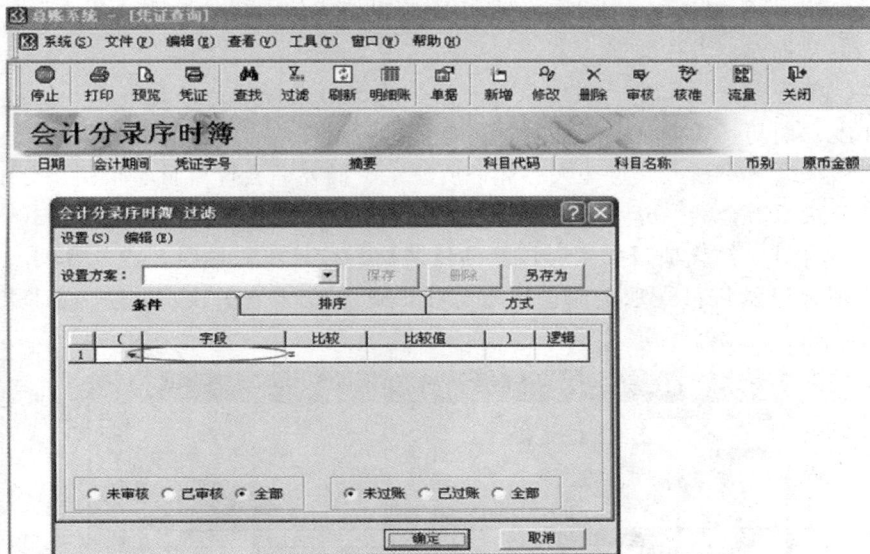

图 3-140　无机查询方式

相对于无机查询方式的按凭证大类查询，有机条件查询方式是在凭证查询主窗口，利用"字段""比较""比较值"的设置和赋值，快速实现对某些或单一凭证的查询。具体操作是在"字段""比较""比较值"各项的下拉菜单中选值或填值。根据需要，也可以设置多层嵌套条件，即在"逻辑"项的下拉菜单中选择"且"或"或"后，会添加新的查询条件行，再按照所需设置"字段""比较""比较值"的值，即可完成多层嵌套条件设置。同时还可以选择"未审核""已审核""全部"，以及"未过账""已过账""全部"，单击"确定"后进入会计分录序时簿窗口，如图 3-141 所示。

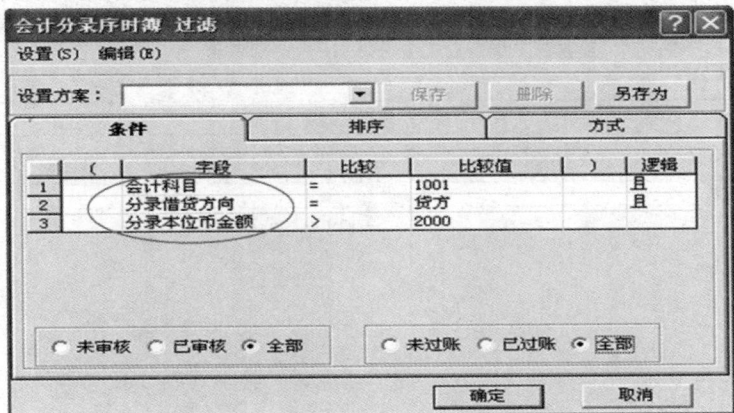

图 3-141　有机查询方式

"过滤条件"对话框。在此对话框中，可设置查询窗口的过滤"条件"、"排序"规则，以及查询"方式"。

在"条件"选项卡中，设定条件过滤公式，可选择的条件"字段"包括日期、会计年度、期间、凭证字、凭证号、参考信息、附件数、合计金额、机制凭证、制单人、核准人、审核人、过账人、凭证所属组、摘要、会计科目、币别、分录借贷方向、分录原币金额、分录本位币金额、分录数量、单位、单价、结算方式、结算号、对方科目、核算项目类别、核算项目名称、核算项目代码、业务日期、出纳、经办、现金流量科目、现金流量项目、往来业务编号、序号、批注，如图 3-142 所示。

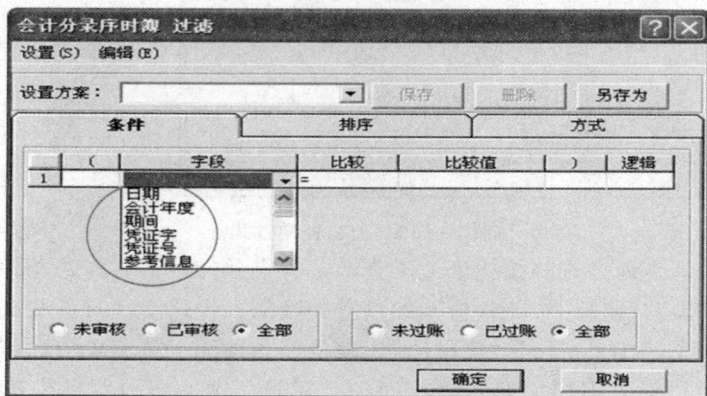

图 3-142 "条件"选项卡"字段"

在"条件"选项卡中，设定条件过滤公式，"比较"的选项有"="">""<>"">""">=""<""<="等，如图 3-143 所示。

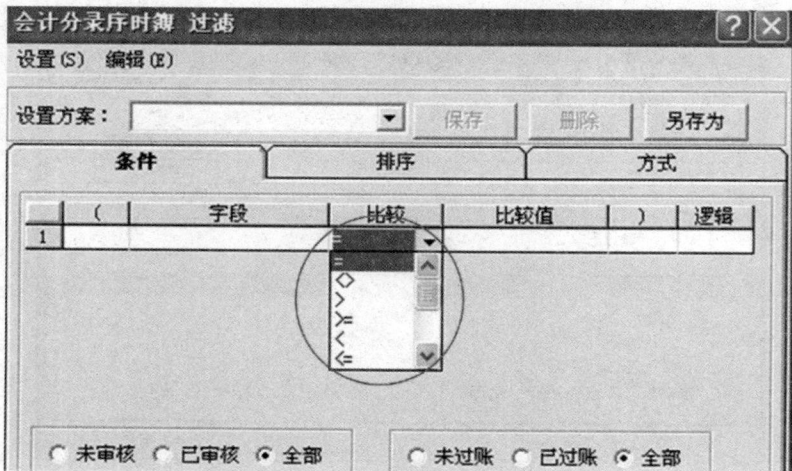

图 3-143 "条件"选项卡"比较"

在"条件"选项卡中，设定条件过滤公式，"逻辑"选项包括"且""或""且非""或非"，如图 3-144 所示。

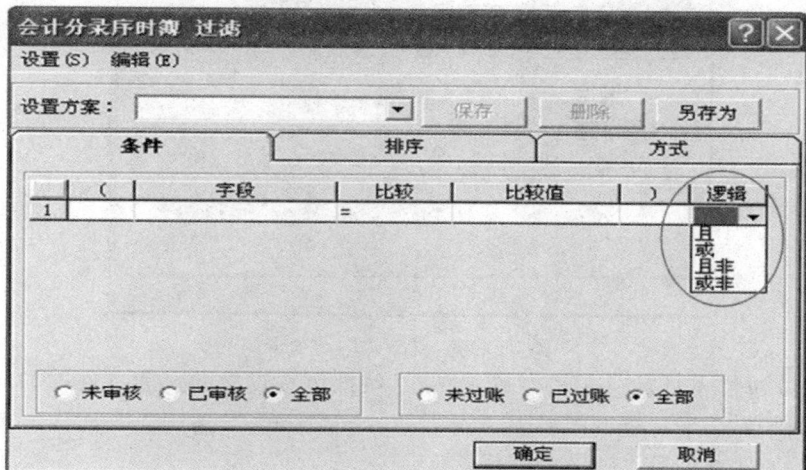

图 3-144 "条件"选项卡"逻辑"

在"排序"选项卡左侧的"字段"列表中选择该字段，单击向右移动按钮，被选中的字段被移动到右侧的"排序字段"列表中，如图 3-145 所示。

图 3-145 "排序"选项卡

"方式"选项卡有"按凭证过滤"和"按分录过滤"两种方式供点选，可实现不同角度的快速查询，如图 3-146 所示。选择"按凭证过滤"，会出现"本位币凭证""外币凭证"，是指将本位币或外币的凭证过滤出来。选择"按分录过滤"，所有的过滤条件与排序均是基于分录进行的。

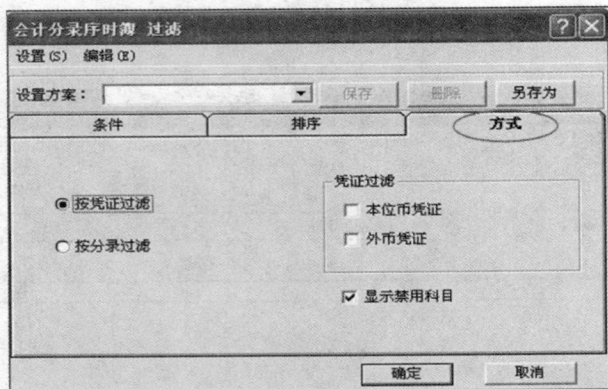

图 3-146 "方式"选项卡

设置好过滤条件后，单击"确定"，系统即可按设定的过滤条件查询，并打开"凭证查询"界面显示查询结果。

（一）如何查询销售业务的凭证

（1）点击"金蝶 K3 主控台"，点选相关账套，录入用户名和密码，进入主界面，然后依次点击"财务会计"-"总账"-"凭证处理"-"凭证查询"，如图 3-147 所示。

图 3-147 查询凭证的路径

（2）进入"凭证查询"界面，点击"过滤"，弹出"会计分录序时簿过滤"对话框，如图 3-148 所示。

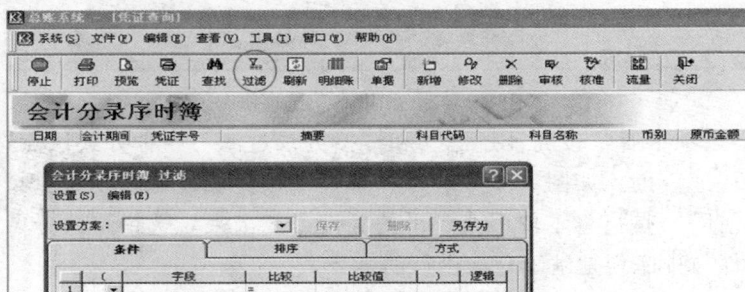

图 3-148 "过滤条件"对话框

（3）在"条件"选项卡中，首先，点选两个"全部"，如图 3-149 所示。再分别点击"字段"列空白处，在下拉菜单中选中"摘要"；点击"比较"列空白处，在下拉菜单中选中"包含"，如图 3-150 所示；点击"比较值"列空白处，输入"销售"并点击"确定"，如图 3-151 所示。最后，返回凭证查询界面，列示出符合条件的凭证，如图 3-152 所示。

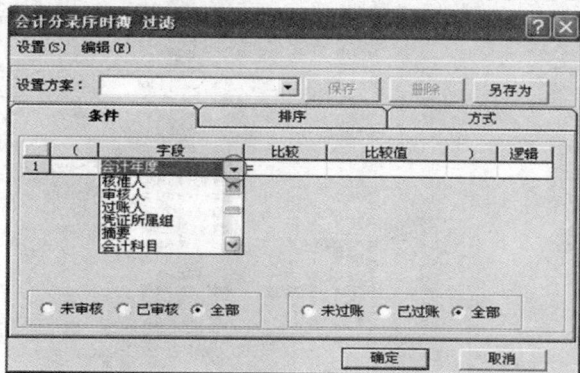

图 3-149　点选"字段"

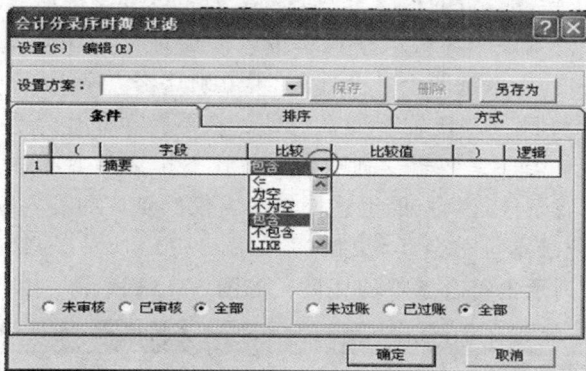

图 3-150　点选"比较"

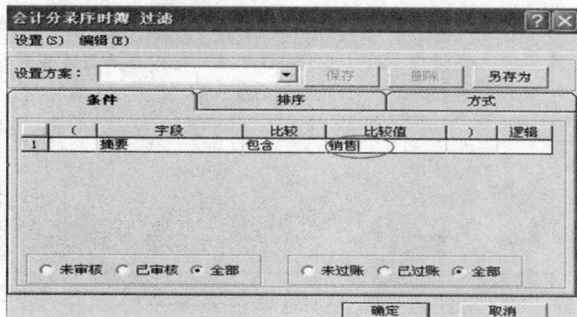

图 3-151　输入"比较值"

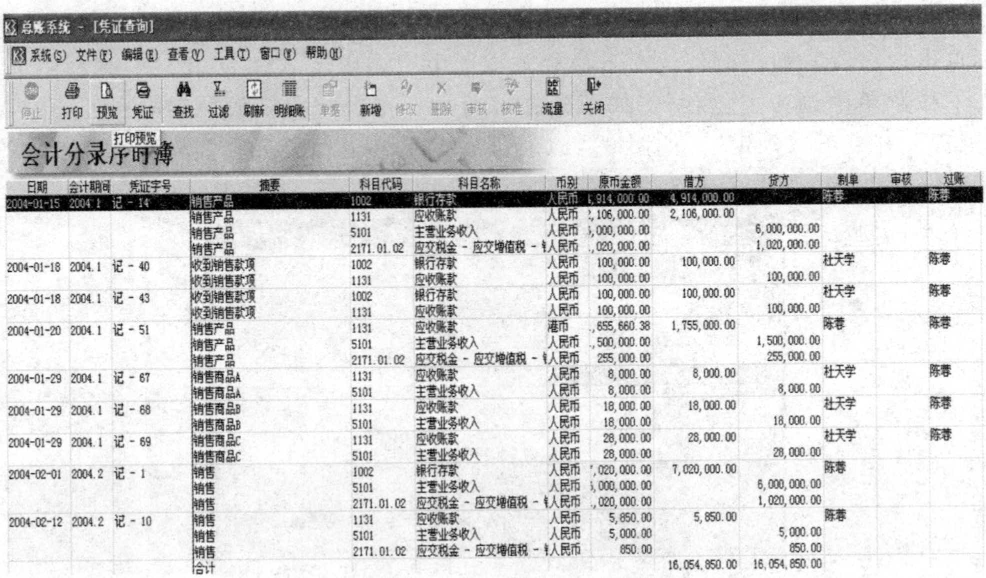

日期	会计期间	凭证字号	摘要	科目代码	科目名称	币别	原币金额	借方	贷方	制单	审核	过账
2004-01-15	2004.1	记 - 14	销售产品	1002	银行存款	人民币	,914,000.00	4,914,000.00		陈蓉		陈蓉
			销售产品	1131	应收账款	人民币	,106,000.00	2,106,000.00				
			销售产品	5101	主营业务收入	人民币	,000,000.00		6,000,000.00			
			销售产品	2171.01.02	应交税金 - 应交增值税 - 针	人民币	,020,000.00		1,020,000.00			
2004-01-18	2004.1	记 - 40	收到销售款项	1002	银行存款	人民币	100,000.00	100,000.00		杜天学		陈蓉
			收到销售款项	1131	应收账款	人民币	100,000.00		100,000.00			
2004-01-18	2004.1	记 - 43	收到销售款项	1002	银行存款	人民币	100,000.00	100,000.00		杜天学		陈蓉
			收到销售款项	1131	应收账款	人民币	100,000.00		100,000.00			
2004-01-20	2004.1	记 - 51	销售产品	1131	应收账款	港币	,655,660.38	1,755,000.00		陈蓉		陈蓉
			销售产品	5101	主营业务收入	人民币	,500,000.00		1,500,000.00			
			销售产品	2171.01.02	应交税金 - 应交增值税 - 针	人民币	255,000.00		255,000.00			
2004-01-29	2004.1	记 - 67	销售商品A	1131	应收账款	人民币	8,000.00	8,000.00		杜天学		陈蓉
			销售商品A	5101	主营业务收入	人民币	8,000.00		8,000.00			
2004-01-29	2004.1	记 - 68	销售商品B	1131	应收账款	人民币	18,000.00	18,000.00		杜天学		陈蓉
			销售商品B	5101	主营业务收入	人民币	18,000.00		18,000.00			
2004-01-29	2004.1	记 - 69	销售商品C	1131	应收账款	人民币	28,000.00	28,000.00		杜天学		陈蓉
			销售商品C	5101	主营业务收入	人民币	28,000.00		28,000.00			
2004-02-01	2004.2	记 - 1	销售	1002	银行存款	人民币	,020,000.00	7,020,000.00		陈蓉		
			销售	5101	主营业务收入	人民币	,000,000.00		6,000,000.00			
			销售	2171.01.02	应交税金 - 应交增值税 - 针	人民币	,020,000.00		1,020,000.00			
2004-02-12	2004.2	记 - 10	销售	1131	应收账款	人民币	5,850.00	5,850.00		陈蓉		
			销售	5101	主营业务收入	人民币	5,000.00		5,000.00			
			销售	2171.01.02	应交税金 - 应交增值税 - 针	人民币	850.00		850.00			
			合计					16,054,850.00	16,054,850.00			

图 3-152 凭证查询结果列示

（二）查询某一会计科目的借（贷）方发生额超过某一特定数额的凭证

按照图 3-147、图 3-148 所示路径，进入“会计分录序时簿过滤”界面，在“条件”选项卡中，首先点选两个“全部”，再分别点击“字段”列空白处，在下拉菜单中选中“会计科目”；“比较”列空白处，在下拉菜单中选中“=”；“比较值”列空白处，输入“1001”；“逻辑”列空白处，在下拉菜单中选中“且”。此时，界面自动增加一条过滤条件行。按照上述操作，再依次点选和输入以下内容：分录借贷方向=贷方，且分录本位币金额 > 2 000，如图 3-153 所示。点击“确定”后，返回凭证查询界面，列示出符合条件的凭证，如图 3-154 所示。

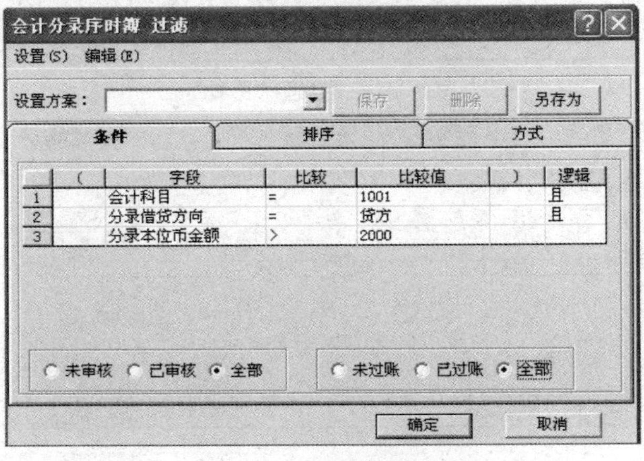

图 3-153 查询条件输入

图 3-154　凭证查询结果列示

（三）如何查询某一年度的会计凭证

按照图 3-147、图 3-148 所示路径，进入"会计分录序时簿过滤"界面，在"条件"选项卡中，首先点选两个"全部"，再分别点击"字段"列空白处，在下拉菜单中选中"会计年度"；"比较"列空白处，在下拉菜单中选中"="；"比较值"列空白处，输入"2004"，如图 3-155 所示。点击"确定"后，返回凭证查询界面，列示出符合条件的凭证，如图 3-156 所示。

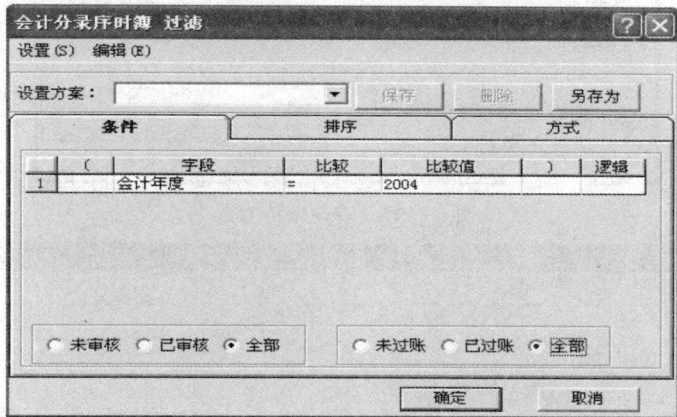

图 3-155　查询条件输入

（四）如何查询单价超过某一特定金额的凭证

按照图 3-147、图 3-148 所示路径，进入"会计分录序时簿过滤"界面，在"条件"选项卡中，首先点选两个"全部"，再分别点击"字段"列空白处，在下拉菜单中选中"单价"；"比较"列空白处，在下拉菜单中选中"＞"；"比较值"列空

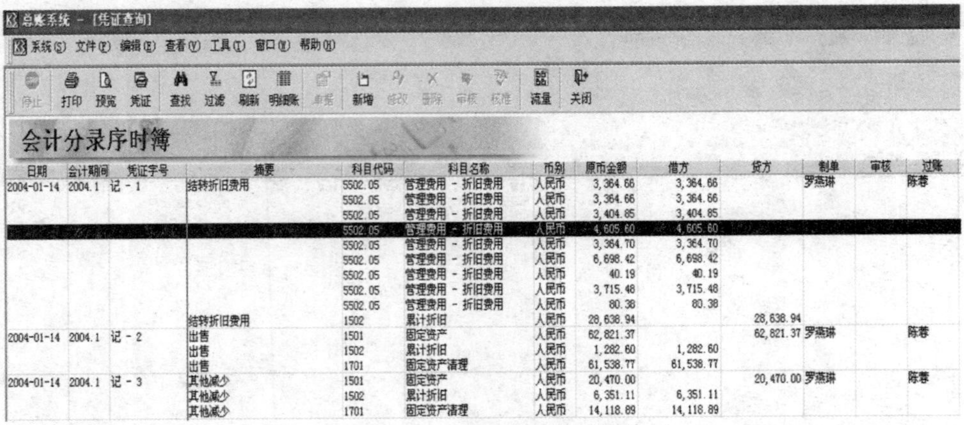

日期	会计期间	凭证字号	摘要	科目代码	科目名称	币别	原币金额	借方	贷方	制单	审核	过账
2004-01-14	2004.1	记 - 1	结转折旧费用	5502.05	管理费用 - 折旧费用	人民币	3,364.66	3,364.66		罗燕琳		陈蓉
				5502.05	管理费用 - 折旧费用	人民币	3,364.66	3,364.66				
				5502.05	管理费用 - 折旧费用	人民币	3,404.85	3,404.85				
				5502.05	管理费用 - 折旧费用	人民币	4,605.60	4,605.60				
				5502.05	管理费用 - 折旧费用	人民币	3,364.70	3,364.70				
				5502.05	管理费用 - 折旧费用	人民币	6,698.42	6,698.42				
				5502.05	管理费用 - 折旧费用	人民币	40.19	40.19				
				5502.05	管理费用 - 折旧费用	人民币	3,715.48	3,715.48				
				5502.05	管理费用 - 折旧费用	人民币	80.38	80.38				
			结转折旧费用	1502	累计折旧	人民币	28,638.94		28,638.94			
2004-01-14	2004.1	记 - 2	出售	1501	固定资产	人民币	62,821.37		62,821.37	罗燕琳		陈蓉
			出售	1502	累计折旧	人民币	1,282.60	1,282.60				
			出售	1701	固定资产清理	人民币	61,538.77	61,538.77				
2004-01-14	2004.1	记 - 3	其他减少	1501	固定资产	人民币	20,470.00		20,470.00	罗燕琳		陈蓉
			其他减少	1502	累计折旧	人民币	6,351.11	6,351.11				
			其他减少	1701	固定资产清理	人民币	14,118.89	14,118.89				

图 3-156 凭证查询结果列示

白处，输入“100”，如图 3-157 所示。点击“确定”后，返回凭证查询界面，列示出符合条件的凭证，如图 3-158 所示。

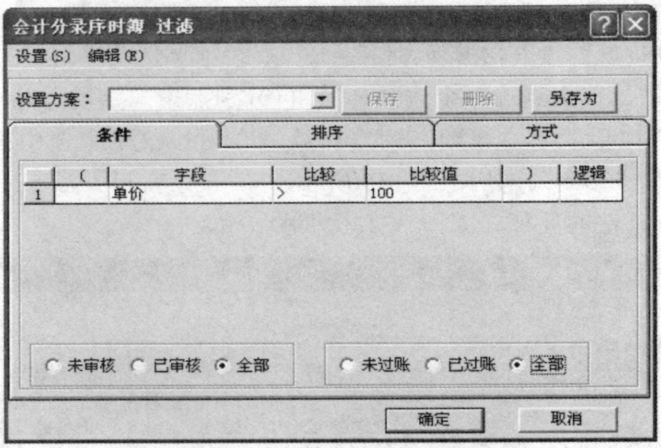

图 3-157 查询条件输入

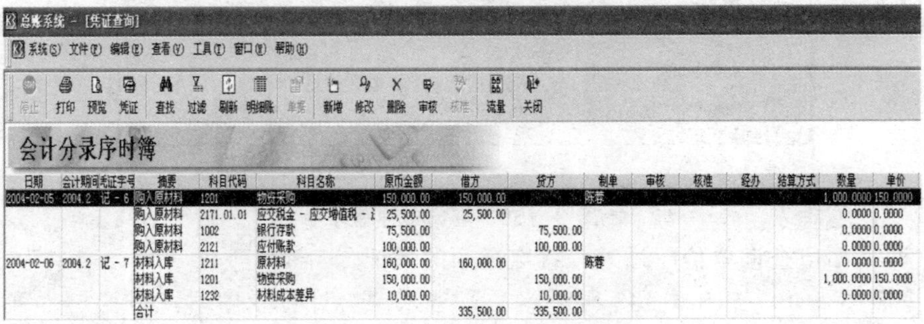

日期	会计期间	凭证字号	摘要	科目代码	科目名称	原币金额	借方	贷方	制单	审核	核准	经办	结算方式	数量	单价
2004-02-05	2004.2	记 - 6	购入原材料	1201	物资采购	150,000.00	150,000.00		陈蓉					1,000.0000	150.0000
			购入原材料	2171.01.01	应交税金 - 应交增值税 - 进	25,500.00	25,500.00							0.0000	0.0000
			购入原材料	1002	银行存款	75,500.00		75,500.00						0.0000	0.0000
			购入原材料	2121	应付账款	100,000.00		100,000.00						0.0000	0.0000
2004-02-06	2004.2	记 - 7	材料入库	1211	原材料	160,000.00	160,000.00		陈蓉					0.0000	0.0000
			材料入库	1201	物资采购	150,000.00		150,000.00						1,000.0000	150.0000
			材料入库	1232	材料成本差异	10,000.00		10,000.00						0.0000	0.0000
			合计				335,500.00	335,500.00							

图 3-158 凭证查询结果列示

（五）如何按会计分录借贷方查询凭证

按照图 3-147、图 3-148 所示路径，进入"会计分录序时簿过滤"界面，在"条件"选项卡中，首先点选两个"全部"，再分别点击"字段"列空白处，在下拉菜单中选中"会计科目"；"比较"列空白处，在下拉菜单中选中"="；"比较值"列空白处，输入"1002"；"逻辑"列空白处，在下拉菜单中选中"且"。此时，界面自动增加一条过滤条件行。按照上述操作，再依次点选和输入以下内容：会计科目=1243，如图 3-159 所示。点击"确定"后，返回凭证查询界面，将列示出符合条件的凭证。若没有符合条件的凭证，则无凭证显示，如图 3-160 所示。

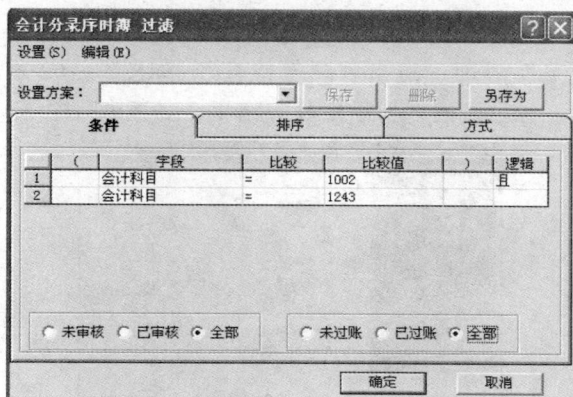

图 3-159　查询条件输入

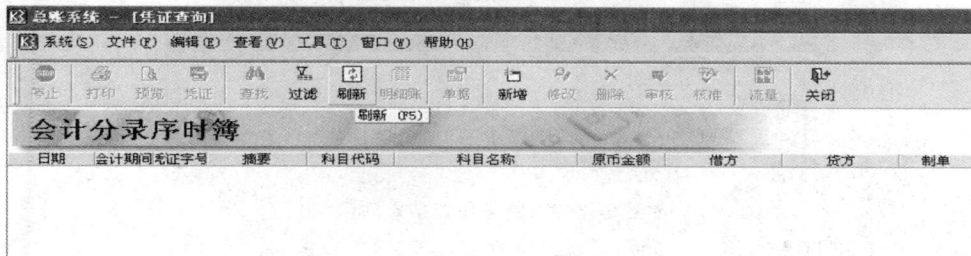

图 3-160　凭证查询结果列示

（六）删除凭证的检查

已有凭证要删除，尽管依照国家财政部相关规定是不允许的，但是这种行为在纳税人中仍然是存在的。一是因为错账调整要删除凭证；二是为应付税务检查要删除部分凭证。删除凭证时若不对凭证号进行重新标号，就会产生断号。通过查询企业是否有删除凭证行为，可以判断企业电子账簿资料的真实性。具体方法有两个，一是凭证断号检查；二是上机日志查询。

（1）凭证断号检查

点击"金蝶 K3 主控台"，点选相关账套，录入用户名和密码，进入主界面，

然后依次点击"财务会计"-"总账"-"凭证处理"-"凭证过账",如图 3-161
所示。

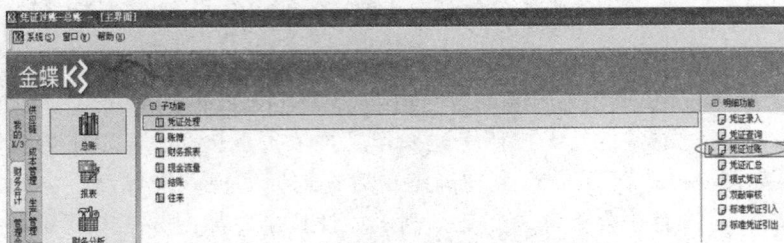

图 3-161　点击"凭证过账"的路径

　　进入"凭证过账"界面,点击"断号检查",如图 3-162 所示,检查结束后,
弹出"凭证断号检查"对话框,列示出检查结果,如图 3-163 所示。

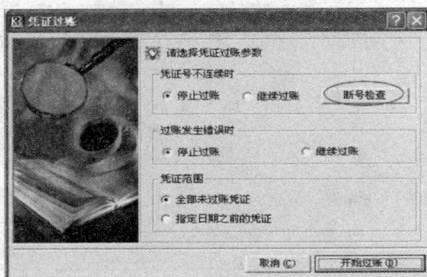

图 3-162　点选"断号检查"

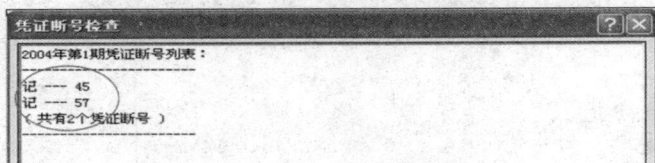

图 3-163　断号检查结果列示

(2)上机日志查询

　　按照第三节"二、日志查询"所述方法,查询上机日志。在上机日志的内容描
述栏,查看是否存在"删除凭证"字样,如图 3-164 所示。

图 3-164　上机日志中删除凭证的痕迹

（七）如何利用凭证汇总进行查询

总账系统在凭证处理功能中提供了凭证汇总功能，凭证汇总就是将记账凭证按照指定的范围和条件汇总其一级科目的借贷方发生额。按不同条件对会计凭证进行汇总，可以提供各种所需的会计信息。

（1）点击"金蝶 K3 主控台"，点选相关账套，录入用户名和密码，进入主界面，然后依次点击"财务会计"-"总账"-"凭证处理"-"凭证汇总"，如图3-165 所示。

图 3-165　点击"凭证汇总"

（2）弹出凭证汇总"过滤条件"界面，点选确定"日期"、"科目级别"（可以只汇总一级科目，也可以汇总二级科目或是三级、四级科目）、"币别"、"范围"（提供了所有凭证、已过账凭证、未过账凭证三种范围选项）等过滤条件，如图 3-166 所示。点击"确定"，生成并进入"凭证汇总表"，如图 3-167 所示。

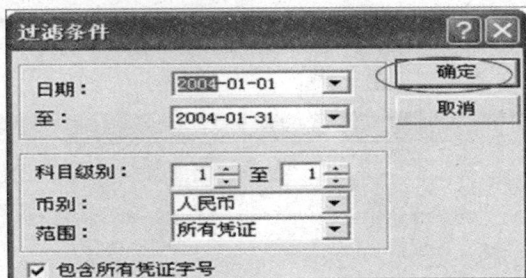

图 3-166　设置凭证汇总"过滤条件"

（八）从凭证切入的账证联查

同用友软件一样，金蝶 K3 软件也提供了账证单联查的功能。从凭证入手可查询明细分类账，最后查询总分类账。

在"凭证查询"界面，将光标定位于会计分录序时簿中要查询的凭证上，如图3-168 所示。可以单击工具栏中的"凭证"，也可以双击鼠标的左键，即可调出"凭证"界面，进入"记账凭证-查看"界面，如图 3-169 所示。

凭证汇总表

科目代码	科目名称	借方金额	贷方金额
1001	现金	1,881,537.47	1,621,792.70
1002	银行存款	14,713,000.00	17,897,773.53
1009	其他货币资金	1,492,500.00	1,358,475.44
1101	短期投资		90,000.00
1111	应收票据	436,671.00	1,206,000.00
1131	应收账款	2,191,068.00	204,000.00
1133	其他应收款	2,000.00	
1141	坏账准备		5,400.00
1211	原材料	1,504,050.00	4,410,000.00
1221	包装物	107,555.00	
1231	低值易耗品	4,444.00	
1243	库存商品	6,633,844.00	4,523,339.60
1261	委托代销商品	147,536.79	
1401	长期股权投资	102,300.00	
1501	固定资产	6,525,687.31	329,003.53
1502	累计折旧	12,379.27	143,226.11
1505	固定资产减值准备	1,000.00	
1603	在建工程	4,286,950.00	251,285.50
1701	固定资产清理	216,117.00	
1911	待处理财产损溢	462,464.00	462,464.00
2101	短期借款	3,080,000.00	1,602,904.00
2111	应付票据	606,000.00	421,980.79
2121	应付账款	7,000.00	107,250.00
2131	预收账款		54,625.00
2151	应付工资	6,000,000.00	6,000,000.00
2153	应付福利费	87,835.64	840,000.00
2171	应交税金	870,726.52	1,876,792.74
2176	其他应交款	12,000.00	12,000.00
2191	预提费用	150,000.00	138,000.00
2301	长期借款	5,000,000.00	1,830,000.00
2321	长期应付款		231,232.00
2341	递延税款		19,465.53
3111	资本公积	500.00	9,523.58
3131	本年利润	4,838,920.10	16,999,642.00
4101	生产成本	8,308,800.00	6,359,400.00
4105	制造费用	136,800.00	136,800.00
5101	主营业务收入	14,485,544.00	14,493,440.35
5102	其他业务收入	1,558,000.00	1,680,563.35
5201	投资收益	383,432.00	383,432.00
5203	补贴收入	66,666.00	73,500.56
5301	营业外收入	516,000.00	986,707.21
5401	主营业务成本	4,500,000.00	4,500,000.00
5402	主营业务税金及附加	12,000.00	12,000.00
5501	营业费用	42,000.00	42,000.00
5502	管理费用	268,069.92	165,469.92
5503	财务费用	258,000.00	129,000.00
	合计	91,907,398.02	91,408,489.44

图 3-167　凭证汇总表

会计分录序时簿

日期	会计期间	凭证字号	摘要	科目代码	科目名称	原币金额	借方	贷方	制单
2004-01-14	2004.1	记 - 1	结转折旧费用	5502.05	管理费用 - 折旧费用	3,364.66	3,364.66		罗燕琳
				5502.05	管理费用 - 折旧费用	3,364.66	3,364.66		
				5502.05	管理费用 - 折旧费用	3,404.85	3,404.85		
				5502.05	管理费用 - 折旧费用	4,605.60	4,605.60		
				5502.05	管理费用 - 折旧费用	3,364.70	3,364.70		
				5502.05	管理费用 - 折旧费用	6,698.42	6,698.42		
				5502.05	管理费用 - 折旧费用	40.19	40.19		
				5502.05	管理费用 - 折旧费用	3,715.48	3,715.48		
				5502.05	管理费用 - 折旧费用	80.38	80.38		
			结转折旧费用	1502	累计折旧	28,638.94		28,638.94	
2004-01-14	2004.1	记 - 2	出售	1501	固定资产	62,821.37		62,821.37	罗燕琳
			出售	1502	累计折旧	1,282.60	1,282.60		
			出售	1701	固定资产清理	61,538.77	61,538.77		

图 3-168　凭证查询界面

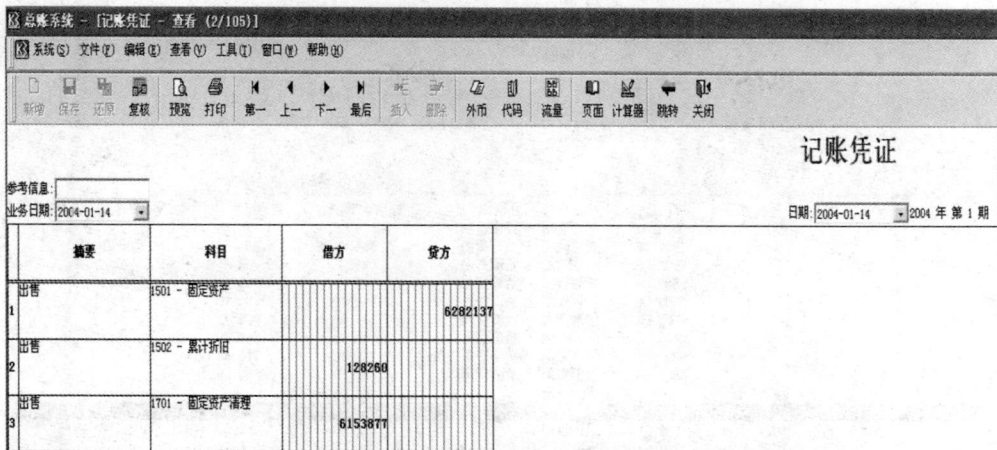

图 3-169　"［记账凭证-查看］"界面

在"［记账凭证-查看］"界面，在菜单栏依次点击"查看"-"附件管理"，如图 3-170 所示。若该凭证带有附件，则可查看到该附件；如果该凭证没有附件，则系统提示"没有可供查看的附件"，如图 3-171 所示。

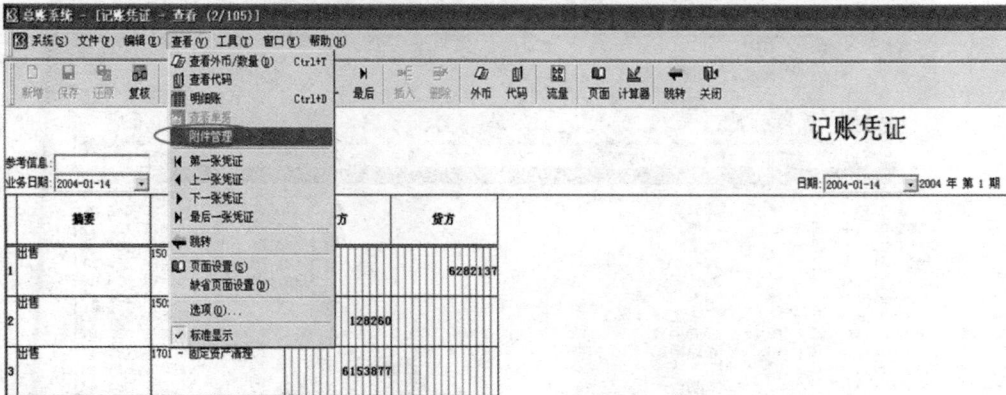

图 3-170　查询附件的路径

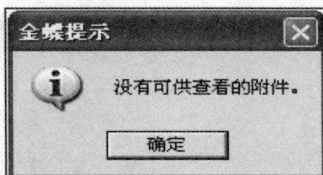

图 3-171　查询附件结果提示

在凭证查询界面，将光标定位于会计分录序时簿要查询的科目上，单击工具栏中的"明细账"，即可进入该科目的明细分类账界面，如图 3-172 所示。

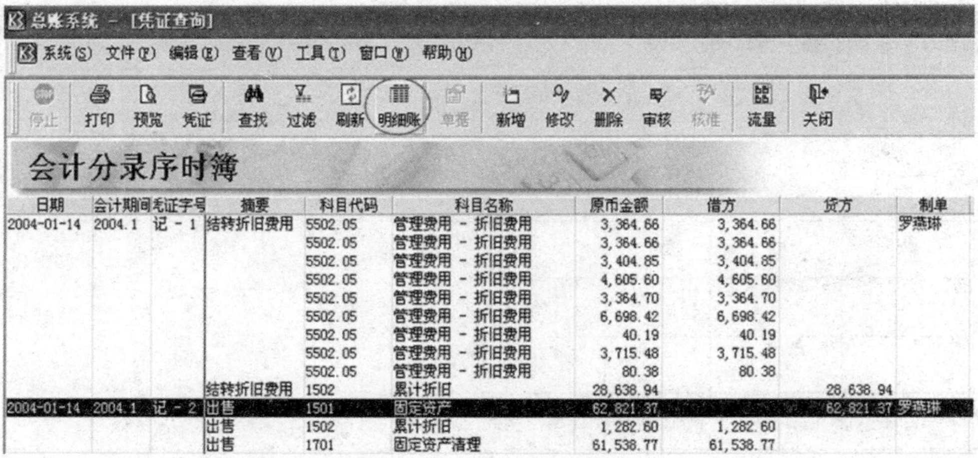

日期	会计期间	凭证字号	摘要	科目代码	科目名称	原币金额	借方	贷方	制单
2004-01-14	2004.1	记 - 1	结转折旧费用	5502.05	管理费用 - 折旧费用	3,364.66	3,364.66		罗燕琳
				5502.05	管理费用 - 折旧费用	3,364.66	3,364.66		
				5502.05	管理费用 - 折旧费用	3,404.85	3,404.85		
				5502.05	管理费用 - 折旧费用	4,605.60	4,605.60		
				5502.05	管理费用 - 折旧费用	3,364.70	3,364.70		
				5502.05	管理费用 - 折旧费用	6,698.42	6,698.42		
				5502.05	管理费用 - 折旧费用	40.19	40.19		
				5502.05	管理费用 - 折旧费用	3,715.48	3,715.48		
				5502.05	管理费用 - 折旧费用	80.38	80.38		
			结转折旧费用	1502	累计折旧	28,638.94		28,638.94	
2004-01-14	2004.1	记 - 2	出售	1501	固定资产	62,821.37		62,821.37	罗燕琳
			出售	1502	累计折旧	1,282.60	1,282.60		
			出售	1701	固定资产清理	61,538.77	61,538.77		

图 3-172 凭证查询界面

在明细分类账界面，在工具栏点击“总账”，如图 3-173 所示，进入该科目的总分类账界面，如图 3-174 所示，从而实现凭证账务数据的一体化查询。

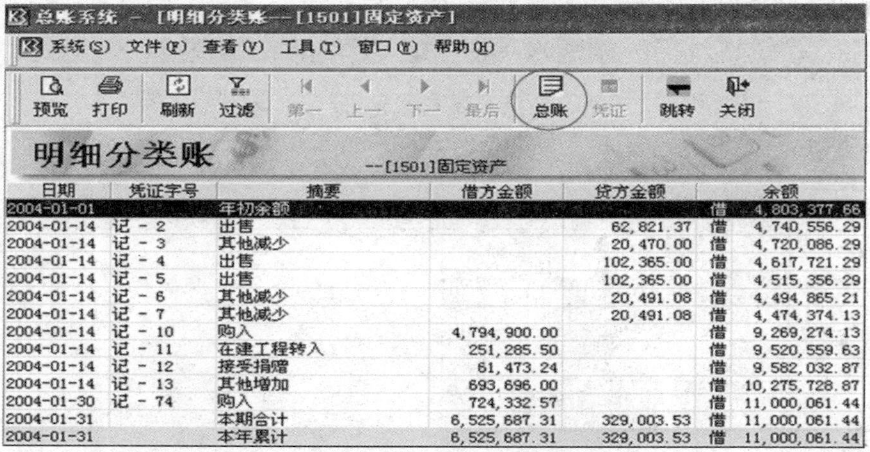

日期	凭证字号	摘要	借方金额	贷方金额		余额
2004-01-01		年初余额			借	4,803,377.66
2004-01-14	记 - 2	出售		62,821.37	借	4,740,556.29
2004-01-14	记 - 3	其他减少		20,470.00	借	4,720,086.29
2004-01-14	记 - 4	出售		102,365.00	借	4,617,721.29
2004-01-14	记 - 5	出售		102,365.00	借	4,515,356.29
2004-01-14	记 - 6	其他减少		20,491.08	借	4,494,865.21
2004-01-14	记 - 7	其他减少		20,491.08	借	4,474,374.13
2004-01-14	记 - 10	购入	4,794,900.00		借	9,269,274.13
2004-01-14	记 - 11	在建工程转入	251,285.50		借	9,520,559.63
2004-01-14	记 - 12	接受捐赠	61,473.24		借	9,582,032.87
2004-01-14	记 - 13	其他增加	693,696.00		借	10,275,728.87
2004-01-30	记 - 74	购入	724,332.57		借	11,000,061.44
2004-01-31		本期合计	6,525,687.31	329,003.53	借	11,000,061.44
2004-01-31		本年累计	6,525,687.31	329,003.53	借	11,000,061.44

图 3-173 “明细分类账”界面

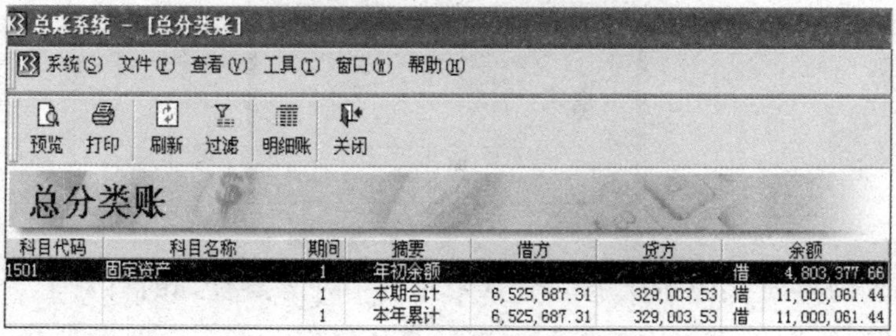

科目代码	科目名称	期间	摘要	借方	贷方		余额
1501	固定资产	1	年初余额			借	4,803,377.66
		1	本期合计	6,525,687.31	329,003.53	借	11,000,061.44
		1	本年累计	6,525,687.31	329,003.53	借	11,000,061.44

图 3-174 “总分类账”界面

四、明细账查询

明细分类账查询功能可查询各科目的明细分类账账务数据，可以输出库存现金日记账、银行存款日记账和其他各科目的三栏式明细账的账务明细数据；还可以按照各种币别输出某一币别的明细账；同时还提供了按非明细科目输出明细分类账的功能。

点击"金蝶 K3 主控台"，点选相关账套，录入用户名和密码，进入主界面，然后依次点击"财务会计"－"总账"－"账簿"－"明细分类账"，如图 3-175 所示。首先弹出"过滤条件"设置窗口，通过设置"条件""高级""过滤""排序"四个查询条件的标签，可以进行多种条件的设置，如图 3-176 所示。

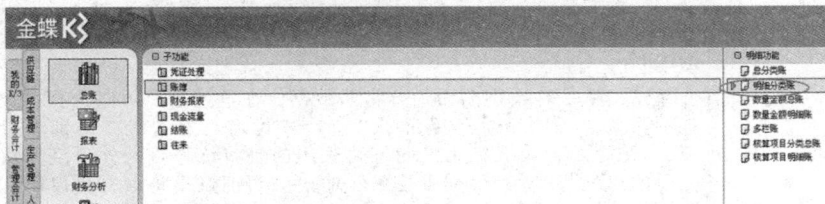

图 3-175　进入"明细分类账"的路径

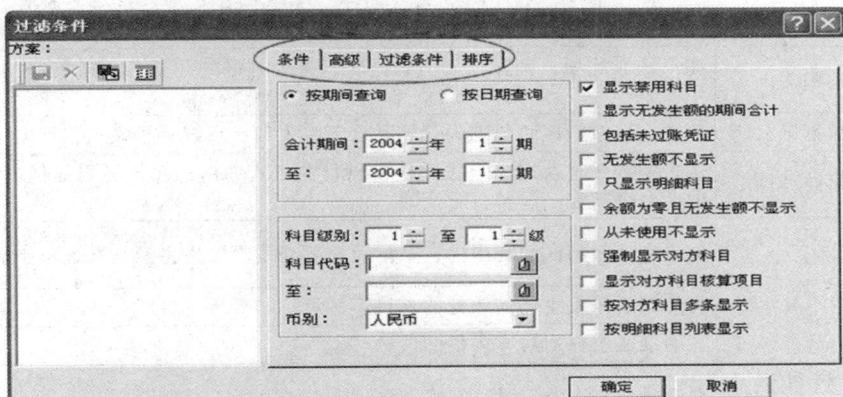

图 3-176　明细分类账"过滤条件"设置窗口

（一）如何利用明细分类账查询"过滤条件"中的"条件"实现查询

点击"金蝶 K3 主控台"，点选相关账套，录入用户名和密码，进入主界面，然后依次点击"财务会计"－"总账"－"账簿"－"明细分类账"，操作后进入明细分类账查询"过滤条件"界面，系统默认显示"条件"选项卡，如图 3-177 所示。"条件"选项卡设有很多过滤条件的数据项可供选择，这些过滤条件的数据项可实现的过滤结果，详见表 3-4"条件"选项卡数据项说明表。

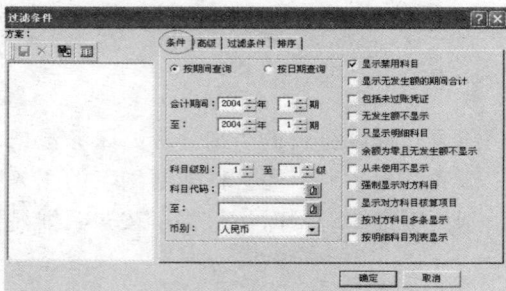

图 3-177　明细分类账"过滤条件"设置

表 3-4　　　　**"条件"选项卡数据项说明表**

数据项	说 明
按期间查询	可选择明细分类账输出的会计期间范围并可跨年查询
按日期查询	可选择明细分类账输出的自然日期，可输入开始日期及结束日期，确认查询区间
币别	选择输出哪一种币别的明细分类账数据，在这里除了可以选择已设定好的各种币别之外，系统还提供了"综合本位币"及"所有币别多栏账"选项，"综合本位币"输出的明细账采用的是将该科目的外币换算成综合本位币的形式，"所有币别多栏账"输出的明细账是将该科目以所有币别多栏账的形式表现出来
科目级别	显示的明细账包含的级次范围
科目代码	查询明细账时科目代码的起止范围
包括未过账凭证	如果选取此项，则在输出明细账时，将未过账的凭证也一同包含在明细账中
无发生额不显示	如果在选定的区间范围内，某科目无发生额，系统不予显示
只显示明细科目	选定明细账输出时，是按照明细科目的方式输出，还是将明细科目中发生的业务全部在一级科目下反映
余额为零且无发生额不显示	如果在选定的区间范围内，某科目余额为零且无发生额，系统不予显示
从未使用不显示	自启用后未发生任何业务的科目不显示
强制显示对方科目	在明细账中显示对方科目的信息
按对方科目多条显示	对方科目有多条记录，则多条显示
显示对方科目核算项目	如果显示了对方科目，且对方科目下设了核算项目，则将对方科目的核算项目也显示出来
按明细科目列表显示	可以将科目下属的所有明细科目以列表的形式显示。该选项与高级页签的选项"显示核算项目所有级次"互斥
显示无发生额的期间合计	显示没有发生额期间的本期合计与本年累计数，提供完整的明细账
显示禁用科目	显示禁用科目。单独查询禁用科目时，需手工录入禁用科目代码查询，F7界面不显示禁用科目

输入条件范围之后，单击“确认”，系统即按所选条件生成明细分类账，如图 3-178 所示。在明细分类账界面，可以用光标移动和滚动条来翻阅，查看明细分类账中各项数值。在此界面还可以点击工具条中的“上一”“第一”“下一”“最后”按钮实现对其他科目明细分类账的查询，如 3-179 所示。

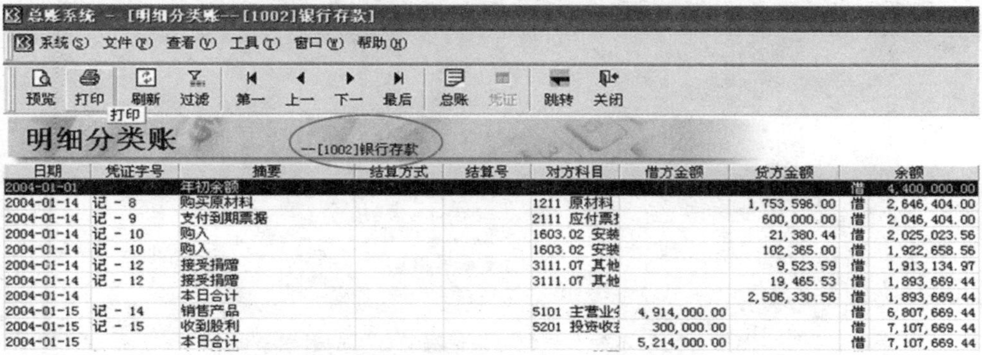

日期	凭证字号	摘要	结算方式	结算号	对方科目	借方金额	贷方金额		余额
2004-01-01		年初余额						借	4,400,000.00
2004-01-14	记 - 8	购买原材料			1211 原材料		1,753,596.00	借	2,646,404.00
2004-01-14	记 - 9	支付到期票据			2111 应付票扌		600,000.00	借	2,046,404.00
2004-01-14	记 - 10	购入			1603.02 安装		21,380.44	借	2,025,023.56
2004-01-14	记 - 10	购入			1603.02 安装		102,365.00	借	1,922,658.56
2004-01-14	记 - 12	接受捐赠			3111.07 其他		9,523.59	借	1,913,134.97
2004-01-14	记 - 12	接受捐赠			3111.07 其他		19,465.53	借	1,893,669.44
2004-01-14		本日合计					2,506,330.56	借	1,893,669.44
2004-01-15	记 - 14	销售产品			5101 主营业纟	4,914,000.00		借	6,807,669.44
2004-01-15	记 - 15	收到股利			5201 投资收扌	300,000.00		借	7,107,669.44
2004-01-15		本日合计				5,214,000.00		借	7,107,669.44

图 3-178　明细分类账查询结果列示（1）

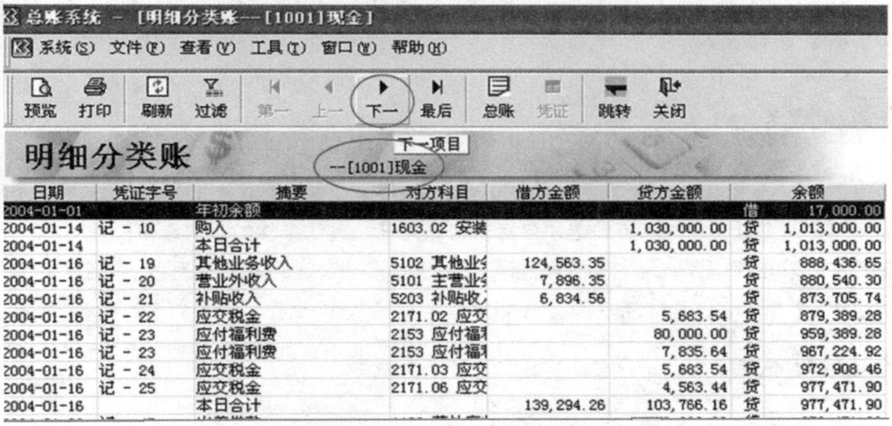

日期	凭证字号	摘要	对方科目	借方金额	贷方金额		余额
2004-01-01		年初余额				借	17,000.00
2004-01-14	记 - 10	购入	1603.02 安装		1,030,000.00	贷	1,013,000.00
2004-01-14		本日合计			1,030,000.00	贷	1,013,000.00
2004-01-16	记 - 19	其他业务收入	5102 其他业纟	124,563.35		贷	888,436.65
2004-01-16	记 - 20	营业外收入	5101 主营业纟	7,896.35		贷	880,540.30
2004-01-16	记 - 21	补贴收入	5203 补贴收入	6,834.56		贷	873,705.74
2004-01-16	记 - 22	应交税金	2171.02 应交		5,683.54	贷	879,389.28
2004-01-16	记 - 23	应付福利费	2153 应付福利		80,000.00	贷	959,389.28
2004-01-16	记 - 23	应付福利费	2153 应付福利		7,835.64	贷	967,224.92
2004-01-16	记 - 24	应交税金	2171.03 应交		5,683.54	贷	972,908.46
2004-01-16	记 - 25	应交税金	2171.06 应交		4,563.44	贷	977,471.90
2004-01-16		本日合计		139,294.26	103,766.16	贷	977,471.90

图 3-179　明细分类账查询结果列示（2）

（二）如何查询包含全部业务凭证的明细账？

由于金蝶 K3 不像用友软件要求纳税人全部凭证必须记账才能进行下一月份的账务处理，因此，金蝶 K3 系统中可能既有记账的凭证也有未记账的凭证。若想查询到包含全部业务凭证的明细账，需进行以下操作：

点击“金蝶 K3 主控台”，点选相关账套，录入用户名和密码，进入主要界面，然后依次点击“财务会计”－“总账”－“账簿”－“明细分类账”，进入明细分类账查询“过滤条件”界面，如果不勾选“包括未记账凭证”，如图 3-180 所示，查询结果如图 3-181 所示。若勾选“包括未记账凭证”，如图 3-182 所示，查询结果如图 3-183 所示。

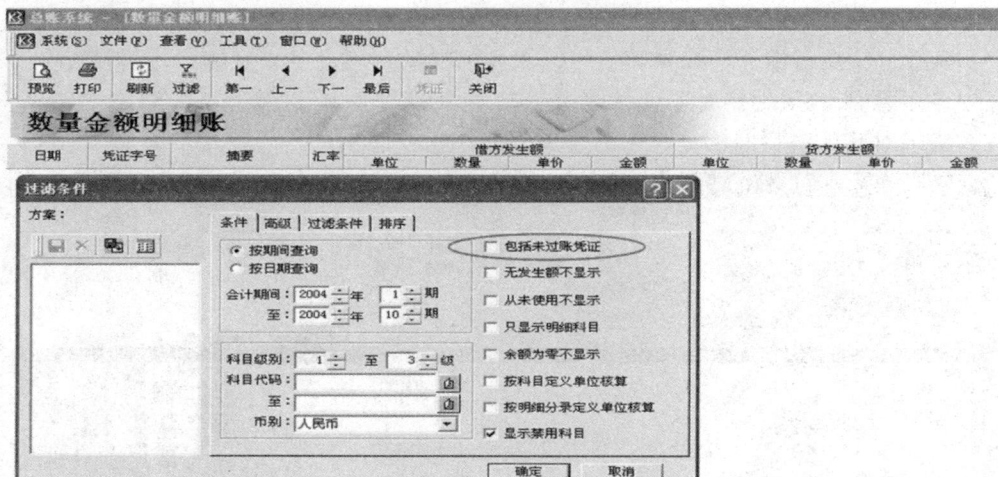

图 3-180 不勾选"包括未记账凭证"的过滤条件

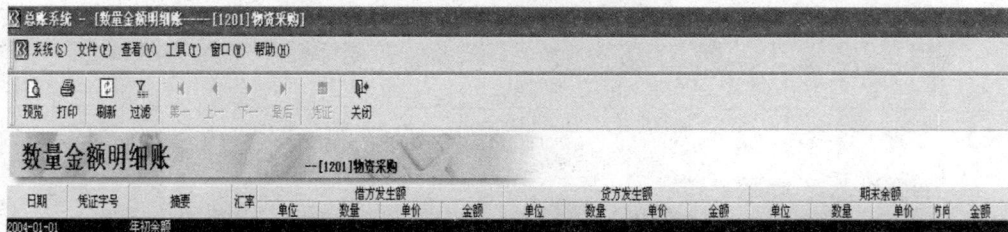

图 3-181 不勾选"包括未记账凭证"过滤条件的查询结果

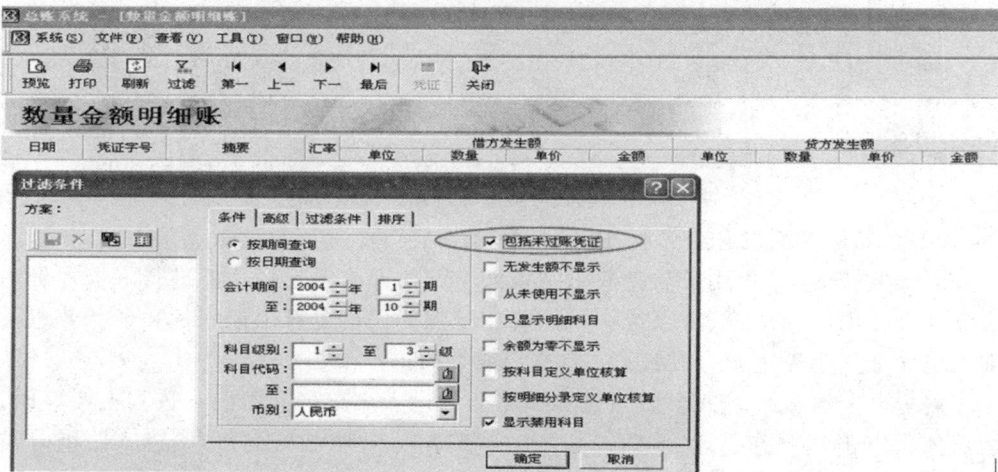

图 3-182 勾选"包括未记账凭证"的过滤条件的查询结果

图 3-183　勾选"包括未记账凭证"的过滤条件

（三）如何实现对某供应商应付账款明细账的查询

（1）点击"金蝶 K3 主控台"，点选相关账套，录入用户名和密码，进入主界面，然后依次点击"财务会计"–"总账"–"账簿"–"明细分类账"，进入明细分类账查询"过滤条件"界面，点选"高级"选项卡，如图 3-184 所示。"高级"选项卡设有很多过滤条件的数据项，这些过滤条件的数据项可实现的过滤结果，详见表 3-5"高级"选项卡数据项说明表。

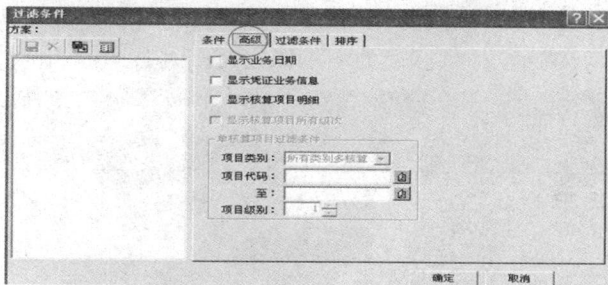

图 3-184　明细分类账"过滤条件"中"高级"选项卡

表 3-5　　　　　　　　　　　　"高级"选项卡数据项说明表

数据项	说　　明
显示业务日期	选择该选项，则在明细分类账显示时，将各凭证的业务日期显示出来
显示凭证业务信息	选择该选项，则在明细分类账显示时，将各凭证的业务信息显示出来
显示核算项目明细	选择该选项，如果科目下挂核算项目，则显示该科目下核算项目的明细账
单核算项目过滤条件	在<项目类别>中选择某一项目类别，则显示在基本设置中设置的科目范围中所挂该核算项目的科目明细账，且将核算项目也显示出来。<项目类别>中显示的类别为基本设置中设置的科目范围中所挂核算项目的集合。例如，应收账款下挂客户、部门、职员，应付账款下挂供应商，查询明细账时科目范围选择"应收账款–应付账款"，则在<项目类别>下拉框中显示：客户、部门、职员、供应商和所有类别的核算
显示核算项目所有级次	该选项须在选中"显示核算项目明细"的基础上才可使用，显示核算项目的所有级次，并进行各级次的汇总，仅支持单核算项目。该选项与基本条件页签的"按明细科目列表显示"互斥

（2）点选"显示核算项目明细"后，"项目类别"被激活，可在下拉菜单中选择"供应商"，如图 3-185 所示。

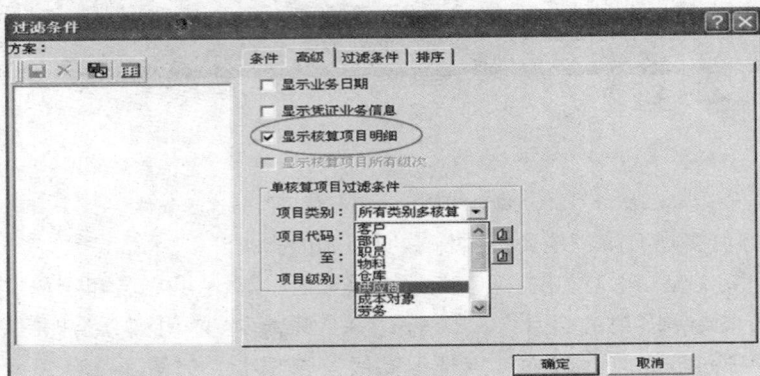

图 3-185　显示核算项目明细

（3）在图 3-185 界面，点击"项目代码"项后的按钮，进入"核算项目-供应商"界面，选择要查看的供应商，如图 3-186 所示，项目级别如图 3-187 所示。点击"确定"，即可对选定的供应商的明细账进行查询。

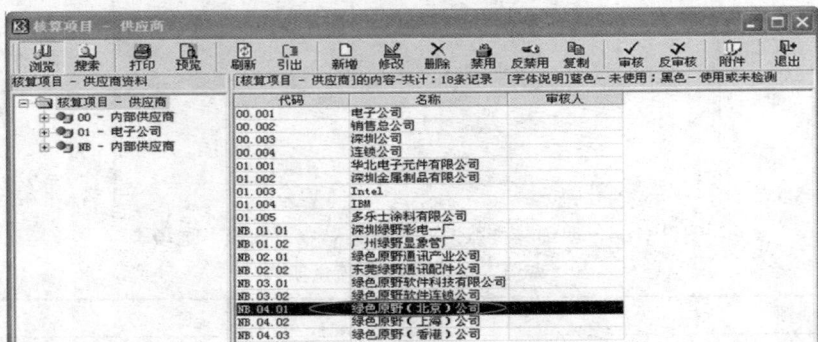

图 3-186　点选供应商

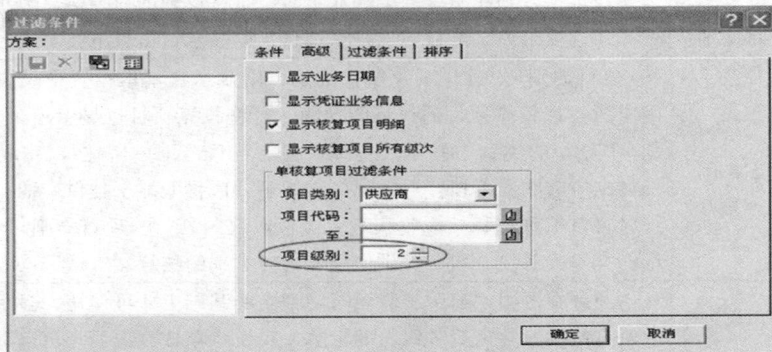

图 3-187　设置项目级别

（四）如何查询摘要含"购进"的明细账

（1）点击"金蝶 K3 主控台"，点选相关账套，录入用户名和密码，进入主界面，然后依次点击"财务会计"-"总账"-"账簿"-"明细分类账"，进入明细分类账查询"过滤条件"界面，点选"过滤条件"选项卡，如图 3-188 所示。在过滤条件设置中，可以实现对明细账的过滤，具体的操作方法同凭证查询的过滤条件设置。

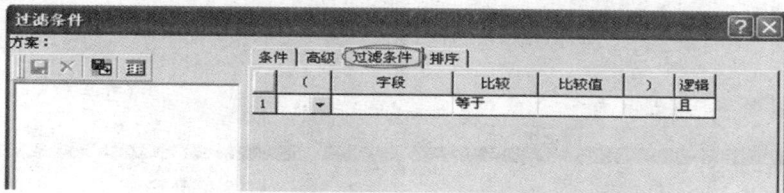

图 3-188　明细分类账查询"过滤条件"选项卡

（2）点击"字段"列空白处，在下拉菜单中选中"摘要"；点击"比较"列空白处，在下拉菜单中选中"包含"；点击"比较值"列空白处，输入"购进"并点击"确定"，如图 3-189 所示。最后，返回明细分类账界面，列示出符合条件的明细账，如图 3-190 所示，同时可通过工具条中的"第一""上一""下一""最后"进行翻页查看。

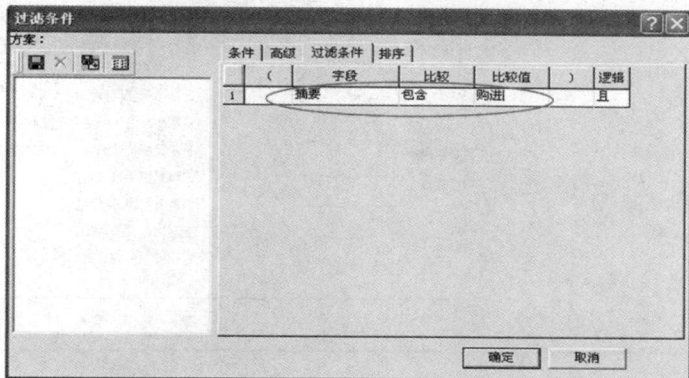

图 3-189　明细分类账查询"过滤条件"设置

图 3-190　明细分类账查询结果列示

（五）在已查询界面如何重新设定明细账查询条件

在明细账查询过程中，可能需要重新设置查询条件，这时不必退出明细账查询界面，只需在工具条中单击"过滤"，如图 3-191 所示，即可弹出明细账"过滤条件"界面，如图 3-192 所示，与前述的操作完全一致。重新设定查询条件后，系统即按重设条件生成新的明细账。

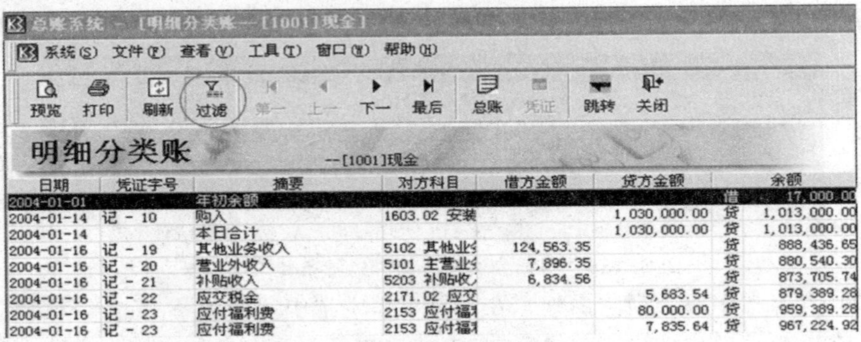

图 3-191　明细账查询后重置"过滤条件"路径

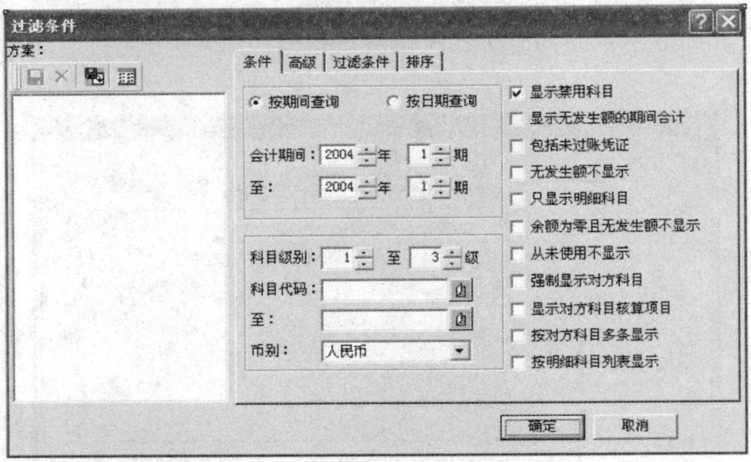

图 3-192　重置明细账查询的"过滤条件"

（六）数量金额明细账如何查询

数量金额明细账用于查询下设数量金额的辅助核算科目的明细账务数据，包括"收入""发出""结存"的"数量""单价""金额"各项数据。

点击"金蝶 K3 主控台"，点选相关账套，录入用户名和密码，进入主界面，然后依次点击"财务会计"-"总账"-"账簿"-"数量金额明细账"，如图 3-193 所示。进入数量金额明细账的"过滤条件"界面，如图 3-194 所示。在此可以进行数量金额明细账的查询。相关"过滤条件"的设置等功能的操作可参见上述（一）～（五）部分的相关操作，此处不再赘述。

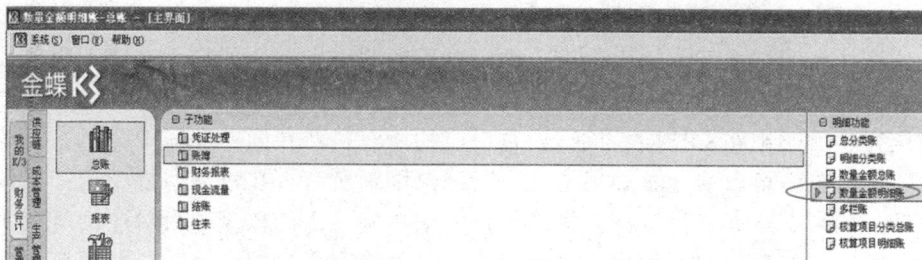

图 3-193　查询"数量金额明细账"的路径

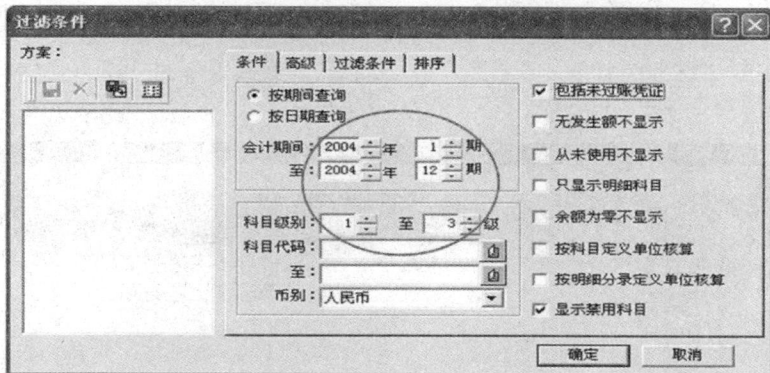

图 3-194　数量金额明细账的"过滤条件"设定

在数量金额明细账的"过滤条件"界面，输入以下查询条件：2004 年 1 月至 12 月，包括未过账凭证在内的科目级别 1 至 3 级的全部数量金额明细账，如图 3-194 所示。点击"确定"后，返回数量金额明细账界面，如图 3-195 所示。

图 3-195　数量金额明细账查询结果列示

（七）核算项目明细账

核算项目明细账经常用于进行分类汇总后的明细查询，如显示在建工程项目所涉及的所有科目的明细值，有利于了解核算项目的明细情况。

核算项目明细账支持同一核算项目对应的所有科目在同一账簿中显示，过滤条件中的科目范围可以多选，如果不选，默认范围为所有。在过滤条件中选择了核算项目后，如果不选择科目范围，核算项目明细账将显示此核算项目对应的所有明细科目的所选查询期间的明细发生情况，并可显示所有科目的合计数。科目范围选择时，多个科目之间用"，"隔开。

点击"金蝶K3主控台"，点选相关账套，录入用户名和密码，进入主界面，然后依次点击"财务会计"-"总账"-"账簿"-"核算项目明细账"，如图3-196所示。

图 3-196　查询"核算项目明细账"的路径

进入核算项目明细账界面，弹出"过滤条件"界面，输入查询条件，如图3-197所示。点击"确定"后，进入核算项目明细账界面，列示查询结果，如图3-198所示。

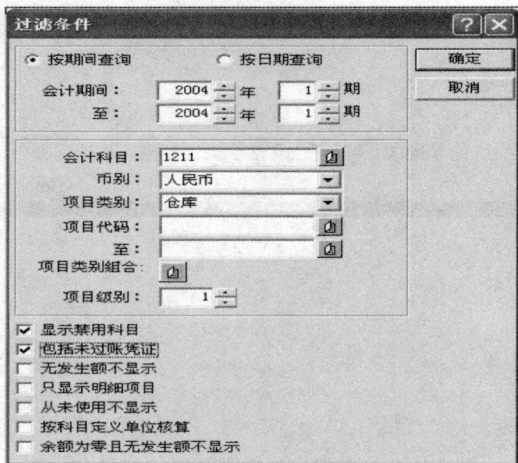

图 3-197　过滤条件设定

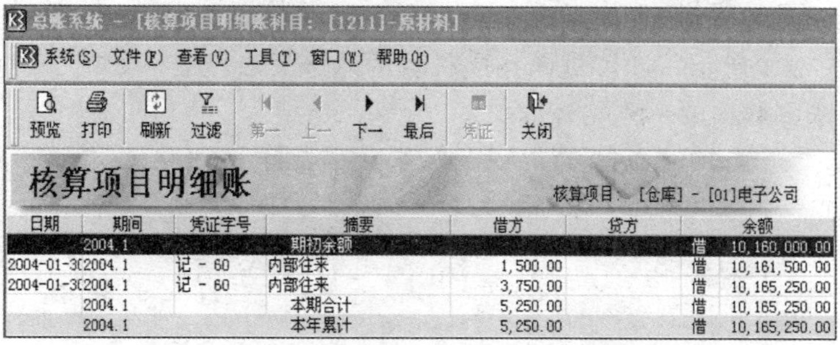

图 3-198　核算项目明细账查询结果

（八）从明细分类账切入的账证联查

同用友软件一样，金蝶 K3 软件也提供了账证单联查的功能。从明细分类账入手一可查询到凭证及附件，二可查询到总分类账。

在明细分类账界面，将光标定位于要查询的凭证上，如图 3-199 所示。一是单击工具栏中的"凭证"，二是双击鼠标的左键，即可进入记账"凭证-查看"界面，如图 3-200 所示，在菜单栏依次点击"查看"-"附件管理"，可进一步查看凭证的附件。若该凭证带有附件，则可查看到该附件；如果该凭证没有附件，则系统提示"没有可供查看的附件"，具体操作如图 3-170、图 3-171 所示。

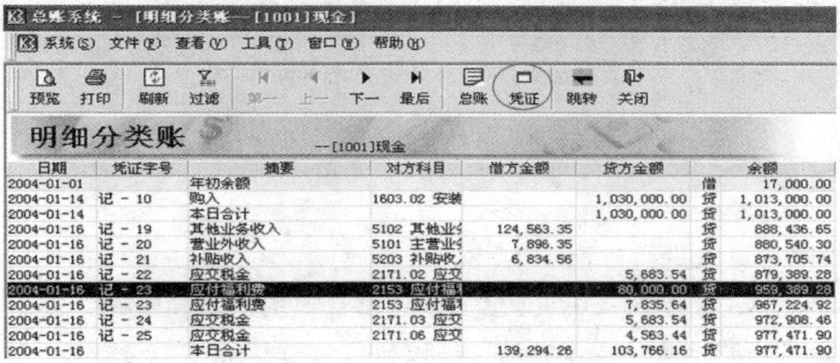

图 3-199　明细分类账界面

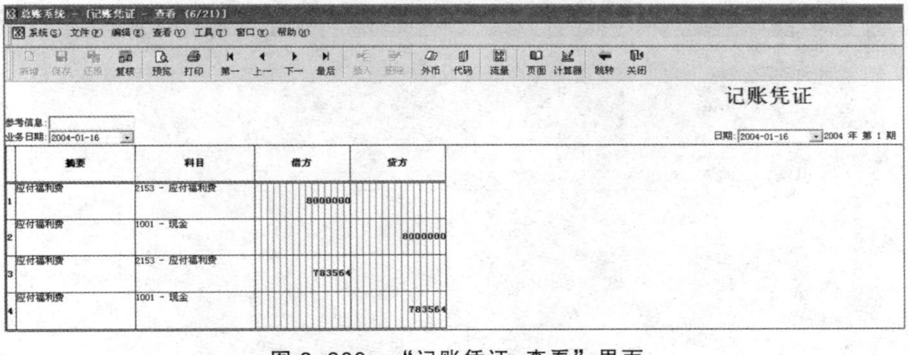

图 3-200　"记账凭证-查看"界面

在明细分类账界面，将光标定位于要查询的科目上，单击工具栏中的"总账"，如图 3-201 所示，即可进入相应科目的总分类账界面，如图 3-202 所示，从而实现凭证账务数据的一体化查询。

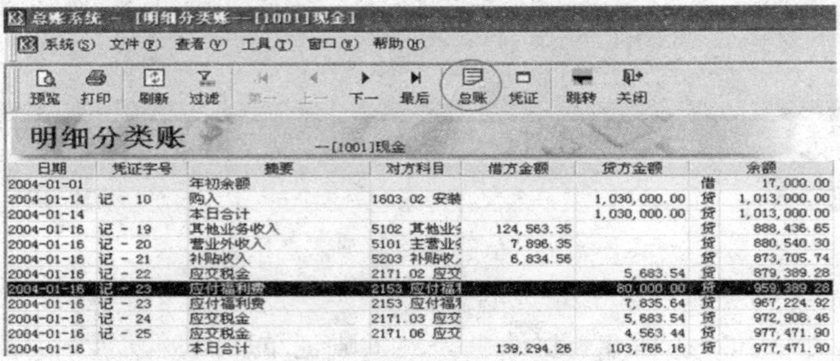

图 3-201　明细分类账界面

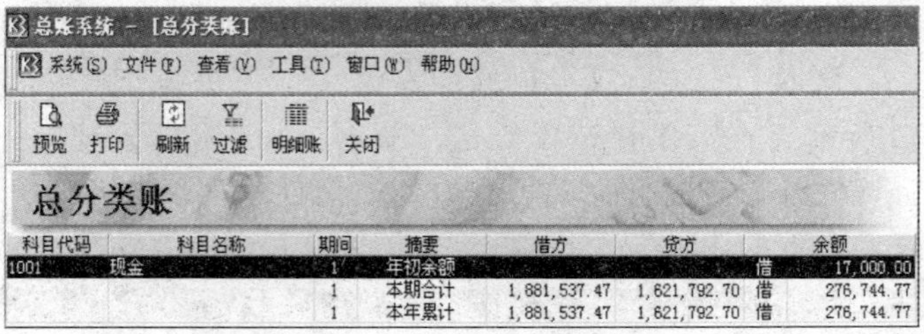

图 3-202　总分类账界面

五、总账查询

（一）如何对总账进行查询

点击"金蝶 K3 主控台"，点选相关账套，录入用户名和密码，进入"金蝶 K3"界面，然后依次点击"财务会计"-"总账"-"账簿"-"总分类账"，如图 3-203 所示。系统弹出总分类账查询"过滤条件"界面，设定查询条件，如图 3-204 所示。

图 3-203　查询"总分类账"的路径

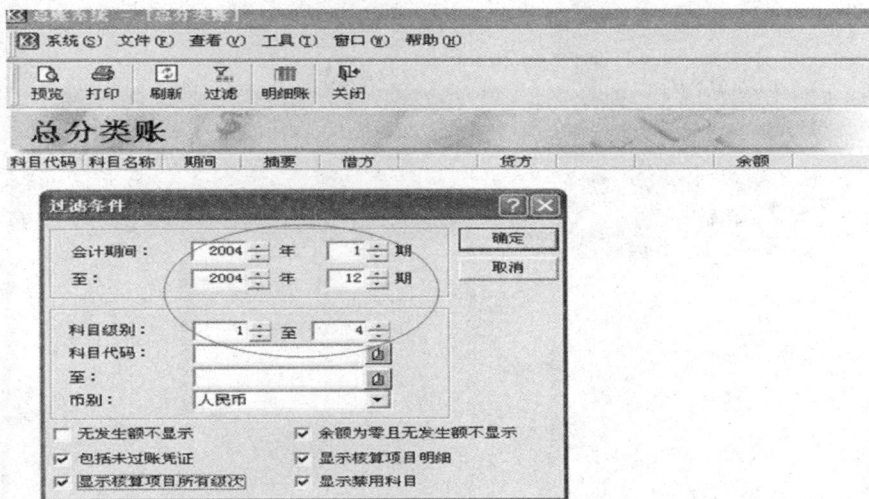

图 3-204　总分类账查询的"过滤条件"

在总分类账查询"过滤条件"界面，设有多种过滤条件，具体使用详见表 3-6。

表 3-6　　　　　　　总分类账查询"过滤条件"数据项说明表

数据项	说　明
会计期间	选择总分类账输出的会计期间范围，可跨年跨期查询
科目级别	选择要查询到哪一级会计科目的总账数据，可选择明细科目和非明细科目
科目代码	查询总分类账时科目代码的起止范围
币别	在这个选项中可以选择不同币别输出总账数据，系统提供了本位币、外币、综合本位币、所有币别多栏式选项。综合本位币是指所有币别都折合为本位币后的数据的合计值。所有币别多栏式是各种币别分别显示
无发生额不显示	如果在选定的区间范围内，某科目无发生额，系统不予显示
余额为零且无发生额不显示	如果在选定的区间范围内，某科目无发生额并且余额为零，系统不予显示
包括未过账凭证	若选择此项，则在输出总账时，金额包括未过账的凭证
显示核算项目明细	在显示科目信息的同时，显示科目下设置的核算项目明细项目的总分类账的查询信息
显示核算项目所有级次	该选项须在选中<显示核算项目明细>的基础上才可使用，显示核算项目的所有级次，并进行各级次的汇总，仅支持单核算项目
显示禁用科目	显示禁用科目。单独查询禁用科目时，需手工录入禁用科目代码查询，F7 界面不显示禁用科目

过滤条件输入完毕后，单击"确定"，系统即按所设定的条件显示总分类账。系统会进入总分类账界面，如图 3-205 所示。

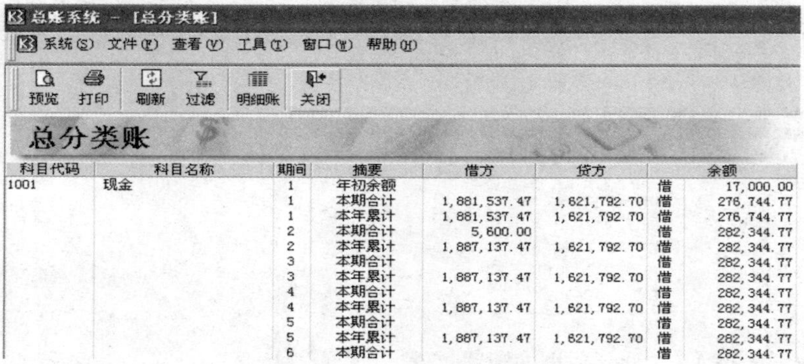

图 3-205　总分类账

（二）重新设定条件

在总分类账界面，单击工具栏中的"过滤"，即可弹出总分类账"过滤条件"界面，在此界面中重新输入过滤条件，系统按此条件重新生成总分类账，如图 3-206 所示。

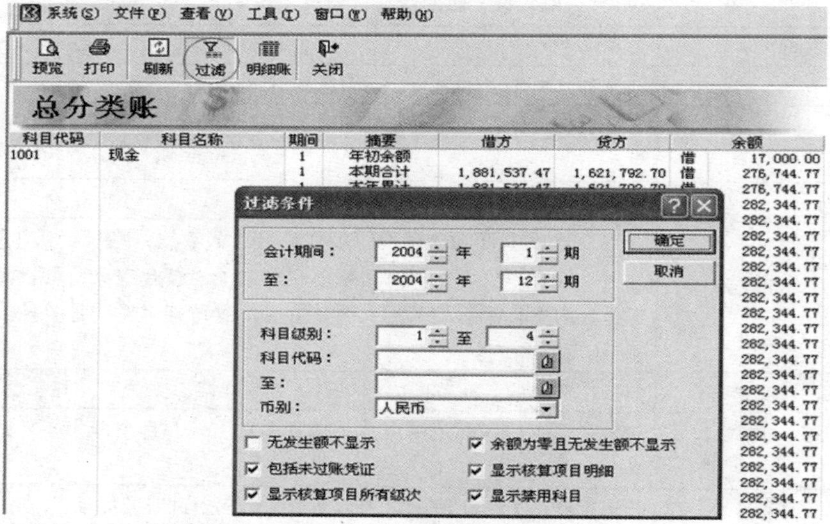

图 3-206　重置"过滤条件"

（三）如何查询数量金额总账

点击"金蝶 K3 主控台"，点选相关账套，录入用户名和密码，进入主界面，然后依次点击"财务会计"-"总账"-"账簿"-"数量金额总账"，如图 3-207所示。

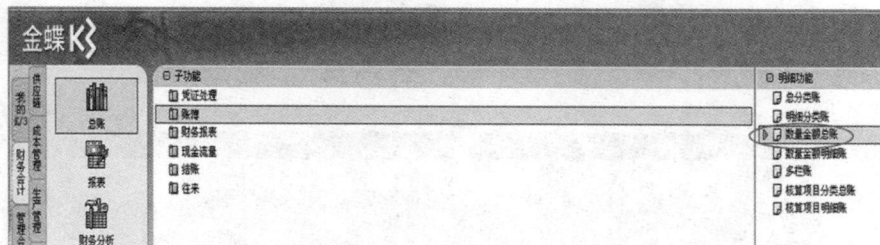

图 3-207 查询"数量金额总账"的路径

进入数量金额总账界面，进行过滤条件的设置，如图 3-208 所示。

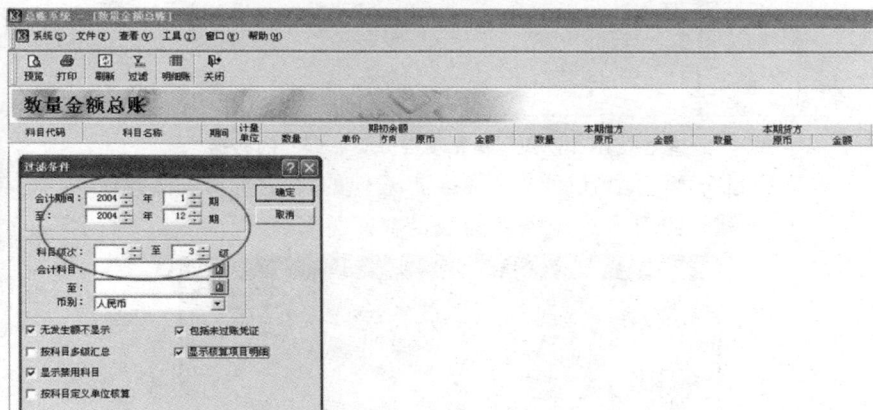

图 3-208 设置数量金额总账的"过滤条件"

点击"确定"后，即可列示出符合过滤条件的数量金额总账，如图 3-209 所示。

图 3-209 数量金额总账的过滤结果

（四）核算项目分类总账

核算项目在总账系统中具有十分独特和灵活的作用，它可以作为明细科目进行管理，同时也可以在多个科目中存在。核算项目分类总账以核算项目为依据，全面反映核算项目所涉及科目中的借贷方发生额及余额数据。

点击"金蝶 K3 主控台",点选相关账套,录入用户名和密码,进入主界面,然后依次点击"财务会计"–"总账"–"账簿"–"核算项目分类总账",如图 3-210 所示。

图 3-210　查询"核算项目分类总账"的路径

进入核算项目分类总账界面,进行过滤条件的设置,如图 3-211 所示。点击"确定"后,即可列示出符合过滤条件的数量金额总账,如图 3-212 所示。

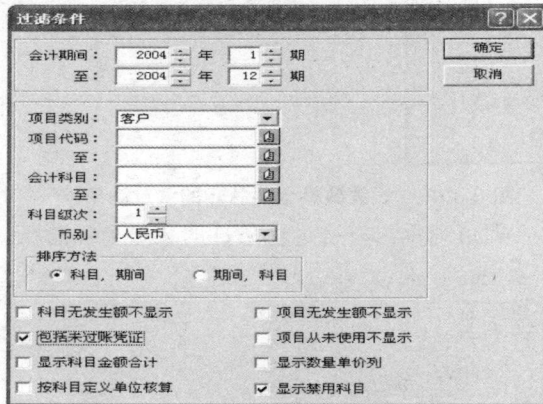

图 3-211　核算项目分类总账查询"过滤条件"

图 3-212　核算项目分类总账查询结果列示

（五）总账中记录的是否为全部凭证？

由于金蝶 K3 不像用友软件要求纳税人全部凭证必须记账才能进行下一月份的账务处理，因此，金蝶 K3 系统中可能既有记账的凭证也有未记账的凭证。若想查询到包含全部业务凭证的总分类账，在查看总账时，在"过滤条件"界面要勾选"包括未过账凭证"，这样输出总账时，金额包括未过账的凭证，如图 3-213 所示。

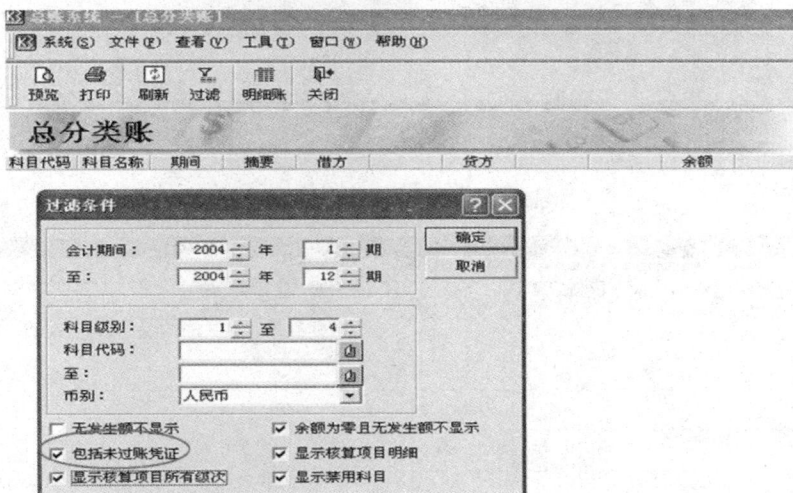

图 3-213　勾选"包括未过账凭证"的过滤条件

（六）从总分类账切入的账证联查

同用友软件一样，金蝶 K3 软件也提供了账证单联查的功能。从总分类账入手可查询明细分类账，最后查询记账凭证。

在总分类账界面，将光标定位于要查询的总账科目上，一种方法是点击菜单栏"查看"-"查看明细账"或单击工具栏中的"明细账"，如图 3-214 所示；另一种方法是双击鼠标的左键，即可调出明细分类账界面。

图 3-214　一体化查询——总账

在明细分类账界面，将光标定位于要查询的凭证上点击工具栏中的"凭证"或双击鼠标，如图 3-215 所示，即可进入相应的记账凭证界面，如图 3-216 所示，从而实现账务数据的一体化查询。

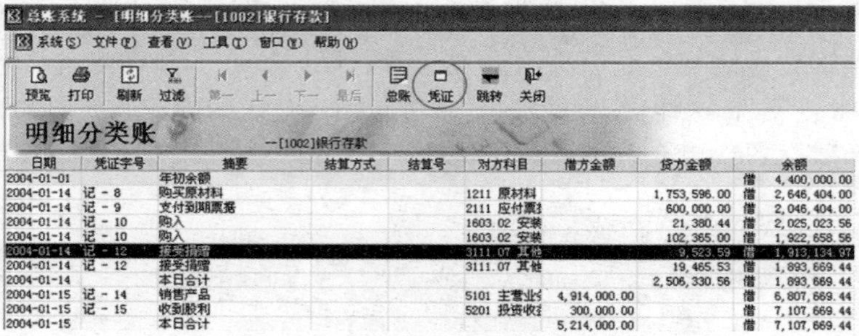

图 3-215　一体化查询——明细账

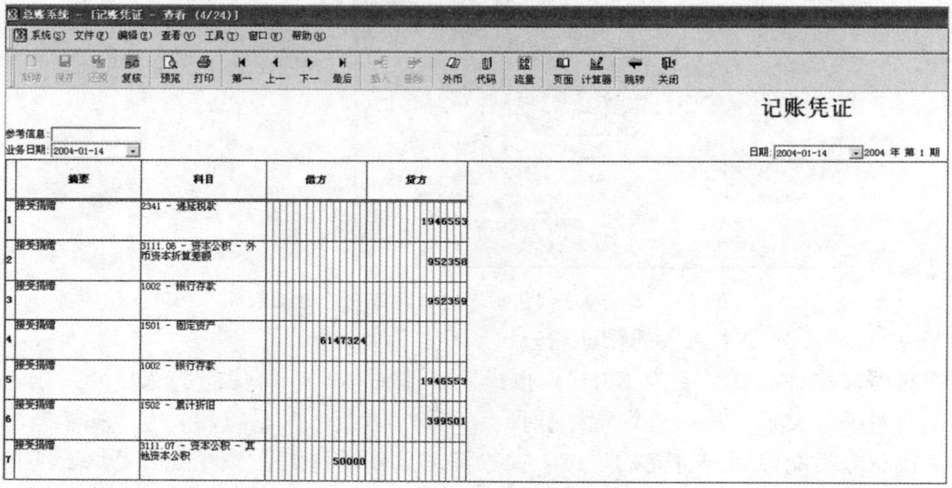

图 3-216　一体化查询——凭证

六、日常管理常用报表部分

（一）往来对账单查询及联查

往来业务管理在企业的财务管理中占有重要的地位，往来业务资料的准确与否直接关系到企业财务工作的各个方面，及时进行往来业务的对账可有效地对往来业务进行管理，税务机关也可通过对往来账的检查，确认交易的真实性。金蝶 K3 系统提供了往来对账功能对往来业务进行管理。

点击"金蝶 K3 主控台"，点选相关账套，录入用户名和密码，进入主界面，然后依次点击"财务会计"-"总账"-"往来"-"往来对账单"，如图 3-217 所示。进入"往来对账单"界面，进行过滤条件的设置，如图 3-218 所示。点击

"确定"后，即可列示出符合过滤条件的往来对账单，如图 3-219 所示。

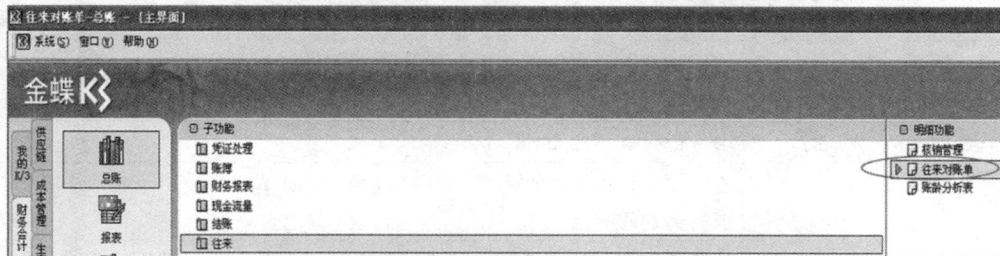

图 3-217　查询"往来对账单"的路径

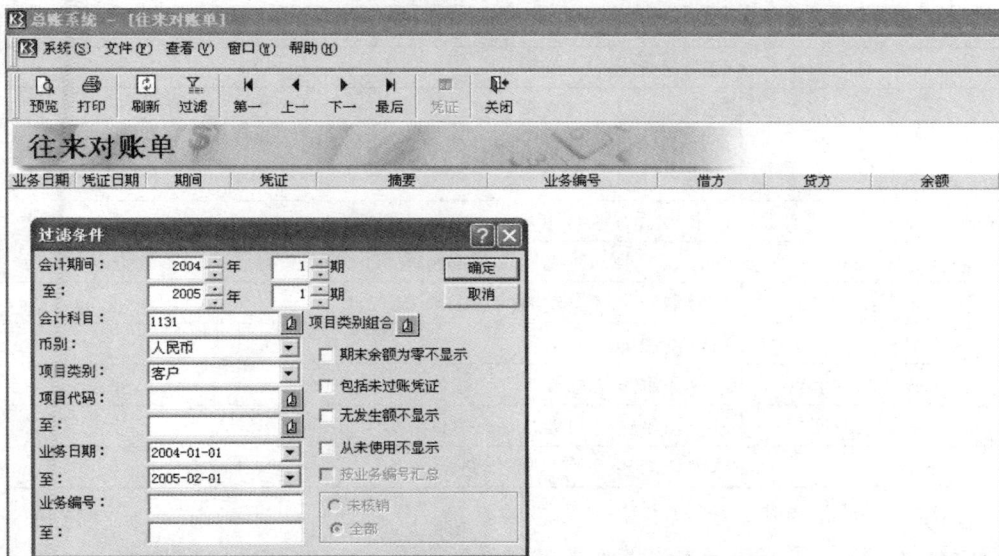

图 3-218　设置"往来对账单"过滤条件

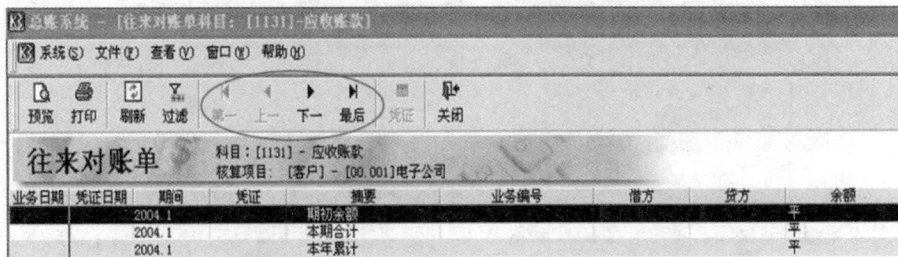

图 3-219　往来对账单过滤结果列示（1）

在往来对账单"过滤条件"界面，设有很多过滤条件的数据项，各数据项的使用说明详见表 3-7。

表 3-7   往来对账单"过滤条件"数据项说明表

数据项	说明
会计期间	确定往来业务发生的开始日期及截止日期
会计科目	选择录入往来对账的会计科目的范围
币别	确定往来核算的币种
项目类别	确定要查询的往来业务的核算项目类别,如客户等。只支持一个核算项目类别的查询
项目代码	确定要查询的往来业务的核算项目类别中的核算项目范围。只支持一个核算项目类别的查询
业务日期	往来业务发生的业务日期,对应凭证的业务日期
业务编号	往来业务编号的范围
核算项目组合选择	按核算项目组合查询,支持多个核算项目类别,适合往来科目下设多个核算项目的查询。选择按该方式查询时,单项目类别与项目代码不可选
期末余额为零不显示	期末余额为零的往来对账信息不显示
包含未过账凭证	选择该选项,所有的资料都将显示,否则只有已经过账的资料才显示
无发生额不显示	选择期间没有发生额的往来账不显示
从未使用不显示	从未使用的不显示
按业务编号汇总	按业务编号汇总显示
显示初始化余额明细	显示初始化的明细余额,并可按明细分行显示
核销范围	提供"未核销""全部"两个选择

在往来对账单中,可以点击工具栏的"第一""上一""下一""最后"按钮来移动科目,查看不同往来科目的往来对账单,如图 3-219、图 3-220 所示。

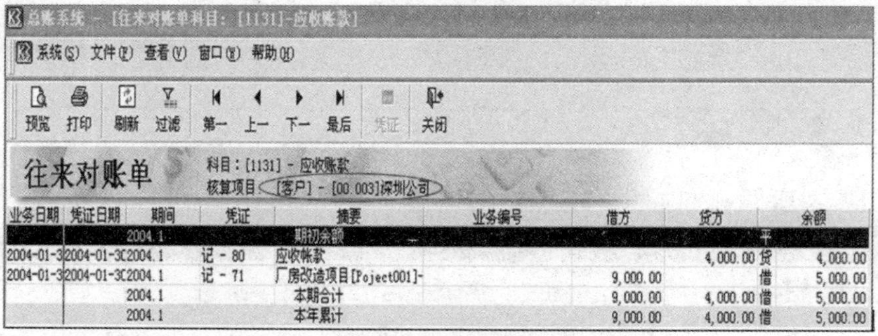

图 3-220   往来对账单过滤结果列示(2)

当将光标定位于要查询的凭证后,工具栏的"凭证"按钮被激活,由灰色变为黑色,如图 3-221 所示。点击"凭证",进入记账"凭证-查看"界面,可查看该凭证内容,如图 3-222 所示。

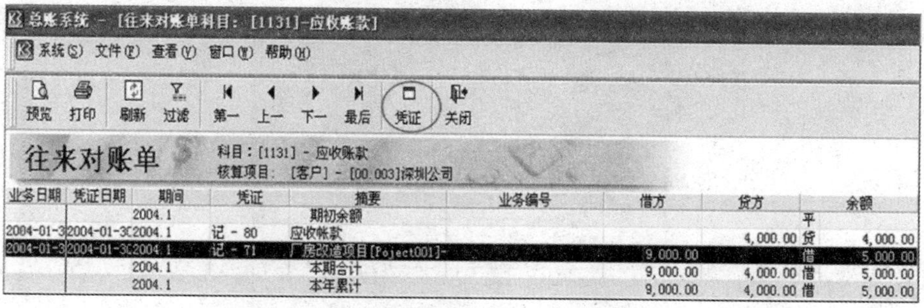

图 3-221　一体化查询——往来对账单

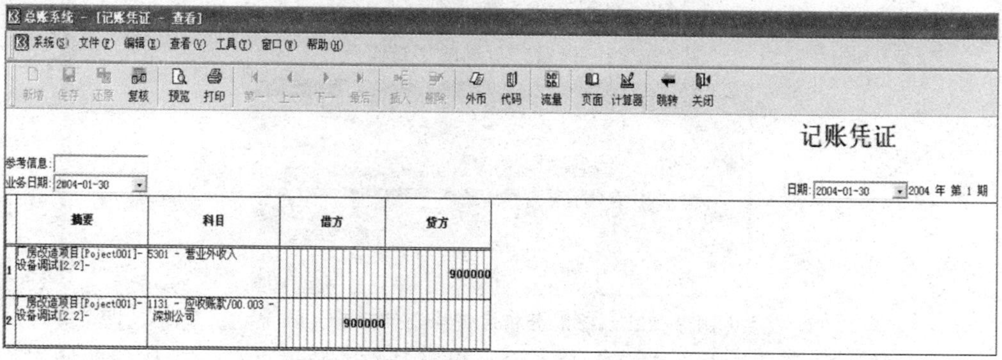

图 3-222　一体化查询——凭证

（二）账龄分析表

账龄分析表主要是用来对往来核算科目的往来款项余额的时间分布进行分析，进行账龄分析可分析往来业务的真实性。账龄分析有两种路径，一是通过总账中的"往来"进行分析；二是通过应收款管理中的"分析"进行分析。

〔1〕点击"金蝶 K3 主控台"，点选相关账套，录入用户名和密码，进入主界面，然后依次点击"财务会计"-"总账"-"往来"-"账龄分析表"，如图 3-223 所示。进入账龄分析表界面，进行过滤条件的设置，包括设定账龄分析表输出的范围，以及时间段划分等项目条件，如图 3-224 所示。点击"确定"后，即可列示出账龄分析表，如图 3-225 所示。

图 3-223　查询"账龄分析表"的路径

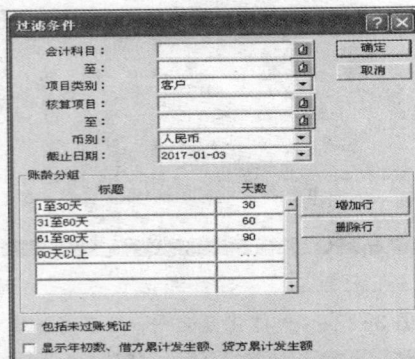

图 3-224　账龄分析表的"过滤条件"

图 3-225　账龄分析表查询结果列示（1）

　　在账龄分析表"过滤条件"界面，设有很多过滤的数据项，各数据项的使用说明详见表3-8。

表 3-8　　　　　　　　　　账龄分析表"过滤条件"数据项说明表

数据项	说　　明
会计科目	在此输入框中输入要进行账龄分析的会计科目代码。要注意，此处所选的科目代码必须是下设往来业务核算的科目。如果没有下设往来业务核算，则会输出一张空白账龄分析表
项目类别	录入账龄分析表的核算项目类别，如客户、部门等
核算项目	录入账龄分析表涉及的核算项目类别中的具体的核算项目范围
币别	选择要查询账龄分析表的币别，包括各种币别及综合本位币
截止日期	分析往来业务的账龄截止日期，即某项往来业务计算时间的截止日期，系统默认为查询账龄分析表的当天日期，还可以输入需要的截止日期
账龄分组	在此处可定义账龄分析表栏目结构。系统预设了4种分组标准，可以根据需要自行修改，通过"增加行""删除行"来扩大账龄分组的范围。在修改账龄分组时，只要直接修改天数即可，系统会自动更新标题
显示年初数、借方累计发生额、贷方累计发生额	显示本年度年初数、借方累计发生额、贷方累计发生额。只有选择核算项目过滤条件时才可以选中
包括未过账凭证	选此项后，账龄分析表的数据包括尚未过账凭证部分的数据
按明细级科目汇总	选此项后，所有非明细级科目的账龄分析均包括其下设的所有明细科目数据，并按明细科目汇总核算项目余额
项目类别组合	用户按核算项目组合进行账龄分析表的查询，比如应收账款下分为客户和销售两种核算项目，可以查看某个客户在某种销售类型下的账龄分析表
显示禁用科目	显示禁用科目。单独查询禁用科目时，需手工录入禁用科目代码查询，F7界面不显示禁用科目

在账龄分析表的树状图中，可点击另一科目，实现对该科目账龄分析表的查询，如图 3-226 所示。

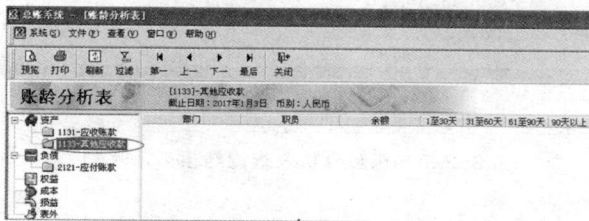

图 3-226　账龄分析表查询结果列示（2）

（2）点击"金蝶 K3 主控台"，点选相关账套，录入用户名和密码，进入主界面，然后依次点击"财务会计"-"应收款管理"-"分析"-"账龄分析"，如图 3-227 所示。

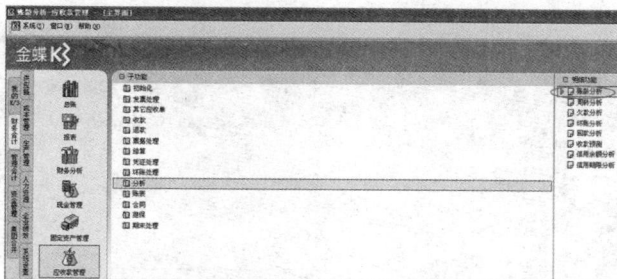

图 3-227　查询"账龄分析表"的路径

进入账龄分析表界面，进行账龄分析表的设置，包括设定账龄分析截止日期、核算项目类别、账龄时间、分析方向、分析对象、未到期账龄分组、过期账龄分组等项目条件，如图 3-228 所示。点击"确定"后，即可列示出账龄分析表，如图 3-229 所示。

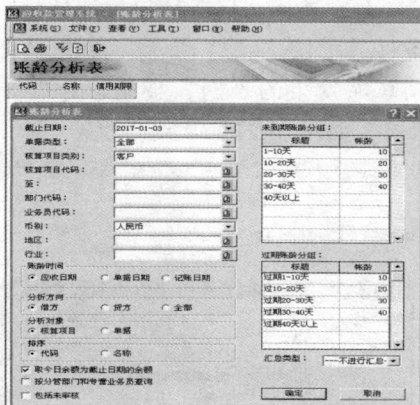

图 3-228　设置"账龄分析"的条件

图 3-229　账龄分析表查询结果列示（3）

（三）坏账明细表

坏账明细表主要反映已计提的坏账明细数据，可用于对坏账发生情况进行查询及统计分析。

点击"金蝶 K3 主控台"，点选相关账套，录入用户名和密码，进入主界面，然后依次点击"财务会计"-"应收款管理"-"坏账处理"-"坏账计提明细表"，如图 3-230 所示。

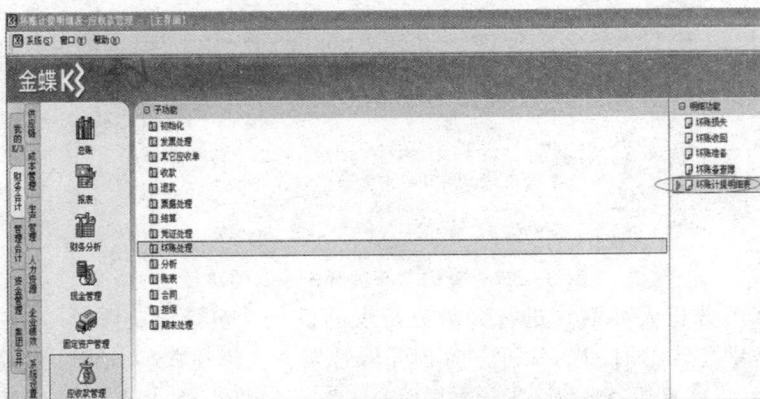

图 3-230　查询"坏账计提明细表"的路径

进入坏账计提明细表界面，进行"坏账计提过滤条件"的设置，包括设置计提年度、计提方法等项目条件，如图 3-231 所示。点击"确定"后，即可列示出坏账计提明细表，可查询到坏账发生的日期、金额、计提方法等信息；若未计提坏账，则明细表没有数据填报，如图 3-232 所示。

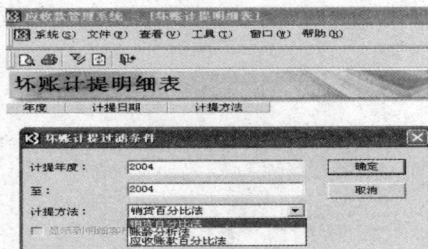

图 3-231　坏账计提过滤条件

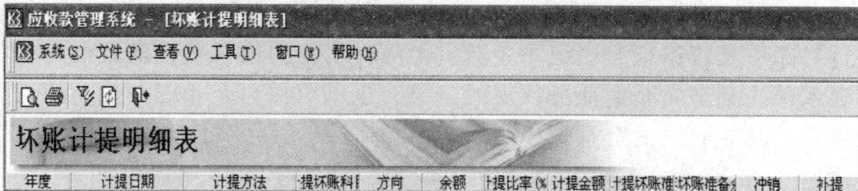

图 3-232　坏账计提明细表查询结果列示

（四）坏账分析

坏账分析提供了往来核算项目所有已经确认的坏账以及不同口径下的坏账所占比例，有助于税务检查人员迅速了解纳税人的坏账情况。

点击"金蝶 K3 主控台"，点选相关账套，录入用户名和密码，进入主界面，然后依次点击"财务会计"-"应收款管理"-"分析"-"坏账分析"，如图 3-233所示。进入"坏账分析"界面，可查询到客户等口径下坏账金额及所占比例等信息；若未发生坏账，则明细表没有数据填报，如图 3-234 所示。

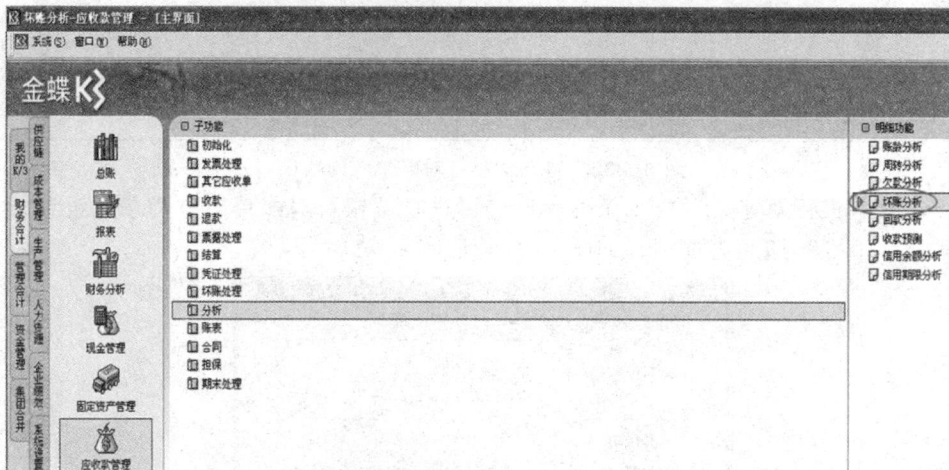

图 3-233　查询"坏账分析"的路径

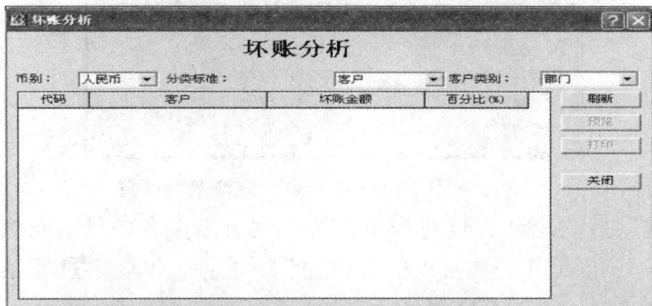

图 3-234　坏账分析的查询结果

（五）银行对账单

银行对账单是指银行客观记录企业资金流转情况的记录单，是银行和企业核对账务的联系单，是证实企业业务往来的记录，也可以作为企业资金流动的依据，还可以确定企业某一时段的资金规模。

点击"金蝶 K3 主控台"，点选相关账套，录入用户名和密码，进入主界面，然后依次点击"财务会计"－"现金管理"－"银行存款"－"银行对账单"，如图 3-235 所示。

图 3-235　查询"银行对账单"的路径

进入"银行对账单"查询条件界面，可进行"银行对账单"查询条件设置，包括科目、币别、期间等选项，如图 3-236 所示。

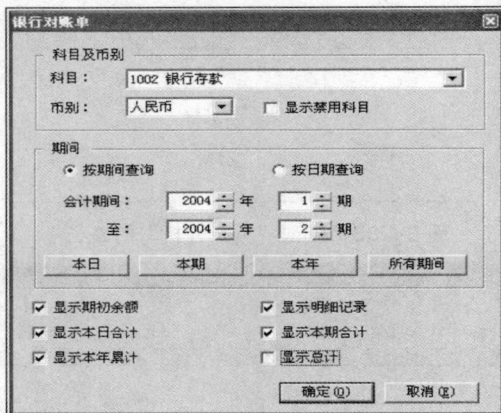

图 3-236　"银行对账单"查询条件设置

点击"确定"后，返回银行对账单界面，列示出符合条件的查询结果，在这一查询结果界面，还可点击工具条中的"过滤"，并进一步设定过滤条件，查询到所需凭证，如图 3-237、图 3-238 所示。

图 3-237　银行对账单查询结果列示

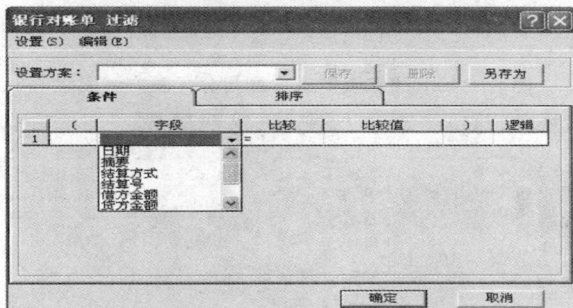

图 3-238　银行对账单的"过滤"设置

（六）固定资产折旧费用分配表

查询固定资产折旧费用分配表可以了解纳税人各项固定资产的折旧计提情况，对于折旧费用的检查非常有意义。金蝶 K3 软件设置了此功能，可通过以下操作实现对其检查：

点击"金蝶 K3 主控台"，点选相关账套，录入用户名和密码，进入主界面，然后依次点击"财务会计"-"固定资产管理"-"管理报表"-"折旧费用分配表"，如图 3-239 所示。

图 3-239　查询"折旧费用分配表"的路径

进入"固定资产折旧费用分配表——方案设置"界面,可设置"基本条件"
"汇总设置""过滤条件""核算项目"四种查询条件,如图 3-240 所示。点击"确
定"后,进入固定资产折旧费用分配表界面,即可见查询结果,如图 3-241 所示。

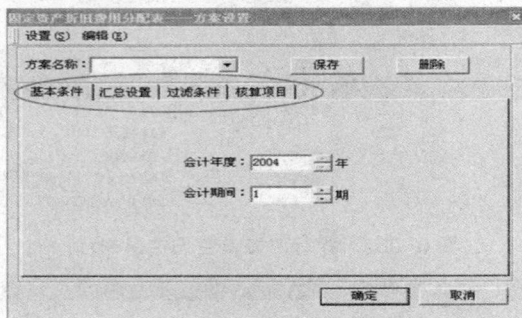

图 3-240　固定资产折旧费用分配表方案设置

图 3-241　固定资产折旧费用分配表

（七）固定资产及累计折旧明细账

点击"金蝶 K3 主控台",点选相关账套,录入用户名和密码,进入主界面,
然后依次点击"财务会计"-"固定资产管理"-"管理报表"-"固定资产明细
账",如图 3-242 所示。

图 3-242　查询"固定资产明细账"路径

进入"固定资产及累计折旧明细账——方案设置"界面，可设置"基本条件""过滤条件"两种查询条件，如图 3-243 所示。

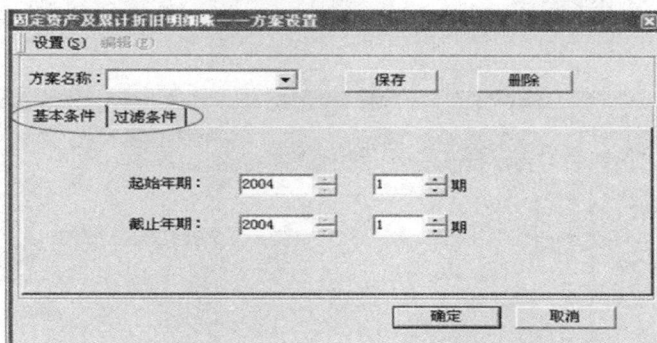

图 3-243　固定资产及累计折旧明细账——方案设置

点击"确定"后，进入"固定资产及累计折旧明细账"界面，即可见查询结果，如图 3-244（1）、图 3-244（2）所示。

图 3-244（1）　固定资产及累计折旧明细账（一）

图 3-244（2）　固定资产及累计折旧明细账（二）

（八）折旧汇总表

点击"金蝶 K3 主控台"，点选相关账套，录入用户名和密码，进入主界面，然后依次点击"财务会计"-"固定资产管理"-"管理报表"-"折旧汇总表"，如图 3-245 所示。

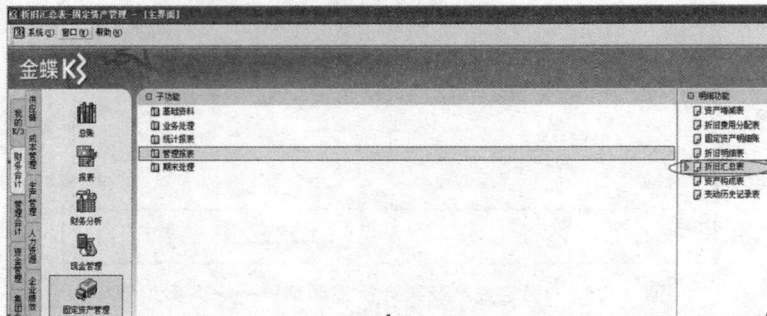

图 3-245　查询"固定资产折旧汇总表"路径

进入"固定资产折旧汇总表——方案设置"界面，可设置"基本条件""汇总设置""过滤条件"三种查询条件，在"基本条件"界面，可根据需要勾选"包括本期折旧为零的固定资产""包括所有已清理的固定资产"，如图 3-246 所示。

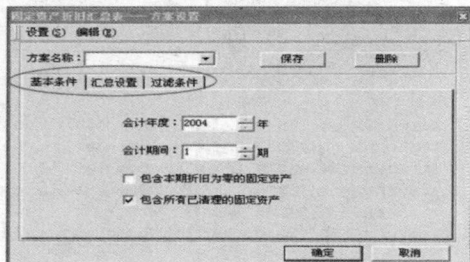

图 3-246　固定资产折旧汇总表——方案设置

点击"确定"后，进入固定资产折旧汇总表界面，即可见查询结果，如图 3-247（1）、图 3-247（2）所示。

固定资产折旧汇总表　　　　　合计期间：2004年1期

类别	期初原值	期初累计折旧	期初净值	期初减值准备	期初净额	原值增加	原值减少	折旧调增	折旧调减
办公楼	2,060,000.00	8,411.67	2,051,588.33	0.00	2,051,588.33	0.00	0.00	0.00	0.00
办公用品	102,365.00	0.00	102,365.00	0.00	102,365.00	0.00	0.00	0.00	0.00
电脑设备	61,410.00	59,456.23	1,953.77	0.00	1,953.77	0.00	0.00	0.00	3,070.33
机械仪表设备	40,982.16	37,867.87	3,114.29	500.00	2,614.29	0.00	10,245.54	0.00	10,040.63
机械仪器设备	125,642.75	0.00	125,642.75	0.00	125,642.75	0.00	0.00	0.00	0.00
交通工具	1,722,506.00	0.00	1,722,506.00	0.00	1,722,506.00	0.00	0.00	0.00	0.00
运输工具	462,464.00	0.00	462,464.00	0.00	462,464.00	0.00	0.00	0.00	0.00
合计	4,575,369.91	105,735.77	4,469,634.14	500.00	4,469,134.14	0.00	10,245.54	0.00	13,110.96

图 3-247（1）　固定资产折旧汇总表（一）

减值准备调增	减值准备调减	本期折旧额	本年折旧额	年实际计提折旧	期末原值	期末累计折旧	期末净值	期末减值准备	期末净额
0.00	0.00	16,823.34	16,823.34	16,823.34	2,060,000.00	25,235.01	2,034,764.99	0.00	2,034,764.99
0.00	0.00	1,857.74	1,857.74	1,857.74	102,365.00	1,857.74	100,507.26	0.00	100,507.26
200.00	0.00	293.01	-2777.32	293.01	61,410.00	56,678.91	4,731.09	200.00	4,531.09
0.00	0.00	930.72	-9109.91	930.72	30,736.62	28,757.96	1,978.66	500.00	1,478.66
0.00	0.00	2,565.21	2,565.21	2,565.21	125,642.75	2,565.21	123,077.54	0.00	123,077.54
0.00	0.00	200.96	200.96	200.96	1,722,506.00	200.96	1,722,305.04	0.00	1,722,305.04
0.00	0.00	1,960.00	1,960.00	1,960.00	462,464.00	1,960.00	460,504.00	0.00	460,504.00
200.00	0.00	24,630.98	11,520.02	24,630.98	4,565,124.37	117,255.79	4,447,868.58	700.00	4,447,168.58

图 3-247（2）　固定资产折旧汇总表（二）

（九）资产构成表

点击"金蝶 K3 主控台"，点选相关账套，录入用户名和密码，进入主界面，然后依次点击"财务会计"-"固定资产管理"-"管理报表"-"资产构成表"，如图 3-248 所示。

图 3-248　查询固定"资产构成表"的路径

进入"固定资产构成分析表——方案设置"界面，可设置"基本条件""汇总设置""过滤条件"三种查询条件，在"基本条件"界面，可根据需要设置查询条件，如图 3-249 所示。点击"确定"后，进入"固定资产构成分析表"界面，即可见查询结果，如图 3-250 所示。

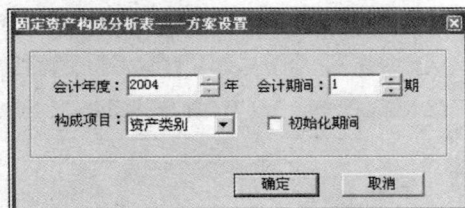

图 2-249　固定资产构成分析表——方案设置

（十）固定资产变动历史记录表

点击"金蝶 K3 主控台"，点选相关账套，录入用户名和密码，进入主界面，然后依次点击"财务会计"-"固定资产管理"-"管理报表"-"变动历史记录表"，如图 3-251 所示。

图 3-250 固定资产构成分析表

图 3-251 查询"变动历史记录表"的路径

进入"卡片历史记录——方案设置"界面，可设置"基本条件""过滤条件"两种查询条件，如图 3-252 所示。

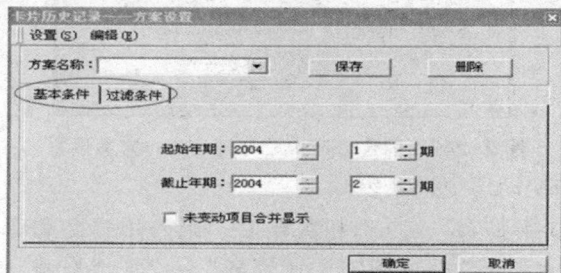

图 3-252 卡片历史记录——方案设置

点击"确定"后，进入卡片历史记录界面，即可见查询结果，如图 3-253（1）、图 3-253（2）所示。

图 3-253（1）　卡片历史记录（一）

图 3-253（2）　卡片历史记录（二）

（十一）收/付款单

点击"金蝶 K3 主控台"，点选相关账套，录入用户名和密码，进入主界面，然后依次点击"资金管理"-"结算中心"-"资金结算"-"收款单查询"/"付款单查询"，如图 3-254、图 3-255 所示

图 3-254　"收款单查询"的路径

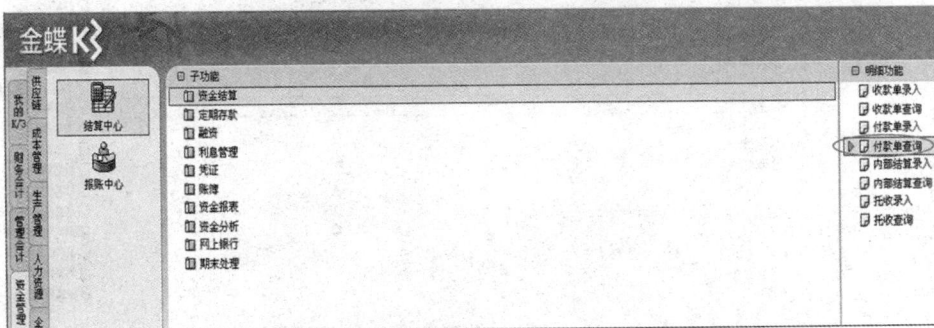

图 3-255　"付款单查询"的路径

（十二）利息汇总报表

点击"金蝶 K3 主控台"，点选相关账套，录入用户名和密码，进入主界面，然后依次点击"资金管理"–"结算中心"–"利息管理"–"利息汇总报表"，如图 3-256 所示。

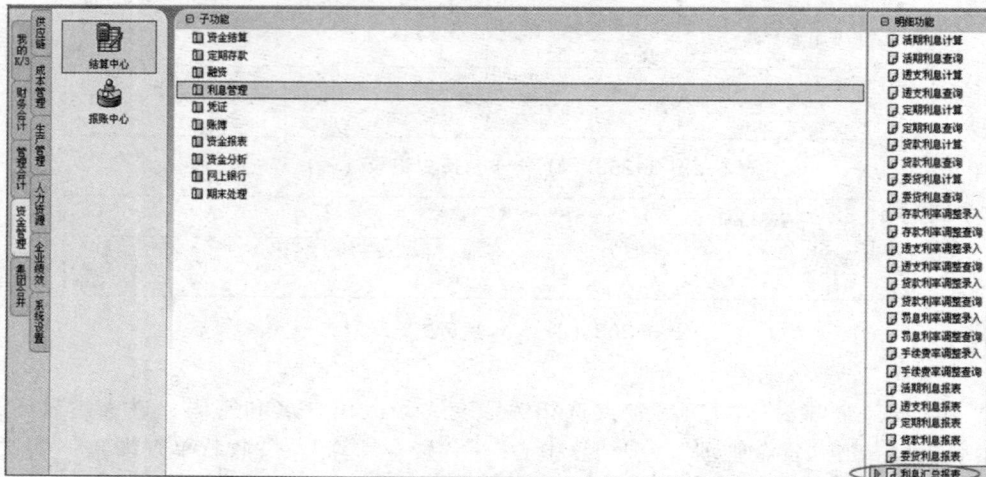

图 3-256　查询"利息汇总报表"的路径

（十三）贷款汇总表

点击"金蝶 K3 主控台"，点选相关账套，录入用户名和密码，进入主界面，然后依次点击"资金管理"–"结算中心"–"资金报表"–"贷款汇总表"，如图 3-257 所示。

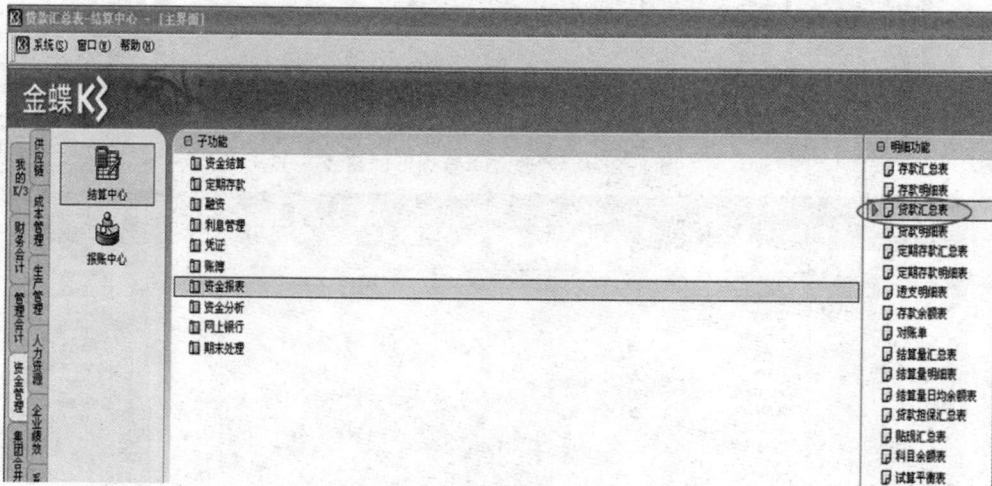

图 3-257　查询"贷款汇总表"的路径

（十四）职工人员变动查询

企业的职工人员变动与企业生产经营规模变化有直接关系，因此税务检查中往往要确认纳税人的职工人员是否发生变动。

点击"金蝶 K3 主控台"，点选相关账套，录入用户名和密码，进入界面，然后依次点击"人力资源"–"工资管理"–"人员变动"–"人员变动一览表"，如图 3-258 所示。

图 3-258　查询"人员变动一览表"的路径

（十五）工资发放表

工资发放表记录工资支付情况，对于分析工资列支的真实性以及纳税人的经营情况非常有用。

点击"金蝶 K3 主控台"，点选相关账套，录入用户名和密码，进入主界面，然后依次点击"人力资源"–"工资管理"–"工资报表"–"工资发放表"，如图 3-259 所示。

图 3-259　查询"工资发放表"的路径

第四节　金蝶 K3 报表资料查询及应用

一、科目余额表的查询

（一）科目余额表的查询

点击"金蝶 K3 主控台"，点选相关账套，录入用户名和密码，进入主界面，然后依次点击"财务会计"-"总账"-"财务报表"-"科目余额表"，如图 3-260 所示。

图 3-260　查询"科目余额表"的路径

弹出"过滤条件"界面，在此界面中设定科目余额表输出的各项条件值，可勾选"显示核算项目明细""包含未过账凭证"，如图 3-261 所示。勾选"显示核算项目明细"，则将科目下设的核算项目一并显示出来，并显示其期初余额、本期发生、本年累计和期末余额。勾选"包含未过账凭证"，则在输出会计科目余额表时，将未过账凭证一并输出，如果不选择该项则在科目余额表中仅输出已经过账凭证。

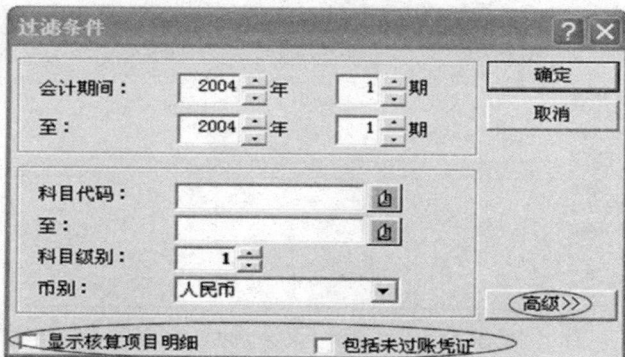

图 3-261　科目余额表的"过滤条件"

点击“确定”后，系统将根据所设定的条件生成科目余额表，如图 3-262 所示。

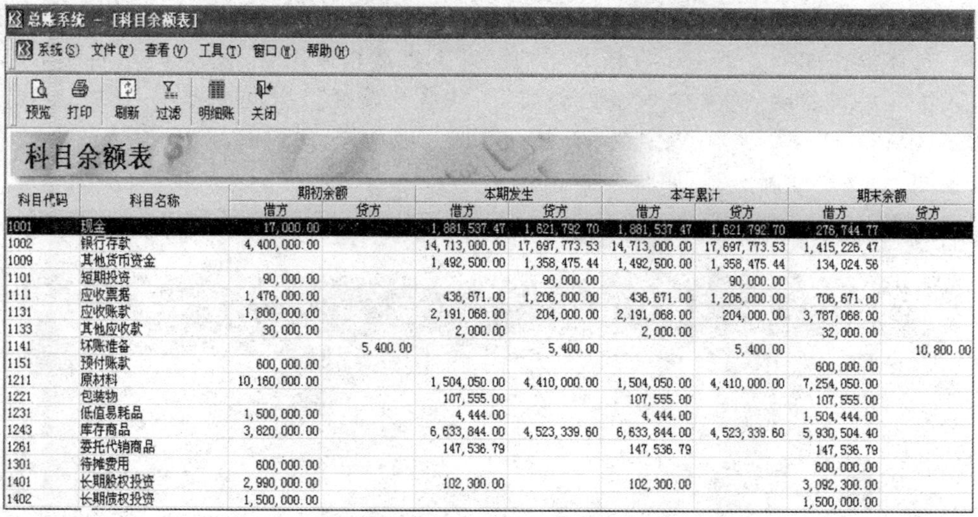

科目代码	科目名称	期初余额		本期发生		本年累计		期末余额	
		借方	贷方	借方	贷方	借方	贷方	借方	贷方
1001	现金	17,000.00		1,881,537.47	1,621,792.70	1,881,537.47	1,621,792.70	276,744.77	
1002	银行存款	4,400,000.00		14,713,000.00	17,697,773.53	14,713,000.00	17,697,773.53	1,415,226.47	
1009	其他货币资金			1,492,500.00	1,358,475.44	1,492,500.00	1,358,475.44	134,024.56	
1101	短期投资	90,000.00			90,000.00		90,000.00		
1111	应收票据	1,476,000.00		436,671.00	1,206,000.00	436,671.00	1,206,000.00	706,671.00	
1131	应收账款	1,800,000.00		2,191,068.00	204,000.00	2,191,068.00	204,000.00	3,787,068.00	
1133	其他应收款	30,000.00		2,000.00		2,000.00		32,000.00	
1141	坏账准备		5,400.00		5,400.00		5,400.00		10,800.00
1151	预付账款	600,000.00						600,000.00	
1211	原材料	10,160,000.00		1,504,050.00	4,410,000.00	1,504,050.00	4,410,000.00	7,254,050.00	
1221	包装物			107,555.00		107,555.00		107,555.00	
1231	低值易耗品	1,500,000.00		4,444.00		4,444.00		1,504,444.00	
1243	库存商品	3,820,000.00		6,633,844.00	4,523,339.60	6,633,844.00	4,523,339.60	5,930,504.40	
1261	委托代销商品			147,536.79		147,536.79		147,536.79	
1301	待摊费用	600,000.00						600,000.00	
1401	长期股权投资	2,990,000.00		102,300.00		102,300.00		3,092,300.00	
1402	长期债权投资	1,500,000.00						1,500,000.00	

图 3-262　科目余额表

（二）金蝶 K3 科目余额表查询如何做到科目余额为零且无发生额不显示？

在图 3-261 科目余额表的“过滤条件”界面，单击“高级”后，弹出“高级选项”，如图 3-263 所示。

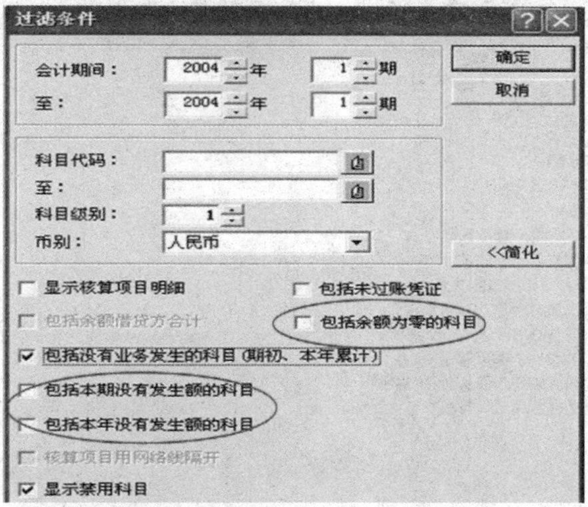

图 3-263　科目余额表的高级“过滤条件”界面

在图 3-263 的过滤条件中，不选择“包括余额为零的科目”“包括本期没有发生额的科目”“包括本年没有发生额的科目”，就可做到科目余额为零且无发生额不显示。

（三）在总账系统中查询科目余额表时，发现只查询1级科目和查询1至2或1至3级科目时，最下面的合计数不相同，如何处理？

选择总账系统参数"账簿方向与科目余额方向保持一致"即可做到合计数相同。具体操作如下：点击"金蝶K3主控台"，点选相关账套，录入用户名和密码，进入主界面，然后依次点击"系统设置"-"系统设置"-"总账"-"系统参数"，如图3-264所示。在"总账"选项卡，点选"账簿余额方向与科目设置的余额方向相同"，点击"确定"，如图3-265所示。

图3-264　总账"系统参数"设置路径

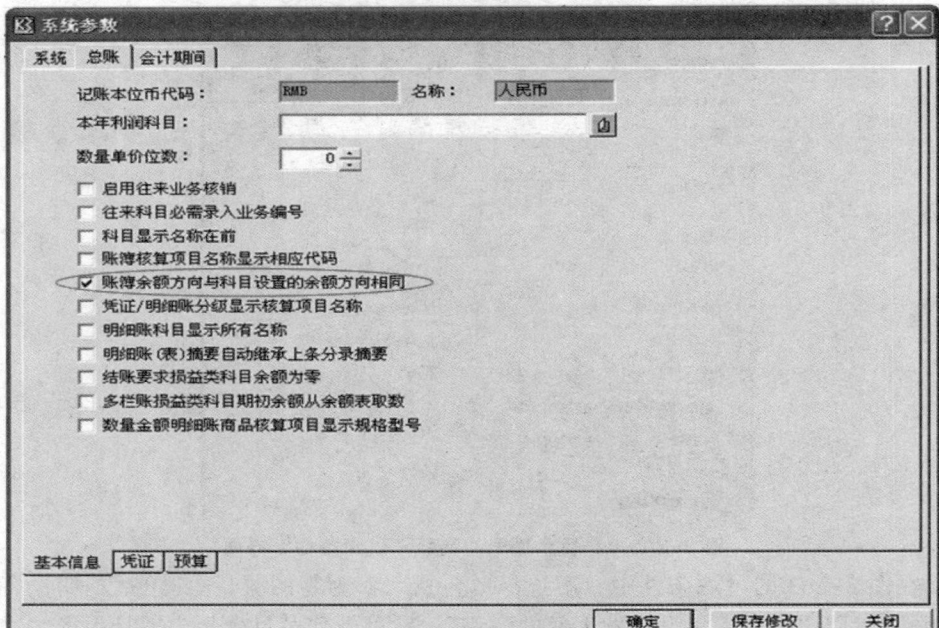

图3-265　总账"系统参数"设置

（四）从科目余额表切入的账证表联查

金蝶 K3 软件提供了账证表联查功能。从科目余额表入手可查询到明细分类账，最后查询到记账凭证。

在科目余额表界面，将光标定位于要查询的科目上，如图 3-266 所示。

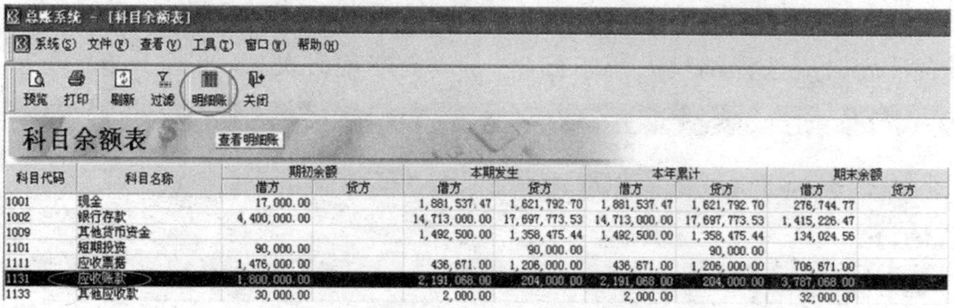

图 3-266　一体化查询-科目余额表

单击工具栏中的"明细账"或双击鼠标的左键，如图 3-266 所示，进入明细分类账界面，将光标定位于要查询的凭证上，单击工具栏中的"凭证"或双击鼠标，如图 3-267 所示，即可进入相应的记账凭证界面，如图 3-268 所示，从而实现账证表一体化查询。

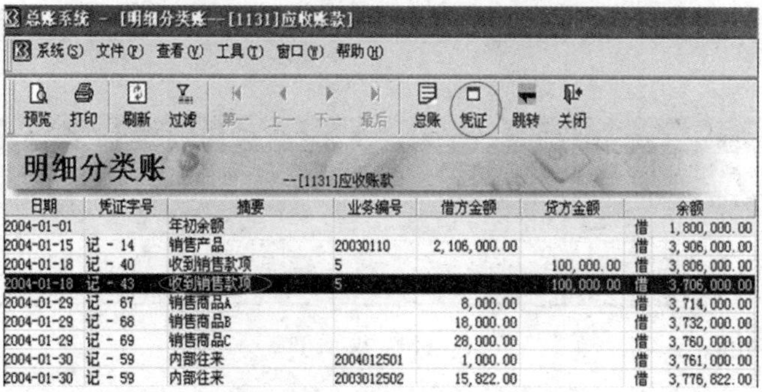

图 3-267　一体化查询——明细分类账

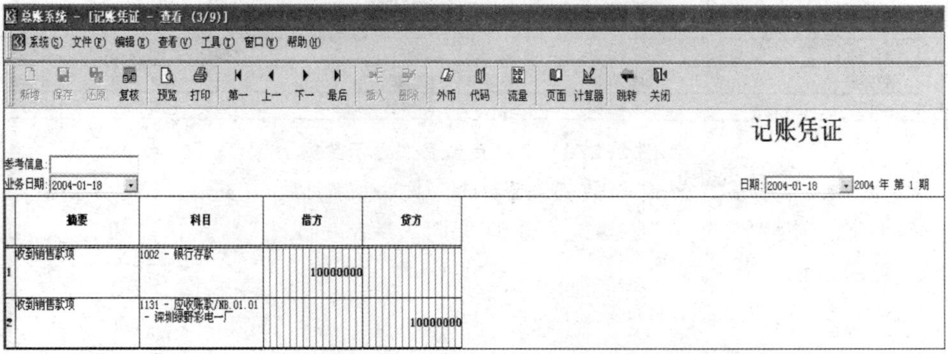

图 3-268　一体化查询——凭证

二、资产负债表的查询

点击"金蝶 K3 主控台",点选相关账套,录入用户名和密码,进入主界面,然后依次点击"财务会计"-"报表"-"报表"(纳税人可能利用预设的行业报表生成报表,此时应选择纳税人所属行业)-"资产负债表",如图 3-269 所示。

图 3-269　查询"资产负债表"的路径

进入资产负债表界面,在菜单栏点选"视图"-"显示数据",如图 3-270所示。

图 3-270　资产负债表"显示数据"

点选"工具"-"公式取数参数",如图 3-271 所示。进入"设置公式取数参数"界面,设置资产负债表的"开始日期""结束日期",点击"确定",如图3-272 所示。

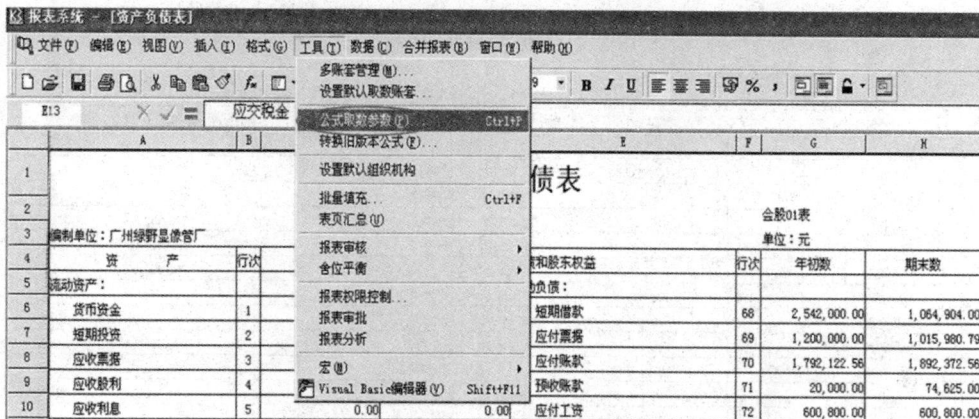

图 3-271　资产负债表"公式取数参数"

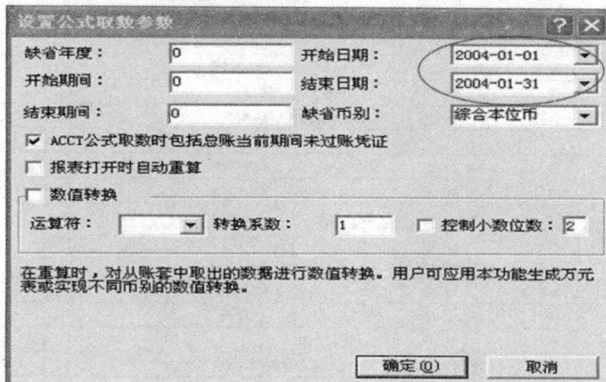

图 3-272　资产负债表"设置公式取数参数"

返回资产负债表界面，点选"数据"－"报表重算"如图 3-273 所示。系统开启重算，生成资产负债表，如图 3-274 所示。

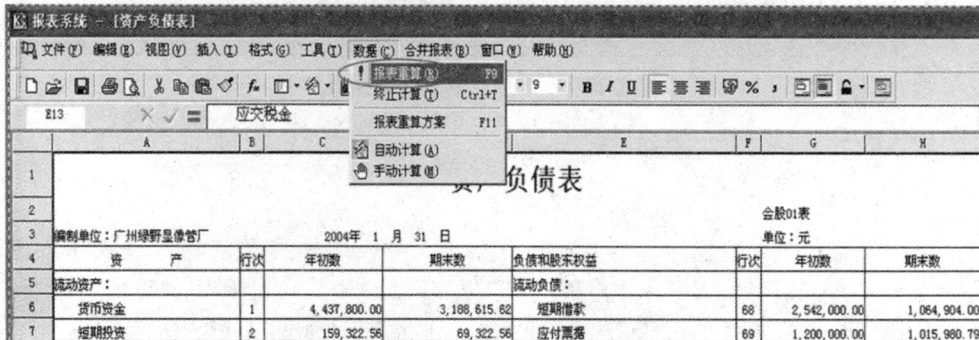

图 3-273　资产负债表"报表重算"

		资产负债表						
						会股01表		
编制单位：广州绿野显像管厂			2004年 1月 31日			单位：元		
资　产	行次	年初数	期末数	负债和股东权益	行次	年初数	期末数	
流动资产：				流动负债				
货币资金	1	4,437,800.00	3,188,615.62	短期借款	68	2,542,000.00	1,064,904.00	
短期投资	2	159,322.56	69,322.56	应付票据	69	1,200,000.00	1,015,980.79	
应收票据	3	1,476,000.00	706,671.00	应付账款	70	1,792,122.56	1,892,372.56	
应收股利	4	0.00	0.00	预收账款	71	20,000.00	74,625.00	
应收利息	5	0.00	0.00	应付工资	72	600,800.00	600,800.00	
应收账款	6	2,536,600.00	3,777,539.60	应付福利费	73	60,000.00	812,164.35	
其他应收款	7	30,000.00	32,000.00	应付利润	74	0.00	0.00	
预付账款	8	600,000.00	600,000.00	应交税金	75	180,000.00	1,186,066.22	
应收补贴款	9	0.00	0.00	其他应交款	80	39,600.00	39,600.00	
存货	10	15,480,000.00	16,893,490.19	其他应付款	81	1,300,000.00	1,300,000.00	
待摊费用	11	600,000.00	600,000.00	预提费用	82	2,157,877.44	2,145,877.44	
一年内到期的长期债权投资	21			预计负债	83		0.00	
其他流动资产	24			一年内到期的长期负债	86			
流动资产合计	31	25,319,722.56	25,867,638.97	其他流动负债	90			
长期投资：								
长期股权投资	32	2,990,000.00	3,092,300.00	流动负债合计	100	9,892,400.00	10,132,390.31	
长期债权投资	34	1,500,000.00	1,500,000.00	长期负债：				
长期投资合计	38	4,490,000.00	4,592,300.00	长期借款	101	8,600,000.00	6,530,000.00	
固定资产：				应付债券	102	0.00	0.00	
固定资产原价	39	4,803,377.66	11,000,061.44	长期应付款	103	0.00	231,232.00	
减：累计折旧	40	20,700.22	151,547.06	专项应付款	106	0.00	0.00	
固定资产净值	41	4,782,677.44	10,848,514.38	其他长期负债	108			
减：固定资产减值准备	42	0.00	-1,000.00	长期负债合计	110	8,600,000.00	6,761,232.00	
固定资产净额	43	4,782,677.44	10,849,514.38	递延税项：				
工程物资	44	0.00	0.00	递延税款贷项	111	0.00	19,465.55	
在建工程	45	9,000,000.00	13,035,664.50	负债合计	114	18,492,400.00	16,913,087.90	
固定资产清理	46	0.00	216,117.00					
固定资产合计	50	13,782,677.44	24,101,295.88	股东权益（或股东权益）：				
无形资产及其他资产：				实收资本（或股本）	115	29,000,000.00	29,000,000.00	
无形资产	51	4,800,000.00	4,800,000.00	减：已归还投资	116	0.00	0.00	
长期待摊费用	52	0.00	0.00	实收资本（或股本）净额	117	29,000,000.00	29,000,000.00	
其他长期资产	53			资本公积	118	0.00	9,023.56	
无形资产及其他资产合计	60	4,800,000.00	4,800,000.00	盈余公积	119	900,000.00	900,000.00	
				其中：法定公益金	120	0.00	0.00	
递延税项：				未分配利润	121		12,160,721.90	
递延税款借项	61	0.00	0.00	所有者权益（股东权益）合计	122	29,900,000.00	42,069,745.45	

图 3-274　资产负债表查询结果

三、利润表查询

点击"金蝶 K3 主控台"，点选相关账套，录入用户名和密码，进入主界面，然后依次点击"财务会计"-"报表"-"报表"（纳税人可能利用预设的行业报表生成报表，此时应选择纳税人所属行业）-"利润表"，如图 3-275 所示。

图 3-275　查询"利润表"的路径

　　进入利润表界面，在菜单栏点选"视图"-"显示数据"，如图 3-276 所示；点选"工具"-"公式取数参数"，如图 3-277 所示。

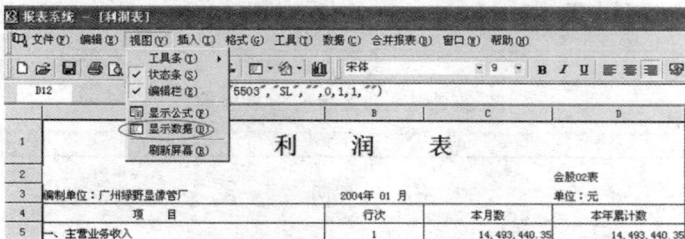

图 3-276　利润表"显示数据"

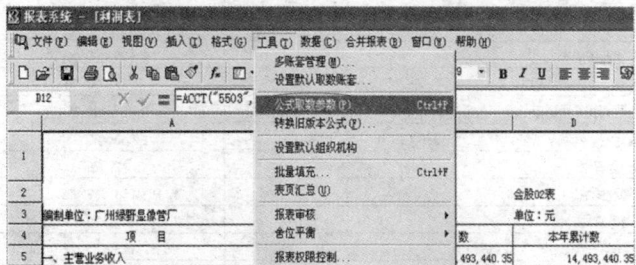

图 3-277　利润表"公式取数参数"

　　进入"设置公式取数参数"界面，设置利润表的"开始日期""结束日期"，点击"确定"，如图 3-278 所示。

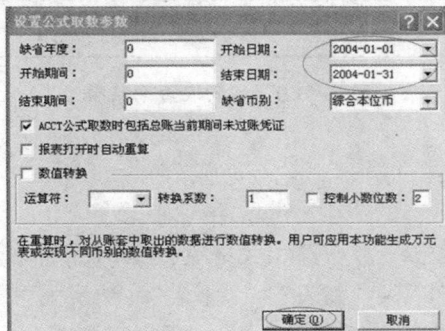

图 3-278　利润表"设置公式取数参数"

返回利润表界面，点选"数据"-"报表重算"，如图 3-279 所示。系统开启重算，生成利润表，如图 3-280 所示。

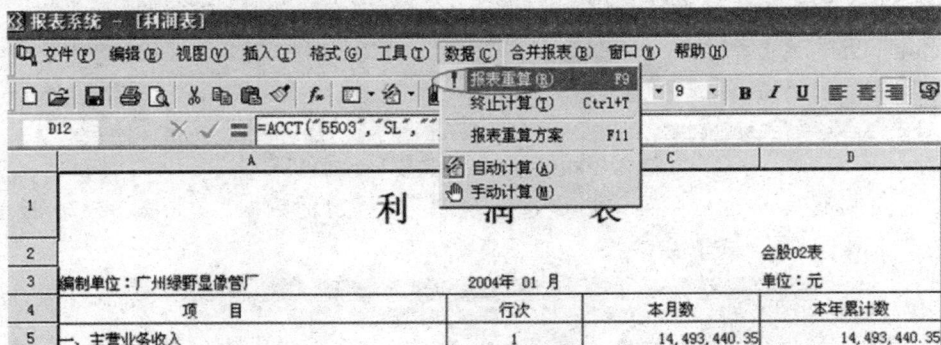

图 3-279　利润表"报表重算"

图 3-280　利润表查询结果

四、现金流量表查询

点击"金蝶 K3 主控台"，点选相关账套，录入用户名和密码，进入主界面，然后依次点击"财务会计"-"报表"-"报表"（纳税人可能利用预设的行业报表生成报表，此时应选择纳税人所属行业）-"现金流量表"，如图 3-281 所示。

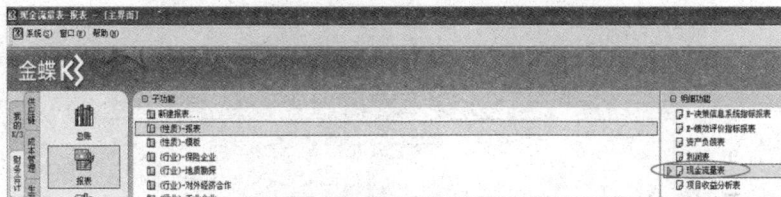

图 3-281　查询"现金流量表"的路径

进入现金流量表界面，在菜单栏点选"视图"-"显示数据"如图 3-282 所示；点选"工具"-"公式取数参数"，如图 3-283 所示。

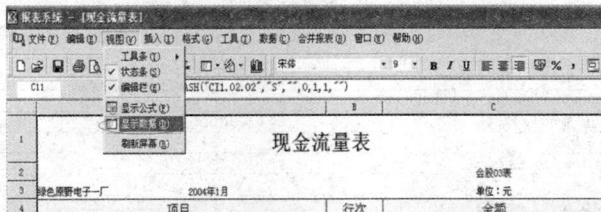

图 3-282　现金流量表"显示数据"

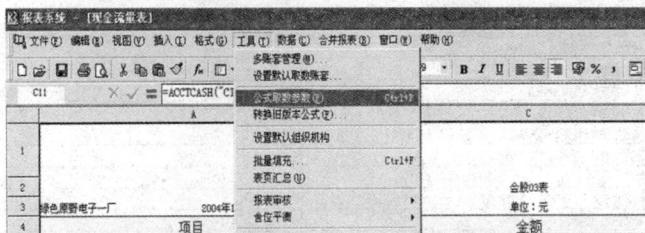

图 3-283　现金流量表"公式取数参数"

进入"设置公式取数参数"界面，设置现金流量表的"开始日期""结束日期"，点击"确定"，如图 3-284 所示。

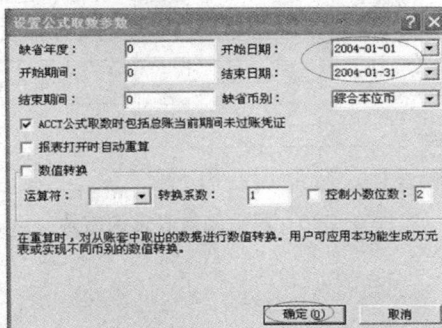

图 3-284　现金流量表"设置公式取数参数"

返回现金流量表界面，点选"数据"-"报表重算"，如图 3-285 所示。系统开启重算，生成现金流量表，如图 3-286 所示。

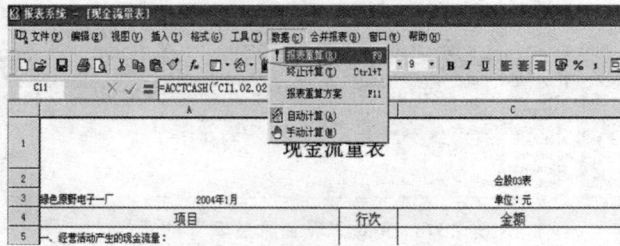

图 3-285　现金流量表"报表重算"

1	现金流量表		
2			合股03表
3	绿色原野电子一厂　　　2004年1月		单位:元
4	项目	行次	金额
5	一、经营活动产生的现金流量:		
6	销售商品、提供劳务收到的现金	1	12,320,705.58
7	收到的税费返还	3	255,000.00
8	收到的其他与经营活动有关的现金	8	2,151,397.91
9	现金流入小计	9	14,727,103.49
10	购买商品、接受劳务支付的现金	10	1,555,799.00
11	支付给职工及为职工支付的现金	12	6,091,035.64
12	支付的各项税费	13	890,726.52
13	支付的其他与经营活动有关的现金	18	653,000.00
14	现金流出小计	20	9,190,561.16
15	经营活动产生的现金流量净额	21	5,536,542.33
16	二、投资活动产生的现金流量:		
17	收回投资所收到的现金	22	90,000.00
18	取得收益所收到的现金	23	309,000.00
19	处置固定资产、无形资产和其他长期资产所收回的现金	25	
20	收到的其他与投资活动有关的现金	28	
21	现金流入小计	29	399,000.00
22	购建固定资产、无形资产和其他长期资产所支付的现金	30	
23	投资所支付的现金	31	
24	支付的其他与投资活动有关的现金	35	8,000.00
25	现金流出小计	36	8,000.00
26	投资活动所产生的现金流量净额	37	391,000.00
27	三、筹资活动产生的现金流量:		
28	吸收投资所收到的现金	38	760,000.00
29	借款所收到的现金	40	2,687,500.00
30	收到的其他与筹资活动有关的现金	43	
31	现金流入小计	44	3,447,500.00
32	偿还债务所支付的现金	45	8,080,000.00
33	分配股利、利润或偿付利息所支付的现金	46	150,000.00
34	支付的其他与筹资活动有关的现金	52	
35	现金流出小计	53	8,230,000.00
36	筹资活动产生的现金流量净额	54	-4,782,500.00
37	四、汇率变动对现金的影响	55	
38	五、现金及现金等价物净增加额	58	

图 3-286　现金流量表查询结果

五、财务分析

(一)报表分析

点击"金蝶 K3 主控台",点选相关账套,录入用户名和密码,进入主界面,然后依次点击"财务会计"-"财务分析"-"自定义报表分析"-"（报表分析）资产负债表"，如图 3-287 所示。进入"财务分析"界面，在报表分析下用鼠标选定资产负债表，单击鼠标右键，系统弹出资产负债表的操作选项，如图 3-288 所示。

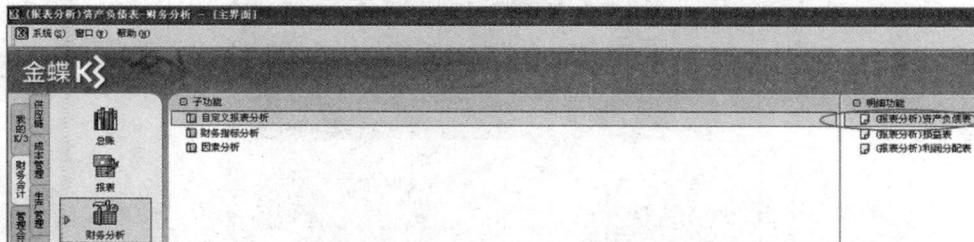

图 3-287 查询"资产负债表"的路径

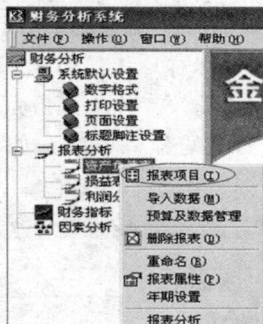

图 3-288 资产负债表操作菜单

单击"报表项目"，如图 3-288 所示，系统弹出报表项目录入的界面，如图 3-289 所示。

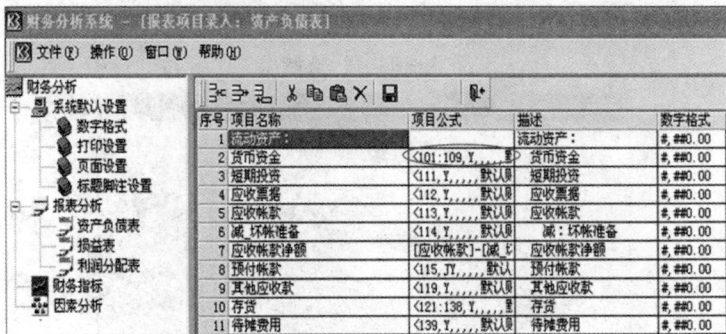

图 3-289 资产负债表的报表项目

在报表项目录入界面，将鼠标指向需定义或修改的项目公式处，双击鼠标左键，系统将弹出公式设置的界面，如图 3-290 所示。

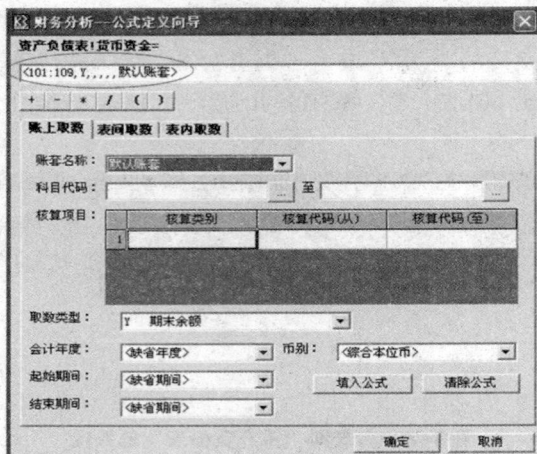

图 3-290　公式定义向导

　　项目公式和数字格式设定好后保存退出。双击或单击鼠标右键点击"资产负债表"，选择报表分析可得出分析结果。在财务分析系统界面，可点击左上角的黄色图标，如图 3-291 所示，选择不同的分析方法，如结构分析、趋势分析等，如图 3-292 所示。

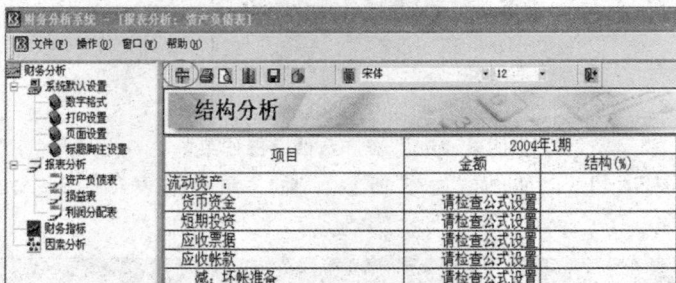

图 3-291　分析结果

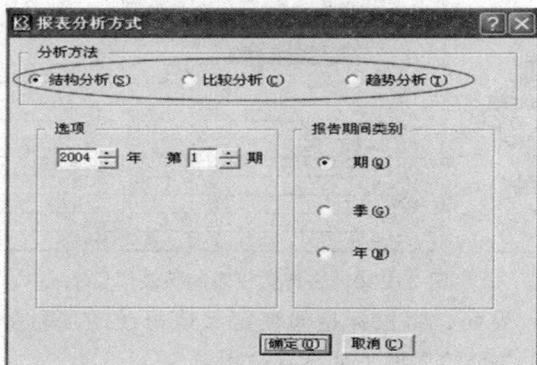

图 3-292　选择分析方法

（二）指标分析

点击"金蝶 K3 主控台"，点选相关账套，录入用户名和密码，进入主界面，然后依次点击"财务会计"-"财务分析"-"财务指标分析"-"财务指标分析"，如图 3-293 所示。

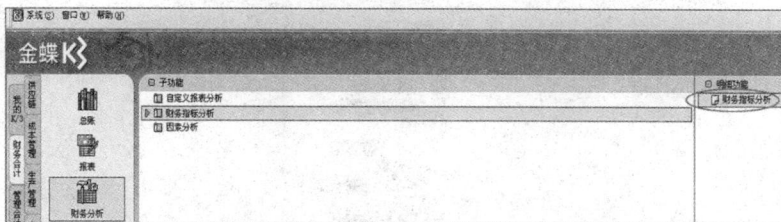

图 3-293　查询"财务指标分析"的路径

进入财务分析系统界面，鼠标右键单击"财务指标"，选择"指标定义"，如图 3-294 所示。在"指标定义"界面可通过双击任何一条指标公式来对其修改，可按工具条中的"追加"图标来增加一些系统没有的财务指标，增加、修改完以后保存，如图 3-295 所示。

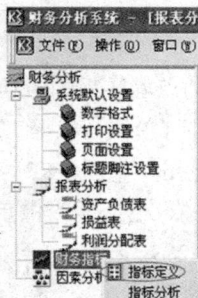

图 3-294　财务指标定义

图 3-295　财务指标录入

鼠标右键单击"财务指标",选择"指标分析"就可得出分析结果,如图 3-296 所示。

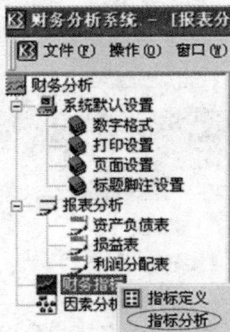

图 3-296　财务指标分析

第五节　金蝶 K3 物流信息查询及应用

一、如何查询采购订单

采购订单是购销双方共同签署的以确认采购活动的标志。通过它可以直接向供应商订货并可查询采购订单的收料情况和订单执行状况,是税务检查中重要的证据之一。

查询采购订单的路径如下:点击"金蝶 K3 主控台",点选相关账套,录入用户名和密码,进入主界面,然后依次点击"供应链"-"采购管理"-"订单处理"-"采购订单-查询",如图 3-297 所示。

图 3-297　采购订单的查询路径

二、如何查询收料通知单

收料通知单是采购部门在物料到达企业后,登记由谁验收、由哪个仓库入库等情况的详细单据，便于物料的跟踪与查询。

收料通知单是采购质量管理中的送检通知单。在收货质量检验过程中，收到的货物要先送检，检验合格后才能入库。

企业中存在一些受托加工物料，这些物料的暂时处置权虽然在该企业，但所有权还在委托单位。这些物料只计算数量、不需要核算成本，称为代管物料。收料通知单和退料通知单就是企业处理代管物料的业务单据。

收料通知单和退料通知单是处理集团内部购销业务和集团内部调拨业务的重要单据，并在集团企业账套间相互传递，以完成业务流程，相互沟通业务信息。

查询收料通知单的路径如下：点击"金蝶 K3 主控台"，点选相关账套，录入用户名和密码，进入主界面，然后依次点击"供应链"-"采购管理"-"收料通知"-"收料通知单-查询"，如图 3-298 所示。

图 3-298　收料通知单的查询路径

三、如何查询外购入库单

外购入库单，又称收货单、验收入库单等，是确认货物入库的书面证明。它是体现库存业务的重要单据，外购入库单不仅表现了货物转移，同时也是所有权实际转移的重要标志。外购入库单一方面表现了实物的流入，形成储备资金，另一方面预示着货币资金的流出或债务的产生。外购入库单也是财务人员据以记账、核算成本的重要原始凭证。

查询外购入库单的路径如下：点击"金蝶 K3 主控台"，点选相关账套，录入用户名和密码，进入主界面，然后依次点击"供应链"-"采购管理"-"入库"-"外购入库单-查询"，如图 3-299 所示。

图 3-299　外购入库单的查询路径

四、如何查询采购发票

采购发票是供应商开给购货单位，据以付款、记账、纳税的依据。

采购发票包括采购专用发票和采购普通发票。其中专用发票是指增值税专用发票，是一般纳税人销售货物或者提供应税劳务所开具的发票，发票上记载了销售货物的售价、税率以及税额等，购货方以增值税专用发票上记载的购入货物已支付的税额作为扣税和记账的依据。普通发票是指除了专用发票之外的发票或其他收购价凭证。

查询采购发票的路径如下：点击"金蝶 K3 主控台"，点选相关账套，录入用户名和密码，进入主界面，然后依次点击"供应链"-"采购管理"-"结算"-"采购发票-查询"，如图 3-300 所示。

图 3-300　采购发票的查询路径

查询未付款的采购发票路径如下：点击"金蝶 K3 主控台"，点选相关账套，录入用户名和密码，进入主界面，然后依次点击"应付款管理"-"发票处理"-"采购发票-查询"，如图 3-301 所示。

图 3-301　未付款的采购发票的查询路径

五、如何查询费用发票

费用发票是运输单位开给购货单位、加工单位开给来料单位等，据以付款、记账、纳税的依据。

查询费用发票的路径如下：点击"金蝶K3主控台"，点选相关账套，录入用户名和密码，进入主界面，然后依次点击"供应链"-"采购管理"-"费用发票"-"费用发票-查询"，如图3-302所示。

图 3-302　费用发票的查询路径

六、如何查询退料通知单

退料通知单是处理由于质量不合格、价格不正确或与采购订单、合同的相关条款不相符等原因，需要进行退货处理的业务单据，是采购质量管理中的不合格品退库单。在收货质量检验过程中，不合格品不能入库，要退回给供应商。退料通知单是收料通知单的反向操作单据。

在涉及集团内部的分销业务处理中，退料通知单与收料通知单一起作为处理集团内部购销业务和集团内部调拨业务的重要单据，并在集团企业账套间相互传递，以完成业务流程，相互沟通业务信息。

查询退料通知单的路径如下：点击"金蝶 K3 主控台"，点选相关账套，录入用户名和密码，进入主界面，然后依次点击"供应链"-"采购管理"-"退料"-"退料通知单-查询"，如图 3-303 所示。

图 3-303　退料通知单的查询路径

七、如何查询委外加工材料明细账

委外加工是工业企业常见业务之一，其真实性直接影响增值税和消费税的缴纳。

查询委外加工材料明细账的路径如下：点击"金蝶 K3 主控台"，点选相关账套，录入用户名和密码，进入主界面，然后依次点击"供应链"-"采购管理"-"委外加工管理"-"委外加工材料明细表"，如图 3-304 所示。

图 3-304　委外加工材料明细表的查询路径

八、如何查询购进货物的库存数量

在税务检查时经常需要账实核对，因此，要查询账上库存数量，再与实地盘点数据核对。

查询库存数量的路径如下：点击"金蝶 K3 主控台"，点选相关账套，录入用户名和密码，进入"金蝶 K3"界面，然后依次点击"供应链"–"采购管理"–"库存查询"–"即时库存查询"，如图 3-305 所示。

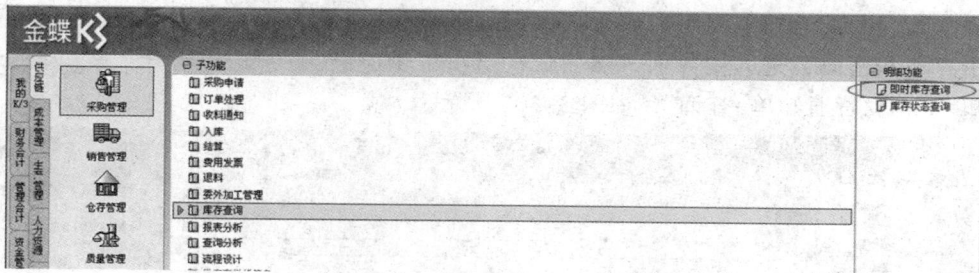

图 3-305　即时库存的查询路径

九、如何查询销售订单

销售订单是购销双方共同签署的以确认购销活动的标志。销售订单能显示销售业务的自身信息，是检查收入准确性的重要证据之一。

查询销售订单的路径如下：点击"金蝶 K3 主控台"，点选相关账套，录入用户名和密码，进入主界面，然后依次点击"供应链"–"销售管理"–"订单处理"–"销售订单–查询"，如图 3-306 所示。

图 3-306　销售订单的查询路径

十、如何查询发货通知单

发货通知单是销售部门在确定销售订货成立后向仓库部门发出的发货通知，从而方便物料的跟踪与查询。发货通知单是销售订单的重要执行单据。在涉及集团内部的分销业务处理中，发货通知单和退货通知单是处理集团内部购销业务和集团内部调拨业务的重要单据，并在集团企业账套间相互传递，以完成业务流程，相互沟通业务信息。

查询发货通知单的路径如下：点击"金蝶 K3 主控台"，点选相关账套，录入用户名和密码，进入主界面，然后依次点击"供应链"-"销售管理"-"发货通知"-"发货通知单-查询"，如图 3-307 所示。

图 3-307　发货通知单的查询路径

十一、如何查询销售出库单

销售出库单是确认产品出库的书面证明，是处理包括日常销售，委托代销、分期收款等各种形式的销售出库业务的单据。

销售出库单是体现库存业务的重要单据，不仅表现了货物转移，同时也是所有权实际转移的重要标志。销售出库单一方面表现了实物的流出，另一方面反映了货币资金的流入或债权的产生。销售出库单也是财务人员据以记账、核算成本的重要原始凭证。

查询销售出库单的路径如下：点击"金蝶 K3 主控台"，点选相关账套，录入用户名和密码，进入主界面，然后依次点击"供应链"-"销售管理"-"出库"-"销售出库单-查询"，如图 3-308 所示。

图 3-308　销售出库单的查询路径

十二、如何查询销售发票

销售发票是销货单位开给购货单位，据以付款、记账、纳税的依据。虚开发票是税务检查的重点内容。

查询销售发票的路径如下：点击"金蝶 K3 主控台"，点选相关账套，录入用户名和密码，进入主界面，依次点选"供应链"–"销售管理"–"结算"–"销售发票–查询"，如图 3-309 所示。

图 3-309　销售发票的查询路径

十三、如何查询退货通知单

退货通知单是处理由于质量不合格、价格不正确或与销售订单、合同的相关条款不相符等原因，供货单位将销售货物退回的业务单据，是发货通知单的反向操作单据。在涉及集团内部的分销业务处理中，它与发货通知单一起作为处理集团内部购销业务和集团内部调拨业务的重要单据，并在集团企业账套间相互传递，以完成业务流程，相互沟通业务信息。

查询退货通知单的路径如下：点击"金蝶 K3 主控台"，点选相关账套，录入用户名和密码，进入主界面，然后依次点击"供应链"-"销售管理"-"退货"-"退货通知单-查询"，如图 3-310 示。

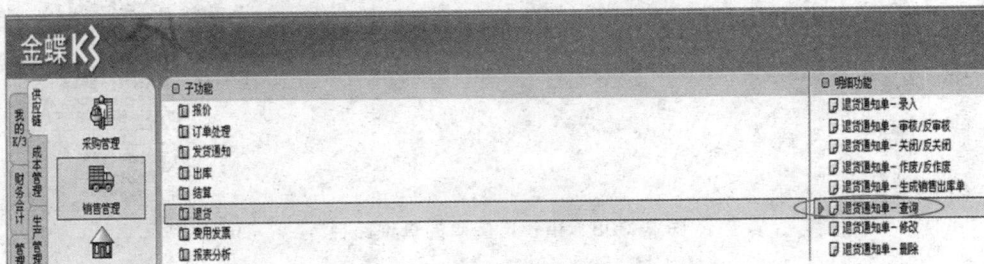

图 3-310　退货通知单的查询路径

十四、如何查询销售货物的库存数量

在税务检查时经常需要账实核对，因此，要查询账上库存数量，再与实地盘点数据核对。

查询销售库存数量的路径如下：点击"金蝶 K3 主控台"，点选相关账套，录入用户名和密码，进入主界面，然后依次点击"供应链"-"销售管理"-"库存查询"-"即时库存查询"，如图 3-311 所示。

图 3-311　销售即时库存的查询路径

十五、如何查询产品入库单

产品入库单是处理完工产品入库的单据，产品入库单也是财务人员据以记账、核算成本的重要原始凭证。

查询产品入库单的路径如下：点击"金蝶 K3 主控台"，点选相关账套，录入用户名和密码，进入主界面，然后依次点击"供应链"-"仓存管理"-"验收入库"-"产品入库-查询"，如图 3-312 所示。

图 3-312　产品入库单的查询路径

十六、如何对纳税人的盘亏毁损情况进行查询

纳税人的货物发生盘亏毁损既涉及增值税也涉及企业所得税，因此盘亏毁损业务是税务检查的重点内容。

查询盘亏毁损情况的路径如下：点击"金蝶 K3 主控台"，点选相关账套，录入用户名和密码，进入主界面，然后依次点击"供应链"-"仓存管理"-"库存调整"-"盘亏毁损-查询"，如图 3-313 所示。

图 3-313　"盘亏毁损"查询路径

十七、如何查询与存货相关的报表

与存货相关的报表可以帮助税务机关迅速掌握存货的相关情况，是税务检查的重要资料。

查询存货相关的报表路径如下：点击"金蝶 K3 主控台"，点选相关账套，录入用户名和密码，进入主界面，然后依次点击"供应链"-"存货核算"-"报表

分析"，可查看材料明细账、产成品明细账、存货收发存汇总表、委外加工核销汇
总表、委外加工核销明细账、材料成本差异汇总表、材料成本差异明细账、销售毛
利润汇总表、外购入库单与采购发票钩稽表，如图 3-314 所示。

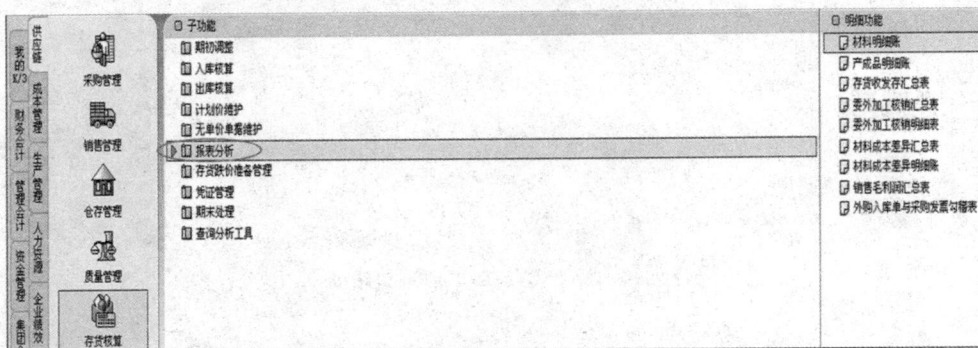

图 3-314 "存货核算"下"报表分析"的查询路径

十八、如何查询成本计算单

成本检查是税务机关重点检查的内容。查询成本计算单的路径如下：点击"金
蝶 K3 主控台"，点选相关账套，录入用户名和密码，进入主界面，然后依次点击
"成本管理"-"成本计算"-"成本计算单"，可选分页显示，也可选汇总显示，
如图 3-315 所示。

图 3-315 成本计算单的查询路径

十九、如何利用金蝶软件内设功能实现成本分析

金蝶 K3 的成本分析功能是从三种角度分析成本升降的原因：通过成本结构分
析，可以掌握企业成本的构成情况；通过成本类型分析，可以掌握企业成本控制的

力度；通过不同期间成本分析，可以掌握企业成本的重大影响因素。

查询成本分析的路径如下：点击"金蝶 K3 主控台"，点选相关账套，录入用户名和密码，进入主界面，然后依次点击"成本管理"－"成本分析"，可选择成本结构分析、成本比较分析、期间成本分析、期间单位成本分析表、产品耗用材料明细分析表等，如图 3-316 所示。

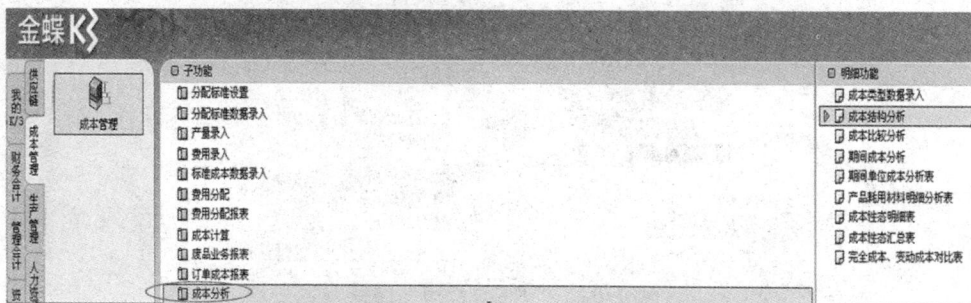

图 3-316　成本分析的查询路径

第六节　取　证

一、凭证打印及引出

（一）凭证打印

对于查询后需要打印取证的凭证，可在"凭证录入"界面或"会计分录序时簿"界面中选中该凭证，点击"打印"按钮，如图 3-317 所示。

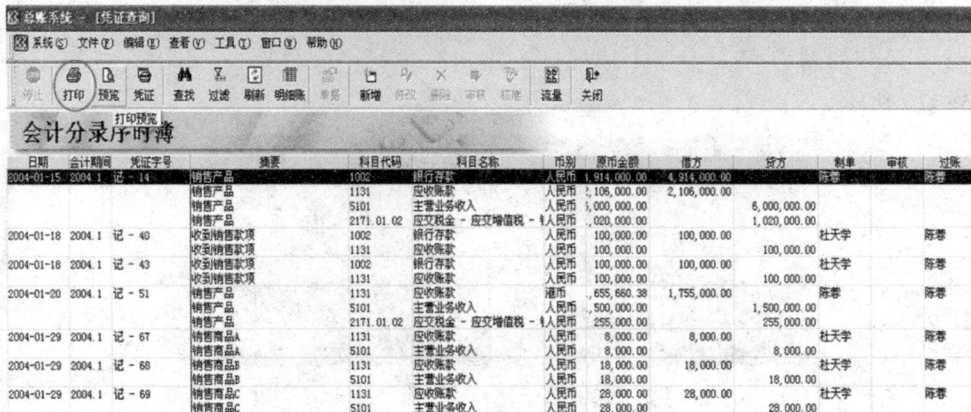

图 3-317　凭证打印

凭证可以汇总打印。在"凭证序时簿中"界面的工具栏凭证按钮明细项中点击

"汇总打印"，或在"凭证查询"界面选择"文件"－"打印凭证"－"汇总打印"，如图 3-318 所示。在汇总打印时，可选择科目级次和核算项目级次，如图 3-319 所示。

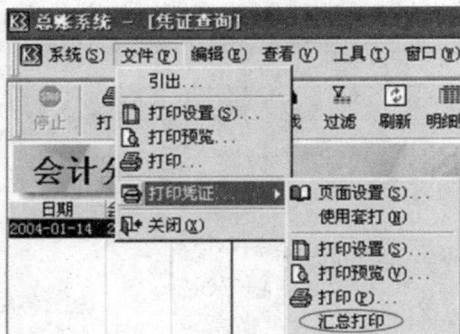

图 3-318　"汇总打印"路径

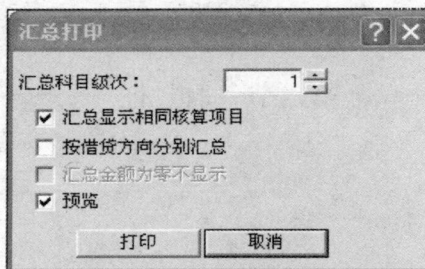

图 3-319　"汇总打印"设定

（二）凭证引出

对于查询后需要采用电子数据方式取证的凭证，可在"凭证录入界面"或"会计分录序时簿"界面中选中该凭证，点击菜单栏"文件"－"引出"按钮，如图 3-320 所示。

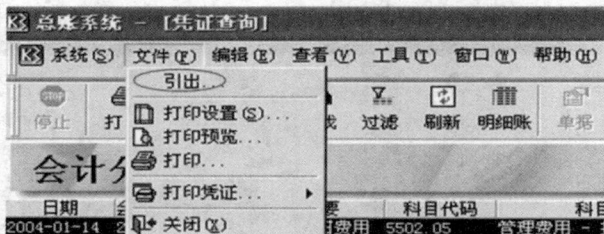

图 3-320　电子凭证"引出"路径

弹出"引出会计分录序时簿"对话框，选中要保存的数据类型，建议选择保存为 Excel 文件，便于运算和分析，如图 3-321 所示。

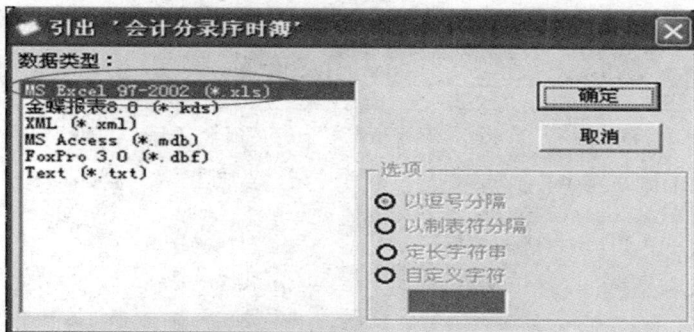

图 3-321　选择引出数据类型

　　点击"确定"后进入"选择 Excel 文件"界面，在该界面，设定要保存的文件路径、文件名等，如图 3-322 所示。点击"保存"后，弹出"成功引出'会计分录序时簿'"对话框，如图 3-323 所示。按照设定的路径，查看所引出数据，如图 3-324 所示。

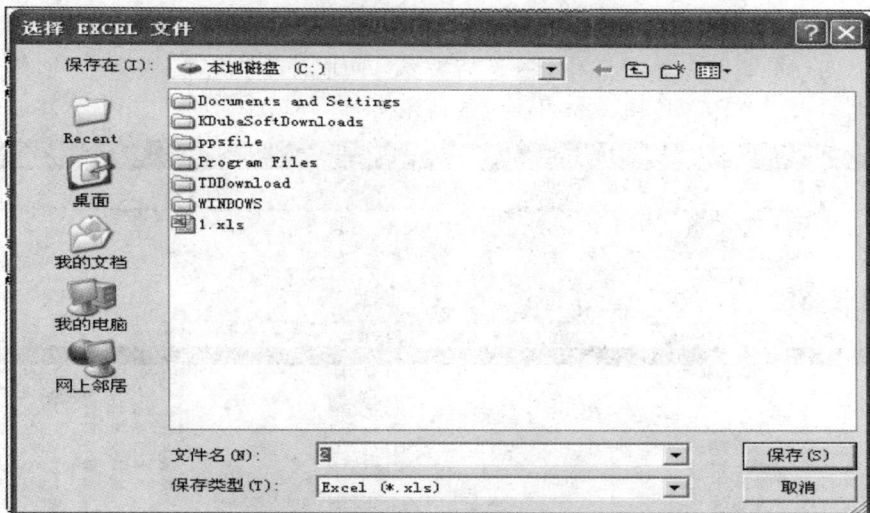

图 3-322　设定要保存的文件路径、文件名

图 3-323　引出结果

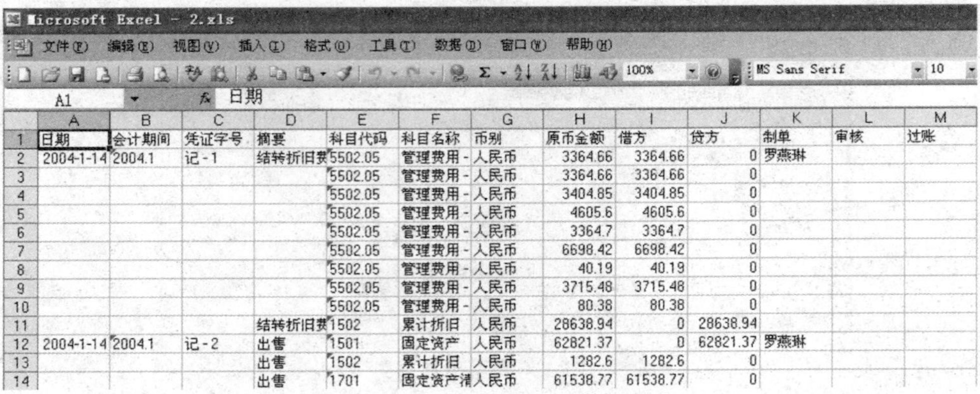

图 3-324 引出文件查询

二、明细账打印及引出

（一）明细账打印

在"明细分类账"界面，对于查询后需要打印取证的明细账，可在"明细分类账"界面点击"打印"按钮，如图 3-325 所示。

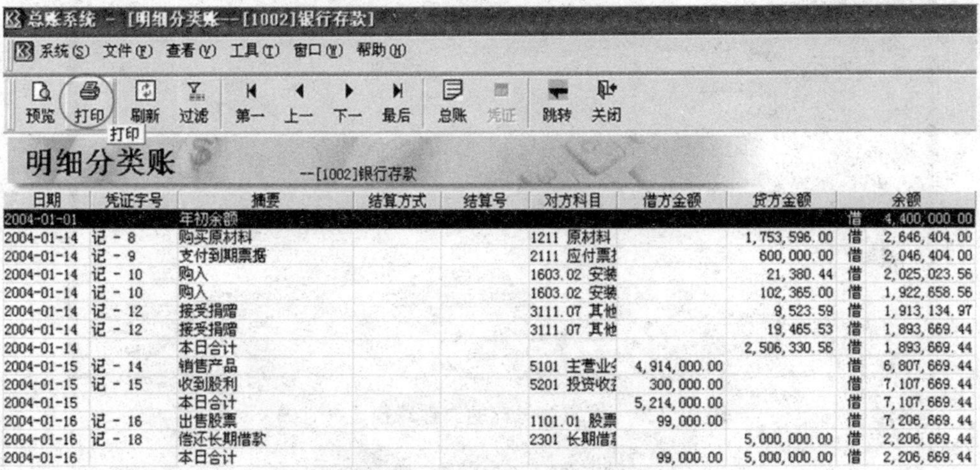

图 3-325 明细分类账打印

（二）明细账引出

在"明细分类账"界面，对于查询后需要采用电子数据方式取证的明细账，在菜单栏点击"文件"-"引出"，如图 3-326 所示。

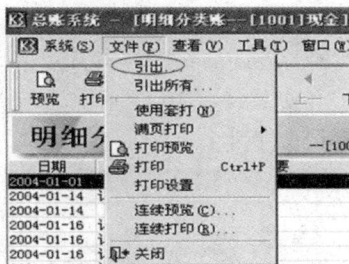

图 3-326　电子明细账引出路径

三、总分类账打印及引出

（一）总分类账打印

在"总分类账"界面，点击工具栏"打印"，即可将要取证的总账打印出来，如图 3-327 所示。

图 3-327　总分类账打印

在"总分类账"界面，点击菜单栏"文件"-"按科目分页打印"，如图 3-328 所示，将按照科目分页打印，而不是将所有的科目连续打印在一起。

图 3-328　按科目分页打印

（二）总分类账引出

在"总分类账"界面，对于查询后需要采用电子数据方式取证的明细账，在菜单栏点击"文件"－"引出"，如图 3-329 所示。系统弹出"引出总分类账"向导窗口，可以按照引出向导提示进行引出操作。

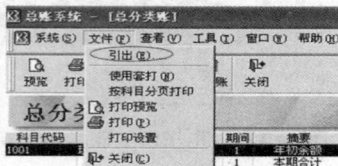

图 3-329　电子总分类账引出

四、报表打印及引出（以利润表为例）

（一）报表打印

在"利润表"界面，点击工具栏的打印机图标，如图 3-330 所示。

图 3-330　利润表打印

（二）报表引出

在"利润表"界面，点击菜单栏"文件"－"引出报表"，如图 3-331 所示。

图 3-331　点选"引出报表"

弹出"保存"对话框，输入"文件名"，选择"保存类型"，建议在下拉菜单中选择 Excel 类型，如图 3-332 所示。

图 3-332　选择报表存放路径、文件名和类型

点击"保存"按钮，弹出"引出报表成功！"对话框，点击"确定"，如图 3-333 所示。

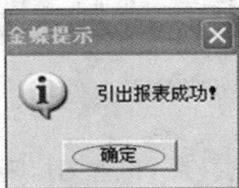

图 3-333　引出报表

五、银行对账单打印及引出

在"银行对账单"界面，点击菜单栏"文件"-"打印"，即可完成对银行对账单的取证；点击菜单栏"文件"-"引出"，即可完成对银行对账单的引出。

第四章
Excel 2007 在财务
报表数据分析中的应用

第一节　数据输入

一、如何在 Excel 中快速选择整个单元格范围

在 Excel 中，如果想要快速选择正在处理的整个单元格范围，按下"Ctrl+ Shift+ *"即可。

需要注意的一是该命令将选择整个列和列标题，即所需的单元格，不包括该列表周围的空白单元格；二是这一技巧不同于全选命令，全选命令将选择工作表中的全部单元格，包括不打算使用的单元格。

二、如何彻底清除单元格内容

不同于将单元格消灭，用新单元格代替删除的单元格，单元格清除是把单元格内的字符清除掉，但是单元格的格式不能清除，如底纹、边框、字体颜色只能更改，不能换用。因此，选定单元格，按 Delete 键，仅删除了单元格内容，它的格式和批注还保留着。

要彻底清除单元格，包括内容、格式和批注等，可选定想要清除的单元格或单元格范围，依次单击"开始"－"单元格"－"清除"－"全部清除"，即可彻底清除单元格内容，如图 4-1 所示。当然也可以选择"清除格式""清除内容""清除批注"中的任一个，实现要清除的某一方面需求。

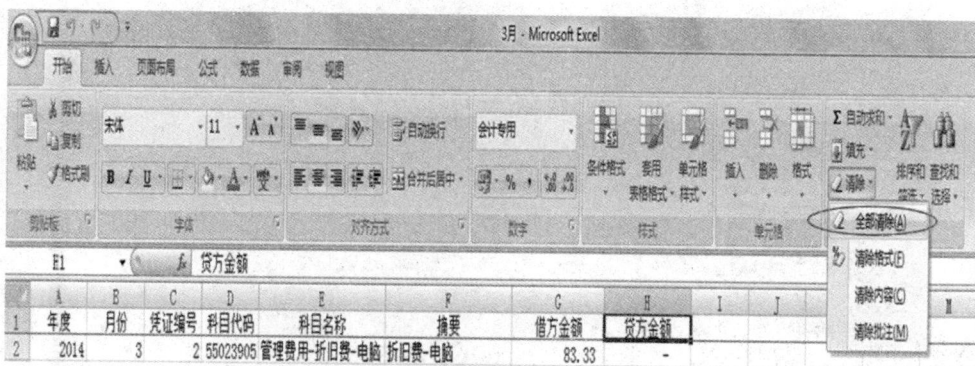

图 4-1 "全部清除"的操作路径

三、如何为工作表命名

为了便于记忆和查找，可以将 Excel 的工作表命名为容易记忆的名字，方法有三种。第一种方法是选择要改名的工作表，依次单击"开始"-"单元格"-"格式"-"重命名工作表"，如图 4-2 所示，这时工作表的标签上名字被反白显示，然后在标签上输入新的表名即可。

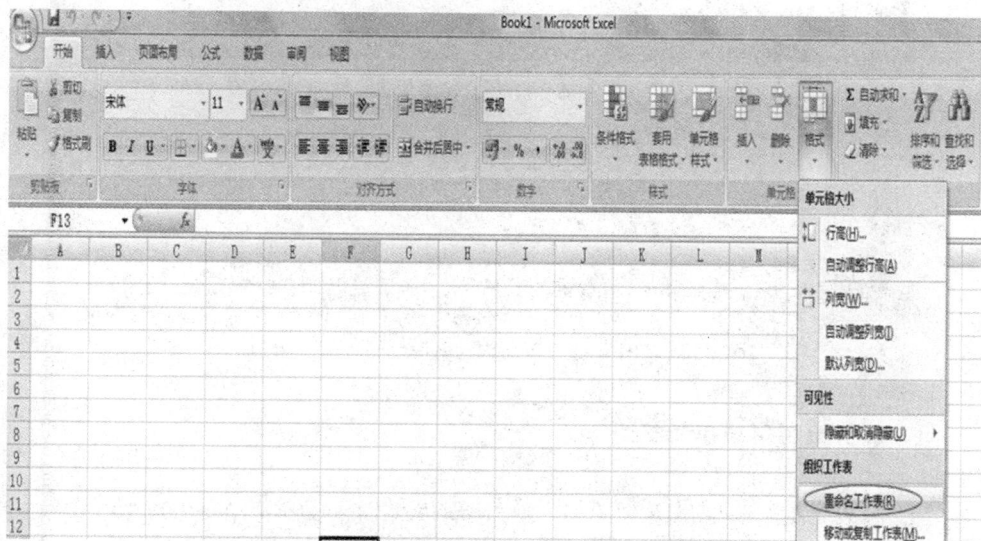

图 4-2 重命名工作表（1）

第二种方法是选择要改名的工作表，单击鼠标右键，弹出快捷菜单，选择"重命名"，然后在标签上输入新的表名即可，如图 4-3 所示。

图 4-3　重命名工作表（2）

第三种方法是双击当前工作表的名称，如"Sheet1"，如图 4-4 所示，再输入新的名称即可，如图 4-5 所示。

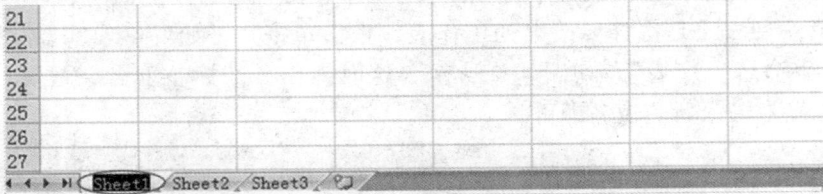

图 4-4　点击工作表名称

图 4-5　重命名工作表（3）

四、如何绘制斜线单元格

在绘制表格时，一般需要在表头中添加斜线并输入文字。在 Excel 2007 表格表头中单行与两行（多行）添加斜线及输入文字是有区别的。

1.单行添加斜线及文字

（1）点选表头需要添加斜线的单元格，然后点击"开始"-"对齐方式"右下角标注箭头的按钮，弹出"设置单元格格式"对话框，如图 4-6 所示。

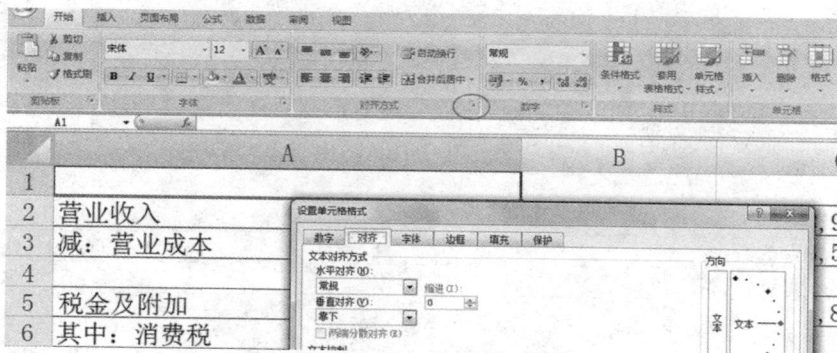

图 4-6　设置单元格格式

（2）将弹出"设置单元格格式"窗口切换到"边框"选项卡，选择"线条样式"中的实线，最后点击"添加斜线"按钮，如图 4-7 所示。

图 4-7　添加斜线

（3）点击"确定"后，返回 Excel 界面，选中添加好斜线的单元格，再点击"开始"－"对齐方式"中的顶端对齐按钮，如图 4-8 所示。

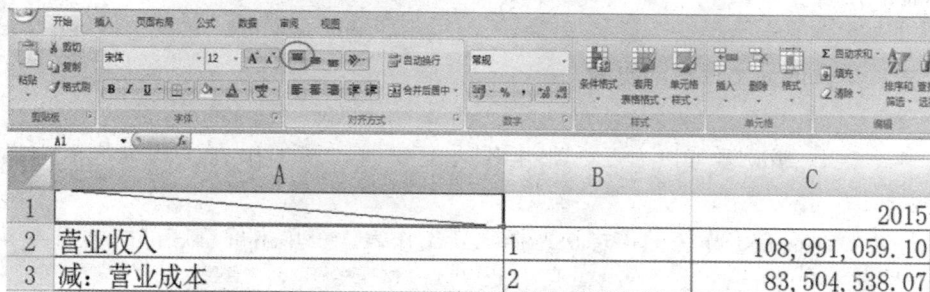

图 4-8　顶端对齐

（4）"双击"添加好斜线的单元格并输入文字，如"年度"，再按"Alt"＋"Enter"换行，输入文字，如"项目"，如图 4-9 所示。

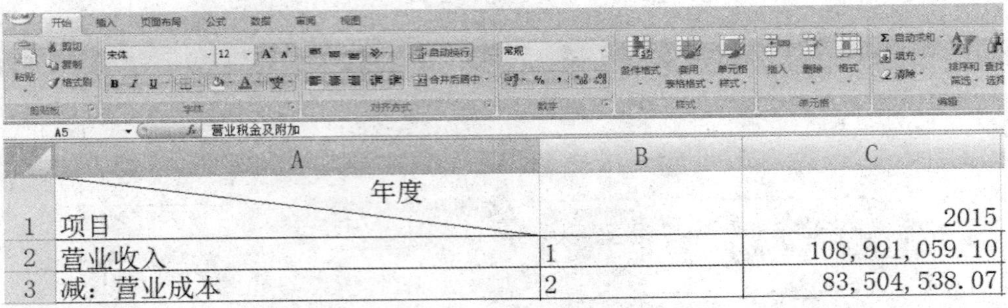

图 4-9　输入文字

2. 两行（多行）添加斜线及文字

（1）首先合并两行（多行）单元格。选中两行中的两个单元格，然后点击"开始"–"对齐方式"–"合并后居中"的下拉菜单中的"合并单元格"，如图 4-10 所示。

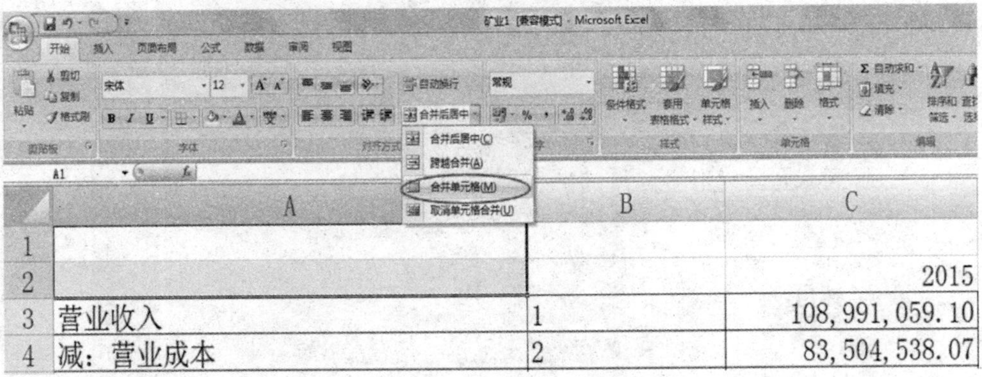

图 4-10　合并单元格

（2）合并成一个单元格后，根据"1.单行添加斜线及文字"部分的操作即可完成添加斜线及文字。

五、如何增加工作簿的页数

一个工作簿最多可以有 255 张工作表。要插入新工作表，需执行下列操作之一：

1. 若要在现有工作表的末尾快速插入新工作表，可单击屏幕底部的"插入工作表"，如图 4-11 所示。

21	6	124301	库存商品-在库		存货状态调整	–	0.01
22	6	124301	库存商品-在库		存货状态调整	0.01	–
23	6	124301	库存商品-在库		存货采购收货	12.03	–
24	6	124301	库存商品-在库		供应商退货	–	24.24
25	6	124301	库存商品-在库		供应商退货	–	1,730.54
26	6	21813036	其他应付款-内账-世纪卓越通州		存货调拨-出库	115.66	
27	6	21813036	其他应付款-内账-世纪卓越通州		存货调拨-出库	337.11	2,851.09

插入工作表(Shift+F11)

图 4-11　插入工作表（1）

2. 若要在现有工作表之前插入新工作表，可选中该工作表，依次点击："开始"–"单元格"–"插入"–"插入工作表"，如图 4-12 所示。

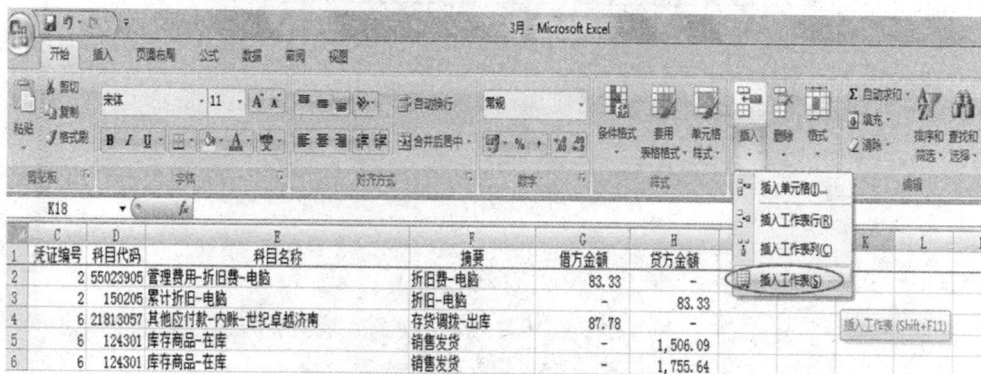

凭证编号	科目代码	科目名称	摘要	借方金额	贷方金额
	2 55023905	管理费用-折旧费-电脑	折旧费-电脑	83.33	
	2 150205	累计折旧-电脑	折旧-电脑	–	83.33
	6 21813057	其他应付款-内账-世纪卓越济南	存货调拨-出库	87.78	
	6 124301	库存商品-在库	销售发货		1,506.09
	6 124301	库存商品-在库	销售发货	–	1,755.64

图 4-12　插入工作表（2）

3. 点中现有工作表，单击鼠标右键，弹出快捷菜单，然后单击"插入"，如图 4-13 所示。

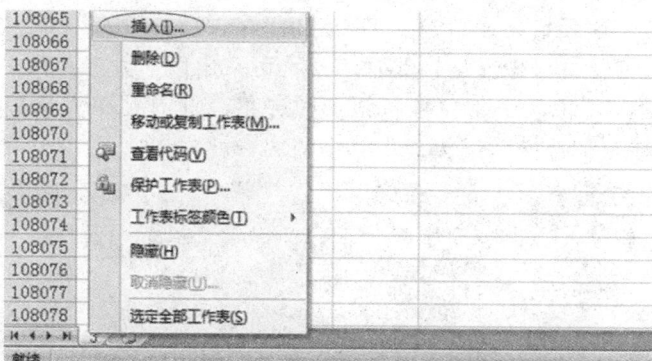

图 4-13　插入工作表（3）——"插入"

弹出"插入"对话框，在"常用"选项卡上，单击"工作表"，然后单击"确定"，如图 4-14 所示。

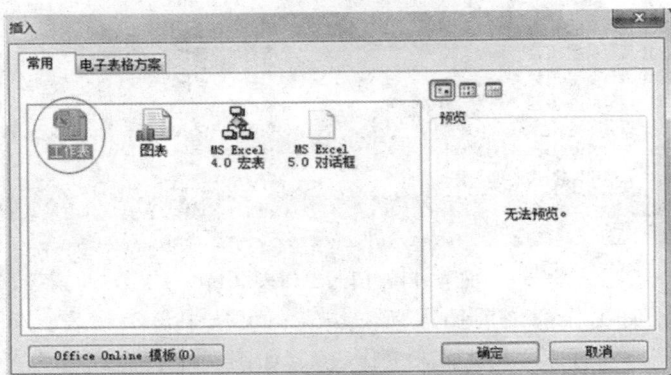

图 4-14　插入工作表（3）——选择"工作表"

通过上述三种方法的操作，即可在底部看到一个新名称的工作表，如图 4-15
所示。

图 4-15　插入新工作表

六、如何在一个单元格内输入多个值

当需要在某个单元格内连续输入多个数值时，每次输入一个值后按回车键，活
动单元格均默认下移一个单元格，非常不便。可采用以下方法：单击鼠标选定单元
格，然后按住 Ctrl 键再次单击鼠标选定此单元格，此时，单元格周围将出现实线
框，如图 4-16 所示。此时再输入数据，敲回车键就不会移动了。

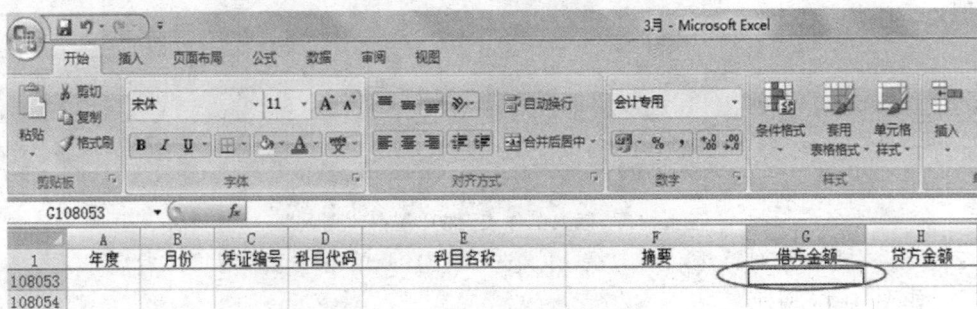

图 4-16　某个单元格内连续输入多个数值

七、如何在单元格中输入 0 值

一般情况下，在 Excel 表格中输入诸如"05""4.00"之类的数字后，只要光标一移出该单元格，单元格中数字就会自动变成"5""4"，Excel 默认的这种做法非常不方便，将单元格属性由数字转化为文本即可解决上述问题。具体操作如下：

选定要输入诸如"05""4.00"之类数字的单元格，单击鼠标右键，在弹出的快捷菜单中单击"设置单元格格式"，如图 4-17 所示。

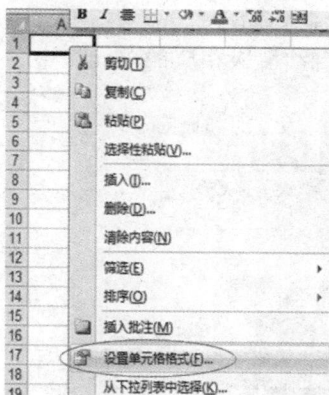

图 4-17　点击"设置单元格格式"路径

弹出"设置单元格格式"对话框，在"数字"选项卡的"分类"列表框中选择"文本"，如图 4-18 所示。单击"确定"后，在这些单元格中就可以输入诸如"05""4.00"的数字了。

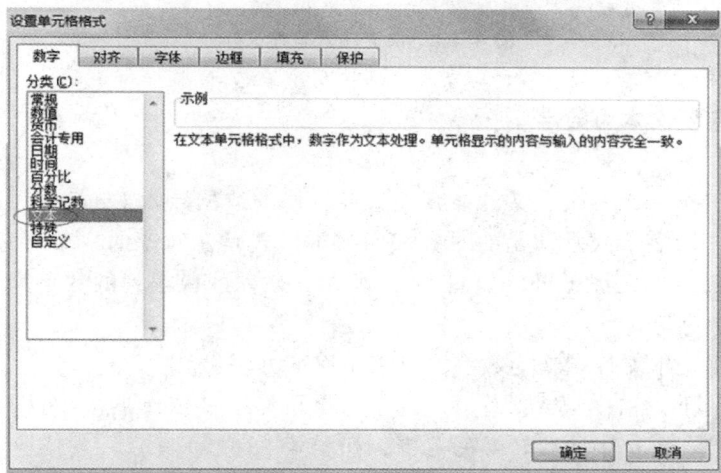

图 4-18　设置单元格格式——点选"文本"

八、如何快速输入有序文本

如果需要输入一些有规律的序列文本，如数字（1、2、…）、日期（1日、2日……）等，可以利用下面的方法来实现其快速输入：

先在需要输入序列文本的第1、第2两个单元格中输入该文本的前两个元素（如"1、2"）。同时选中上述两个单元格，将鼠标移至第2个单元格的右下角，鼠标变成黑十字，如图4-19所示。然后按住鼠标左键向下（或向后）拖拉至需要填入该序列的最后一个单元格，如图4-20所示。松开左键，则该序列的后续元素（如"3、4、5、…"）依序自动填入相应的单元格中，如图4-21所示。

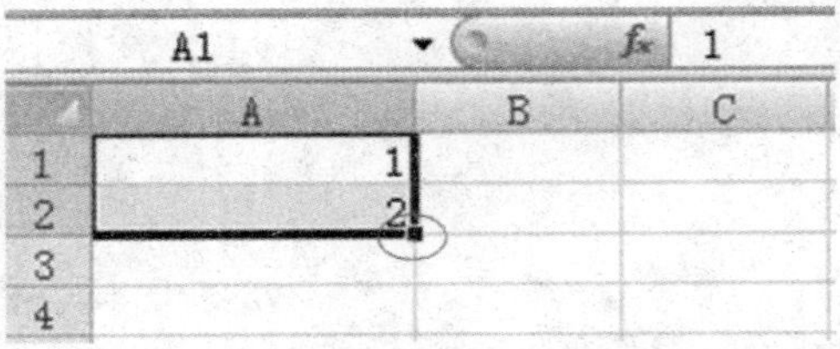

图 4-19　鼠标变成"黑十字"

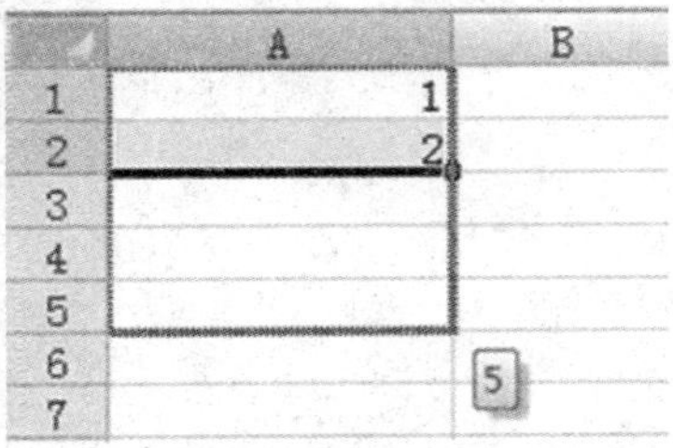

图 4-20　向下拖拉

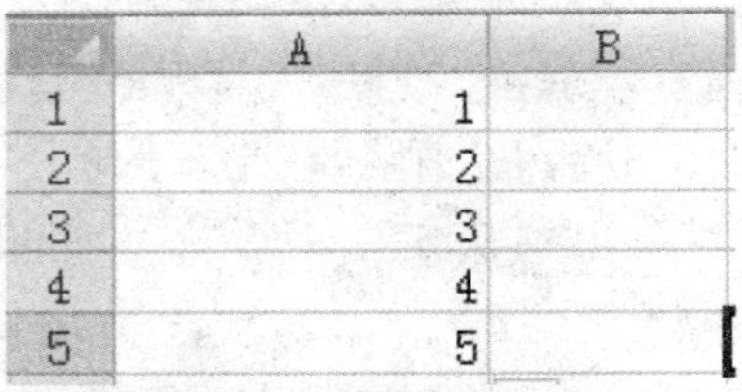

图 4-21　快速输入有序文本

九、如何变文本为数字

在税收工作中，将文本文件或其他财务软件的数据导入 Excel 后可能是以文本形式存在的（数字形式默认是右对齐，而文本形式是左对齐的），即使重新设置单元格格式为数字也无济于事，如图4-22所示，G 列即税额列的数字均为"以文本形式存储的数字"。

如果要将文本文件转变为数字，可采用以下方法：

在空白的单元格中填入数字 1，选中这个单元格，依次点击"开始"–"剪切板"–"复制"，再选中所要转换的范围，如图4-23所示。

图 4-22　以文本形式存储的数字

图 4-23　复制单元格

单击鼠标右键，弹出快捷菜单，单击"选择性粘贴"，如图 4-24 所示。

图 4-24　点选"选择性粘贴"

　　弹出"选择性粘贴"对话框，在"粘贴"项下点选"全部"，在"运算"项下点选"乘"，如图 4-25 所示。点击"确定"后，返回 Excel 界面，G 列即税额列的数值转变为数字形式，如图 4-26 所示。

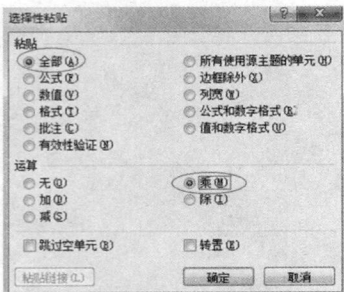

图 4-25　"选择性粘贴"的设置

图 4-26　转化为数字形式的 G 列

十、如何将单元格区域从公式转换成数值

在处理工作中经常要用到 Excel 中的公式功能进行计算或统计，有时只需要计算结果的数据，而不需要公式。具体操作如下：

打开需要处理数据的工作表，选择需要复制数据的单元格，如图 4-27 中的 H108046 单元格。此时，可以看到公式栏显示的是公式而不是数字。单击鼠标右键，弹出快捷菜单，选择"复制"，如图 4-27 所示。

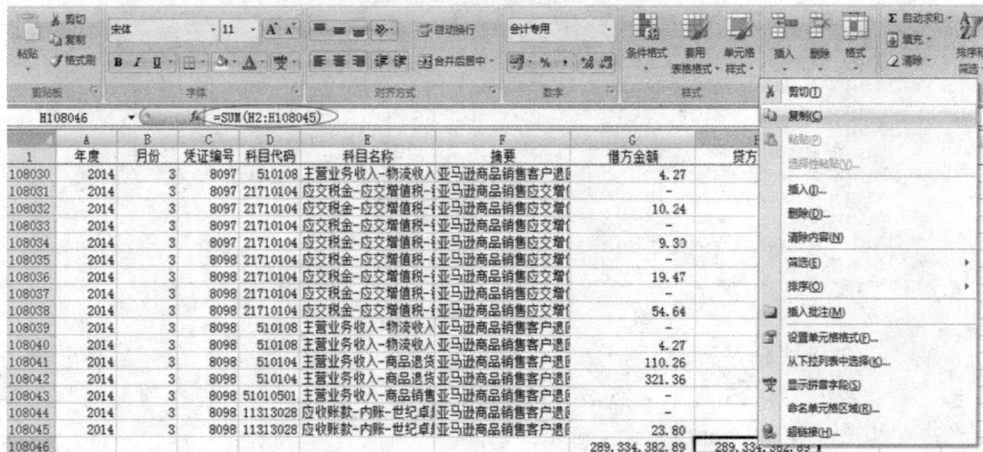

图 4-27　复制由公式计算结果构成的单元格

把光标移动到要放置数据的单元格 E108047，单击鼠标右键，弹出快捷菜单，单击"选择性粘贴"，如图 4-28 所示。

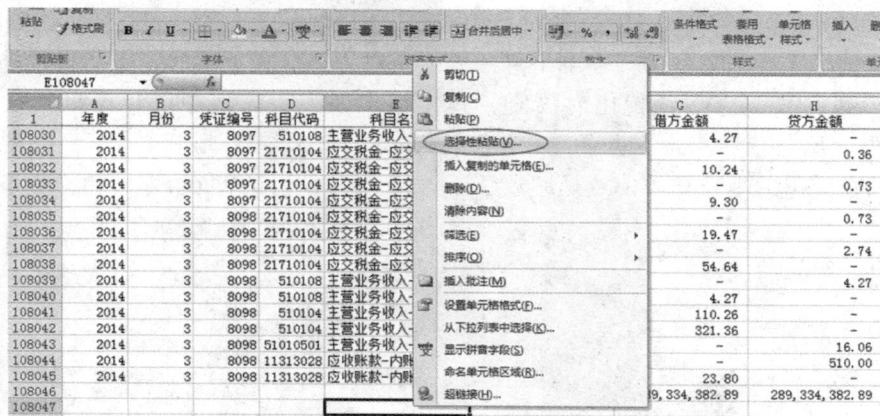

图 4-28 点选"选择性粘贴"

弹出"选择性粘贴"对话框，点选"粘贴"项下的"数值"，"运算"项下默认为"无"，点击"确定"，如图 4-29 所示。此时，再观察单元格 E108047 的数据已经变成数字，公示栏显示的不是公式，如图 4-30 所示。

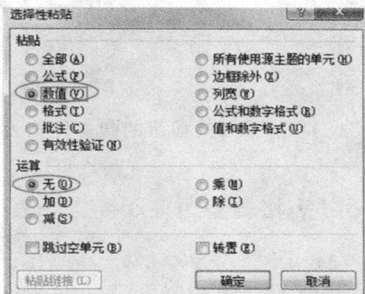

图 4-29 "选择性粘贴"的设置

图 4-30 已转化为数值的单元格数据

十一、如何将货币形式转化为数字形式

从纳税人处采集到的很多电子财务数据是以货币形式显示的，不能直接进行统计分析和运算，应将其转化为数值，具体操作如下：先选中以货币形式显示的"H"列，然后依次点击"开始"-"数字"，点击"常规"所在文本框后面的下拉按钮，在弹出的下拉列表中选择"数字"，如图 4-31 所示，货币即转化为数字。

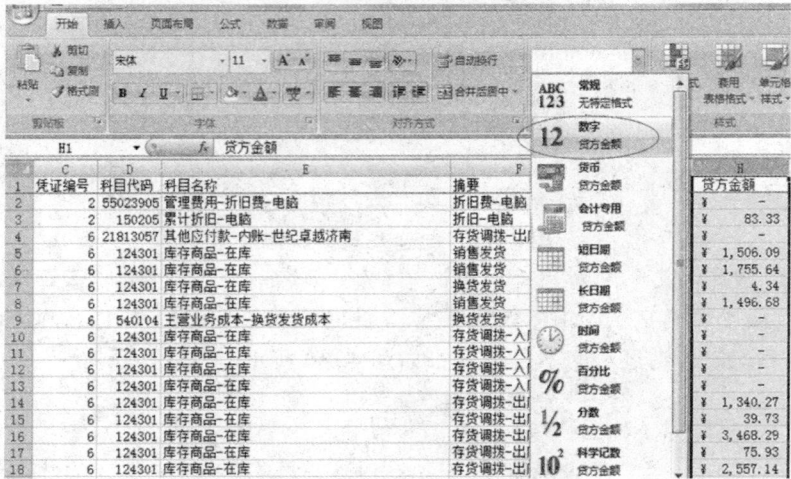

图 4-31　将货币形式显示的数据转化为数字

十二、如何将 WPS/Word 表格转换为 Excel 工作表

对于在税务检查中获取的 WPS／Word 文档，可能需要将其编辑过的表格转换成 Excel 工作表，才能利用 Excel 的数据库操作、宏操作等功能进行分析、处理。可采用以下操作进行转换：

打开 WPS／Word 文档，拖动鼠标选择整个表格。点击鼠标右键，在弹出的快捷菜单中选择"复制"，如图 4-32 所示。

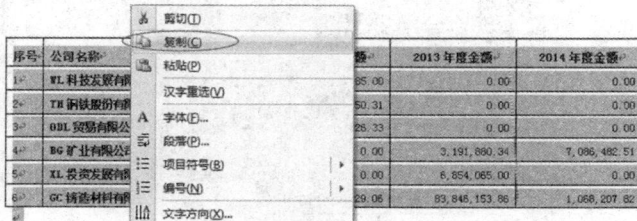

图 4-32　复制 Word 表格

打开 Excel 工作表，单击目标表格位置的左上角单元格，再点击鼠标右键，在弹出的快捷菜单中选择"粘贴"，如图 4-33 所示。转换结果如图 4-34 所示。

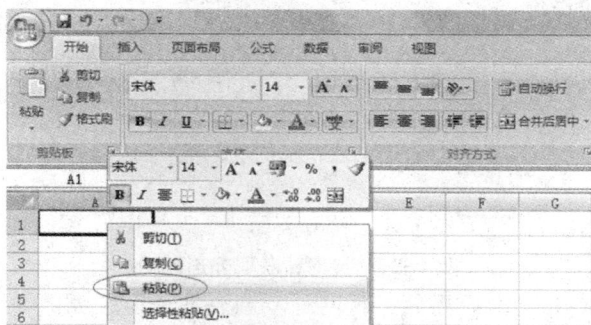

图 4-33　粘贴 Word 表格

图 4-34　转换为 Excel 表格

十三、如何将网页上的数据引入到 Excel 表格

纳税人为自身发展需要，一般都建有自己的网站或网页，查看其网页能够获取有用的信息或证据。如果将网页上表格形式的信息引入 Excel 中，则可利用 Excel 强大的统计、计算、分析功能，迅速实现检查目的。将网页上的数据引入 Excel 表格的方法有两种：

第一种方法是将网页上表格形式的信息直接从浏览器上复制到 Excel 中。具体操作很简单，选中信息并复制，然后将信息粘贴到 Excel 中，或者可以选中信息并将其拖放到 Excel 中。

第二种方法是利用 Excel 的"获取外部数据"功能。具体操作如下：

首先找到要使用的网站数据，将网站的网址复制下来，如图 4-35 所示。

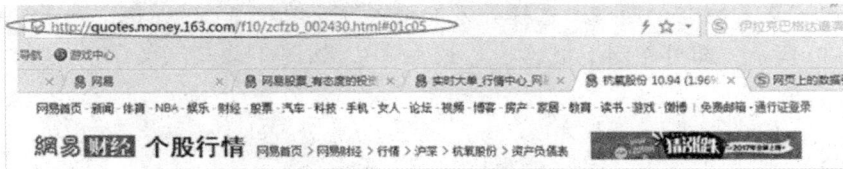

图 4-35　复制网址

在打开的 Excel 中，依次点击"数据"-"获取外部数据"-"自网站"，如图 4-36 所示。

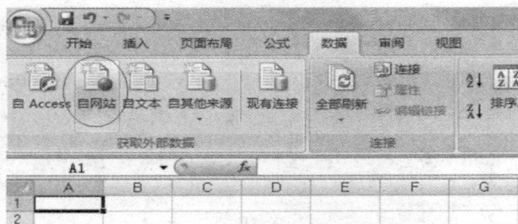

图 4-36　自网站获取外部数据

弹出"新建 Web 查询"界面，将网址复制到地址栏，如图 4-37 所示，然后点击"转到"。

图 4-37　新建 Web 查询

在转到的网页上，选择表格的位置，在表格表头有一个橘黄色的小箭头，点击这个小箭头。当小箭头变为对号时，点击"导入"，如图 4-38 所示。

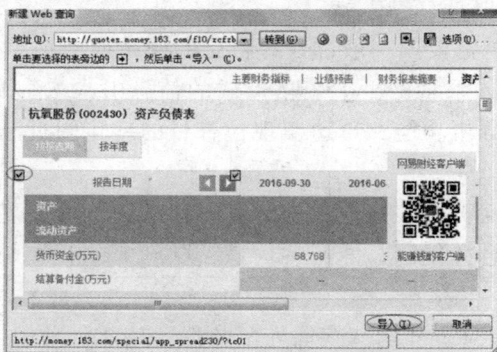

图 4-38　选择要导入数据报表

弹出"导入数据"窗口，选择导入的位置，一般是 A1 单元格，点击"确定"，如图 4-39 所示，即可将网上报表导入 Excel 中，如图 4-40 所示。

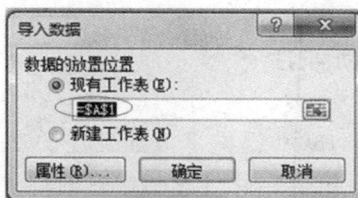

图 4-39　导入数据位置设定

图 4-40　导入数据结果

十四、如何将 Excel 单元格插入到 Word 中

要把 Excel 中某些单元格内容插入到 word 文档中，可先选中单元格区域，然后依次单击"开始"-"剪贴板"-"复制"。进入 Word 文档中，单击"开始"-"粘贴"，即可将选中的 Excel 单元格区域粘贴过来。如果用户没有添加表格框线，依次点击"开始"-"段落"-"边框和底纹"按钮的下拉菜单，一般选择"所有框线"，操作结果见表 4-1。

表 4-1　　　　　　　　　　纳税人销售额一览表　　　　　　　　金额单位：元

序号	公司名称	2012 年度	2013 年度	2014 年度
1	WL 科技发展有限公司	23 155 585.00	0	0
2	TH 钢铁股份有限公司	5 262 950.31	0	0
3	ODL 贸易有限公司	15 837 726.33	0	0
4	BG 矿业有限公司	0	3 191 880.34	7 086 482.51
5	XL 投资发展有限公司	0	6 854 065.00	0
6	GC 铸造材料有限公司	29 059 829.06	83 846 153.86	1 068 207.82

十五、如何为单元格添加批注

为方便用户及时记录，Excel 提供了添加批注的功能，当给单元格进行注释后，只需将鼠标停留在单元格上，就可看到相应的批注。添加批注的方法是：单击要添加批注的单元格，单击鼠标右键弹出快捷菜单，选中"插入批注"命令，如图 4-41 所示。

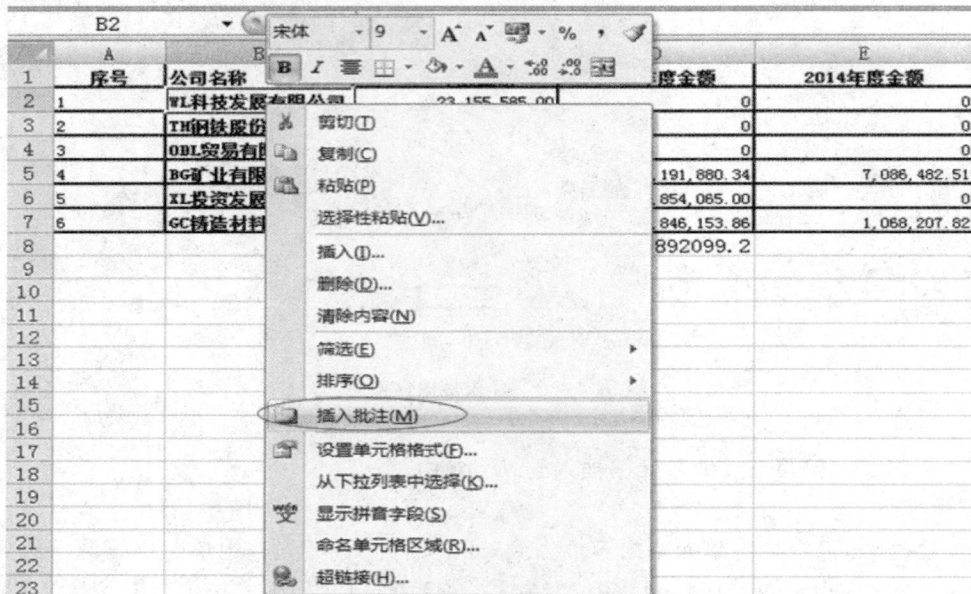

图 4-41　点击"插入批注"

在弹出的批注框中键入要批注的文本，如图 4-42 所示。输好后单击批注框外部的工作表区域即可。

图 4-42　输入批注内容

在添加批注之后，单元格的右上角会出现一个小红点，提示该单元格已被添加了批注。将鼠标移到该单元格上就可以显示批注，如图 4-43 所示。

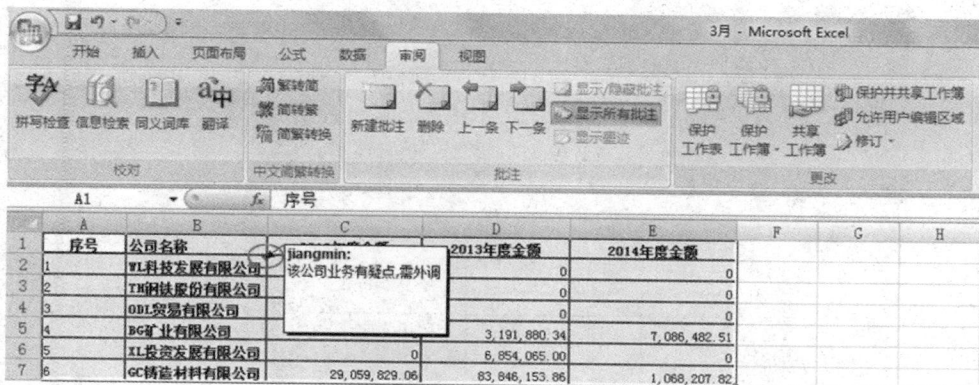

图 4-43 显示批注

　　若要显示所有批注，可依次点击"审阅"-"显示所有批注"，即可显示文档中所有批注，如图 4-44 所示。

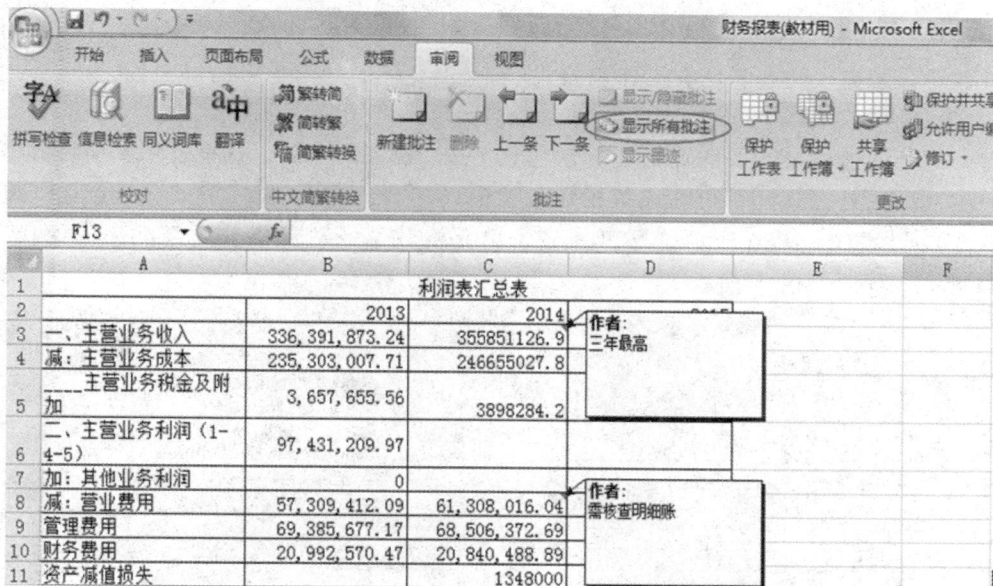

图 4-44 显示所有批注

十六、如何隐藏批注

　　对于已显示的批注，如果要将其隐藏起来，可用鼠标点中该批注，然后依次点击"审阅"-"批注"-"显示/隐藏批注"，如图 4-45 所示，即可将批注隐藏起来。

图 4-45　点击"隐藏批注"

第二节　查询技巧

一、如何快速查看所有工作表公式

对于从纳税人处采集到的报表等电子证据，税务人员需审核报表相关项目数据的生成公式是否正确，可在菜单栏点击"公式"，然后在"公式审核"组点选"显示公式"，如图 4-46 所示，即可在显示单元格数值或单元格公式之间来回切换，如图 4-47 所示。

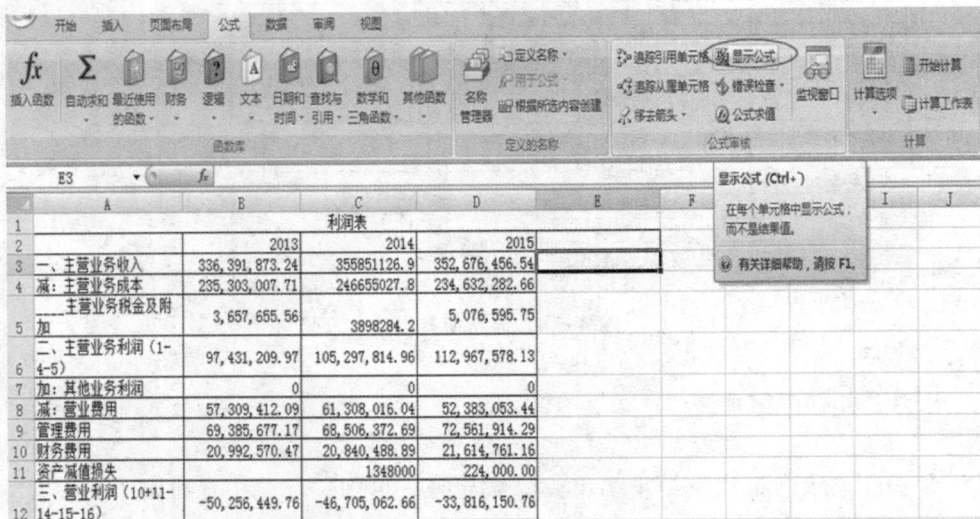

图 4-46　点击"显示公式"

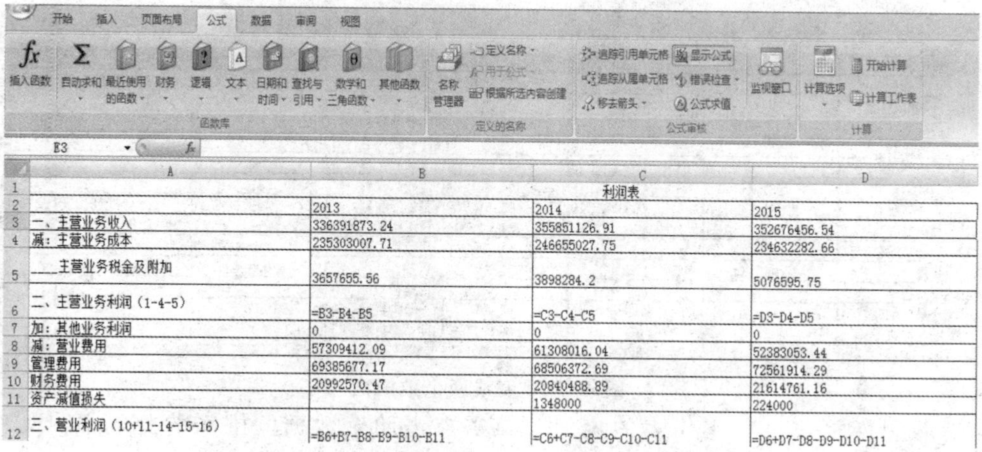

	A	B	C	D
1			利润表	
2		2013	2014	2015
3	一、主营业务收入	336391873.24	355851126.91	352676456.54
4	减：主营业务成本	235303007.71	246655027.75	234632282.66
5	主营业务税金及附加	3657655.56	3898284.2	5076595.75
6	二、主营业务利润（1-4-5）	=B3-B4-B5	=C3-C4-C5	=D3-D4-D5
7	加：其他业务利润	0	0	0
8	减：营业费用	57309412.09	61308016.04	52383053.44
9	管理费用	69385677.17	68506372.69	72561914.29
10	财务费用	20992570.47	20840488.89	21614761.16
11	资产减值损失		1348000	224000
12	三、营业利润（10+11-14-15-16）	=B6+B7-B8-B9-B10-B11	=C6+C7-C8-C9-C10-C11	=D6+D7-D8-D9-D10-D11

图 4-47　显示公式

二、如何查看 Excel 中相距较远的两列数据

在 Excel 中，若要将距离较远的两列数据（如 A 列与 Z 列）进行对比，只能不停地移动表格窗内的水平滚动条来分别查看，这样的操作非常麻烦而且容易出错。利用下面这个小技巧，可以将一个数据表“变”成两个，让相距较远的数据同屏显示。

把鼠标指针移到工作表底部水平滚动条右侧的小块上，如图 4-48 所示。鼠标指针便会变成一个双向的光标。

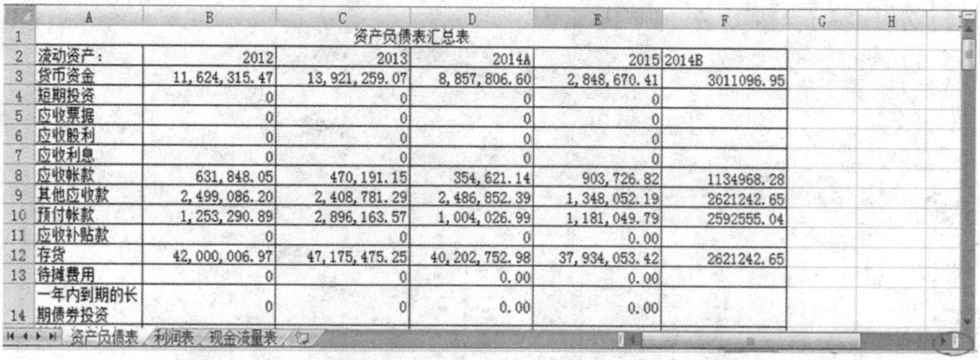

	A	B	C	D	E	F	G	H
1			资产负债表汇总表					
2	流动资产：	2012	2013	2014A	2015	2014B		
3	货币资金	11,624,315.47	13,921,259.07	8,857,806.60	2,848,670.41	3011096.95		
4	短期投资	0	0	0	0			
5	应收票据	0	0	0	0			
6	应收股利	0	0	0	0			
7	应收利息	0	0	0	0			
8	应收帐款	631,848.05	470,191.15	354,621.14	903,726.82	1134968.28		
9	其他应收款	2,499,086.20	2,408,781.29	2,486,852.39	1,348,052.19	2621242.65		
10	预付帐款	1,253,290.89	2,896,163.57	1,004,026.99	1,181,049.79	2592555.04		
11	应收补贴款	0	0	0	0.00			
12	存货	42,000,006.97	47,175,475.25	40,202,752.98	37,934,053.42	2621242.65		
13	待摊费用	0	0	0.00	0.00			
14	一年内到期的长期债券投资	0	0	0.00	0.00			

图 4-48　点击滚动条最右侧的小块

把这个小块拖到工作表的中部，便会发现整个工作表被一分为二，出现了两个数据框，而且都是当前工作表的内容，如图 4-49 所示。这样便可以让一个数据框中显示 A 列数据，另一个数据框中显示 Z 列数据，从而便于比较。

图 4-49　变成两个数据框

若想恢复成一个工作表的界面，只需点击两个数据框中间的分隔框，如图 4-48 所示，此时鼠标指针又会变成一个双向的光标，将其拖至电脑屏幕的最右方即可。

三、如何隐藏列（行）、取消隐藏列（行）

1.隐藏列

本例要隐藏 F 列，有两种方法可以隐藏该列。第一种方法是选中 F 列，单击鼠标右键，在弹出的快捷菜单中选择"隐藏"，即可将该列隐藏。第二种方法是选中 F 列，在"开始"菜单栏下找到"单元格"选项组，点击"格式"，在弹出的下拉菜单中选择"隐蔽和取消隐蔽"-"隐蔽列"，如图 4-50 所示，可以看到 F 列已经被成功隐藏了，如图 4-51 所示。

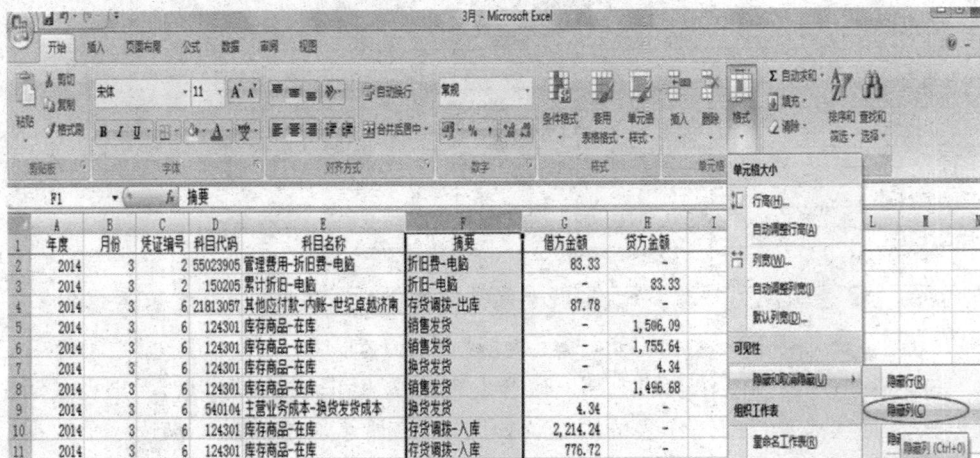

图 4-50　点击"隐藏列"的路径

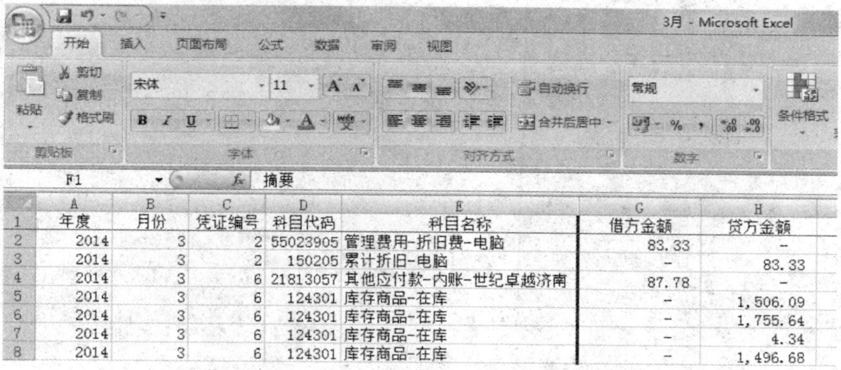

图 4-51　隐藏列的结果

2. 取消隐藏列

如果纳税人有些数据资料不想被税务人员查到，有可能将其所在列（行）隐藏起来。想将这些隐藏的列（行）显示出来，要选中被隐藏列的相邻两列，单击鼠标右键，在弹出的快捷菜单中选择"取消隐藏"。可以看到刚才隐藏的 F 列已经显示出来了。取消隐藏的另一种方法是在"开始"-"格式"下，选择"隐蔽和取消隐蔽"-"取消隐蔽列"，如图 4-52 所示。此外，还可以选中整张工作表，拖动任一列的宽度，则所有列的宽度相等，拖动后就可以看到隐藏的列了。

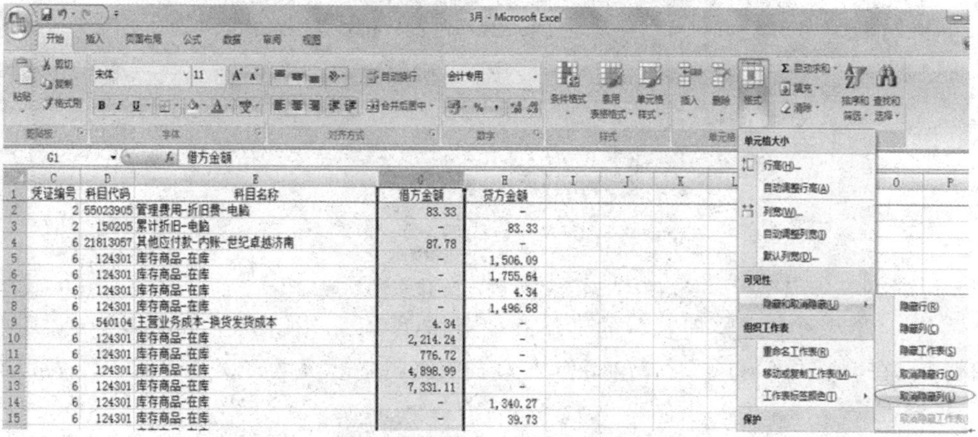

图 4-52　点击"取消隐藏列"

四、如何隐藏工作表和显示工作表

在某些情况下，纳税人可能会隐藏一个或多个工作表。当工作表被隐藏时，它的标签也会被隐藏，但是不能隐藏工作簿中的所有工作表，所以至少有一张工作表必须保持可见。

1.隐藏工作表

在名为"3月"的 Excel 表界面。点击菜单栏"视图"-"窗口"-"切换窗口",在"切换窗口"下弹出工作表列表,表明当前有"3月"和"亨通整理表"两张工作表,如图 4-53 所示。

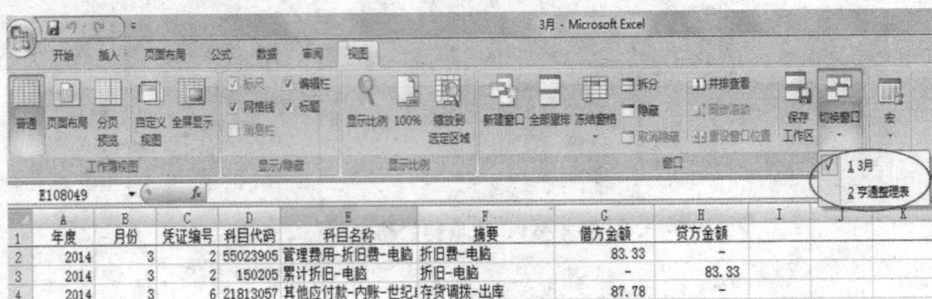

图 4-53　查看在用工作表

现要将名为"3月"的工作表隐藏起来,依次点击"视图"-"窗口"-"隐藏",如图 4-54 所示。

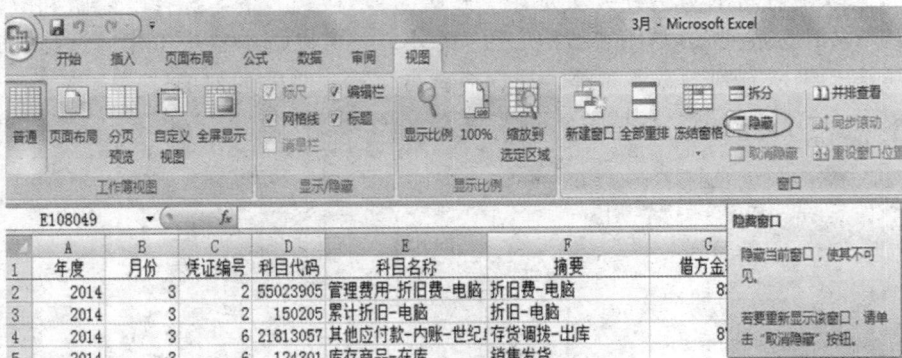

图 4-54　"隐藏"工作表的路径

打开名为"亨通整理表"的工作表,点击菜单栏"视图"-"窗口"-"切换窗口",在"切换窗口"下弹出工作表列表中不再显示名为"3月"的工作表,如图 4-55 所示。

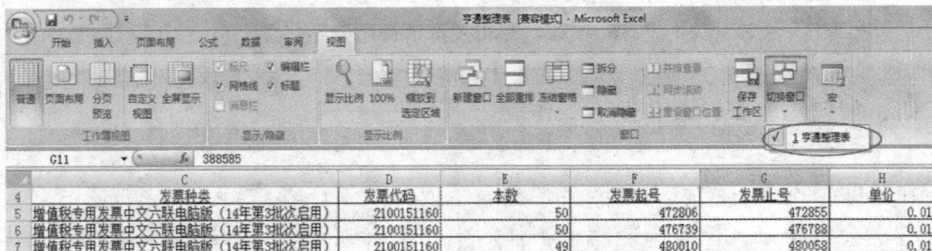

图 4-55　隐藏工作表的结果

2. 显示被隐藏的工作表

打开任意工作表，如名为"亨通整理表"的工作表，依次单击菜单栏"视图"-"窗口"-"取消隐藏"并单击，如图 4-56 所示。

图 4-56　点击"取消隐藏"的路径

打开"取消隐藏"对话框，列出了所有被隐藏的工作表。选择需要重新显示的工作表并单击"确定"，如图 4-57 所示。

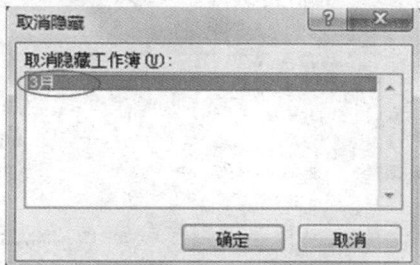

图 4-57　选择需要取消隐藏的工作表

五、如何统计某种货物采购（销售）批次量

在税务检查时经常需要统计某种货物采购或销售的次数，如下例中要求统计出纳税人采购螺母的次数。对于此类需求，可按以下操作进行：

选中要统计的数据（可以使用 Ctrl 键加鼠标左键选择不同的行与列），一是单击菜单栏"开始"-"编辑"-"Σ"图标后的下拉菜单并点选"计数"；二是点击菜单栏"公式"-"函数库"-"Σ自动求和"图标后的下拉菜单并点选"计数"，本例采用第二个路径，如图 4-58 所示，即可显示采购螺母的次数为"4"，如图 4-59 所示。

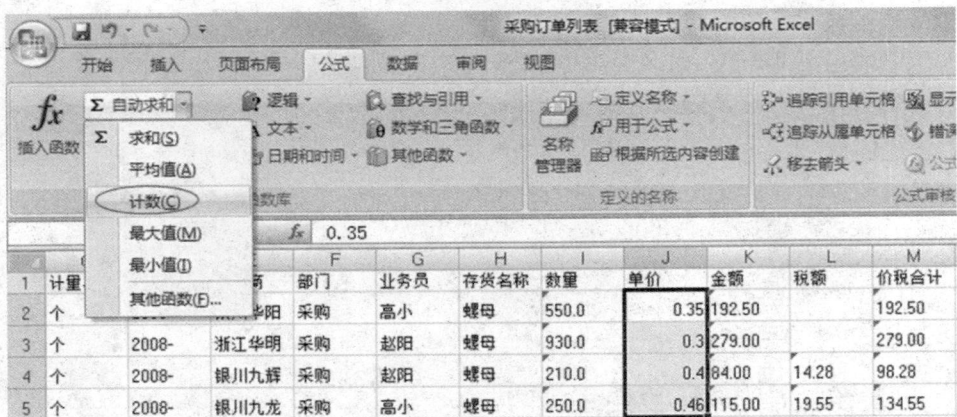

图 4-58 点选"计数"

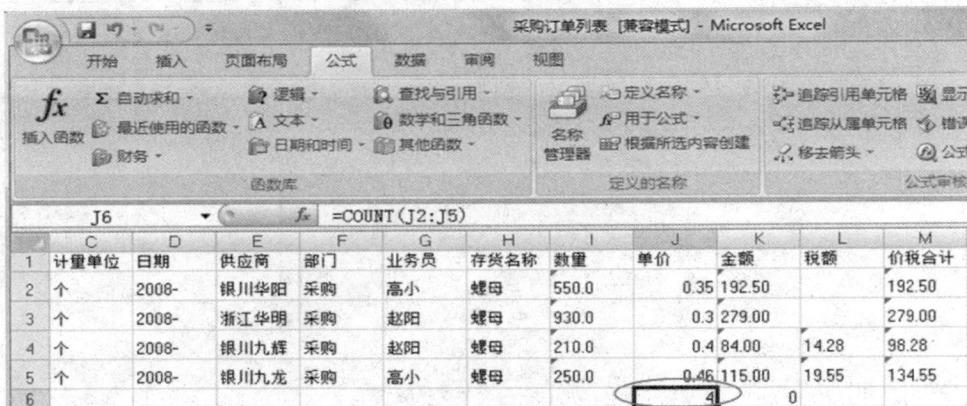

图 4-59 点选"计数"的结果

六、如何统计出一组数据中的最大值或最小值

在税务检查时经常需要找出一组数据中的最大值或最小值。对于此类需求，可按以下操作进行：

选中要统计的数据（可以使用 Ctrl 键加鼠标左键选择不同的行与列），一是单击菜单栏"开始"-"编辑"-"Σ自动求和"图标后的下拉菜单并点选"最大值"；二是点击菜单栏"公式"-"函数库"-"Σ自动求和"图标后的下拉菜单并点选"最大值"，本例采取第二个路径，如图 4-60 所示，即可列出这列数据中的最大值，如图 4-61 所示。

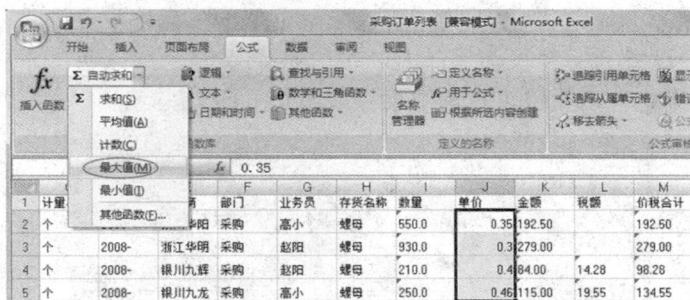

图 4-60　查询"最大值的"路径

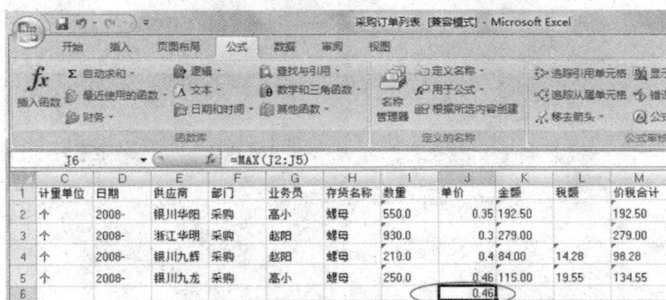

图 4-61　查询"最大值"的结果

同理，在"Σ自动求和"图标后的下拉菜单点选"最小值"，就可以查询出该组数据中的最小值。

七、如何查询大于（或小于或介于某一区间）某一固定数值的数据

在税务检查时经常需要在一组数据中查询大于某一固定数值的数据、小于某一固定数值的数据或者介于某一区间的数据。可利用 Excel 的"条件格式"迅速满足这一需求。具体操作如下：用鼠标选中要查询的数据范围，然后依次点击"开始"-"样式"-"条件格式"-"突出显示单元格规则"-"大于"，如图 4-62 所示。

图 4-62　查询"大于"

弹出"大于"对话框，本例将"为大于以下值的单元格设置格式"项的值设置为"1 000"，"设置为"项设为系统默认的"浅红填充色深红色文本"，如图4-63所示。单击"确定"后，可见查询结果，如图4-64所示。

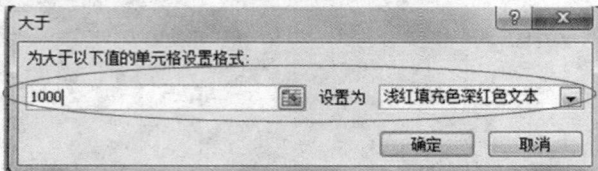

图 4-63　"大于"的条件设置

图 4-64　查询"大于"的结果

同理，在"突出显示单元格规则"项下还可根据需要，选择"小于""介于"等操作。

八、如何查询高于平均值或低于平均值的数据

在税务检查时经常需要在一组数据中查询出大于平均值的数据或者小于平均值的数据。可利用Excel的"条件格式"迅速满足这一需求。具体操作如下：用鼠标选中要查询的数据范围，然后依次点击"开始"-"样式"-"条件格式"-"项目选取规则"-"高于平均值"，如图4-65所示。

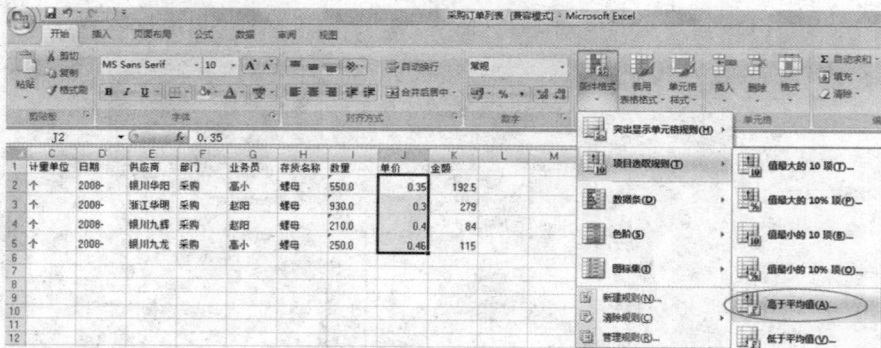

图 4-65　查询"高于平均值"

弹出"高于平均值"对话框，将其设置为系统默认的"浅红填充色深红色文本"，如图 4-66 所示。单击"确定"后，可见查询结果，如图 4-67 所示。

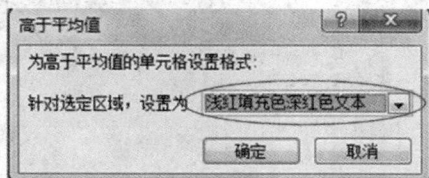

图 4-66 显示"高于平均值"的单元格格式

	C	D	E	F	G	H	I	J	K
1	计量单位	日期	供应商	部门	业务员	存货名称	数量	单价	金额
2	个	2008-	银川华阳	采购	高小	螺母	550.0	0.35	192.5
3	个	2008-	浙江华明	采购	赵阳	螺母	930.0	0.3	279
4	个	2008-	银川九辉	采购	赵阳	螺母	210.0	0.4	84
5	个	2008-	银川九龙	采购	高小	螺母	250.0	0.46	115

图 4-67 查询"高于平均值"的结果

同理，在"项目选取规则"项下还可根据需要，选择"低于平均值"，将低于平均值的数值标示出来，如图 4-68 所示。

	C	D	E	F	G	H	I	J	K
1	计量单位	日期	供应商	部门	业务员	存货名称	数量	单价	金额
2	个	2008-	银川华阳	采购	高小	螺母	550.0	0.35	192.5
3	个	2008-	浙江华明	采购	赵阳	螺母	930.0	0.3	279
4	个	2008-	银川九辉	采购	赵阳	螺母	210.0	0.4	84
5	个	2008-	银川九龙	采购	高小	螺母	250.0	0.46	115

图 4-68 查询"低于平均值"的结果

九、如何实现条件显示

统计时，如果某单元格的数值低于某一设定数值时，显示为"小于"；高于某一设定数值时，显示为"大于"。类似这样的效果，称之为"条件显示"，用 IF 函数可以实现。

案例如图 4-69 所示，要显示该商品不同笔业务中的单价与平均单价 0.3775 元的关系，将结果显示在 O 列中。要在 O2 单元格中输入以下公式：=if（J2 < 0.3775，"小于"，"大于"），具体操作如下：

首先将光标打到 O2 单元格，然后点击菜单栏"公式"，点击"函数库"中的"逻辑"按钮的下拉菜单，点选"IF"，如图 4-69 所示。

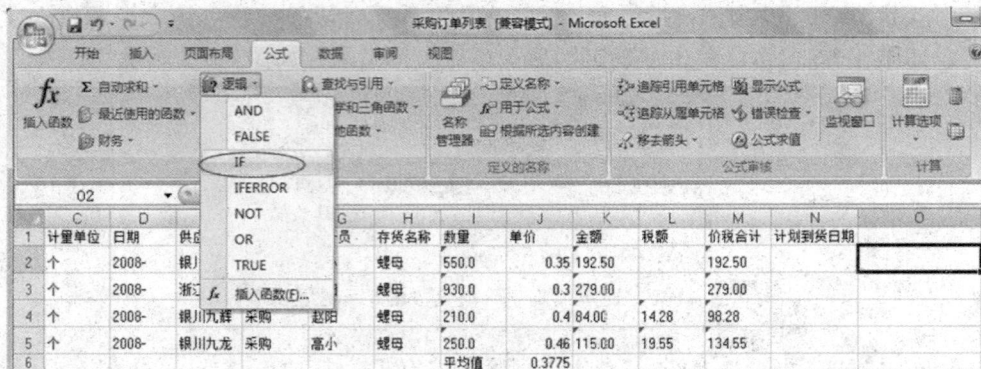

图 4-69　点选 "IF"

弹出"函数参数"对话框，输入设定的条件并点击"确定"，如图 4-70 所示。

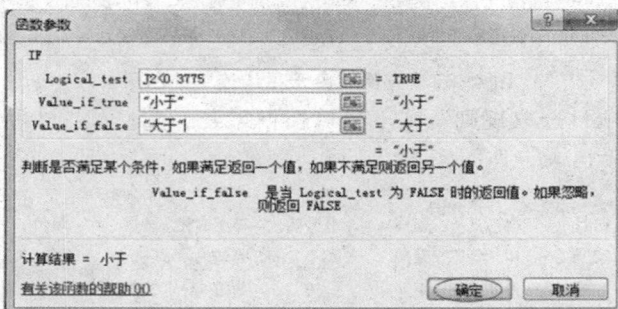

图 4-70　函数参数设定

O2 单元格得出结论后，选中 O2 单元格，并将鼠标置于其右下角，当鼠标变成黑十字时按住鼠标左键往下拉，即可得出该列其他单元格的显示结果，如图 4-71 所示。

图 4-71　"条件显示"的结果

十、如何查询纳税人接受某一购货方的发票情况

对发票的检查是税务检查的重要内容，现行的增值税发票系统汇集了纳税人所有开票和受票信息，数据量巨大，但隐含大量的稽查线索和证据。利用 Excel 的排序、筛选、查找等功能，可以迅速实现目的。查询纳税人接受某一购货方的发票情况，可按照以下操作进行：

将光标打在"购方税号"单元格，依次点击"开始"－"编辑"－"排序和筛选"－"筛选"，如图 4-72 所示。

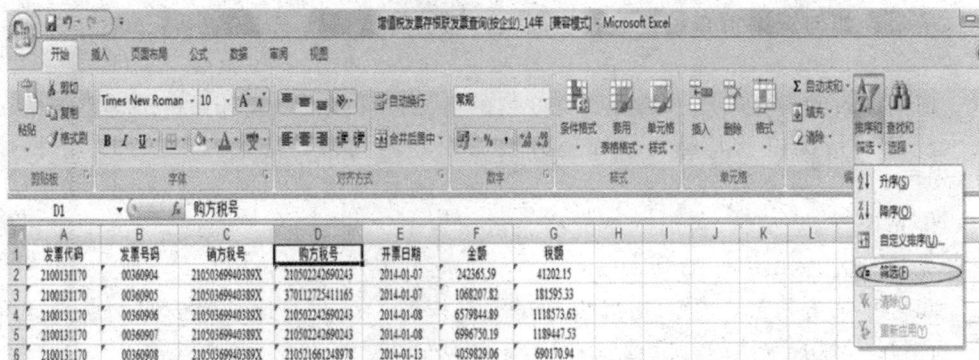

图 4-72　点选"筛选"

此时"购方税号"单元格出现下拉菜单按钮。点开下拉菜单按钮，可见纳税人识别号列表，在此列表中点选要查询的纳税人识别号，如图 4-73 所示，即可查看该纳税人开具给被查纳税人的全部发票信息，如图 4-74 所示。

图 4-73　点选要查询的纳税人

图 4-74　查询结果列示

十一、如何查询被查纳税人接受所有开票方开票的情况

查询被查纳税人接受所有开票方开票的情况，可以帮助税务人员迅速掌握纳税人生产经营情况以及其是否存在虚开增值税专用发票的嫌疑，可按照以下操作进行：

将光标打在"购方税号"单元格，依次点击"开始"—"编辑"—"排序和筛选"—"筛选"，如图 4-72 所示。

此时"购方税号"单元格出现下拉菜单按钮。点开下拉菜单按钮，点击"降序"，纳税人列表默认为"全选"，如图 4-75 所示。

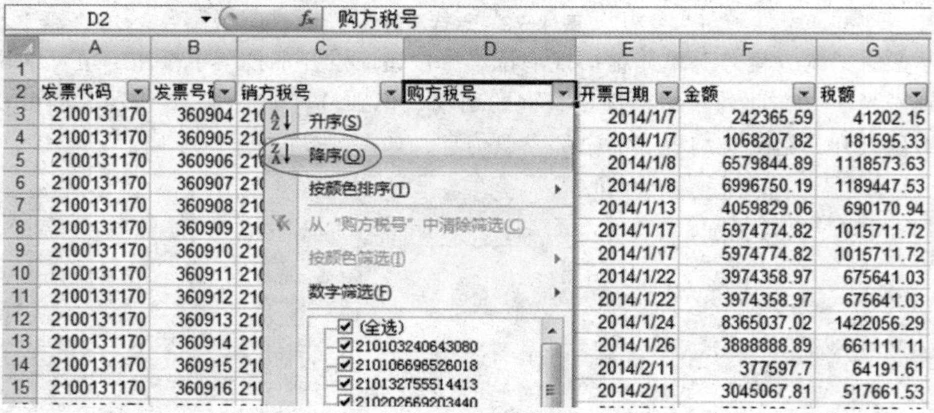

图 4-75　"筛选"条件设定

返回 Excel 界面，此时"购方税号"列的数据按照从大到小进行重新排序，按照纳税人识别号可见每个纳税人在查询期间开具给被查纳税人的全部发票情况，如图 4-76 所示。可从开票时间、频率、金额等方面分析是否存在虚开发票问题。

	A	B	C	D	E	F	G
1							
2	发票代码	发票号码	销方税号	购方税号	开票日期	金额	税额
3	2100131170	360905	21050369940389X	370112725411165	2014/1/7	1068207.82	181595.33
4	2100132170	931100	21050369940389X	220284771090200	2014/6/6	2731443.09	464345.32
5	2100132170	931101	21050369940389X	220284771090200	2014/6/6	2731443.09	464345.32
6	2100132170	931060	21050369940389X	220221088822665	2014/3/19	6265667.08	1065163.4
7	2100134170	2390527	21050369940389X	220106310017350	2014/12/29	1128205.13	191794.87
8	2100131170	360921	21050369940389X	211204574284890	2014/2/26	188034.19	31965.81
9	2100132170	931079	21050369940389X	211204574284890	2014/4/25	1769230.77	300769.23
10	2100132170	931091	21050369940389X	211204574284890	2014/5/27	854700.85	145299.15
11	2100133170	358649	21050369940389X	211204574284890	2014/6/20	1511000.59	256870.1
12	2100133170	358682	21050369940389X	211204574284890	2014/8/27	854700.85	145299.15

图 4-76　按照降序筛选的结果

十二、如何进行高级筛选

Excel 提供了两种不同的筛选方式，分别为自动筛选和高级筛选。"自动筛选"只能用于条件简单的筛选操作，不能实现字段之间包含"或"关系的操作。"高级筛选"则能够完成比较复杂的多条件查询，并能将筛选结果复制到其他位置。

对于税收检查中采集的很多电子数据需要利用"高级筛选"进行分析，如要筛选出发生额及余额表中借方发生额或贷方发生额大于 50 000 元的科目。根据要求，可以看出借方发生额、贷方发生额是"或"的关系，所以只能使用高级筛选来实现。具体操作如下：

在要筛选的工作表的空白位置处，输入所要筛选的条件。需要注意的是：筛选条件的表头标题需要和数据表中表头一致；筛选条件输入在同一行表示"与"的关系，筛选条件输入在不同的行表示"或"的关系，如图 4-77 所示。

	A	B	C	D	E	F	G	H	I	J	K	L	M
1	会计年度	会计期间	科目编码	科目名称	期初借方	期初贷方	本期发生借方	本期发生贷方	期末借方	期末贷方			
2	2003	月份: 2008.05	1001	现金	29863.55	0	56200	8603.66	77459.89	0		本期发生借方	本期发生贷方
3	2003	月份: 2008.05	1002	银行存款	4638903.3	0	455600	155042.29	4939461.01	0		>50000	
4	2008	月份: 2008.05	1131	应收账款	687984.6	0	451254	209208	930030.6	0			>50000
5	2008	月份: 2008.05	1211	原材料	99790	0	245136.37	225373.33	119553.04	0			
6	2008	月份: 2008.05	1243	库存商品	345510	0	264658.41	149753.84	460414.57	0			
7	2008	月份: 2008.05	1501	固定资产	2568970.35	0	5600	0	2574570.35	0			
8	2008	月份: 2008.05	1502	累计折旧	0	471875.45	0	13032.59	0	484908.04			
9	2008	月份: 2008.05	1603	在建工程	9311496.01	0	0	0	9311496.01	0			
10	2008	月份: 2008.05	1801	无形资产	904429.78	0	0	6350	898079.78	0			
11	2008	月份: 2008.05	资产小计		18586947.59	471875.45	1478448.78	767363.71	19311065.25	484908.04			
12	2008	月份: 2008.05	2101	短期借款	0	368000	0	0	0	368000			
13	2008	月份: 2008.05	2121	应付账款	0	237803.33	30000	236459.09	0	444262.42			
14	2008	月份: 2008.05	2131	预收账款	0	0	0	246392	0	246392			
15	2008	月份: 2008.05	2151	应付工资	0	0	42114.18	42119.02	0	4.84			
16	2008	月份: 2008.05	2153	应付福利费	0	363798.67	695	5896.66	0	369000.33			
17	2008	月份: 2008.05	2171	应交税金	0	34009.51	107742.14	213849.36	0	140116.73			
18	2008	月份: 2008.05	2176	其他应交税	0	3924.75	3924.75	0	1937.05	1937.05			
19	2008	月份: 2008.05	2181	其他应付款	0	0	0	10360.16	0	10360.16			

图 4-77　输入所要筛选的条件

然后依次点击"数据"-"排序和筛选"-"高级"，如图 4-78 所示。

图 4-78　点击"高级"筛选的路径

　　弹出"高级筛选"对话框。在该界面的"方式"项选择系统默认的"在原有区域显示筛选结果";"列表区域"项选择全部数据所在区域;"条件区域"项选择前面已输入的筛选条件所在区域,如图 4-79 所示。

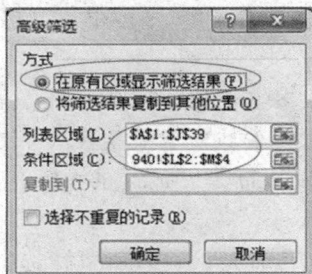

图 4-79　"高级筛选"设定

　　点击"确定"后,即可查看筛选出来的结果,如图 4-80 所示。

	A	B	C	D	E	F	G	H	I	J
1	会计年度	会计期间	科目编码	科目名称	期初借方	期初贷方	本期发生借方	本期发生贷方	期末借方	期末贷方
2	2008	月份：2008.05	1001	现金	29863.55	0	56200	8603.66	77459.89	0
3	2008	月份：2008.05	1002	银行存款	4638903.3	0	455600	155042.29	4939461.01	0
4	2008	月份：2008.05	1131	应收账款	687984.6	0	451254	209208	930030.6	0
5	2008	月份：2008.05	1211	原材料	99790	0	245136.37	225373.33	119553.04	0
6	2008	月份：2008.05	1243	库存商品	345510	0	264658.41	149753.84	460414.57	0
11	2008	月份：2008.05		资产小计	18506947.59	471875.45	1478448.78	767363.71	19311065.25	484908.04
13	2008	月份：2008.05	2121	应付账款	0	237803.33	30000	236459.09	0	444262.42
14	2008	月份：2008.05	2131	预收账款	0	0	0	246392	0	246392
17	2008	月份：2008.05	2171	应交税金	0	34009.51	107742.14	213849.36	0	140116.73
21	2008	月份：2008.05		负债小计	0	5007536.26	184476.07	757013.34	0	5580073.53
25	2008	月份：2008.05	3131	本年利润	0	0	433721.37	433721.37	0	0
26	2008	月份：2008.05	3141	利润分配	0	114507.66	42872.26	164343.66	0	235979.06
27	2008	月份：2008.05		权益小计	0	13107535.88	476593.63	619501.16	0	13250443.41
28	2008	月份：2008.05	4101	生产成本	0	0	261770.39	257410.66	4359.73	0
30	2008	月份：2008.05		成本小计	0	0	289766.44	285406.71	4359.73	0
31	2008	月份：2008.05	5101	主营业务收	0	0	433721.37	433721.37	0	0
32	2008	月份：2008.05	5401	主营业务成	0	0	149753.84	149753.84	0	0
37	2008	月份：2008.05	5701	所得税	0	0	70387.29	70387.29	0	0
38	2008	月份：2008.05		损益小计	0	0	724535.21	724535.21	0	0
39	2008	月份：2008.05		合计	18586947.59	18586947.59	3153820.13	3153820.13	19315424.98	19315424.98

图 4-80　"高级筛选"的结果

十三、已知发票号码如何查询该发票认证信息

如果已知发票号码，要查询该发票认证信息，可按照以下操作进行：

依次点击"开始"－"编辑"－"查找和选择"－"查找"，如图 4-81 所示。

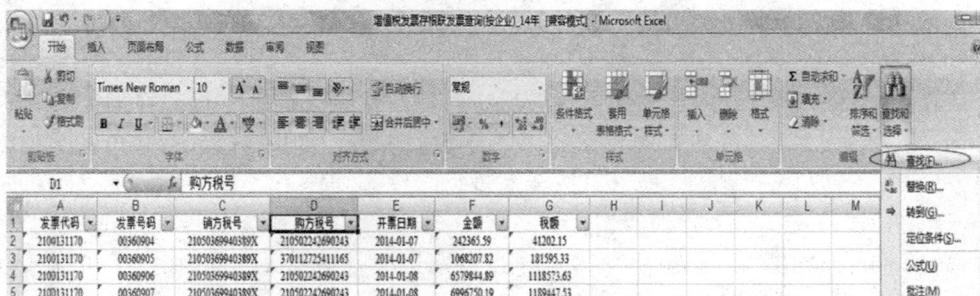

图 4-81　点击"查找"的路径

弹出"查找和替换"界面，在"查找内容"项输入要查询的发票号，如图 4-82 所示。

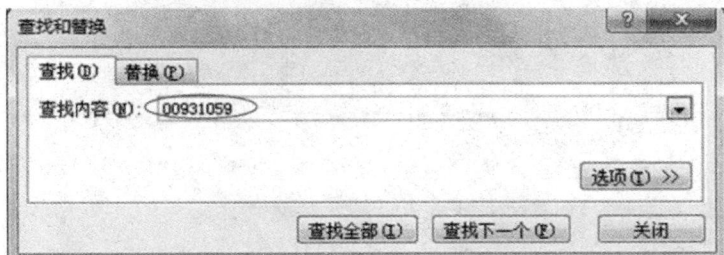

图 4-82　输入查找内容

点击"查找下一个"按钮，光标自动打到该条记录上，如图 4-83 所示。

	A	B	C	D	E	F	G
	发票代码	发票号码	销方税号	购方税号	开票日期	金额	税额
17	2100131170	00360919	21050369940389X	210502242690243	2014-02-17	7219604.50	1227332.77
18	2100131170	00360920	21050369940389X	21050468372085B	2014-02-18	8760683.76	1489316.24
19	2100131170	00360921	21050369940389X	211204574284890	2014-02-26	188034.19	31965.81
20	2100131170	00360922	21050369940389X	210502242690243	2014-02-26	6351766.48	1079800.30
21	2100131170	00360923	21050369940389X	210502242690243	2014-02-26	6351766.48	1079800.30
22	2100131170	00360924	21050369940389X	210502242690243	2014-03-06	5868615.08	997664.56
23	2100131170	00360925	21050369940389X	210502242690243	2014-03-06	5868615.08	997664.56
24	2100132170	931056	21050369940389X	210502242690243	2014-03-06	3711161.82	630897.51
25	2100132170	00931057	21050369940389X	210502242690243	2014-03-10	435166.74	73978.35
26	2100132170	00931058	21050369940389X	210521664559712	2014-03-12	3888888.89	661111.11
27	21001321	00931059	21050369940389X	210502242690243	2014-03-13	7467780.89	1269522.75

图 4-83　查找结果

十四、如何进行多条件组合排序

如果一组数据由多个字段（要素）共同构成，对其进行排序时，可设置多条件进行组合条件的排序，更便于查询所需数据。具体操作如下：

依次点击"数据"-"排序和筛选"-"排序"，弹出"排序"对话框，如图4-84所示。

在该对话框内，点击"添加条件"后，新增"次要关键字"行。根据需要分别设置"主要关键字"行和"次要关键字"行相关内容，如图4-85所示，表示在按购方税号进行降序排列的前提下再按金额进行降序排列。

点击"确定"后，可见排序结果，如图4-86所示。纳税识别号为"211204574284890"的纳税人共开具11份发票给被查纳税人，同时这11份发票按照金额从大到小在F列即"金额"列进行排列。

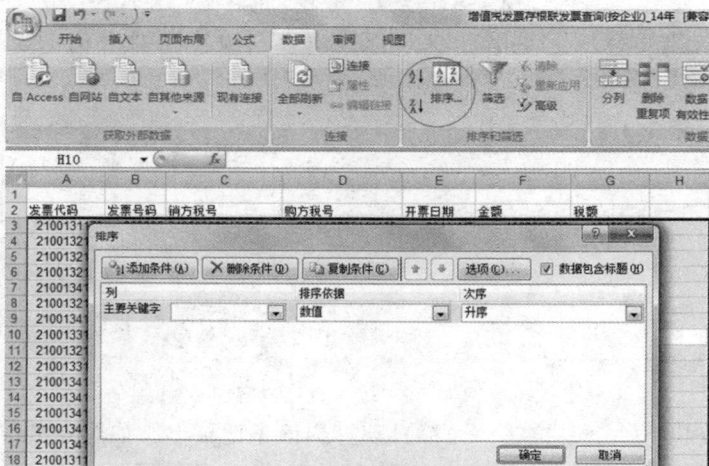

图 4-84　设置"排序"的条件

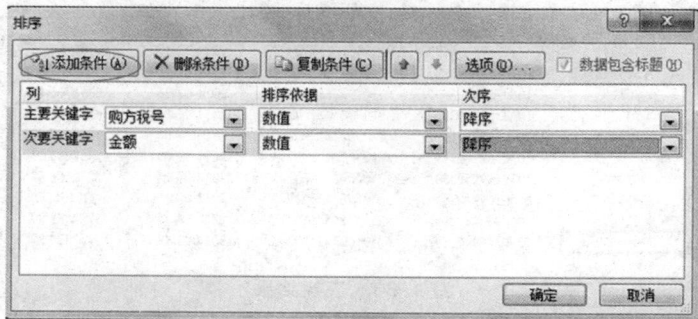

图 4-85　"排序"的条件设定

图 4-86 "排序"的结果

十五、如何进行分类汇总

纳税人所使用的增值税发票系统汇集了纳税人所有开票和受票信息，包括真实业务的发票信息和虚开发票的信息，但数据量巨大。在 Excel 中，可以使用多种分类函数对其进行分类汇总，迅速掌握开票或受票的总体情况。汇总函数是一种计算类型，如 Sum、Count 和 Averge 等函数，用于在数据透视表或合并计算表中合并源数据，或在列表或数据库中插入自动分类汇总。用户可以在一个列表中一次使用多种计算来显示分类汇总。具体操作如下：

依次点击"数据"-"分级显示"-"分类汇总"，如图 4-87 所示。

图 4-87 点击"分类汇总"的路径

弹出"分类汇总"对话框，在"分类汇总"对话框中，选择"汇总方式"和"选定汇总项"，如图 4-88 所示。

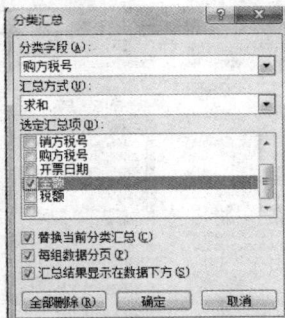

图 4-88 "分类汇总"设定

图 4-88 中“汇总方式”包括求和、计数、平均值、最大值、最小值、乘积、数值计数、标准偏差、总体标准偏差、方差、总体方差。其中标准偏差是一组数据中的每一个数与这组数据的平均数的差的平方的和再除以数据的个数，取平方根即可，用公式表示如下：

标准方差={［∑(Xn－X)^2］/n}^（1/2）

其中，X 表示这组数据的平均数。标准差能反映一个数据集的离散程度。方差是指各个数据与平均数之差的平方的平均数。方差用来度量随机变量和其数学期望（均值）之间的偏离程度。方差是数据的平方，方差开根号就换算为标准偏差。

图 4-88 中“选定汇总项”是对数据各字段的选择，被选中的字段将以其为目标进行汇总计算。点击“确定”后，即可查看汇总结果。共有三个页面供查看，点击 Excel 界面最左侧的“1”“2”“3”按钮，可查看不同口径的汇总结果，如图 4-89 至图 4-91 所示。

	A	B	C	D	E	F
1						
2	发票代码	发票号码	销方税号	购方税号	开票日期	金额
178				总计		643573817.8

图 4-89 汇总结果“1”

	A	B	C	D	E	F
1						
2	发票代码	发票号码	销方税号	购方税号	开票日期	金额
4				370112725411165 汇总		1068207.82
7				220284771090200 汇总		5462886.18
9				220221088822665 汇总		6265667.08
11				220106310017350 汇总		1128205.13
23				211204574284890 汇总		9925820.13
25				211022719667834 汇总		9162476.51
27				210521747106647 汇总		1052302.56
39				210521664559712 汇总		61240719.57
52				210521661248978 汇总		60906818.59
65				210504683720858 汇总		65554990.08
67				210504673767820 汇总		1082656.91
69				210503577225589 汇总		4199422.77
102				210502744320795 汇总		120725140.7
105				210502683718192 汇总		11623931.63
160				210502242690243 汇总		220601668.2
165				210202669203440 汇总		35292372.62
170				210132755514413 汇总		20512289.75
173				210106696526018 汇总		7086482.51
177				210103240643080 汇总		681759.07
178				总计		643573817.8

图 4-90 汇总结果“2”

	A	B	C	D	E	F	G
1							
2	发票代码	发票号码	销方税号	购方税号	开票日期	金额	税额
3	2100131170	360905	21050369940389X	370112725411165	2014/1/7	1068207.82	181595.33
4				370112725411165 汇总		1068207.82	
5	2100132170	931100	21050369940389X	220284771090200	2014/6/6	2731443.09	464345.32
6	2100132170	931101	21050369940389X	220284771090200	2014/6/6	2731443.09	464345.32
7				220284771090200 汇总		5462886.18	
8	2100132170	931060	21050369940389X	220221088822665	2014/3/19	6265667.08	1065163.4
9				220221088822665 汇总		6265667.08	
10	2100134170	2390527	21050369940389X	220106310017350	2014/12/29	1128205.13	191794.87
11				220106310017350 汇总		1128205.13	
12	2100132170	931079	21050369940389X	211204574284890	2014/4/25	1769230.77	300769.23
13	2100134170	2334957	21050369940389X	211204574284890	2014/9/15	1709401.71	290598.29
14	2100133170	358649	21050369940389X	211204574284890	2014/6/20	1511000.59	256870.1
15	2100132170	931091	21050369940389X	211204574284890	2014/5/27	854700.85	145299.15
16	2100133170	358682	21050369940389X	211204574284890	2014/8/27	854700.85	145299.15
17	2100134170	2334967	21050369940389X	211204574284890	2014/9/28	854700.85	145299.15
18	2100134170	2334984	21050369940389X	211204574284890	2014/11/13	612876.03	104188.93
19	2100134170	2334976	21050369940389X	211204574284890	2014/10/28	583705.16	99229.88
20	2100134170	2334985	21050369940389X	211204574284890	2014/11/13	512820.51	87179.49
21	2100134170	2390526	21050369940389X	211204574284890	2014/12/26	474648.62	80690.26
22	2100131170	360921	21050369940389X	211204574284890	2014/2/26	188034.19	31965.81
23				211204574284890 汇总		9925820.13	
24	2100134170	2334980	21050369940389X	211022719667834	2014/10/29	9162476.51	1557621.01
25				211022719667834 汇总		9162476.51	

图 4-91 汇总结果“3”

提示：单击行编号旁边的大纲符号，即可显示或隐藏单个分类汇总的明细行。

十六、如何删除分类汇总

删除分类汇总时，Excel 还将删除与分类汇总一起插入列表中的大纲和任何分页符。依次点击"数据"－"分级显示"－"分类汇总"，如图 4-87 所示。打开"分类汇总"对话框，单击"全部删除"按钮，如图 4-92 所示，即可删除分类汇总。

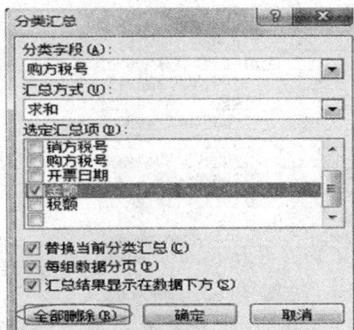

图 4-92　删除分类汇总

十七、如何查找两列数据中的重复项

在税务检查时经常需要在 A 列中找出 B 列中没有的记录，在 B 列中找出 A 列中没有的记录。

例如税务检查中要将纳税人 2013 年、2014 年进项发票的开票人即购货方进行比较，确认两年均开过发票的购货方以及只在一年开过发票的购货方。有两种方法可以实现这一目的，一是在 Excel 中利用函数 VLOOKUP 及设定的公式；二是利用条件格式中的"重复值"功能。

1. 利用函数 VLOOKUP 及设定的公式

"Lookup"的汉语意思是"查找"，在 Excel 中与"Lookup"相关的函数有三个：VLOOKUP、HLOOKUO 和 LOOKUP，分别满足不同的查找需求。

VLOOKUP 在表格数组的首列查找指定的值，并由此返回表格数组当前行中其他列的值。VLOOKUP 中的 V 参数表示垂直方向。当比较值位于需要查找的数据左边的一列时，可以使用 VLOOKUP 而不是 HLOOKUP。

HLOOKUP 按行查找数据，返回对应列另一行的数据。

LOOKUP 既可以按行查找，也可以按列查找，还可以在数组中查找，并返回相应的值。但是被查找的数据必须按从小到大排序，否则得不到正确结果。

本例应采用 VLOOKUP 函数。为达到目的还要建立公式：VLOOKUP（A1，B：B，1，FALSE），该公式的含义是将 A1 单元格的数据与 B 列各单元格数据进行比对，如果存在相同项显示为第一列该数据，否则显示为错误。

首先在 C1 单元格内输入公式"=VLOOKUP（A1，B：B，1，FALSE）"，点击单元格编辑栏前面的"√"，如图 4-93 所示，C1 单元格显示查询结果。

	A	B	C	D
	2013年购货方	2014年购货方	=VLOOKUP(A1,B:B,1,FALSE)	
2	210503768347917	210503768347917		
3	210503667288751	210502463564339		
4	210503051786410	210503667288751		
5	210502463564339	210503577225589		
6	210503L46724517	210503L46724517		
7	210503577225589	210503076268337		
8	210503119695233	210213058078089		
9	210504725506201	210503119695233		
10	210521701853364	210521701853364		
11	210213058078089	220402664272332		
12	210505690709051	211021584191989		
13	210504670458758	370686165296268		
14	210522670470124	2107031955127300000		
15	210521747117506	21050200DK00053		

图 4-93　输入公式

选中 C1 单元格，并将鼠标置于其右下角，当鼠标变成黑十字时按住鼠标左键往下拉，即可计算得出其他行的金额，如图 4-94 所示。图中显示错误的行所对应的第一列的购货方在 2014 年未继续给被查纳税人开具增值税专用发票；显示数据即纳税识别号的购货方在 2013 年、2014 年都给被查纳税人开具增值税专用发票。要查找 2014 年新增的开票方，可将 A、B 两列数据对换，仍使用该函数公式即可。

	A	B	C
1	2013年购货方	2014年购货方	#N/A
2	210503768347917	210503768347917	210503768347917
3	210503667288751	210502463564339	210503667288751
4	210503051786410	210503667288751	#N/A
5	210502463564339	210503577225589	210502463564339
6	210503L46724517	210503L46724517	210503L46724517
7	210503577225589	210503076268337	210503577225589
8	210503119695233	210213058078089	210503119695233
9	210504725506201	210503119695233	210504725506201
10	210521701853364	210521701853364	210521701853364
11	210213058078089	220402664272332	210213058078089
12	210505690709051	211021584191989	#N/A
13	210504670458758	370686165296268	210504670458758
14	210522670470124	2107031955127300000	#N/A
15	210521747117506	21050200DK00053	210521747117506
16	220402559795385	210603463704231	220402559795385

图 4-94　查询结果

2. 利用条件格式中的"重复值"功能

用鼠标选中要挑选重复值的数据范围，然后依次点击"开始"-"样式"-"条件格式"-"突出显示单元格规则"-"重复值"，如图 4-95 所示。

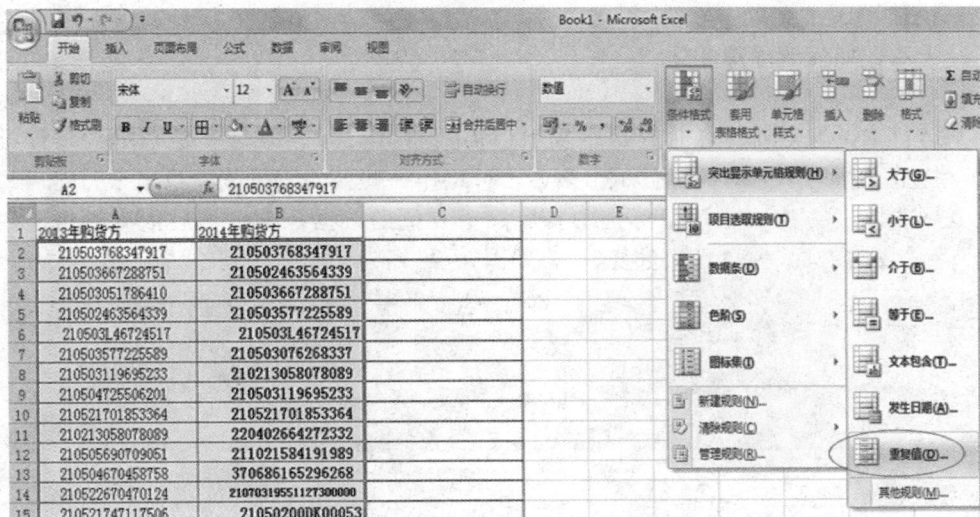

图 4-95 点击"重复值"

弹出"重复值"对话框,"值"有"重复"和"唯一"两个选项,"设置为"也有很多选项供选择。本例选择"重复"值、设置为"浅红填充色深红色文本",如图 4-96 所示。点击"确定"后,可直观查看到两列重复项,即在 2013 年、2014 年都给被查纳税人开具增值税专用发票的购货方,如图 4-97 所示。

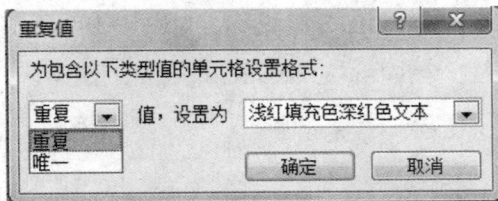

图 4-96 显示"重复值"单元格的设定

图 4-97 "重复值"查询结果

十八、如何删除重复项

运行 Excel 表时，有时查找重复项后需要将其去除。方法一是采用"条件格式"将重复项用不同的颜色显示出来，也可以用一些公式将重复项找出来，然后将重复项去除；方法二是用鼠标选中要删除重复值的数据范围，然后依次点击"数据"-"数据工具"-"删除重复项"，如图 4-98 所示。

图 4-98　点击"删除重复项"

弹出"删除重复项"对话框，按照默认设置，如图 4-99 所示。点击"确定"，可见删除后的结果以及弹出的删除结果提示，如图 4-100 所示。

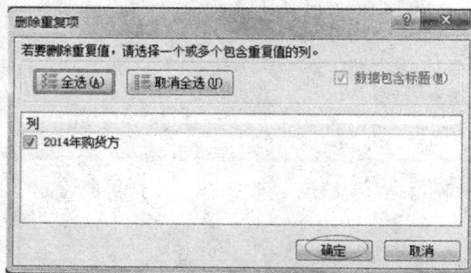

图 4-99　"删除重复项"的设定

图 4-100　"删除重复项"的结果

第三节　运算与求值

一、如何进行批量求和

　　对数字的批量求和是常用操作，除传统的输入求和公式并复制外，对于连续区域求和可以采取如下方法：假定求和的连续区域为 m×n 的矩阵型，并且此区域的右边一列和下面一行为空白，用鼠标将此区域选中并包含其右边一列或下面一行，也可以两者同时选中，第一种路径是单击菜单栏"开始"-"编辑"-"Σ"，第二种路径是单击菜单栏"公式"-"函数库"-"Σ自动求和"。本例采用第一种路径，如图 4-101 所示，则在选中区域的右边一列或下面一行自动生成求和结果，并且系统能自动识别选中区域中的非数值型单元格，求和公式不会产生错误，如图 4-102 所示。

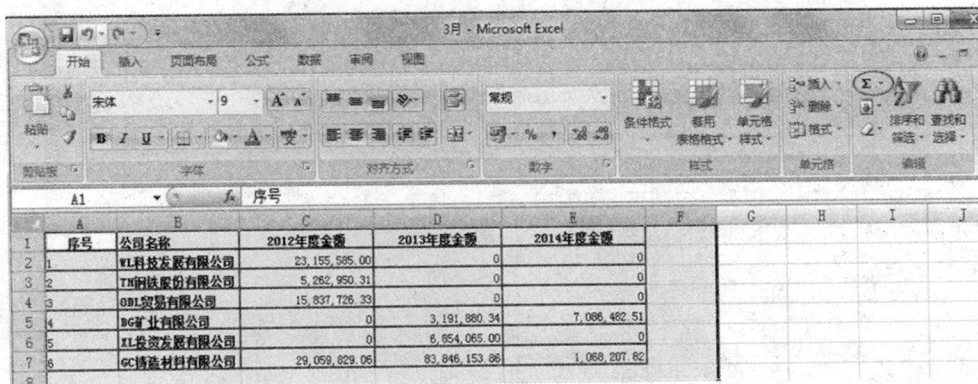

图 4-101　批量求和

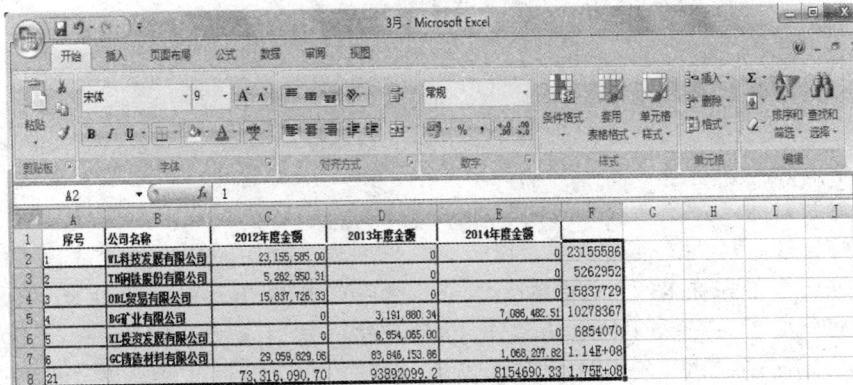

图 4-102　批量求和的结果

二、如何对不相邻单元格的数据进行求和

在税务检查时经常需要对不相邻单元格的数据求和，如计算出纳税人所有收入总额，本例就是计算利润表中单元格 D3 和 D15 中的数据之和。假定将两列之和填入 E3 中，具体操作如下：先选定单元格 E3，输入“=”，然后点击“开始”-“编辑”-“Σ自动求和”；接着单击单元格 D3，键入“,”，单击 D15，这时在公式编辑栏和 E3 中可以看到公式“=sum（D3，D15）”，如图 4-103 所示。点击公式编辑栏前面的“√”，即可得出计算结果。

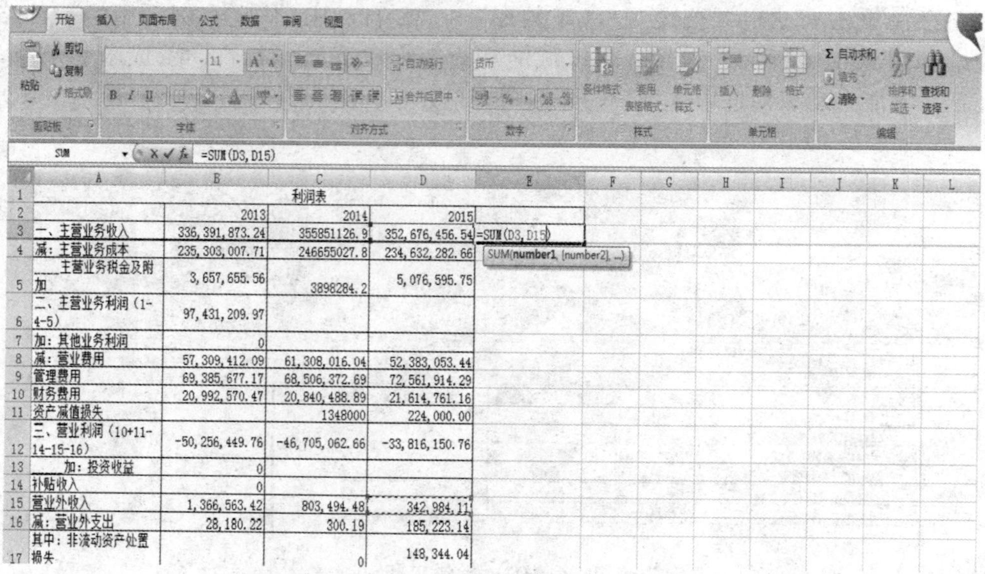

	A	B	C	D	E
1	利润表				
2		2013	2014	2015	
3	一、主营业务收入	336,391,873.24	355851126.9	352,676,456.54	=SUM(D3,D15)
4	减：主营业务成本	235,303,007.71	246655027.8	234,632,282.66	
5	主营业务税金及附加	3,657,655.56	3898284.2	5,076,595.75	
6	二、主营业务利润（1-4-5）	97,431,209.97			
7	加：其他业务利润	0			
8	减：营业费用	57,309,412.09	61,308,016.04	52,383,053.44	
9	管理费用	69,385,677.17	68,506,372.69	72,561,914.29	
10	财务费用	20,992,570.47	20,840,488.89	21,614,761.16	
11	资产减值损失		1348000	224,000.00	
12	三、营业利润（10+11-14-15-16）	-50,256,449.76	-46,705,062.66	-33,816,150.76	
13	加：投资收益	0			
14	补贴收入	0			
15	营业外收入	1,366,563.42	803,494.48	342,984.11	
16	减：营业外支出	28,180.22	300.19	185,223.14	
17	其中：非流动资产处置损失		0	148,344.04	

图 4-103　不相邻单元格的数据求和公式输入

三、如何进行快速计算

在税务检查时经常需要将很多组数据按照某一固定公式进行计算。如果每组数据都要进行计算，尽管 Excel 的计算功能很强大，仍然费时费力。这里介绍一种快速计算的方法，可大大提高效率。以采购订单列表上金额的计算为例，具体可按以下操作进行：首先在 K2 单元格输入“=”，然后点击 I2 单元格，此时 K2 单元格显示“=I2”，接下来输入“*”，再点击 J2 单元格，这时 K2 单元格显示“=I2*J2”，如图 4-104 所示。点击公式编辑栏前面的“√”，即可得出计算结果，如图 4-105 所示。

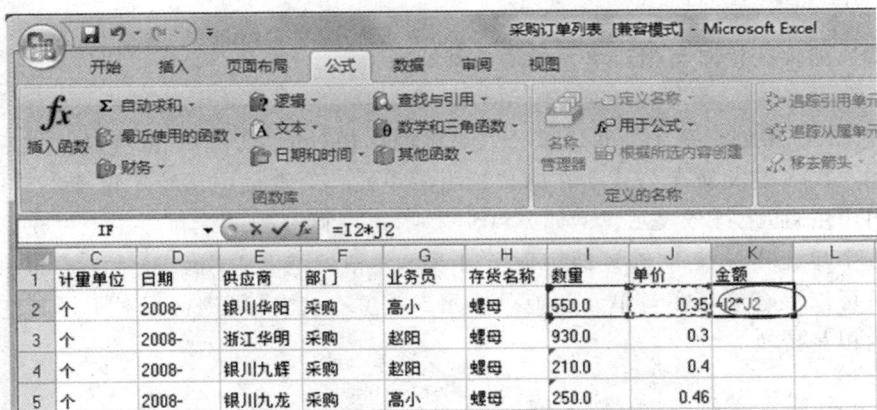

图 4-104 编辑公式

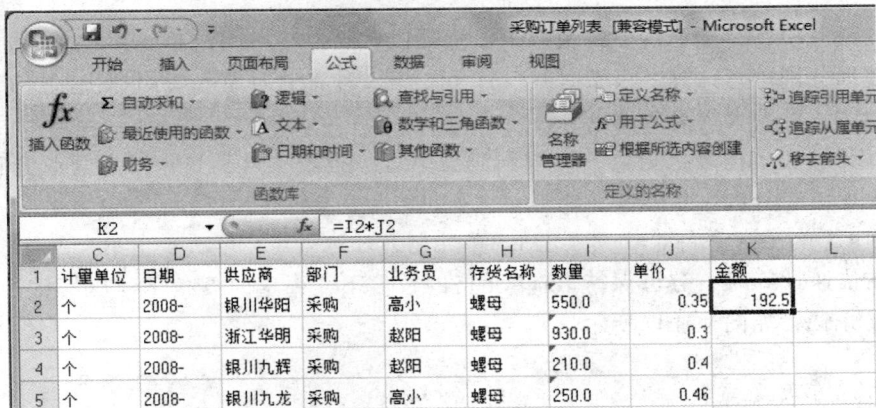

图 4-105 计算结果

选中 K2 单元格，并将鼠标置于其右下角，当鼠标变成黑十字时按住鼠标左键往下拉，即可计算得出其他行的金额，如图 4-106 所示。

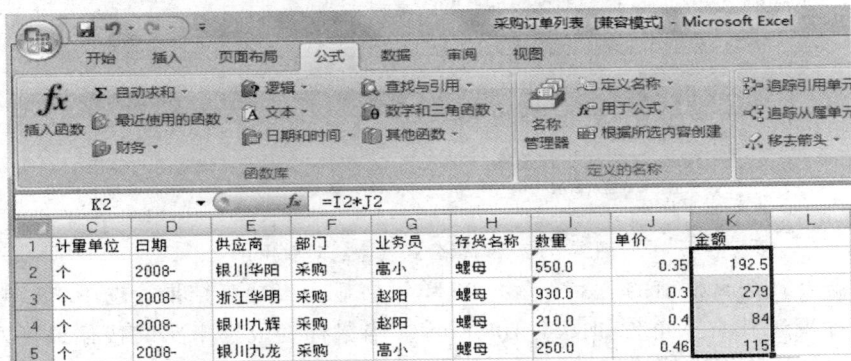

图 4-106 快速计算

四、如何在绝对与相对单元引用之间切换

在 Excel 中创建一个公式，该公式可以使用相对单元引用，也可以使用绝对单元引用。前者是相对于公式所在的位置引用单元，后者是引用特定位置上的单元。绝对引用由$后跟符号表示，例如，$B$1 是对第一行 B 列的绝对引用。可在编辑公式时选中单元格，按下 F4，即实现了对该单元格的绝对引用。需要注意的是编辑公式时可以混合使用相对单元和绝对单元，通过点击 F4 可进行相对引用与绝对引用间的相互转换。

五、如何将绝对单元引用与快速计算结合

在税务检查时经常需要将很多组数据乘以、除以某一固定单元的数值。如果将每组数据分别进行计算，很费时间。这里介绍一种将绝对单元引用和快速计算相结合的方法，可大大提高效率。

以利润表结构分析为例，要求利润表中每一报表项目都要除以主营业务收入，从而实现结构分析。具体操作如下：

在 C3 单元格输入"="，点击 B3 单元格，输入"/"，再次点击 B3 单元格，为确保在快速计算时，分母保持 B3 单元格的数值不变，这时要按下"F4"键，使分母变成B3，如图 4-107 所示。

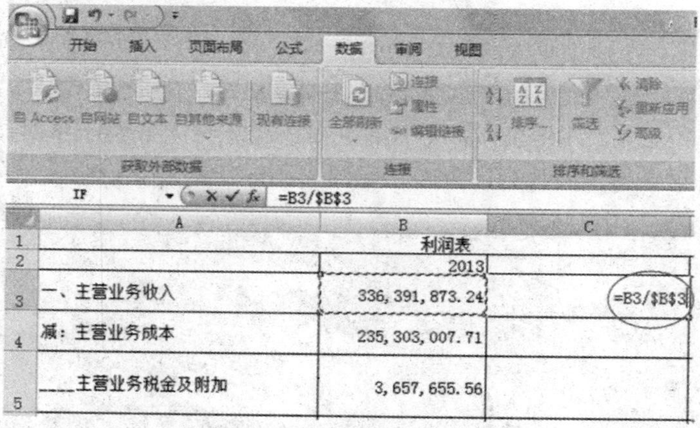

图 4-107　编辑公式（含绝对引用）

点击公式编辑栏前的"√"后，B3 单元格显示出计算结果。选中 B3 单元格，并将鼠标置于其右下角，如图 4-108 所示。当鼠标变成黑十字时按住鼠标左键往下拉，即可计算得出其他行的金额，如图 4-109 所示。

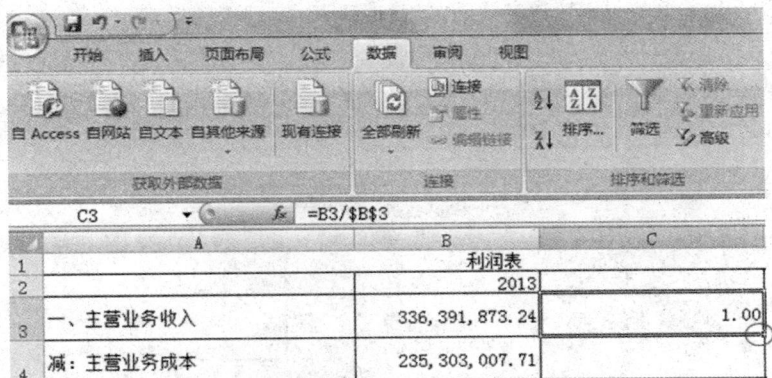

图 4-108　快速计算——选中单元公式

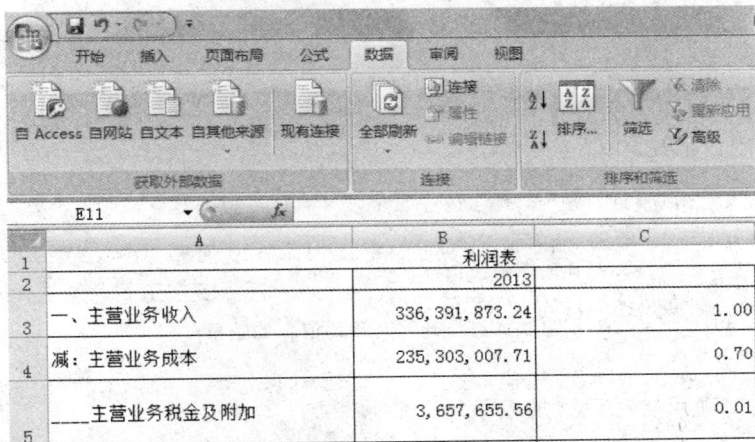

图 4-109　含绝对引用的快速计算结果

六、如何求平均值

在税务检查时经常需要对一组数据求平均值，如下例中要求计算出商品的平均单价。对于此类需求，可按以下操作进行：

选中要计算的数据组（可以使用 Ctrl 键加鼠标左键选择不同的行与列），然后有两个路径可供选择：一是单击菜单栏"开始"-"编辑"-"Σ"图标后的下拉菜单，并点选"平均值"；二是单击菜单栏"公式"-"函数库"-"Σ 自动求和"图标后的下拉菜单，并点选"平均值"。本例采用第二种路径，如图 4-110 所示。这样就可计算出这一列的平均值，如图 4-111 所示。

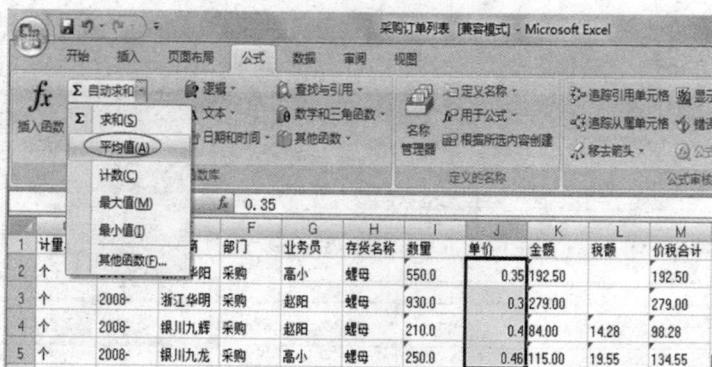

图 4-110　点击"平均值"

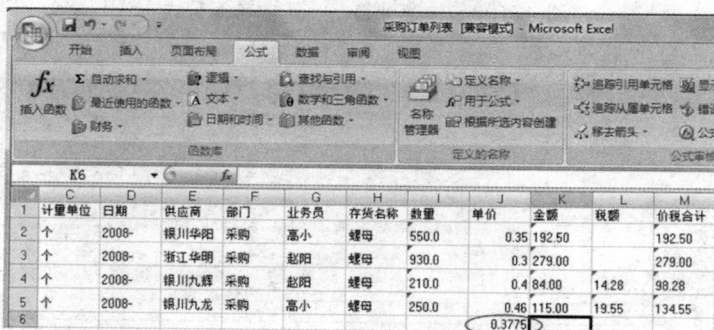

图 4-111　计算"平均值"的结果

七、如何利用公式设置加权平均

纳税人某些核算如存货成本核算采用的是加权平均法，税务检查中需要对其进行核实。此时，可利用 Excel 进行核实。加权平均值是总量值（如金额）除以总数量得出的单位平均值，而不是简单地将各个单位值（如单价）平均后得到的单位值，在 Excel 中可通过设置公式实现。分母是各个量值之和，分子是相应的各个数量之和，它的结果就是这些量值的加权平均值。

八、如何跨工作表统计数据，汇总求和

对采用财务软件核算的企业进行税务检查时，可以从财务软件系统中引出一段时期的财务报表，对这些报表数据进行整理和分析是一项必须进行的工作。利用 Excel 软件的跨表操作数据功能，可以迅速实现整理与分析目的。下面以三张利润表相关数据的汇总为例，介绍其操作流程。

“Sheet1”“Sheet2”“Sheet3”是某纳税人2013年、2014年和2015年的利润表，现要计算出三年利润表上各项目的汇总数据。具体操作有两种：

（一）利用简单公式输入计算

1. 在“Sheet3”的C3单元格输入“=”，然后打开“Sheet1”页，点击B3单元格，返回“Sheet3”页，此时C3单元格显示为“=Sheet3！B3”，将其修改为“=Sheet1！B3”。如不用此方法，则需手工输入“Sheet1！B3”，这是因为在当前表页下可用鼠标左键单击要输入的单元格即可将其带入公式中，但是，其他工作表里的内容必须手动输入。按照上述方法，最终在“Sheet3”的C3单元格输入以下算式：“=Sheet1！B3＋Sheet2！B3+ Sheet3！B3”，如图4-112所示。

IF　=Sheet1!B3+Sheet2!B3+Sheet3!B3

	A	B	C	D	E
1	利润表				
2		2015			
3	一、主营业务收入	352, 676, 456. 54	=Sheet1!B3+Sheet2!B3+Sheet3!B3		
4	减：主营业务成本	234, 632, 282. 66			
5	____主营业务税金及附加	5, 076, 595. 75			
6	二、主营业务利润（1-4-5）				
7	加：其他业务利润				

图4-112　跨报表输入公式

2. 点击公式编辑栏前面的“√”，“Sheet3”的C3单元格生成计算结果“1，044，919，456.69”。然后，选中计算结果的单元格，并将鼠标置于其右下角，当鼠标变成黑十字时按住鼠标左键往下拉，即可计算得出其他利润表项的合计数，如图4-113所示。

C3　=Sheet1!B3+Sheet2!B3+Sheet3!B3

	A	B	C
1	利润表		
2		2015	
3	一、主营业务收入	352, 676, 456. 54	1, 044, 919, 456. 69
4	减：主营业务成本	234, 632, 282. 66	716, 590, 318. 12
5	____主营业务税金及附加	5, 076, 595. 75	12, 632, 535. 51
6	二、主营业务利润（1-4-5）		97, 431, 209. 97
7	加：其他业务利润		0. 00
8	减：营业费用	52, 383, 053. 44	171, 000, 481. 57
9	管理费用	72, 561, 914. 29	210, 453, 964. 15
10	财务费用	21, 614, 761. 16	63, 447, 820. 52
11	资产减值损失	224, 000. 00	1, 572, 000. 00
12	三、营业利润（10+11-14-15-16）	-33, 816, 150. 76	-130, 777, 663. 18

图4-113　跨报表计算结果

（二）利用"合并计算"计算

将光标打在"Sheet3"的 C4 单元格，然后依次点击菜单栏"数据"-"数据工具"-"合并计算"，弹出"合并计算"对话框。在该界面的"函数"项下点选"求和"，"引用位置"项下先点击"Sheet1"页的 B3 单元格，再点击"添加"按钮，此时在"所有引用位置"项下出现"Sheet1！B3"；再次在"引用位置"项下点击"Sheet2"页的 B3 单元格。依此类推，最终将三张表相应单元格数据全部添加到"合并计算"中，如图 4-114 所示。

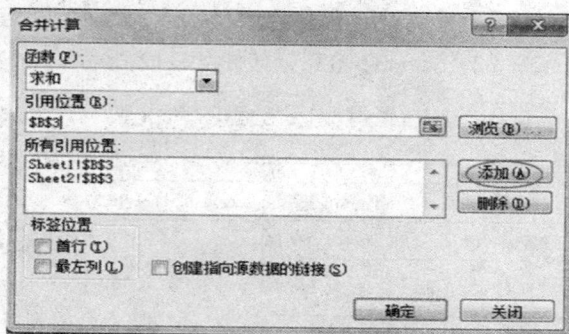

图 4-114　"合并计算"的设定

点击"确定"后，返回"Sheet3"页，C4 单元格显示出运算结果，如图 4-115 所示。然后，选中计算结果的单元格，并将鼠标置于其右下角，当鼠标变成黑十字时按住鼠标左键往下拉，即可计算得出其他利润表项的合计数。

图 4-115　"合并计算"的结果